As Vozes Ausentes

Copyright do texto © 2011 Nicolau Saião
Copyright da edição © 2011 Escrituras Editora

Todos os direitos desta edição foram reservados à
Escrituras Editora e Distribuidora de Livros Ltda.
Rua Maestro Callia, 123 – Vila Mariana
São Paulo, SP – 04012-100
Tel.: (11) 5904-4499/ Fax: (11) 5904-4495
escrituras@escrituras.com.br
www.escrituras.com.br

Criadores da Coleção Ponte Velha
António Osório (Portugal) e Carlos Nejar (Brasil)

Diretor editorial
Raimundo Gadelha
Coordenação editorial
Mariana Cardoso
Assistente editorial
Ravi Macario
Revisão
Jonas Pinheiro e Carolina Ferraz
Capa
Renan Glaser
Projeto gráfico e diagramação
Felipe Bonifácio
Impressão
Graphium

Dados Internacionais de Catalogação na Publicação (CIP)
(Câmara Brasileira do Livro, SP, Brasil)

Saião, Nicolau
    As vozes ausentes / Nicolau Saião. – São Paulo:
Escrituras Editora, 2011. – (Coleção Ponte Velha)

ISBN 978-85-7531-407-4

1. Arte 2. Literatura portuguesa 3. Poesia
4. Poesia portuguesa 5. Poesia portuguesa – História
e crítica I. Título. II. Série.

11-10200   CDD-869.1

Índices para catálogo sistemático:
1. Poesia e arte: Literatura portuguesa 869.1

Edição apoiada pela Direcção-Geral do Livro e das Bibliotecas/Portugal.

M|C Ministério da Cultura

Impresso no Brasil
Printed in Brazil

Com o consentimento do autor e para melhor compreensão dos leitores foram ligeiramente alteradas algumas expressões em português vernáculo, adequando-as assim à escrita brasileira.

Nicolau Saião

As Vozes Ausentes

escrituras
São Paulo, 2011

À memória de meus pais

À Flora e aos miúdos

Aos meus netos – Mariana, Jóni e Tico

Aos meus amigos e familiares presentes ou idos

SUMÁRIO

Nicolão Saião: escritor e pintor 9
Perfis da escrita, da vida e da pintura 12
Nuno Rebocho – um convivente goliardo moderno 18
Soares Feitosa ou os perfumes do mundo 21
C. Ronald ou os fogos da noite 22
Gustave Moreau – a casa arrasada 24
Sete vezes José Régio e sua casa 30
A casa de José Régio 48
Mayte Bayón ou as radiografias da vida 55
O pirata Almeida e Sousa 58
Sobre Jorge Luis Borges 60
Sobre Cristovam Pavia 62
Páginas do meu diário (extratos) 63
Maria Alzira Brum Lemos ou a reconstrução da memória 71
Lyle Carbajal ou o passeio real pelo país da infância 74
A 120 anos da morte de santo Antero de Quental ou a viagem através do deserto 76
Três livros três homens 79
Dois vivos e um morto 82
Henrik Edstrom ou a reconversão do universo 82
Palácios da Silva ou a natureza transfigurada 84
Sobre a poesia de António José Forte 85
Maria Estela Guedes ou a escrita no papel do chão 88
HP Lovecraft e os monstros simulados 94
Sobre Cézanne 100
A propósito da crítica 116
O índio e o ocidente – reflexos de duas visões diferentes sobre o mundo 121
A propósito de teatro 130
Algumas palavras sobre bichos de Renato Suttana 147
Invenções 149
O pulôver verde 165
Aníbal e as moscas filósofas 172
Os verbos irregulares 175
Literatura a quanto obrigas… 177
Série negra 177
Literatura metafísica 179
A matéria de que se fazem os sonhos 180
Duelo ao pôr do sol 182
O perfume de viver 183
A caixa de pandora 191
O olhar no horizonte 206
Os enigmas do quarto fechado e da fotografia artística 209

Evocando Travanca-Rego, a um lustro do seu falecimento 212
Monstros no espelho sublunar da escrita e do cinema 215
As fraudes literárias 222
Três cheirinhos de mistério 226
América de luzes e sombras 228
A grande caçada 229
Incursões 231
Incursão pelo imaginário 237
Poesia e sociedade – dois aspectos complementares 248
O artista e a fascinação do mundo 251
A recriação da natureza 252
Relance sobre o fantástico 254
As crônicas eventuais 262
Schubert, a 180 anos de distância 263
Viajar com o Vicente 266
Cães e homens 267
Breve relance sobre a música 269
Um pedido ao senhor presidente 271
A nudez de Deus e do homem 273
Na manhã clara e quente 274
Como um tambor ao longe 276
Recordando Manuel Inácio Pestana 277
O prazer de citar 279
Retrato outonal 281
De pau feito (Os pedaços de madeira de Deus) 282
Em torno de julho 284
Quem tiver ouvidos que ouça 286
Coisas de Pantagruel 288
O macaco e a essência 290
Um longo choro na noite 292
As mortes exemplares 293
À beira do mês de março – na morte de José Manuel Capêlo 295
Da janela à rua 298
Amor ardente 299
Por quem os sinos dobram 302
A guitarra e o vento 303
Um íntimo fulgor 305
O prazer de respirar 307
Qual a altura do céu? 308
Um testemunho luminoso 310
O bei de túnis morreu 313
Sonho republicano 315
As armadilhas oratórias 317
São fumos, senhores 318
O coração do mundo 321

Rostos para um mundo 323
Evocações espanholas 325
Falar com os outros 328
Resposta de NS ao questionário a circular na net 333
Os encontros falhados – o triálogo em 2007 335
Livros, livrinhos… 336
O artista no tempo 338
O tempo no artista 343
A pessoa do poeta 347
O diamante e o coração surrealistas 353
Resposta de NS ao inquérito promovido pelo *El País cultural digital* – 2002 358
Comportamentos, na sociedade cultural de Montargil............................ 360
Entrevista à revista mexicana *Blanco Movil* – pelos 25 anos de existência 370
Três perguntas para poetas 373
Conversa com Maria Estela Guedes sobre Herberto Helder 376
Longe de Paris em maio 382
Palavras proferidas no lançamento do livro *Flauta de Pan*,
em 19 de dezembro de 1998, no auditório da delegação
portalegrense do instituto português da juventude 387
Salvados 390
Não há caricaturas… 391
Em louvor de Gregory Peck 392
A primeira ida à Barateira 393
Uma pequena morte 394
Em louvor do poeta 394
O que será feito de O. W. Fischer? 395
Ele e o Chandler e outros parceiros 396
Sob o olho do pássaro lunar 397
Apontamentos de viagem – fragmentos de uma incursão pelo Canadá............... 398
Às vezes chegam cartas… 405
A Maria Estela Guedes 405
A Francisco Soares Feitosa 407
A um confrade 408
A Linaldo Guedes 411

NICOLÃO SAIÃO: ESCRITOR E PINTOR

Ser convidado de Francisco Garção, nome civil de Nicolau Saião (NS), em Arronches (Portalegre – Portugal), é um privilégio, pela beleza da vila, da sua Casa da Muralha, de personalidade alentejana, certamente pela simpatia e hospitalidade da família, mas muito especialmente por se tratar de uma casa-museu. Já tive oportunidade de publicar no TriploV uma reportagem fotográfica da arte exposta, de modos vários, desde os quadros suspensos convencionalmente nas paredes, aos grandes painéis de azulejaria.

A visita à Casa da Muralha proporciona excelente conhecimento da obra de pintura de Nicolau Saião, e também nos fornece alguma informação biográfica útil, quanto às suas preferências intelectuais. Como escritor, e poeta acima de outras letras, Francisco Garção não só é um devorador de livros como um bibliófilo. Na altura em que visitei a Casa da Muralha, o sótão era o depósito para formação da futura livraria. O que mais saltava à vista, por se tratar de coleções, eram obras sobre cinema, romances policiais, de mistério, e outra literatura cujos autores Umberto Eco levou para a Academia debaixo da etiqueta "Apocalípticos". Apocalípticos e Integrados foi a obra que permitiu que nas universidades passasse a se estudar as também chamadas literaturas e artes marginais. Sobre a 7ª das artes, não no sótão mas na casa de Portalegre, foi-me mostrada a colecção de DVDs de filmes. Na noite passada em Arronches, deliciei-me ao ver o Nostalgia de Andrei Tarkovski.

Voltando ao sótão da Casa da Muralha, encontramos nele ainda os integrados, a literatura clássica e moderna, assisada e turbulenta. Turbulenta é a que vem das vanguardas do princípio do século XX, com Orpheu e Dadá, futurismo e cubismo, e atingindo-nos a todos depois no redemoinho surrealista. Foi nesta turbulência que se desenvolveram artes híbridas, em resultado da fusão de pintura e literatura. Aliás, precursor de tanto "-ismos" da modernidade, o mais remoto pintor que recordo a fundir letras e pintura, escrevendo nos quadros, é Amadeo de Souza Cardoso.

Os artistas dimensionam-se em totalidades wagnerianas, haja vista Almada Negreiros, que escreveu, dançou, cantou, declamou, desenhou e pintou a manta. É neste mundo de fusões e agitação cultural que incluo Nicolau Saião. Ele não pode ser considerado um pintor, sob pena de falseamento grave da sua figura de criador, nem só um escritor, pela mesma razão. Temos de o considerar um artista para darmos conta da sua totalidade. Um artista multifacetado e um militante cultural, de forte atuação no tecido político e social do país.

O artista exprime-se ora como pintor ora como escritor, por vezes faz acompanhar os textos por ilustrações, mas o aspeto que me interessa salientar e sobre o qual vou deter-me é o do pintor-poeta, o artista que escreve diretamente sobre o quadro.

Primeira nota sobre a escrita na pintura é a circunstância de se apresentar como manuscrito, como caligrafia. As letras têm beleza própria, aliás só isso justifica que exista tanta variedade de *letterings* à nossa escolha, nos programas de computador e nas tipografias. Foi a beleza gritante das palavras impressas que levou Mário de Sá-Carneiro a integrar anúncios em «Manucure», e a cantar a beleza dos tipos. No caso de Nicolau Saião, não se trata de carateres tipográficos, sim de cali+grafia – bela grafia. O quadro pode incluir uma história, um poema, um comentário crítico, uma anedota sobre a situação política, e pode ainda acrescentar a essa literatura a contida nas legendas. As legendas assumem formas várias e ora são internas ora externas às obras.

Volto a socorrer-me de Umberto Eco para melhor compreendermos o apocalíptico criador que é Nicolau Saião. Quando ele pinta, mais do que quando escreve, e sobretudo quando pinta e escreve em simultâneo, fica muito próximo das artes típicas da cultura de massa, como o grafite e a banda desenhada. Sem esquecermos a sua costela erudita, pois outro tipo de aliança entre imagem e palavra pode aparecer também, como o frontispício ornamental de livro e a iluminura. Nicolau Saião não pinta só com palavras e frases, ele pinta livros, e estes livros são tema da sua pintura, quer como textos manuscritos, quer como formas geométricas que desaguam numa técnica recorrente, a da história em quadrinhos. O «*Livro de Horas de Nicolau Saião*» é um exemplo magnífico desta arte em que a imagem ilumina o texto – ou vice-versa. São casos de irrupção da cultura clássica no seio das artes mais modernas.

Outro aspecto caraterístico da obra de Nicolau Saião é a criação de personagens, umas vezes integradas na pintura, outras vezes exteriores, funcionando como pessoas. Não se trata de heterónimos, e sim de figuras borgianas, no sentido em que Borges inventou autores, livros e bibliografias, e figuras do espectro de Umberto Eco, para voltarmos ao escritor italiano. A epígrafe deste artigo não sai diretamente da pena de Umberto Eco, e sim da de Temesvar, uma de suas personagens de intelectual. No TriploV, encontra-se uma já bem conhecida personagem de Nicolau Saião, o doutor Jagodes, dotada de retrato pictórico e verbal. O seu discurso é crítico relativamente à situação política e social portuguesa. Estas figuras, distintas dos pseudônimos e dos heterónimos, tendem a tornar-se autossuficientes, e nessa medida podem ludibriar os leitores, que as acreditam reais. Não parece que tal extremo aconteça com o doutor Jagodes.

Outras personagens, próximas das figuras das histórias de quadrinhos, aparecem na literatura desenhada do autor. Aliás, ao escrever «literatura desenhada», recordo que Nicolau Saião dá o título de «Poemas desenhados» a uma série de textos dedicados e referidos aos pintores Mayte Bayon, Giorgio Morandi, Carbajal e Hundertwasser. Existe nele o duplo entendimento de que a pintura é poesia desenhada e que o poema é um objeto visual. Este duplo entendimento suporta toda a sua obra, em especial a que se expõe como artes plásticas, tornando muito evidente nela essa técnica tão recorrente, que é a de dar o mundo a ver em quadradinhos.

É preciso entretanto não esquecer que em Nicolau Saião se manifestam duas faces contraditórias: à banda desenhada, e a todas as técnicas e formas próprias da cultura de massa a que o artista deita mão, não corresponde a ideologia própria, que é, evidentemente, a de massificar, ou a de mover à reprodução de modelos. A intenção e o discurso veiculados por esta arte, em Nicolau Saião, pertencem à esfera das artes e culturas eruditas, que justamente reprovam a massificação e forçam o receptor a tomar consciência de si e do mundo, e portanto a assumir posição crítica face aos acontecimentos. Ao conservadorismo da cultura de massa opõe-se o espírito criador e renovador da arte.

Ridendo castigat mores (Com o riso se castigam os costumes), eis a máxima com que se pode encerrar esta nota sobre um artista que tem sentido na pele, ao longo dos anos, a resposta do sistema à turbulência da sua sátira.

MARIA ESTELA GUEDES

PERFIS DA ESCRITA, DA VIDA E DA PINTURA

D'Assumpção e suas evocações secretas

A quem servem as evocações? Em certas alturas, a nós mesmos. Talvez a um que outro, recheado de minutos de dúvida sobre a face da sociedade. A pessoas projetadas num futuro incerto, possivelmente, viajando entre recordações e utopias. Entre os rochedos da memória provável.

A certas horas, rodamos em torno das recordações como um lobo em volta da presa. É a nossa própria carne que, como num espelho, se faz significado, matéria afastada que pouco a pouco se ilumina. Se para se escrever uma página, como referia Rilke no seu *Malte Laurids Brigge*, é preciso frequentar muitas ruas, muitos rostos, funerais e nascimentos, deambulações ao acaso e a cor cotidiana da vida e da morte nos olhos de nascituros, grávidas, simples seres solares e lunares que subitamente ficam presos à rota que vai do princípio ao fim – é preciso igualmente a decantação da memória para que ao termo, no cadinho que são os nossos olhos brilhando na obscuridade, num quarto vazio, a pouco e pouco as sementes auríferas se separem das escórias e palpitem, ainda que nuas e frágeis, ainda que em solidão singularmente solene. Crê-se que o futuro nos poderá ver como num espelho iluminado, devolvidos à nossa verdadeira imagem; mas a matéria do futuro é incerta, vaga; na sua superfície criam-se como que buracos negros que não é possível preencher: ainda estão e estarão por muitos anos, de pé, as aparelhagens pseudosociais, constrangedoras e inúteis, para desequilibradamente acantonarem neste local, naqueloutro, em outro ainda, as verdadeiras faces dos que, na sua passagem pela vida, criaram mundos de liberdade que a "realidade societária", informe e espúria, não quer consentir.

D'Assumpção foi sempre para mim uma espécie de presença ausente. Habitante de planetas longínquos e misteriosos ou então de lugares de ao pé da porta que contudo, como na história de Jean Ray ou no *Erich Zann* de Lovecraft, por mais que se tente não se conseguem reencontrar, ele decerto era alheio ao movimento de muitos outros seres que eventualmente se cruzavam com ele ou com a sua aparência de movimento. Digo bem: porque frequentemente a nossa deslocação real, ao longo do tempo que nos foi dado viver, se faz virtualmente, havendo pontos – como nas fábulas – onde verdadeiramente a nossa figura se fixa, permanece nos olhos dos que nos amaram ou algo esperaram de nós sem que disso tivessem consciência, envoltos numa razão que ultrapassa as horas e os quilômetros. Por exemplo e ao acaso: para Cézanne – Aix-en-Provence; para Mário de Sá-Carneiro – Paris; para H. P. Lovecraft – Providence; para D'Assumpção – Portalegre – Paris – Lisboa (e a inversa também é verdadeira).

No fim da infância ou no princípio da adolescência (tocam-se, sendo todavia, inapelavelmente, mundos diferentes) em certa tarde o meu pai chegou a casa e, no meio da conversa, contou-nos que nesse dia fora com o mecânico (era na altura empregado no *stand* de meu padrinho João Vinte-e-Um, que negociava automóveis, motas, camiões) buscar uma motocicleta na casa de um cliente; de acordo com o que relatou, ao que lembro, fora o próprio cliente que a entregara – por não poder pagar as letras. "*É o filho do Sr. Rosiel, coitado…*", disse meu pai sinceramente constrangido. "*Aquele que pinta*", referiu ainda a uma pergunta de minha mãe. E pronto, foi tudo, conversa de acaso perdida depois entre o resto dos minutos.

Dias depois, entrei no Facha; o *stand* do meu padrinho ficava bem em frente, por baixo da Cegrel e em direção ao Rossio e era o Café que ficava mais perto para os reconfortantes amendoins e balas que escapavam à catástrofe costumeira nas finanças adolescentes… Lembro-me de que numa mesa perto da porta um indivíduo de terno azulado, um pouco inclinado sobre o tampo, se entregava a qualquer atividade pouco usual. Quando tornei a passar, o sujeito acendia um cigarro, o busto, ereto, deixava entrever uma folha de papel. Soprou o fumo, tirando com a mão esquerda um pedacinho de tabaco que se colara nos lábios; nessa altura, o empregado perguntou: "*Sr. D'Assumpção, quer no copo ou na xícara?*". Referia-se à "bica"; naquela altura havia pessoas que preferiam bebê-la em recipientes de vidro e não na habitual xícara branca, de louça; hábito que se radicava na aprendizagem de que (segundo constava) os micróbios frequentavam menos os primeiros…

Na rua, pensei: *"Este é que é o tal da mota…"*. Mas o que me ficara nos olhos, pelo traçado inusual, fora o desenho. Onde se encontrará hoje, depois de por um momento se ter cruzado com o garoto que eu era então?

Quando cheguei ao *stand* – (naqueles anos, como se sabe, tudo tem um ar de mistério, aliás a verdadeira face do mundo; depois perde-se pouco a pouco a capacidade de nos maravilharmos) – na ocasião propícia disse a meu pai que vira o sujeito da mota no Facha, a desenhar. Ele retorquiu que o filho do Sr. Rosiel tinha estado lá fora, parece que na França, fazia quadros, mas estivera doente ou coisa que o valha. *"Agora está aqui, não sei se para trabalhar com o pai…"*, concluiu.

O Sr. Rosiel conhecia-o bem (viria a conhecê-lo melhor, mantendo com ele largas conversas iniciadas no estabelecimento de eletrodomésticos Custódio Silva, pela noitinha, enquanto – umas vezes por outras – um que outro cívico, obedecendo a ordens, fingia que olhava os aparelhos expostos na vitrine, vigiando a bem da Nação os perigosos dois-ou-três subversivos que ali, mefistofelicamente, trocavam opiniões sobre gente tão perigosa como Faulkner, Aquilino, Tolstoi, Van Gogh…). Como alguns se recordarão, tinha um ateliê de fotografia na esquina em cima da loja Hermínio Castro; era ele que emoldurava meus retratos para diversas utilizações: para tias devotadas e madrinhas amantíssimas, com um abraço bem apertado; para as cadernetas da escola; para colocar sobre cômodas, e em lindos álbuns, hoje envoltos em nostalgia, onde primos, cunhados, avós e tios nos contemplam junto a amigos que já não sabemos bem quem são. Certo dia, nessa loja, vi encostada na parede uma pintura onde os azuis e os vermelhos, os rosas e os verdes-maçã criavam uma estranha sinfonia. *"É do meu filho…"*, respondeu o Sr. Rosiel à pergunta que timidamente lhe fizera. *"Gostas? Vê lá você que reparou!"*. Ficara contente. Era aliás uma pessoa extremamente atenciosa, cuja bonomia recordo por entre outras aparências de depois, sempre com o seu cigarrinho que nervosamente chupava com todo o ímpeto de velho fumador. De terno escuro, magro, tinha semelhanças com o filho. Mais tarde, conheceria o outro filho – dar-me-ia um pouco também com ele – este gordo, só tendo em comum talvez o olhar agudo. Como era fotógrafo, encontrava-se comigo frequentemente em eventos que eu ia cobrir jornalisticamente como redator dum velho periódico local.

Mas voltemos a D'Assumpção. Tanto quanto o permite o rodopiar das palavras, ora aqui ora ali.

Tempos mais tarde, entrei na época do *ping-pong* e do bilhar. Depois das aulas, a dadas horas, frequentavam-se as salas da Mocidade Portuguesa (onde os preços eram mais em conta), do Central, a sala traseira do Facha, o salão do Clube de Futebol do Alentejo, da FNAT (onde de noite, às vezes, havia uns teatros e se podia ver televisão), do Alentejano e do Plátano; quando estes estavam ocupados ia-se também à sala do Estrela, na altura num primeiro andar frente à Casa Umbelino, mas era lugar acanhado onde os tacos batiam por vezes na parede; o Plátano da época era também frequentado por jogadores de dominó, de cartas… Na parede, enquanto jogávamos bilhar, entre uma e outra jogada mais promissora, um quadro bastante grande servia para descansarmos o olhar vitorioso ou derrotado: o célebre quadro de D'Assumpção que, segundo ouvi relatar, seria depois vendido pelo proprietário a uma galeria do Porto, com bom e legítimo proveito.

Na minha recordação o quadro aparece-me enevoado: sei que havia um horizonte, árvores, – mas o todo da obra desapareceu-me para reinos inalcançáveis. E quantas vezes o contemplei, às vezes o olhava várias vezes, outras de relance, assoberbado pelas excessivas jogadas do adversário! Mas o mesmo sucede com rostos, acontecimentos e coisas que conosco se cruzam na nossa navegação através do tempo, uma vez que as sedimentações se dão incontrolavelmente por uma mecânica ágil que ora nos surpreende, ora nos sufoca – se sabemos conservar o nosso coração de criança.

Mais tarde, já adulto, soube de D'Assumpção de maneira diferente: algumas vezes falei dele com Herberto Helder no Monte Carlo, nos meus tempos de tertúlia lisboeta logo ao voltar da Guiné, depois de com outro antigo companheiro ter entrado em contato com a gente do grupo da revista Grifo; algumas vezes escrevi sobre ele, sobre a sua pintura; certo dia, como que por acaso, soube da sua morte – sobre a qual não me vou debruçar; tomei a iniciativa de expor quadros dele, integrados numa coletiva em que além de obras diversas de autores de Portalegre havia também serigrafias de Mário de Oliveira e óleos de Cesariny (a *Geração Sibilina*, que pertence hoje ao acervo do Museu local, por minha decisão, pois encaminhei para ali os quadros que o

Mário oferecera a Portalegre, ficando ao meu julgamento a entidade que os devia receber – departamento cultural do Clube de Futebol do Alentejo? Museu Municipal?

Optei por este último, por me parecer melhor equipado para os expor. E assim foi, com efeito: três anos depois já lá os tinha nas paredes, assim como os outros... Foi a última notícia que ao meu emprego dessa época me veio dar o Manuel Mourato de boa memória).

Aqueles quadros, que hoje pertencem ao acervo do Museu, estão lá por uma razão: fotografados por Joaquim Ceia Trindade (A.J.Silverberg) por minha solicitação, as fotos foram enviadas ao *marchand* João Pinto de Figueiredo, que por intermédio de Mário Cesariny eu prevenira de que existiam; embora ele não estivesse, na época, interessado na sua aquisição, sabia do eventual interesse de um apreciador do Porto; perguntou-me por telefone se os quadros estavam assinados. Eu não vira assinatura (saberia depois, pelo seu cunhado Sr. Valente, também das minhas relações, que o estavam nas costas, que as molduras cobriam) e assim lhe disse, embora de acordo com o mesmo Valente um perito, que os analisara, atestasse que eram obras de D'Assumpção sem qualquer dúvida. Devido a isso – o que é compreensível nestes negócios – Pinto de Figueiredo declinou mais interesse. E, assim, foram posteriormente adquiridos pelo Museu local por um preço bastante razoável (preço de conterrâneo); em 1981, na exposição *Três Poetas do Surrealismo* – A. M. Lisboa, M. H. Leiria e Pedro Oom, era um desenho aguarelado de D'Assumpção que constituía a face do convite endereçado pela Biblioteca Nacional, entidade que a patenteava; e na mostra de 1984 *Surrealismo e Arte Fantástica*, organizada por Cesariny e C.Martins com a minha colaboração (infelizmente de longe e vendo com certa angústia o quanto ficaram assoberbados por tarefas inúmeras) no Teatro Ibérico e na Sociedade Nacional de Belas Artes, outro desenho de D'Assumpção aparecia no catálogo-livro em jeito de homenagem, sendo igualmente a partir de um óleo seu que o cartaz e o desdobrável foram iluminados.

Ao longo do tempo houve contatos, reflexões, momentos e olhares que a escrita memorialista não atinge: pertencem ao céu e ao inferno do poeta, daquele que evoca. São imarcescíveis e impossíveis de fixar. A sua geografia é interior, pertence a lugares inabordáveis.

Mais terra a terra, saudavelmente perversa e envolta em roupagens cotidianas, aqui fica uma pergunta com que termino estas breves e leves, difusas recordações: como é possível que depois de tanto tempo após o seu falecimento, tendo o pintor atingido tal notoriedade pública (ele que sempre dispôs da estatura que lhe era própria, mas que foi solapada num gesto em que a terra portalegrense, ainda controlada por medíocres e onzeneiros sem perfil, segue sendo fértil) não se tenha ainda efetuado em Portalegre uma retrospectiva ampla, séria e fundamentada de D'Assumpção? Como é possível que os seus conterrâneos continuem afastados da contemplação conveniente da obra de um dos mais originais e suscitadores pintores modernos lusitanos?

Aqui fica, em terreno vago, a pergunta. E o seu eco gostaria que se projetasse, justa e acusadoramente, além dos rochedos que o proporcionam, rochedos que não serão para sempre as fragas da Serra da Penha em que alguns querem encerrar as consciências livres.

"Olhares e visões" – poemas-colagens, guaches e desenhos de João Garção

"O olhar exerce-se nesse intervalo que vai da coisa à sua representação, no interstício imaginário que julgamos conhecer só porque temos os olhos que Deus nos deu e os utilizamos para distinguir entre as coisas na sombra ou na claridade e a sua permanência na memória, no que todavia continua velado, obscuro, indistinguível. Ou pode continuar, caso não haja reconhecimento, no que é contínuo e diferente a cada minuto.", assim eu disse em certo momento em um texto lido durante a inauguração da Mostra.

Ou, como refere Floriano Martins ao mesmo propósito, *"(...) O simulacro está ligado aos vestígios fechados, não revelados, da existência. Isto nos leva ao palco, ao tablado agônico das simulações, aos enredos míticos e místicos que se esmeram em conferir realidade, à fábula. Lugar sagrado onde(...)a criação artística como um todo busca algo mais substancioso do que simplesmente derrotar o intelecto. Mete-se com o 'finíssimo vazio' onde vai explorar suas possibilidades de ser. Absorve todos os engates e desgastes".*

JG sabe que se a pintura tal como a poesia é comunicação, especial ou especializada, é também uma proposta de substituir o que se pensa haver pela matéria que se tem, ainda que de forma peculiar. Nada é igual a nada, que o mesmo é dizer: tudo é igual a tudo – mas num outro plano onde já se transfiguraram emoções, raciocínios e pensamentos mediante os sinais, as linhas e as representações plasmadas numa tela ou numa folha de papel. *"Pintar é viajar"*, dizia apropriadamente Picasso. E em seguida: *"Eu não procuro, encontro!"*. Embora, é claro, esse encontro seja propiciado pelos minutos, dispersos pelos meses e pelos anos, que a vida contém.

Daí que *"Foi quase sem sentir, ao longo do tempo, que pintei e escrevi estes trabalhos, em parte já esquecidos. Muitos deles fi-los e deixei-os na casa que então habitava, assim como muitos poemas escritos em folhas diversas. Reencontrei-os há um par de dias, já emoldurados uns, passados a limpo carinhosamente, outros. Uns lembrei-os logo, outros eram como filhos que tivesse perdido num lugar inabordável. E durante esse par de dias que mediou entre a minha chegada à casa da infância e adolescência e o ato de os montar e colocar nesta sala, olhei-os intensamente para que certas memórias revivessem"*.

Olhares e visões... Como se as cores, os ritmos, os sinais e as letras cobrassem uma vida específica, reentrassem na memória, nesse espaço que já não é apenas lembrança, mas a recomposição de algo que se reconquistou na sua materialidade eminentemente *espiritual*, como diziam alguns desses que o autor pôde um dia contemplar anos e anos atrás...

NUNO REBOCHO – UM CONVIVENTE GOLIARDO MODERNO

Muitos são os benefícios de viajar: a frescura que nos traz ao espírito, ver e ouvir coisas maravilhosas, a delícia de contemplar novos lugares, o encontro com novos amigos e o aprender finas maneiras
Muslih-din-Saadi, poeta persa

1 – Dizia Samuel Clemens (Mark Twain), viajante e cronista devido à decisão própria e, durante algum tempo, viajeiro profissional, que viajar era *passear um sonho*.

E acrescentou que a escrita que daí resulta passa a ser o sonho transfigurado, com o seu território de realidades e de quimeras, de minutos que se abriram para novas visões e novos pensamentos e doravante perduram como relatos que nos ensinam e nos maravilham.

Andar pelo mundo e pela vida e escrever sobre isso – pessoas, coisas, sucessos da mais diversa ordem – não é tarefa fácil, é preciso manter simultaneamente a inocência (temperada por alguma malícia), a perspicácia e um enorme sangue-frio, pois sem aviso as recordações apoderam-se de nós e como que nos obrigam a passar para outra realidade, em geral extremamente sedutora, mas que nos enfeitiça com inexatidões involuntárias, filhas do nosso mistério pessoal. Por isso Benjamin Disraeli dizia avisadamente que *"vi mais coisas do que as que recordo e recordo mais coisas do que as que vi"*. Todavia, a grande solução consiste sempre em entrarmos generosamente na *viagem*, sem temermos a multiplicação de experiências, até mesmo de acasos, pois sabe-se que no final a escrita e seus interiores meandros – se dispomos da adequada dose de sensatez criadora – acabam por depurar, resolver e transfigurar aquilo que se viu, se sentiu e se viveu, como que por uma brusca mutação que vem não se sabe muito bem donde.

E depois há a *memória* que se convoca nos grandes momentos de fecunda solidão, de fulgurante isolamento criativo em que somos simultaneamente objeto e sujeito porque é por nós que passa a organização do que significam *realmente* as lembranças, do que foram efetivamente os perfis das pessoas que nos rodearam, os *tempos reencontrados* em que revivemos uma conversa, um ritmo vital, um passeio, em que de repente ressuscitam perplexidades e encantamentos, fragmentos de tempo em que a nostalgia nos visitou sem que nos pudéssemos esquivar e que logo a seguir assumimos peremptoriamente como um dos nossos maiores bens.

A isto, creio, chama-se *compreender*. Porque por detrás de toda a alegria difusa transportada numa evocação, ou em todo o pequeno tremor que nos assalta ao termos a sensação de que *qualquer coisa* nos abandonou, há sempre um rosto ou a ideia de que por ali paira algo de humanizado e aonde se chegou através de um olhar mais exato, mais treinado pelos mundos onde se esteve por destino e pelos universos que as deambulações nos propiciaram.

2 – Já se sabe que a arte da crônica não é nem nunca foi uma arte menor ou muito menos mero preâmbulo para qualquer coisa de maior envergadura. Trata-se, com efeito, de um *corpo inteiro* que se joga ali mesmo, nesse continente de luzes e sombras onde crescem deuses e demônios inteiramente nascidos da realidade que se forja com os fatos arrolados e sua representação palpável. Ou seja, uma poesia muito própria e sem sujeições a outras escritas aparentemente de maior porte no arsenal do autor.

Cronista e ser convivente, o viajeiro de *Estravagários* – estas *crônicas* belamente poéticas sobre o Alentejo real que os sonhos perduráveis do autor encenaram – tem parentes perfeitamente reconhecíveis, ainda que seja seu e muito próprio o estilo que arrola *entre o alinhavo jornalístico e o desalinhavo livresco*. São os amantes dos prazeres do espírito – e dos outros que gostosamente passam pelo corpo e a que alguns, com certa dose de leviandade, apelidam de transitórios ou baixamente materiais. Em todas as evocações de NR se sente perpassar uma clara alegria de viver, ainda que cifrada por alguma melancolia; donde o gosto pela boa mesa, por exemplo, não se ausenta nunca – e repare-se que aquela expressão vai no sentido lato. O *espírito do lugar*, que é o das pessoas que o habitam, é bem palpável com todo o seu manancial de coisas essenciais que vivem intensamente se tivermos olhos para cheirar, ouvidos para ver e alma para saborear. Nas crônicas de Nuno Rebocho, colega evidente de Goldoni, Hazlitt, Cela ou Saroyan, sente-se que as pessoas que recorda e os acontecimentos a que dá relevo não estão ali como pretextos fantasmais para umas tantas laudas literatas, mas para habitarem o cotidiano deste seduzido sedutor. Caldeados pelo pormenor argutamente observado, pelo trecho recortado com ironia, pela frase incisiva e mediada quantas vezes por uma indisfarçável comoção, cobram vida relatos donde pode extrair-se um perfume de passados finalmente refigurados e limpos da escória que o tempo lhes fez adquirir, de coisas e de momentos que se vão esquecendo e de outros que, embora existindo ainda na hora que passa, irão ser pasto para esquecimentos futuros.

Com estas crônicas, onde freme um tom pessoal e que possuem aquele sabor coloquial que a profissão do autor certifica e esclarece, mediante a *maneira* peculiar onde se desenha a sua aposta e o nosso privilégio, Nuno Rebocho presta inquestionável serviço à nossa convivencialidade humana e cultural, à nossa memória específica de povo e ao nosso aprumo de pessoas que querem *lembrar* o melhor e o mais alto.

SOARES FEITOSA OU OS
PERFUMES DO MUNDO

Posso imaginar, nas minhas horas, a vida eventual e projetada deste cidadão, daquele amigo, de um outro cuja figura se cruzou com o meu olhar por uns raros momentos. Posso supor, posso encenar, posso-o até conferir por dentro e por fora dos tempos que nos são comuns. Tudo isso é, já se sabe, matéria de realidade e de sonho. Melhor dizendo: do que se certifica em cada um de nós, dado que tudo é a um tempo mutável e multiplicável – uma vez que os mundos de quem vive e de quem recorda (efabula?) se interpenetram mediante a escrita e a imaginação criadora. E se é verdade que, ao fim e ao cabo, tudo vai terminar num livro (na literatura que está para além dos minutos cotidianos), de que maneira é que se conformam esses estranhos pedaços de universo – do universo que se vai construindo através do corpo e do espírito que dá origem ao mítico reino das palavras vivas?

Francisco (Soares Feitosa) sabe que "as sementes são fartas e o vento generoso". Viu de noite, em longas caminhadas sertanejas, "a mata, a floresta, os chãos nossos de cada dia". Andou pelas quebradas das serras, sob as árvores copadas onde por vezes repousam os animais ao crepúsculo, contemplou os cavalos, o beija-flor e a sombra que ele mesmo fazia ao caminhar na madrugada escura para uma povoação encontrada ao raiar do dia definitivo. E por isso ele pôde colocar, num envelope tingido pela cera das abelhas do sertão onde se ramificavam palavras escritas (como *cacimba clara*, como *estrelas*, como *a vaca rainha, os bodes, os capotes*), sementes de imburana-de-cheiro *torradas e moídas pelo próprio autor*, para assinalar esse grande ímpeto rural e cósmico que cifra a sua poesia – essa poesia estuante de vida e de participação que nos encanta e simultaneamente nos interroga e de repente faz surgir imagens de ao pé da porta, *como se estivéssemos ali: Era de noite que chovia:/ gotas amarelavam/ à luz frouxa da lamparina de querosene,/ e as mãos cruzadas do menino,/*

frio da serra,/ quase-escuro da noite:/ naquele instante era,/ se fundava/ a cheia da cisterna!(...), diz-nos ele a dado passo criando de repente um fragmento intemporal das vivências que nos são comuns nas duas latitudes, nas latitudes todas.

No seu livro *Psi, a penúltima*, livro seminal duma poesia que, tal como o seu autor, excursiona pelos quatro pontos cardeais e nos empolga ao dar-nos reminiscências, memórias, esperanças verdadeiras e retratos das cidades e dos campos que umas vezes se contemplam e outras se adivinham, Soares Feitosa (Francisco) é bem o aedo, o nosso próximo de humanidade ao dizer-nos impressamente:

> *Anda comigo, meu parente, veremos tanto o distante mar como as coisas conhecidas e as figuras que as habitam. Aqui te deixo a lembrança dum primo, dum avô, dum momento imorredoiro. Eis o sol e a penumbra, eis o voo dum pássaro, o cantar dum galo, o sinal dum verso numa página de acaso. E sobre tudo isto, junto de tudo isto, os perfumes das campinas e os sons da vida que se evola.*

Impressamente. Serenamente, mas com a vivacidade de quem tem em si o conhecimento do que significa uma palavra posta e escrita em cursivo, sublinhada num livro como numa pauta de música, aberta na manhã dos homens como um vulto caminhando firmemente num bosque ou na rua duma cidade longínqua.

(Outubro de 06)

C. RONALD OU OS FOGOS DA NOITE

A voz dos deuses não é sempre que fala. Tal como a voz do poeta. Mas, quando isso sucede, há fogueiras na noite que se põem a tremeluzir. Contudo, a voz dos deuses é pouco segura, afasta-se para além de nós, oscila, cria espaços de sombra à escala do destino dos seus senhores: porque os deuses vão secularmente desaparecendo mas a medida dos homens é diferente, resiste e a sua sombra é mais humilde – como a dum gato, dum arbusto, duma oliveira. Duma pessoa, simplesmente.

Recorra-se então à voz do poeta. Ela tem fraturas, o sangue estanca-se, a penumbra faz-se de súbito nuns olhos inquietos. Não importa, o sinal aí permanece, se propaga e estende. Alastra. Seja num descampado ou dentro duma casa, os sons ouvem-se, é inegável o eco despertado. Em redor da nossa cabeça cria-se como que um espaço de brusca realidade – e é então que as figuras e as palavras começam a aparecer: estranhas salas repletas de mesas e reposteiros onde passam claros e sóbrios vultos de mulheres, coisas simples aos cantos que tomam outro perfil, o som de flautas, de violões e até de guitarras espanholas. E de repente um silêncio que se dilata mas fica ocupado por um grito reboante e claro, possivelmente feliz. O poeta interroga-se, mas não é tudo uma interrogação? Não é tudo a dúvida de quem, não sabendo, conhece todavia muito do que subjaz às frases? Evidentemente, é o mistério da poesia, essa florescida necessidade que tanto parte do acaso como a ele conduz, essa chama que o poeta acende com ramos e com papéis, com tecidos, com substâncias inomináveis, com os próprios dedos e que deixam rastos de fogo nas paredes e, principalmente, nas páginas que se organizam em forma de livros.

C. Ronald conhece bem os diversos rostos das palavras. Assim como conhece a face da alegria e do sofrimento, desse cotidiano que muitas vezes nos fere e nos angustia.

Conhece as ruas e a floresta, conhece o que há dentro duma cozinha e também dentro dum coração desconhecido, o que se esqueceu para sempre dentro dum quarto, o que se tem e teve, vulgar e por isso mesmo absolutamente belo, numa saleta que se recorda duma casa que amámos. Um rosto de velho ou de criança, as mãos dum amigo que se foi. Os ruídos do mar e o vozear da freguesia cotidiana num bar ou numa cidade que se visitou pela primeira vez.

Nos seus poemas existe sempre uma busca do que é significativo, ele procura sempre aprofundar o conhecimento possível para que se entenda o como e o porquê da escuridão que por vezes envolve o mundo.

A meu ver, este poeta de que tenho falado com empenho através da voz e da escrita é possuidor de um método de renovação da visão há mais de quarenta anos. E muitos o têm entendido.

Nos sons da sua poesia algo se prolonga e percebe-se neles a mais nobre e serena música, como num mundo que discreto se renova e continua a ouvir através das páginas e dos campos onde as fogueiras iluminam a noite.

Nicolau Saião

GUSTAVE MOREAU – A CASA ARRASADA

1. Os grandes transparentes

Dizia Goethe, numa tirada digna de Shakespeare, que *"cada ser tem a sua espécie própria de morte"*, querendo com isto obviamente significar que cada um tem a espécie de morte que lhe é própria num fluir e refluir da sua existência específica e dos acontecimentos que pela sua estrutura se foram forjando pelo tempo fora, pelas imanências com que se coroaram ou foram coroados por aquilo que os mais atentos, ou os mais votados a uma dada espécie de mística (metafísica?), usam apelidar de destino.

Mas será assim? Ou sempre assim?

Podemos conjecturá-lo. Ou, se desta forma o digo, submeter as conjecturas à pedra de toque dos acasos (?) da História.

Verhaeren, o poeta de uma soma de certas modernidades entre as quais ressaltava a força dos mecanismos que começavam a ocupar, pouco a pouco de forma quase avassaladora, o cotidiano das sociedades, foi destroçado por uma locomotiva cega numa das estações de caminho-de-ferro que ele mesmo celebrara em versos admiráveis. Rilke, que em poemas sem jaça cantara os frutos e as flores, morreu de uma infecção causada pela picada dum espinho de rosa. Cyrano, *laborator per ignem* e pesquisador de mundos estelares, *outer space*, foi – ao regressar a penates numa dada noite de convívio com joviais companheiros – atingido por uma pedra voadora (talvez um fragmento de aerólito, cf. Gilbert Proteau) em cheio na cabeça repleta de sonhos e de conhecimento da matéria. Apollinaire, por seu turno, festejara a guerra como a mais salubre forma de renovação – e um estilhaço de granada fez-lhe passar os últimos dias de crânio entrapado, muito semelhante às caricaturas que ele encenara nas suas peças onde poesia e humor convergiam. Saint-Pol Roux, por sua vez…Mas suspendamo-nos, por ora, de epigrafar mais retratos nestas coincidências da vida. Nem será preciso trazer à colação o caso, a muitos títulos suscitador, que interligou Kennedy e Lincoln – a incrível junção de fatos que ficaram, na História, a ligar os dois políticos assassinados mediante aquilo que, hoje por hoje, sabemos terem sido indubitáveis e bem reais (pese aos actos de contra-informação que os peritos analisaram em liberdade conquistada recentemente) conspirações que mudaram o curso do mundo.

A luz do primeiro dia…o cerrar de portadas do último…Coisas dramáticas, poderosas, que de permeio têm nos melhores casos muitos dias de misteriosa cadência e de pujante interrogação, de verdades insofismáveis que por vezes se transformam em esboços de maravilhados ofícios e artes. Frente ao império de uma *razão ardente*, como Nora Mitrani escreveu, só nos cabe olharmos o universo com a humildade de quem sabe, como Jean Rostand nos fez conferir, que "*se estamos vivos é por acaso*", entendendo estas palavras e este conceito, acaso, como a soma do esforço genético, natural e não condicionável por forças exteriores, exercida pelos elementos vitais na sua navegação que origina a fecundação que forja um novo ser sexuado.

É, evidentemente, obra do acaso ter Gustave Moreau nascido no mesmo ano e à mesma hora, como os manuais nos esclarecem, que o criador *avant la lettre* da mais simbólica figura de ficção dos tempos modernos – Pinóquio – em cuja abertura o simbolismo iria reinar e de que Moreau seria o mais excepcional exemplo: o futuro romancista Collodi, que no civil se chamara Carlo Lorenzini.

Não me debruçarei sobre o significado interior de tais coincidências. Admitindo que algum tenham. Mas se levarmos a sério o poeta que com certo rigor escreveu um dia que "*isto anda tudo ligado*", poderemos pelo menos – nós que somos dotados de algum sentido do maravilhoso e de não menor, mas também não maior, senso de humor – ver na obra de Gustave Moreau um estádio superior de humor negro. (Moreau, o artista e o pensador que fez desta corrente artística e conceptual, a pintura simbolista de que foi o maior expoente, um continente muito peculiar caracterizado pelo luxo e pela ironia trágica que se solta das personagens dos seus quadros.

É Bernard Champigneulle quem nos diz a certo passo da obra onde se debruça com pertinência e competência sobre a arte dos fins do século dezenove que "*GM fazia-se passar por iluminado com as suas esfinges, os maravilhosos demónios e mulheres fatais vestidas de ouro e pedrarias*". Como Robert Guillaume assinalou, uma figura hierática é sempre vagamente caricatural. Por maioria de razão se tal ou tais figuras são criadas num cenário social como o era a segunda metade do século XIX, onde numa sarabanda se mesclaram revolucionários-gastrónomos, conservadores que escaqueiravam a contemporaneidade e artistas-filósofos de gênio vivendo ora em pardieiros ora em palácios, num revolutear constante que ia do sublime ao terra-a-terra e vice-versa quando menos se esperava e que, afinal, fazia parte dessa nova exteriorização, desse novo tipo de relações que jamais iriam acontecer com tal força motora.

Como o mesmo Champigneulle sublinhava noutro passo, *"É particularmente interessante (...) verificar a atracção dos artistas para os trabalhos decorativos. Não afeiçoou Gauguin bilhas de cerâmica, centros de mesa, e não esculpiu móveis? Dedicando-se aos objetos de uso corrente, marcavam a evolução que podia conduzir os pintores, mesmo os de génio, para um trabalho artesanal destinado a embelezar o meio ambiente. Se os vasos de Gauguin não podem ser classificados entre as suas obras primas, indicam no entanto a reviravolta que se operou nos artistas atormentados pelo espírito de procura. Nunca um Messonier nem um Gérome sonhariam fabricar louças(...)".*

Como se sabe, estes dois cavalheiros eram os epítomes dum pseudo "realismo" que os vultos da classe dominante tinham por representantes indiscutíveis da grande arte dos museus – e que hoje jazem nas caves desses mesmos museus entregues a um salutar sono reparador...

Por detrás da arte simbolista mais significativa encontrava-se a figura gigantesca de William Blake, morto um ano depois do nascimento de Moreau, que viria a ser o seu mais seguro descendente, mas um herdeiro que nos deu o lado feérico, carregado de cores e de formas que por si só funcionavam como metáforas duma metafísica objetual assente na terra e em toda a terra onde as fábulas ganhavam corpo real. Pois a pintura de Gustave Moreau é um verdadeiro edifício, uma casa do tempo e do espaço onde moram as quimeras.

2. A casa do mundo

Ao tornar clara a questão da materialidade nos objetos e nos edifícios, pode afirmar-se que a escala biológica-sensitiva é a base da desarticulação cromática. As imensas e por vezes súbitas experiências cotidianas no domínio do reconhecível encerram a sensibilidade em múltiplos encadeamentos espaciais. O ar brota do guache e do cimento, do óleo e dos marfins, do granito e da cera, do mármore e dos ferros forjados, o turbilhão subliminar irrompe dos planos discretamente relacionados com as sedas, os veludos, a carne plasmada tanto por fora como na substância expandida dos pulmões e dos corpos nus ou cobertos que os contêm, das paredes, dos ossos e dos pontilhados. A física moderna, que Moreau nem sequer sonhou viesse a existir, deu suporte aos quadros em que ele sugeriu a possibilidade de que as intuições plásticas e visuais afinal pudessem cobrar realidade.

Como este pintor muito bem intuiu, os edifícios, as casas, não são *"máquinas de habitar"* como Le Corbusier procurou estabelecer mas verdadeiros palácios de afetos, como mais tarde a melhor arquitetura moderna tornou claro e, logo depois, efectivo. Pois por mais que insistam os *fazedores de caixotes* (ainda que cobertos de veneras propiciadas por operadores ardilosos ou medianamente espertos) uma casa particular ou um edifício público – como por exemplo o oriente antigo percebeu e os ditos "primitivos" não solapados pela protérvia "cristã" ocidental puderam praticar (veja-se a Oceania e as Américas e ficaremos esclarecidos) o elemento arquitetônico, padronizado ou não, envelhecido ou não, pode e deve ser mais que uma "realidade" mas projetar-se nos mundos salubres do desejo e da poesia de viver – como entre outros, entre nós, Gaudi, Cheval e Nicolas Ledoux demonstraram.

Em Moreau, como na melhor pintura se patenteia, há o luxo e a cor, a voluptuosidade e, duma maneira natural, a calma que deles se solta. A lantejoula das variações, a carne sagrada do claro-escuro, a própria imponência do mosaico e do vidro, a surpresa da linha desconhecida plasmadas na permanencia temporal-intemporal correspondem à doçura e ao vigor do problema formal expresso pelo sol e os oceanos nas suas diferentes horas.

Para Gustave Moreau, que ilustra soberanamente através da sua obra ímpar a mais correta noção do *"esplendor visual"*, o natural e o simbólico não são o caminho mais longo entre o impossível da morte e a presença abstracta da vida. Os interiores de alta magnificência deste sonhador bem acordado são irmãos gêmeos dos exteriores torrencialmente criados por Victor Hugo, que nos seus desenhos e tintagens, mais que nos seus romances, dá a lume o barroco e o surreal que nos envolvem.

Como um animal marinho, como um animal noturno, tudo se expande e retorce nos óleos e nas telas – as figuras de deuses ausentes, de heróis e de beldades sagradas e aparentemente inabordáveis. Tudo, embora por razões muito diferentes do habitual, é similar ao incógnito seu contrário: onde acaba o deus e as deusas e começa o Homem? Mas nada se reduz, nada se banaliza ou simplifica, nada se generaliza como nas telas dos *"pompiers"*. Podemos afirmar com certa segurança que se Moreau tivesse sido um contemporâneo de Picabia igualmente teria afirmado que o cubismo não seria mais que *"uma catedral de excrementos"* não fora o estremeção que lhe comunicaram Picasso e Braque nos momentos em que se deixaram atravessar pelos fulgores do irracional.

Um quadro, na verdade, para estes pesquisadores de infinito – para todos os pesquisadores de infinito – é sempre a permuta entre o lento arder dos frutos da terra e a existência transmutada do sonho, um fragmento interminável para além do lógico e do ilógico que cobra existência noutro território. É lícito pois dizer-se, porque corresponde a uma realidade matérica, que Moreau foi o criador de uma semelhança insistente e pura de uma profundidade subtilmente galáctica.

Em 1978 foi-me dado visitar o Museu Gustave Moreau, sito no nº 4 da rua Rochefoucauld em Paris. Demorei-me lá pelo melhor de duas horas. Após a visita a originalidade central da grande cidade, que não admiro mas sim amo, transformara-se numa espécie de logradouro palpitante (façam a experiência e verão que não exagero) resgatado a cada momento pela passagem repentina de joviais figuras *pop*: Semíramis vestida com um "tailleur" de Esterel passeando pelo Boulevard des Capucines, Diómedes e os seus cavalos no picadeiro perto das Tulherias, Édipo e a esfinge deambulando entre os túmulos famosos do Père Lachaise, Ghea Artemisa fazendo, em trajes de veraneio, a continência turística à estátua do condestável Duguesclin. Tudo ganhara um aspecto compósito, surpreendente, curioso, num flagrante contraste com a Cidade cotidiana.

3. A casa reconstruída

Moreau, o mestre amado de outros pintores de tradição aguarelista e luminosa (Matisse, Rouault, Desvallières). Moreau, tradicionalista e antitradicionalista a um tempo, viajando para sempre na direcção oposta à Capela Sistina, nos seus fastos peculiares, embora fosse um confrade de Miguel Angelo. Moreau, competente professor de pés-na-lua conforme era "vox populi" entre os amanuenses, da Escola de Belas Artes da velha Lutécia do século que o gerou. Moreau, *"solitário isolando-se em sua casa para evocar paisagens e cenários da Grécia e do antigo Oriente".* Moreau, a mão antepassada de De Chirico e inteiramente primo-irmão *suma cum laude* do singular italiano cunhado entre comas de Max Ernst.

A paleta de Gustave Moreau é de ardósia e da espuma das praias das ilhas sem crônica a que Rimbaud aludia. Os altares imaginários que ergueu a golpes de pincel e de espátula fazem sair clarões dos negativos fotográficos dum mobiliário simbolizado, transfigurando tudo velozmente. Uma máquina de lavar, se Moreau a houvesse esboçado, seria provavelmente tão bela e misteriosa como a Igreja de Santa Genoveva com cinquenta e dois centímetros de altura.

As casas e os seres e as paisagens são temas que se entrelaçam interminavelmente – principalmente por parte das casas, esses continentes enigmáticos. Isto o sabiam também Ann Radcliffe, Maturin, Washinton Irving. E, mais modernamente, Bram Stoker, Leonor Fini, Buzzati, Pierre Roy ou Bradbury.

Outro exemplo de implícita referência ao meio ambiente ocorre nas simetrias bilaterais trabalhadas com esmero nas obras de Bulgakov ou Thomas Mann, nas quais os edifícios, as moradias habitadas pelas suas criaturas e suas reminiscencias possuem uma psicologia que se comunica ao enredo, tal como sucede com os palácios encenados do vale do Loire, com dois círculos de cada lado e extremidades arredondadas em cone, verdadeiros anéis antropométricos cuja nostalgia foi convertida em História.

Muito coerentemente, muito austeramente na medida em que isso se surrealizou, Moreau legou ao morrer todos os seus bens ao colorido povo francês e à nação. Bem como a casa onde residia com o seu séquito imaginário plasmado em pinturas, esboços, cartões e tintas-chinas. Ainda dura, ainda lá está – é o seu museu.

Durante a visita a que me aventurei apareciam-me por vezes, no hemisfério esquerdo do cérebro, imagens de castelos enormes como os que ilustram o Livro de Horas do duque de Berry. Uma luminosidade de vitral perseguia-me e assombrava tudo. Pássaros canoros entoavam, dentro de garrafas de conhaque Napoleão, o *"Nouveau Nights"* de Olafur Arnalds quase em ritmo de rock, pois a grande arte ultrapassa os séculos.

A rua Rochefoucauld, por esta ou por aquela razão, a certos minutos do dia fica mergulhada numa penumbra maravilhosa e um pouco inquietante. Com verdade ou sem verdade conta-se que um "maire" de Paris perdeu um dia nessa artéria os seus óculos de aros de ouro e só foi encontrá-los dois meses mais tarde, quando de férias na sua vivenda de Nice, dentro dum prato de carneiro guisado à velha maneira grega.

As casas de todos os lugares assombrados, ainda que soturnamente erguidas nos seus tempos – e os museus parece gozarem desse privilégio pelos fantasmas cordiais ou indiscretos que os habitam – vivem para sempre.

Na pintura nunca há chuva bastante para lavar uma só nódoa de sangue pictural que se soltou do peito dos artistas se, mesmo serenamente, tiveram de se confrontar com a incompreensão ou a toleima de filhos-de-algo cheios de certezas incertas. No seu caso pessoal, não foi Moreau um despossuído e teve por seu percurso sorte diferente da doutro gênio da cor, Claude Monet.

Nem sempre, felizmente, o forjar da pintura termina em drama ou na miséria em vida dos que a praticam.

No século de Moreau não se construíam ainda edifícios de renda econômica como depois se veio a fazer, o povinho vivia ainda, na sua maioria, em moradias pouco salubres. Duma forma simbólica, o pintor oferecia-lhe lugares onde fosse possível mudar a vida e transformar a viagem vital.

E as cidades, mesmo as inventadas nos quadros mais surpreendentes, são como se entende o reflexo do nosso coração interior.

Casa do Atalaião, pelo São João

SETE VEZES JOSÉ RÉGIO E SUA CASA

1. Régio e os escritores brasileiros

Que Régio foi apreciado e admirado por muitos escritores brasileiros é ponto assente. De Manuel Bandeira a Ribeiro Couto (que ele celebrou em comovido texto inserto no livro de homenagem póstuma ao poeta que conhecera em Portalegre numa noite singular) de Moreira da Fonseca a Cecília Meireles (que o antologiou com palavras à sua altura de exceção), de Jorge de Lima a Graciliano Ramos – diversos foram os autores do país irmão com quem trocou livros e menções de apreço. A sua atenção à literatura brasileira era consequência da sua atenção ao mundo das Letras, que nunca esmoreceu ao longo dos anos que lhe couberam viver.

Detenhamo-nos um pouco sobre as dedicatórias de três dos escritores citados inscritas em livros remetidos a Régio ao longo do tempo. Elas trazem em si não só o selo da admiração mas, também, facultam pistas que nos permitem descortinar em que medida ou de que forma se perspectivava o seu interesse pelo autor de *Davam grandes passeios aos domingos*....

Na edição aumentada de *Poesias completas*, da Americ.Edit., remetida a Régio em 1945, a dedicatória é a seguinte: "A José Régio – grande poeta de Deus e do Diabo – com o fraterno abraço do Manuel Bandeira". O acento tónico é posto nos dois polos que tanto moviam o misticismo de José Régio, os dados maiores do problema com que se debateu enquanto ser de religiosidade. Ao chamar a atenção para tal, Manuel Bandeira trazia à colação um dos pontos a que era o autor de *Mas Deus é grande* extremamente sensível, empenhado e indagador, sublinhando assim uma caraterística do seu pensamento e da sua poética.

Cecília Meireles, que em *Poetas novos de Portugal* (Edições Dois Mundos,1944) via em Régio um temperamento "dramático, oratório, gritando suas amarguras, discutindo-as com interlocutores que o ouvem da lama e das estrelas, falando-se e respondendo-se em voz alta, em monólogos arrebatados e arrebatadores", inscreve no seu livro *Mar absoluto e outros poemas* a seguinte dedicatória: "A José Régio, essa veemente voz da poesia do mundo, com estima". A tónica é posta pois na veemência, na força interior que atravessava o verbo de Régio, autor que ela entendia fazer parte da poesia do mundo, do universo da escrita *maior* que era o seu timbre. Para quem conhece a obra de Cecília Meireles, toda ela percorrida de atenção ao absoluto, percebe o que lhe subjaz e de que matéria é feito esse olhar e essa admiração.

A dedicatória de Moreira da Fonseca, um dos grandes poetas modernos do Brasil, cuja voz permanece pura e límpida, ática, definidora – e decerto permanecerá – é mais sucinta, mas não menos significativa. Reza assim: "A José Régio, com viva admiração, of. o José Paulo Moreira Fonseca". Está inscrita no livro *Poesias*, dado a lume em 1949 pela Livraria Editora José Olympio e foi enviado a Régio em março de 1950. O que ela nos mostra é uma *funda atenção* de um dos à altura – poetas novos do Brasil que, apesar de diferente nos seus temas e nos seus métodos de escrita, sabia compreender e apreciar a demanda poética e por isso vital do autor de "A velha casa".

De entre outros, aqui ficam estes três exemplos do amor que a escrita de Régio despertava nesse país – distante geograficamente, mas bem perto dele dum ponto de vista literário e humano.

2. Régio, como proposta e exemplo

Friedrich Holderlin, o grande poeta alemão cujo fado penoso o fez mergulhar nas brumas do espírito cerca de quarenta anos, disse num dos seus poemas: *Quem pensou o mais fundo ama o mais vivo*. Esta frase pode aplicar-se, com inteira propriedade, a Régio e à sua obra.

Com efeito, toda a escrita do autor de *Davam grandes passeios aos domingos* é uma intensa celebração da vida ainda que por intermédio, até, de ritmos que apontariam para a nostalgia das moradas celestes. Os grandes autores, os autores nobres na completa acepção da palavra, é sempre para a vida e os seus prestígios, maiores ou menores, que norteiam o seu verbo, os seus amores e desamores, a íntima razão iluminada que os venha a salvar e permita também aos que os leiam a travessia de tempos ou lugares onde a ignomínia permanece ou tenta permanecer.

Basta ler os seus poemas, mesmo aqueles onde brilha a tristeza ou a dúvida, a sua prosa crítica, os seus romances e novelas, o seu teatro, para entender isto: em Régio, nenhuma ponta de cinismo ou de futilidade, de inflexões espúrias filhas das modas de arrabalde ou de megalópole vêm empanar o fulgor tanto do seu pensamento como do seu lirismo. Aquilo que articulou, com maior ou menor trajeto, tem sempre o selo da autenticidade, mesmo autocrítica, da fruição vital, mesmo dolorida – essa chancela vigorosa e certeira que possibilita às obras e aos homens que resistam ao decair dos anos e à erosão das épocas.

O desespero, por vezes, visitava-o e eis que lhe respondia – com o pundonor de Poeta – com a *Toada de Portalegre*. Era a dor de ter perdido alguém que o pungia – e eis as páginas vibrantes de drama e de força poética de *A velha casa*, onde se sente perpassar o vulto, discreto, mas significativo, como nas maiores dores, de uma filha rememorada. Perturba-o o acordo/desacordo entre ele e Deus, entre ele e o símbolo do Homem encarnado e terreno cuja origem é de matriz divina? Eis os poemas que dessa luta resultam, sejam os de *Filho do Homem* como os outros onde se debateu com a grande equação metafísica.

Quem pensou o mais fundo ama o mais vivo... Sem dúvida e o infausto Holderlin, filho das musas e das parcas viu longe e alto. E repare-se que José Régio, mesmo tentado pela corda dos desesperados, jamais cedeu – mesmo apenas conceitualmente – ao abandono da cena. Digno, perscrutador, atento, de escrita vigiada e sem os arroubos fáceis de gente menor, sorveu até ao fim, "no gosto de mais um dia" a existência salubre dos criadores verdadeiros.

3. Relance sobre a pintura de Régio

Desenhar era, para Régio, uma naturalidade. Importa logo de início epigrafar esta naturalidade, que cultivara desde muito novo – quando ele e seu irmão Julio (como Joaquim Pacheco Neves assinala no seu livro *Os desenhos de Régio*) pintavam lado a lado nesse tempo de Natal colorido pelos prestígios da memória.

Independentemente de ser uma naturalidade, era uma faculdade que ia bem para além do gosto inato de qualquer ser votado aos mundos onde o fulgor das coisas espirituais nos faz andar atentos à arte. O mínimo que se poderá dizer de Régio é que era um bom desenhador – mesmo um excelente desenhador. Pintor de domingo? Bom – só se a maior atenção dada às letras e aos seus duros caminhos de concretização (para encher a célebre página branca é preciso muito esforço, muito suor, para além do talento, o que não está ao alcance dos zoilos) o remete para essa qualificação, aliás inadequada e frequentemente pacóvia. Claro que para um indivíduo como Régio não há *hobbies* deste cariz – são algo de demasiado fundo e grave, com a gravidade sagrada da vida e da mirada que sobre ela lança um ser de exceção como Régio foi.

Assentemos portanto que nele o interesse pela pintura e o ato de desenhar/pintar era um dos aspectos da sua rica vida de relação com os mistérios da arte entendida por extenso. Depois, se nos debruçarmos sobre o seu traço, os seus temas (a sua *maneira* ou, para utilizarmos a expressão do grande crítico português de artes plásticas, o arquiteto Mário de Oliveira, a sua *intenção*) verificaremos que não andava longe do que se fazia naquele tempo: um figurativismo lírico em tons ora mansos, ora adustos, jogando com as cores complementares.

A visitação da figura humana é uma das constantes a que recorria, fossem essas figuras de entalhe sagrado ou profano. E, neste caso, haveria também que perguntar: onde fica traçada a linha que absolutamente separa o profano do sagrado? Pergunta que já a propósito de obras de diversos pintores autóctones ou estrangeiros – pense-se em Beckman, por exemplo, ou em Chagall ou, entre nós, em Mário Botas – se tem colocado, visto que uma figura de mulher é frequentemente a figura da Virgem (e vice-versa) e a figura de um mendigo pode ser a figura de Cristo, noutra encarnação, noutro místico enquadramento, noutra dimensão real ou onírica.

Régio revela-se inteiramente nessas silhuetas contorcidas, nesses rostos arrepanhados, nessas expressões de êxtase, de fúria, de inconcreta estupefação – de interrogação, de medo, de alguma esperança. E, estranhamente, nalguma súbita frescura de um rosto, de um olhar, de um movimento, de uma feição secreta. Como Claude Roy, poder-se-ia perguntar: "Essa frescura será uma ilusão do nosso olhar ou a expressão da unanimidade das origens?".

Na sua singeleza, há que ver os desenhos de Régio como os *irmãos* daqueles que Julio executava. Não é difícil, *não é mesmo possível*, não se ver nos de Régio a versão como num espelho trágico daquilo que em Julio é calma e lirismo, mas uma calma e um lirismo bafejados pelo sopro dum surrealismo metafórico, carregado de significados poéticos e de serenidade duramente conquistada. Julio (Saúl Dias), que tenho como um dos maiores poetas do século XX português (a minha participação na homenagem que lhe foi feita em livro organizado por Valter Hugo Mãe não foi um *act gratuit* da minha parte, pois não escrevo textos de circunstância – e sim uma atitude de puro apreço) foi igualmente o protagonista central duma incursão da maravilha pictórica no mundo por vezes contraditório da pintura portuguesa. Régio, votado a outros mesteres mais instantes, que lhe carregavam o cotidiano de tarefas que à escrita iam desaguar, teve o seu percurso de diferente recorte. Mas o que fez brilha e distingue-se, porque pelos seus próprios meios se tinha – mais uma vez parafraseando Roy – *humanizado, enriquecido, metamorfoseado*.

E isto, repare-se, ante os mundos do alto e os do baixo: os da carne e os da alma, para tudo dizer.

4. Relance sobre a ironia

Ao lermos Dickens, é preciso ter-se um coração bem duro para não desatarmos a rir quando ele descreve a morte da pequena Nell.
Oscar Wilde

— Folgo muito em ver-vos de boa saúde — disse o barão com uma vénia irrepreensível. — E vosso excelente pai...continua bem morto, não é verdade? La Guerche deu-lhe de imediato um bofetão.
— Há mais de que rir, senhor! — cuspiu entredentes, levando a mão ao punho da espada.
Amedée Achard

Era um homem tão inteligente que já não servia para nada.
Lichtenberg

A ironia, que segundo algumas boas opiniões é prima do humor negro — ainda que, decerto, não prima carnal — e irmã colaça do riso sardónico (embora apenas por portas-travessas), sendo de igual modo vizinha da tragédia e, nos casos extremos, parente especialíssima do ridículo, funciona um pouco à guisa da famosa estalagem espanhola das novelas: só se come o que para lá se leva. E a ironia involuntária, que outros nos garantem ser uma espécie em via de extinção, também é significativa, dando de barato que tem ao que parece muito a ver com o Destino que comanda a rota dos homens e o drama das sociedades. Neste especialíssimo caso, conviria então confrontá-la com a sua própria imagem, como num espelho em que as figuras, a figura, aparecesse invertida, com um brilho dramático nos olhos arregalados. Porque o irónico ponto que subjaz à ironia tem muito a ver com a frase terrível de António Maria Lisboa, que reza: "Todo o ato premeditado ou leviano tem a sua guilhotina própria". Ou, para seguirmos Lautréamont: "Ride, mas chorai ao mesmo tempo. Se não puderdes chorar pelos olhos, chorai pela boca. Se ainda assim for impossível, urinai. Mas advirto-vos de que um líquido qualquer é aqui necessário".

Tal como já se disse do romancista, o indivíduo que utiliza com maior ou menor propriedade a ironia, mesmo amarga, bem vistas as coisas é alguém para o qual nem tudo está definitivamente perdido.

Acreditado o seu poder apelativo, no fundo ela funciona no interior do Sistema e dos diversos sistemas em que este se revela. E tem a sua própria operacionalidade: sublinha ou salienta, por excesso ou por absurdo, uma situação limite. A não ser assim tratar-se-ia de simples desabafo. Ou, pior ainda, não passaria de mera piada menos ou mais grosseira e, se calhar, nem sequer muito perspicaz. O ironista, mesmo não sistemático, afinal de contas sente sempre que do *outro lado* está *alguém, alguma coisa individual ou coletiva*, embora de porte dúbio ou mesmo francamente duplo. O que não deixa de ser um pouco contraditório. Na verdade, esse ser e essa coisa possuirá simultaneamente uma dada deficiência de visão interior ou de entrosamento e, ao mesmo tempo, a faculdade de sentir a singularidade da proposta mais ou menos inspirada, mais ou menos cruel. Para depois – indo ao encontro do desejo impresso do seu interlocutor – se morigerar, tendo assim definitivo acesso às moradas em que oficiam os inteligentes e os deuses, com suas diversas encarnações civis. Mas será mesmo assim, sempre assim? Tenho para mim que não. Afinal, a ironia tem como alvo e como destinatário não só pessoas ou instituições, mas também ou sobretudo situações, sucessos, imanências. Falemos claro: na verdade, o alvo último da ironia vem sempre a ser a circunstância final e primeira que dá origem aos números e às coisas. E que o ironista, evidentemente, entende que pelo menos se distraiu dos seus deveres de competência. Por isso é que os mantenedores das religiões reveladas (ainda que laicas ou agindo no século), muito sensatamente lá na sua deles opinião ou concepção, têm visto sempre a ironia como ataque mais ou menos velado à divindade e seus sacrais prestígios. No que lhes diz parte, de seu natural não se revestem eles sempre duma solene, majestática presença? O próprio mestre das trevas não a aprecia – ainda que o faça, digamos, por razões de *"racionalidade operacional"* do seu múnus peculiar: naquelas paragens, de acordo com a visão canônica, é-se mais partidário do sarcasmo gélido, da chocarrice desgarradora, que afirma evidentemente a falta de razão atribuída às obras do Arquiteto. Por outro lado, no sujeito que ironiza há igualmente com frequência, também, um cético que vive paredes-meias, em conflito ou desassossego, com um moralista. Mas moralista de tipo especial: um operador a meio caminho entre o cínico e o afetivo melancólico. E é por isso que a ironia é na maioria dos casos como que meia-defesa, tanto mais que traz *frequentemente* – diria antes: *presume sempre* – implícita uma certa nostalgia, um certo desgosto de viver, por vezes uma evidente mágoa. Se o riso (até o riso amarelo) é próprio do homem, o autoconhecimento e o poderoso conhecimento dos outros é mais coisa de deuses, não sendo pacífico imaginar Dionísio ou Ahura-Mazda dirigindo frases irônicas aos seus companheiros de imortalidade, ou sequer a comunicar-se com o homem mediante finas ironias. A voz dos deuses, se para aí estão virados, fala-nos com as inflexões da seriedade, da tragédia ou da absoluta iluminação. Da potestade para a criatura, na carne e no sangue – que como referiu ironicamente Woody Allen *é a melhor coisinha que um tipo pode trazer dentro das veias* – não se funciona senão na base de uma extrema gravidade, que não admite cenários propostos pela nossa pobre e mortal insuficiência. Neste plano, sabe-se como a Sociedade britânica (que era o *deus ex-machina* da época) agiu para com Wilde, que durante anos a crivou resolutamente de ironias divertidas e certeiras sem contudo se colocar fora dela. Porque o ironista, que por razões intrínsecas não se apercebe ou não quer verdadeiramente aperceber-se de que a salubridade (não falo em eficácia) implica de fato a prática do *humor negro*, o qual constitui efetivamente a única real defesa contra o opróbio e o negrume, é no fundo um homem de sistema, porquanto a ironia *implica mesmo a assunção do Sistema*. Ele conhece bem quais as armas temíveis que se acumulam a seu lado: vê-as crescer, sente-as desenvolverem-se e propagarem-se, assiste com inquietação ao seu império – que é evidenciado em palavras e acontecimentos, em circuitos e corporações. Ele mesmo se nota frequentemente um pouco fraco, um pouco imbele, um pouco febril, sem as *armas miraculosas* de que qualquer indivíduo consciente sonharia dispor para atacar com alguma hipótese de êxito os monstros sociais ou individuais que se agitam em torno. Então, percebe que urge fazer qualquer coisa de forte e de agudo que ilumine o descampado, que erga os corações: é pois assim que, por decisão própria, se chega à ironia, essa inteligência um pouco pérfida, um pouco tímida, um pouco dissimulada que já alguém um dia disse ser a *capa e espada* dos magoados e dos indecisos e dos que habitam um calvário particular.

A ironia – severa, argumentada, fina, magoada ou sibilina – tem por missão específica funcionar como um filtro que purga dos maus humores e dos fluidos mefíticos a mediana racionalidade que nos deve mover. É um bom remédio contra essas poções maléficas ou duvidosas que nos maculam e nos turvam o cotidiano arguto e salutar que entendemos merecer, para certeira e livremente caminharmos e falarmos. É por isso que o *discurso irônico*, para verdadeiramente existir, tem de se fazer no interior do circuito comum. É, portanto, sempre social e nunca associal. O que, todavia, não constitui explicação determinante para o poder nem mesmo lhe interessa muito (a não ser para proibir ou suspeitar), uma vez que este não se move no domínio das exigências éticas, mas sim no terreno ervoso da guerra surda às virtualidades mais altas do ser humano.

Mas a mais bela ironia, a mais nobre e talvez a mais legítima, a que sem qualquer sobranceria nos fala sempre do fundo dos tempos, é a que no fim, ou ao fim e ao cabo, *ironicamente* e quase sem se sentir ou saber, envolve a obra ou se projeta do seu todo, desse produto voluntário ou involuntário de uma vida, já definitivo e com a perfeição do que acabou para sempre e para a eternidade. É, com efeito, o dia final de Giacomo Casanova, esse grande ironista vital, recordando com amargura e enlevamento a sua infância nas ruas da *Sereníssima*. É Wilde, adiposo e devastado, sentado num banco de jardim em Paris, olhando melancolicamente ao entardecer – enquanto ia distribuindo miolos de pão pela passarada – os transeuntes que decerto o desconheciam, que possivelmente o ignoravam ou quando muito lhe estimariam o seu enorme talento de interrogador do fantástico.

E é Régio, que nos confia num dos seus últimos poemas publicados em livro que "o homem só quer abrir./ Chegou por fim a saber/ que venha lá quem vier/ seja quem for/ só um dos dois pode ser/ desde que não a fingir:/ A morte, o amor".

***

Um dos textos em que mais intensamente se sente a ironia regiana é a novela supracitada. Através de uma curta análise, não exaustiva, mas apenas indicativa das linhas principais, é possível perceber de que tipo de elementos se forma a sua estrutura, uma vez que o discurso irônico – como acima acentuamos – não se realiza de uma só maneira, não assume uma única possível efetivação. É claro que a ironia de

Eça é bem diversa, por exemplo, da de Jacques Tombelle, a de Raymond Chandler pouco tem a ver com a de Gide.

De forma um pouco matreira – que a ironia serve-se quando é preciso dum certo ar *jesuítico* para melhor chegar ao seu alvo – a arguta escrita regiana enquanto convive com a tragédia de Rosa Maria e seus pares de jornada retrata de igual modo a cidade provinciana e cruel, beata e intempestiva, acanalhada nos seus próceres e nos seus propósitos, no seu cotidiano aparentemente rural e sereno mas, na verdade, brutal e impiedoso. Dizia Brassens que *"les plus grands cons sont les petits cons"* e tal certeira asserção vale inteiramente para as cidades. Mas a maior (mais dolorosa?) ironia, que vai para além do que se escreveu – tal como se dá na literatura queirosiana – é a circunstância da cidade em apreço, mau grado a passagem do tempo e dos ritmos com suposta tintagem democrática, continuar fechada, mazomba, encordoada em vivências e em gentes como quando Régio nela residiu e a descreveu. Ainda ali existem os ultramontanos aproveitadores e hipócritas, os politicões de baixo perfil, as famílas senhoris e de bom porte (ainda que um pouco ratado pelo dente hostil da vilanagem); ainda há as damas manteúdas, as mediocridades impantes, um sistema de castas arrivistas ou sedimentadas encrustado num Alentejo deflacionado e de escassas honras onde o discurso provinciano segue sendo inculto e pretensioso, tratante e de baixo estofo. Rosa Maria pode continuar a sonhar, que muito poucos repararão. Pode nostalgicamente continuar a esperar que um dia, com um garotinho pela mão, passeará para os lados do Bonfim, para os lados dos Assentos, pela estrada que vai até à Senhora da Penha. Portalegre, sem dúvida, ainda vai tendo belos passeios para serem dados, uma vez que tudo segue quase igual ao de antigamente: a estação dos comboios ainda é a uma dúzia de quilômetros e a própria frequência de passagem daqueles permanece – por obra e graça da tutela – escassa e pouco serviçal. Todavia, os "Chicos Paleiros" já não se apinocam no cavalicoque. Agora usam o carro de média marca e o jipão dado pela munificência dos subsídios europeus.

Vejamos como Régio, de um só golpe, define com eficiência algo discreta o tipo de hipocrisia vigente: "Em Portalegre, pelo carnaval, estavam muito em moda tais assaltos. Consistiam no seguinte: um alegre rancho de indivíduos de ambos os sexos (e várias idades, por ter cada uma o seu papel) marcava certa noite para mais ou menos se mascarar, se dispor a dançar, a jogar o carnaval, a comer, a beber. Nestas amáveis disposições irrompia portas a dentro de determinada família, exigindo-lhe a realização de tais intentos. Claro que a família assaltada era secretamente prevenida, o que permitia evitarem-se desagradáveis surpresas. Entrava no jogo fingindo nada saber; mas encomendava música, preparava uma ou duas salas, fornecia-se de comes e bebes de toda a espécie". Esta passagem define uma situação que é esclarecida pelo que lá não está dito, mas nós conhecemos: a circunstância de, para uma certa gente turiferária e inconsciente (o que aliás a novela sublinha com elegância), a vida não passar de um jogo algo pacóvio, natural nessa medida, sinistramente lógico. Ironicamente, essa gente de quem Régio nunca se viu realmente livre enquanto viveu em Portalegre, essas presenças espúrias que tantas vezes lhe estorvaram o cotidiano. Valia-lhe, felizmente, a frequentação de outras gentes mais claras e mais sabedoras. Régio, no entanto, que como ele mesmo admite aqui e ali nunca deixou de ser um provincial (que não um provinciano), lança àqueles um olhar reprovador, mas não adusto – o que é caraterística da ironia não socrática praticada por autores ocidentais e cristãos e com certa lhaneza de comportamento.

E no final da novela, naquela tirada desgarradora que é das mais comoventes da literatura portuguesa, a sua personagem principal vê *claramente visto* o buraco negro de um futuro sem contemplações. Sem contemplações? Bem, não sejamos excessivos:

Desde que principiasse a devanear, Rosa Maria aliviava. O seu terrível momento passara, por então. Só estava ainda um pouco assustada por continuar sujeita àqueles acessos. Dominá-los-ia, porém. Correu outra vez, devagarinho, a lingueta da chave; disse do corredor: – Já lá vou, tia Alice. Vê como já passou? Estou perfeitamente boa.

E voltou dentro para chapejar os olhos com água.

***

Se *Davam grandes passeios aos domingos* é a história dum drama, *Os alicerces da realidade* é a crônica duma caminhada para a loucura, uma viagem no interior duma tragicomédia. Silvestre, funcionário aposentado, ao passar um dia por um local da cidade – cenário construído a partir das vivências deambulatórias e residenciais do A. – tem "uma impressão estranha". A partir daí o seu dia a dia transfigurar-se-á paulatinamente, tornando Silvestre incapaz para o normalizado convívio com os membros da sua comunidade. Neste conto, a meu gosto um dos melhores da produção regiana, notam-se os mecanismos do discurso irônico como que num corte transversal. Silvestre, julgado pelos padrões clínicos ou do senso comum pode de fato ser um louco (inofensivo), mas deixa-se adivinhar que a verdadeira loucura é bem outra. É, por exemplo, a loucura social, travestida de normal normalidade, que torna inaptos os Silvestres deste mundo que, por muito loucos que sejam, conseguem pelo menos ter a percepção doutros mundos, doutros espaços e doutros tempos. "Ele, ao menos, sabe que sonha. Pela certeza com que o sabe, também sabe que não pode, agora, tardar muito a acordar, – já tem demorado um pouco. Para que atormentar-se? Qualquer dia, acorda mesmo", escreve-se no fim do conto, servindo este *finale* de Silvestre como comentário aos confrades que, feridos por destino semelhante, mas não igual, de repente desencadeavam cenas chocantes, espojando-se no chão ou arrojando-se contra as paredes, ouvindo-se verdadeiros urros como de torturados, acendendo-se brigas violentas, de modo que era preciso empregar a força contra esses pobres energúmenos. (*sic*).

O que torna este conto significativo e definidor duma caraterística peculiar da ironia é que aqui e ali se salpica de trechos no gênero deste: "A verdade é que ao próprio Silvestre parecia agora que nunca as suas faculdades intelectuais haviam dado tal rendimento. Como serei eu, seu obscuro biógrafo, que o contradiga?". Neste caso é o autor que por ironia da escrita fala pela boca da criatura, melhor apetrechada para determinados entendimentos. E que é o seu alter ego evidente, sua máquina de chilrear (parafraseando Klee), sua temerosa e, no fundo, temida personificação. Régio, que para mim – que o via passar nas ruas da cidade – sempre foi uma figura de pessoalíssimo recorte, independentemente de tudo o resto era o que se usa chamar, com apreço, *um tipo*). Ele sabia bem que a ironia, sem ser *humor*, tem como numa chapa em negativo *um determinado tipo de humor* e, emparelhada com este, uma certa tristeza, uma certa medida ou desmedida angústia. "Houvera beija-mão às senhoras, entre os homens os cordiais cumprimentos de indivíduos da mesma classe, ditos de espírito e, claro está, um grande à-vontade elegante, no meio do qual se esforçara Silvestre por se apagar, não vendo outra maneira de esconder as suas inibições. Aliás lhe não fora difícil: os que iam chegando encaravam-no com um pequenino choque de surpresa, que logo disfarçavam. Alguns, os mais novos, rapidissimamente o analisavam dos pés à cabeça. As damas relanceavam-lhe um breve olhar, que pareciam recolher. Apresentado ou não, Silvestre ficava de lado, via tudo isto, procurava fingir que não estava presente(...)", escreve a dado passo. E medite-se um segundo no nome do seu herói, quase igual – e tendo o mesmo significado – ao do protagonista (Silvério) de *Os paradoxos do bem*.

Ao mundo portalegrense das personalidades conspícuas, ao universo das senhoras donas, dos senhores diretores, dos senhores funcionários, senhores com princípio meio e fim, opõe o escritor a figura inacabada, em construção ou em declínio, dos silvestres, que viviam na religiosidade existencial de Régio como frutos naturais duma vida mais densa e regenerada. Mesmo que através do equívoco ou da loucura.

E quer-se, à puridade, concepção criativa mais irônica?

***

Em muitas mais páginas, em muitas mais obras se poderia detectar o halo irônico. Cremos, todavia, que epigrafamos suficientemente a estrutura e a conformação da ironia regiana. Não é pois necessário que mais alongadamente – com redundância – a registemos em poemas vários, no teatro e até na crítica. Régio, que era claramente um espírito dramático, em certas ocasiões mesmo um temperamento trágico, contrapontava--lhes um saudável sentido das realidades. Sem ironia o digo – *realidades*. Porque, como se compreende, não é ao contemplar o trágico ou o dramático da existência que se sente o apelo temível "da corda dos desesperados" – e sim ao meditar-se, a meu ver extemporaneamente, na irrisão que alguns dizem ser a vida. Para Régio, como decerto para muitos de nós, encarada com realismo verifica-se que ela possui um envoltório de sagrado que destroça essa irrisão. Que lhe não pertence, que lhe não é própria. Que efetivamente pertence, sim, às sociedades organizadas, que a ironia – fina, sibilina ou violenta – bem sabe definir e situar.

5. Para o melhor conhecimento de Régio

O autor de *Davam grandes passeios aos domingos* (que tem Portalegre não só como pano de fundo mas mesmo, diria eu, como protagonista) um dos caráteres mais singulares das letras portuguesas, nasceu como é sabido em Vila do Conde (1901) e aí faleceu de ataque cardíaco em 1969. Poeta, dramaturgo, romancista, contista, ensaísta e pensador, mas também pintor nas suas horas e colecionador antiquário de destaque, foi de igual modo uma significativa figura cívica, tendo participado ativamente na oposição à ditadura salazarista. Viveu muitos anos na cidade alto-alentejana a exercer a sua tarefa de professor liceal, sendo por isso que nela existe uma Casa-Museu com o seu nome – sediada precisamente na Velha Casa.

Fui durante 13 anos – até me aposentar cerca de um ano atrás – o funcionário responsável pelo Centro de Estudos que lhe está anexo.

Devido a este fato, acrescentado à minha condição de publicista, debrucei-me ao longo dos tempos sobre a sua vida, nomeadamente sobre as relações epistolares e literárias que manteve com escritores brasileiros como Manuel Bandeira, Cecília Meireles, Ribeiro Couto (que o visitou numa noite que refiro noutro texto), Moreira da Fonseca, Murillo Mendes, Herberto Sales, Álvaro Lins, Mauro Mota, Dante Milano, Henriqueta Lisboa, Melo Neto, etc. Na sua biblioteca pessoal e no pequeno acervo conservado no Centro de Estudos há, para além de livros destes autores, vestígios do seu mútuo relacionamento, nomeadamente uma curiosa fotografia que lhe enviou o grande poeta de *Louvação dos Poetas* com o propósito expresso de Régio conferir se era ou não verdade ser ele "muito feio"(sic).

Nesse contato que estabeleci com a figura de Régio um caso avultou a partir de dada altura a meus olhos: a sistemática ocultação que se tem efetuado sobre a relevância de ter tido uma filha de uma senhora com quem se relacionou quando ainda era estudante em Coimbra, em cuja Universidade se licenciou em Filologia Românica. Apesar de citado por destacados estudiosos da vida e da obra regiana, nunca este fato – que Régio jamais esqueceria e considerou como o mais importante da sua vida – recebeu uma atenção específica de vulto. E isso considero-o eventualmente caraterizador de setores da cena intelectual lusitana onde, a par dum ambíguo amiguismo, existe ainda uma mentalidade conservadora mesmo da parte de indivíduos que se enroupam com vestes progressistas. Para ilustrar, aqui deixo aos leitores que o não conheçam o comovente poema *Obsessão*, para que se veja o quanto ele revela da verdade interior que subjazia ao autor de *Poemas de Deus e do Diabo* – e que de igual modo dá também sinal claro do seu estro de exceção:

> Sobre umas pobres rosas desfolhadas,
> Vestidinha de branco, imóvel, fria,
> Ela estava ali pronta para o fim.
> Eu pensava: "De tudo, eis o que resta!".
> E entre as palpebrazinhas mal fechadas,
> (Como um raio de sol por uma fresta)
> O seu olhar inda me via,
> E despedia-se de mim.
>
> Despedir-se, por quê?, se nunca mais,
> Sobre essas pobres rosas desfolhadas,
> A deixei eu de ver…, imóvel, fria.
> Pois eu, acaso vivo onde apareço?
> Lutas, ódios, amores, sonhos de glória, ideais,
> Tudo me esqueceu já! Só não esqueço,
> Entre as palpebrazinhas mal fechadas,
> Aquele olhar que inda me via.
>
> [*in*: "Mas Deus é Grande"]

6. "Toada de Portalegre" – dois rascunhos prévios

A poesia, já se sabe, é a seu modo um processo de acumulação e juntura. Qual o seu secreto encadeamento, qual o percurso que toma a sua ordenação, de que forma o poeta talha e restaura, observa e finalmente conclui? Perguntava Camus, a certo passo dum texto seu: "Quem testemunhará por nós?", e respondia de imediato: "As nossas obras". Apontava, é claro, para o testemunho da obra *acabada* no seu ciclo de *coisa espiritual*, de *matéria interior* que transporta para os vindouros, com toda a sua carga própria, as perguntas e as respostas que nos é dado formular. Mas, em simultâneo, é fascinante e importante a mais dum título que tanto quanto o possamos fazer nos debrucemos sobre o *suporte* em si, seja no caso da poesia ou da pintura, da música ou da filosofia, serve dizer: nos ramos das *atividades superiores* que, por o serem, não estão dependentes de eventuais manobras ilegítimas de tiranos ou de equívocos mandantes, ainda que a *matéria* em que se revelem esteja por vezes submetida a ditames exteriores à vontade de quem as utiliza. Porque, nas suas vias interiores, os poetas não têm dono, não são assimiláveis pelos que, frequentemente, tentam à custa deles estabelecer currículos, efetuar brilharetes duvidosos, bolsar jaculatórias de nulo poder encantatório. Não falando, é claro, no caso extremo de quem subtrai à visão e fruição de outrem as produções com que os autores buscam interpelar o seu tempo e o tempo a vir.

Já vários ensaístas e poetas têm analisado proficientemente a questão dos *vestígios*. Deixa-se adivinhar a seguinte pergunta: *o rigor interior duma obra pode ser divisado, digamos, no rigor do suporte?* É inevitável lembrarmo-nos de Balzac e das sucessivas emendas a que submetia os seus escritos, cujos gatafunhos desesperavam os tipógrafos, ou das partituras de Schubert frequentemente lançadas num qualquer papelucho que lhe caía nas mãos, ou até sobre o tampo de mesas até que um fortuito papel salvador lhe chegasse…

Como se estrutura pois a *matéria criada*, de que maneira peculiar voga e navega o processo criador – tal pode entrever-se pela observação desses vestígios que os diversos autores nos legam ou simplesmente vão deixando na sua viagem pelo tempo que lhes coube viver. No caso que a seguir abordaremos isso naturalmente acontece.

Cedidas em fotocópia pelo Dr Manuel Inácio Pestana – a quem fora oferecida reprodução das mesmas pelo colecionador António Capucho – temos na nossa frente as duas versões prévias (deverá chamar-se-lhes rascunhos?) do conhecido texto regiano que fez e muito bem momentos inesquecíveis de muitos leitores tanto lusitanos como brasileiros. Dediquemos-lhes atenção, visando a deixar algumas pistas consistentes.

A primeira versão, exarada na bela e clara letra de Régio, tem emendas em todas as páginas, sendo de assinalar que a "emenda" da décima é um acrescento no verso da mesma; acrescento significativo, uma vez que é a famosa reflexão que começa: "*O amor, a amizade e quantos/ Mais sonhos de ouro eu sonhara,* (...)" aliás também emendada na oitava linha. As páginas 2, 5, 7 e 10 são ilustradas por desenhos como que ao correr da pena.

Contudo, apesar de o serem, diria que nos mostram a preocupação plástica do poeta duma forma incisiva: o desenho da página 10, por exemplo, patenteia-nos um rosto arrepanhado, dorido, inclinado sobre a esquerda (tradicionalmente o lado do coração), um rosto que o poeta frequentemente plasmou em desenhos diversos. Na segunda versão, apenas uma palavra foi substituída na primeira linha da oitava página – retomando aliás a palavra escrita na primeira versão: *desgraçados* em vez de *enforcados*, que para Régio decerto marcava em demasia a sequência da estrutura do poema. De assinalar, ainda, que nenhuma destas versões manuscritas contém a palavra *atônito*, que se lê na versão publicada em livro (*Deixado só, nulo, atônito*...); nelas, a que consta é a palavra *vácuo*.

"Esta é a minha mão das palavras", diz num seu poema Carlos Edmundo de Ory (em excelente tradução de Herberto Helder). A mão interior dos poetas procura na escuridão e no silêncio *le mot juste* para tentar redefinir o mundo, para adequar o seu percurso próprio a uma rota de liberdade, de felicidade e de sabedoria.

É essa a única aposta que vale a pena como referia Mathew Mead, a única *tarefa* que ao poeta eventualmente caberá e que num universo de inquietações várias faz de fato sentido. O resto, coisas um tanto espúrias que a vida civil pela mão de alguns tenta colar ao perfil dos criadores, e apenas acrescento frequentemente inútil ou dispensável.

Régio, como grande escritor que era, sabia-o na perfeição.

7. Régio e Ribeiro Couto

Nas minhas andanças, ao correr dos dias, por esta cidade onde vivo há mais de meio século, é inevitável que de entre as recordações de pessoas e fragmentos de minutos, de pedaços de acontecimentos, saia a dada altura a figura bem destacada de Régio: quando, frequentador encartado que era de filmes – chegou a fazer parte dos corpos gerentes do primeiro Cine-Clube (o primeiro e último, aliás…) existente na cidade, que por acaso fortuito viria uma vintena de anos depois do seu falecimento a ter-me como orientador – caminhava na minha frente pela rua bordejada de árvores do "bairro alto" até chegarmos ao "Alentejano" onde usávamos abancar, cada um em sua mesa, para um retemperador "galão" (copo de café com leite) meditado com uma torradinha acalentadora daquele tempo de inverno. Ou quando, ao longo do Verão, nas tardes e noitinhas de "calma e voluptuosidade" duma Portalegre familiar e acolhedora, ele jornadeava acompanhado de membros da sua informal tertúlia nas Catacumbas do Marchão, amorável sala de pasto/cervejaria que faz a saudade de muitos confrades.

Tenho posto a mim mesmo – já vão ver por quê – a questão de quais ruas ele e um visitante de longe terão percorrido em certa noite. Viagem que a meus olhos aparece mesmo como iniciática – senão de sabedorias herméticas ou tradicionais, pelo menos de entrosamento no *encontro*, o encontro em que dois seres podem, por sua íntima convivência, achar-se de maneira incontornável e, no fundo, inesquecível.

Num dos livros do escritor de Santos intitulado *Entre mar e rio*, um notável acervo de poemas "escrito e vivido no meigo país" (Portugal) conforme se lê no *in memoriam* de abertura, há uma curiosa dedicatória no exemplar oferecido ao poeta vilacondense que portalegrense se cifrou; datada de junho de 1952, reza assim: "A José Régio, recordando a sua hospitalidade numa noite de Portalegre, o seu admirador – Ribeiro Couto".

A que noite se referia o autor de *Cancioneiro do ausente*, como teria sido esse momento de fraternal comunhão recordado pelo poeta brasileiro? Iremos sabê-lo pelo próprio Régio, que na secção "Adeus a Ribeiro Couto" – inserida no final do livro *Sentimento lusitano*, edição portuguesa da Ed. Livros do Brasil em que este exprimia o *sentimento da Lusitanidade* que em si morava – dá a lume um testemunho vívido, que aliás homenageia o confrade que acabara de falecer.

Aqui fica o texto de Régio, que desta forma se juntava a Hernâni Cidade, Jacinto do Prado Coelho, João Gaspar Simões, Miguel Torga, Matilde Rosa Araújo entre outros mais, na recordação em que celebraram "o homem cordial" – como lhe chamou Fidelino de Figueiredo – que tão forte e adequadamente soube amar o nosso País e deixou pontes de fraternidade corroboradas pelo tempo:

> *Recordação de Ribeiro Couto:* – *Uma tarde, em Portalegre, eu tinha ido jantar ao pequeno hotel do costume, – e sentia-me triste e macambúzio. Um meu colega comia ao lado e, inclinando-se para mim, disse: "Parece-me que está ali o Ribeiro Couto". Ergui os olhos, timidamente procurei pela sala... Com efeito: o Ribeiro Couto estava no outro extremo. Reconheci-o por um retrato desenhado que viera num jornal. Como disse, eu estava macambúzio, num dos meus dias de retraimento e pessimismo, – pouco ou nada disposto a qualquer convivência. Logo baixei os olhos, alarmado, e segredei ao meu vizinho de mesa: "Não diga nada! Não estou hoje com disposição...". Debalde, porém, tentava fechar-me outra vez na minha concha. Estava ali o Ribeiro Couto!, ali, em Portalegre, naquela sala daquele pequeno hotel onde eu comia, e onde, naturalmente, os encontros desses não podiam deixar de ser raros. De aí a momentos, o rapazito que nos servia veio trazer-me um recado: "O Sr. Ribeiro Couto manda cumprimentar o Sr. José Régio". Contrariado, levantei os olhos para o outro extremo da sala, onde ele estava. Esbocei um cumprimento, um sorriso constrangido, um vago gesto amigável... Mas Ribeiro Couto não se contentava com tão pouco. Mesmo do outro extremo da sala, começou comigo uma conversa que prosseguiu depois no café, depois pelas ruas desertas da cidade, e depois terminou em minha casa pelas quatro ou cinco horas da manhã, a bebermos uma bagaceira que era o que eu lá tinha. Segundo me disse, ele ia passar uns tempos num sanatório. Mas falava, ria, bebia, expandia-se, comunicava de tal modo, que todo o meu retraimento se fundira a essa chama.*
>
> *Como é bom conhecer de perto um verdadeiro poeta, encontrar nele um homem tão vivo e tão simples, ferver ao seu contato, reatar através dele uma fraternidade humana ameaçada!... Eu quase nada devia já pensar, nessa madrugada em que nos separamos para nos não voltarmos a encontrar na vida senão fugidamente; mas decerto sentia isto muito ao fundo de mim, e sempre que me lembro de Ribeiro Couto o volto a sentir.*

A CASA DE JOSÉ RÉGIO

Por fora, há largos anos que a casa me é familiar.

Tanto quanto posso recordar-me vi-a pela primeira vez há muito tempo, numa manhã em que os meus pais me levaram a passear na carroça do primo António Borralho, um hortelão da velha estirpe tal como meu avô paterno. Morávamos fora de portas – e lá fomos nós ao ritmo brando do macho pela estrada que a partir da Vila Nova, virando à direita, passa pelo cemitério sempre rodando no sentido dos ponteiros do relógio e depois entronca noutras vias para outros rumos campestres ou citadinos.

"Não têm cor as paredes destas casas/ basta-lhes o horizonte – ângulo traçado/ entre quem/ as olha e os restos de lonjura no passeio não/ têm cor e já nem lugar ruas/ sem passos de lhes perder/ palavras/ na arquitetura de outras geometrias" assim viu modernamente R.Ventura o bloco de casas que formaram, no século XVIII, o conjunto comprado a Marcos Vaz de Brito, conforme se pode ler no Livro III das fazendas, juros e rendimentos rubricados pelo vigário-geral do bispado, dr. Grandão, cujo termo de abertura é datado de 12 de maio de 1733 – tal como nos conta o mestre em teologia Bonifácio dos Santos Bernardo em artigo que descreve, com soma de pormenores, a "Fundação e Espírito do Beatério ou Recolhimento de S.Brás do Bonfim em Portalegre". Daí o nome de "Quina das Beatas" (e, na cidade, alguns pensariam que por motivos mais pitorescos) dado ao ângulo que é formado pela casa adjacente que, de há anos, albergava nos seus baixos uma oficina de automóveis municipais e da Guarda Nacional Republicana (dantes, era uma cavalariça onde os gaiatos como eu iam pedir alfarrobas) e, nos altos, com entrada pela outra banda, constituiu residência tradicionalmente atribuída ao comandante do Quartel sediado na cidade e que ao presente forma guardas republicanos.

Outros a têm visto doutras maneiras. O próprio Régio, no texto *A Minha Casa de Portalegre*, descreveu-a como segue:

Quando pela primeira vez vi, de noite, a casa que se tornaria a minha Casa de Portalegre, – pareceu-me um casarão sinistro. O que tinha diante de mim era uma parede nua – raríssimas vezes a frontaria duma casa me deu tal impressão de nua, muda, fechada – com uma janela ao meio e outra de cada lado, estas mais pequenas e distanciadas. Por baixo da janela central, de sacada, havia uma porta estreita, sobre um degrau. À direita, um portão de armazém que se me afigurou tapado por uma única e enorme chapa. À esquerda, quase ao rés do chão, outra janela. Como cá de baixo se não via o telhado, que devia descer para um lado e outro, pois o remate da parede fazia ao centro um ângulo agudo, aquela fachada não parecia

49

real. Ao mesmo tempo vivia duma vida intensa mas, hostil, cerrada sobre si mesma. Erguida, para mais, numa espécie de morro achatado e pedregoso, a que se ascendia por umas escadinhas de pedra, ficava fora da estrada e tinha qualquer coisa de cenário para uma história de pavor. Aliás, eu já ouvira que um frade doutros tempos errava lá por dentro, a horas mortas, cumprindo qualquer pena para além da vida (...) À luz do dia, o seu aspecto era um tanto menos fantasmático. A noite excita a imaginação e favorece as visões deformadoras(...).

Sem dúvida. Aliás, a haver por ali algum espectro, mais se me antolha que deveria ser fantasma de monja – exceto se nos dermos um bocado à picardia...Sem brincadeiras marotas: quem por ali estacionou, para além das recolhidas de bons hábitos inculcados (competia-lhes "amassar, cozinhar, varrer, acompanhar as pessoas de fora, despertar para as funções espirituais e temporais, vigiar quem vai falar à grade ou à roda" e, presume-se, outras tarefas miúdas – ainda de acordo com a recolha do padre Bonifácio Bernardo) foram as irmãs fundadoras Maria Vaz, Ana da Rosa e Ana Tavares (todas falecidas, no seu nome cristão de clausura, com idades entre os 80 e os 101 anos em cheiro de bem-aventurança) e outras "antigas gentes e traças" do mesmo cariz monástico.

Por seu turno, Charles David Ley – professor do Instituto Britânico nos idos de quarenta, poeta sem grandes rasgos, mas estimável memorialista de forte pendor viajeiro – no texto que dedicou a Régio, depois inserido no tomo *Escritores e Paisagens de Portugal* (um título curioso...), diz-nos o seguinte:

Ao alto de Portalegre está o cemitério. No dia de finados tocam os sinos. E por ali seguem muitos tristes cortejos, tristes sobretudo quando é um caixão branco que passa – e há dias em que passam três e quatro caixões brancos. Em face do cemitério ergue-se uma casinha (sic) cingida por um muro e um terraço. No Verão alentejano, nos dias de grande calor, ouvem-se as mulas neste terraço bater o chão com as ferraduras. No primeiro andar desta casa vive José Régio. A casa é relativamente grande. Tem muitos quartos e uma cancela fechada a intrusos. Mas Régio só habita uma parte da casa. No resto, vivem os santos: os santos e os pratos.

Das aldeias em roda, de toda a casa de camponês, trouxe Régio qualquer coisa para encher aquela solidão de paredes brancas. (...)

Pode dizer-se que Régio vive apenas em dois pequenos quartos desta casa: na sua pequena biblioteca, onde, sobre a manta, poisam as revistas portuguesas que o mantém em contato com o mundo literário, e no quarto de dormir.(...) Erguendo a cabeça, vê, por uma pequena janela, a planície alentejana.

No que me respeita, esta Casa onde passei até me aposentar grande parte do meu cotidiano está marcada pelas cores da memória: tem para mim vários aspectos, assume várias aparências, existe de diferentes formas como as medas de feno de Monet e as naturezas-mortas de Picasso, incessantemente pintadas deste lado ou com aquele perfil, conforme os tempos iam transcorrendo: aos oito, nove, dez anos era parte do cenário que me rodeava quando com outros garotos lançava papagaios de papel no vizinho Largo da Boavista ou aí participava em vigorosos *derbies* de futebol trapeiro e hóquei em campo com *stiques* de pessoal manufatura; ou ainda quando, atingido por melancólico pontapé nas canelas ou cansado da refrega, me sentava na ladeira suspensa sobre a estrada e me deixava ficar a ver o movimento que envolvia o local e a estalagem: e eram mulas e machos, jericos e alguns cavalicoques que iam buscar o consolo de ferraduras novas e outros aprestos, nos baixos, para o lado de lá, junto aos muros das traseiras do Liceu; e eram os almocreves, pequenos comerciantes de gado, hortelões e agricultores de diversas artes – e também uns jovens em estudantil fatiota – que ali pernoitavam firme ou esporadicamente. Lembro que alguns traziam bolsas de retalhos coloridos ou de paninho, como as lavadeiras – onde decerto acomodavam viandas e mudas de roupa – e mantas que às vezes lhes via dispor a um canto e lhes serviam de mesa para um necessário convívio, merendando debaixo da grande árvore após desemparelharem o seu meio de transporte hoje já passado à História. Lá por essa Casa "(...) cheia de maus e bons cheiros/ Das casas que têm história/ Cheia da ténue, mas viva, obsidiante memória/ De antigas gentes e traças,/ Cheia de sol nas vidraças/ E de escuro nos recantos/ Cheia de medo e sossego/ De silêncios e de espantos(...)" eu sentia passar e viver uma humanidade compósita, mais ou menos fervilhante e heteróclita que eu coloria de velados prestígios aventureiros, tanto mais que pelo meio também notava alguns feirantes. Donde viria, para onde iria essa gente que às vezes também topava no mercado e nas feiras (das Cerejas, das Cebolas), no terreiro da festa do Senhor do Bonfim ou junto às barracas da massa-frita e do torrão no dia da glória de Sant'Ana? Certamente para lugares interessantes – era o mínimo que podia pensar. Vim mais tarde a saber, já um pouco esgarçada a ingenuidade de infante, que os trabucadores em causa labutavam no dia a dia lá para os ermos de S. Julião, nos contrafortes das Carreiras e nas hortas da Ribeira de Nisa e dos Fortios, a toda a volta da Serra – terreno de caça do Régio colecionador – amanhando suas courelas ou dando frutuosa existência às nabiças e às batatas, às uvas e às maçãs ou, já francamente no reino animal, às frangas, coelhos e galarós honestamente despejados na praça do mercado de então, o antigo Corro, hoje limpo de óleos de carros camarários que após e durante anos o macularam, restaurado e devolvido à sua dignidade de belo e claro lugar.

Quanto à velha senhora Ana, a criada que Régio sempre estimou e por cuja reforma segura foram entregues à edilidade, por conta, certas peças suas e da família (as vinagreiras verdes de barro vidrado e alguns cristos, entre os quais os célebres senhores da Paciência, imagens sentadas com expressão meditabunda) conhecia-a eu bem: quer da rua, quer das vezes em que ela vinha abrir a porta a meu pai, que eu acompanhava quando este ia receber a renda do *senhor doutor*, uma vez que era empregado no escritório de meu padrinho João Vinte-e-Um, familiar dos donos da estalagem – bem como da pensão na Rua dos Canastreiros onde Régio habitualmente fazia as refeições – aos quais o cedia para trabalhos deste cariz.

Por essa altura ia eu entrando na primeira adolescência. Pouco depois mudar-me-ia para uma casa perto da Fábrica Real, abandonando a morada da Rua do Bragado que ia desembocar frente ao Palácio Avilez ao lado do qual, no Achaioli, estava instalado o Liceu onde o poeta oficiava como (dizem que exigente, mas competente) professor de francês. Já traçava meu versinho na tranquilidade dos dias, mas a grande aventura eram as furiosas leituras de "Cavaleiros Andantes" (revista juvenil da época), de Camilo e Lewis Wallace, de Twain e Carroll (herança de minha madrinha Mariana), os cartapácios benditos de Salgari, Fenimore Cooper, Joelson e J. Mallorqui trocados com o Jorge Seminário, o Zé Velhaco, o Domingos Fragalho mais tarde abatido na Guiné. Certo dia, o João Garraio disse-me que na

Estrada da Serra um velhote algo excêntrico, o senhor Manso, vendia por preço em conta livros policiais e outros mais que possuía numas estantes que o filho lhe deixara antes de partir para as áfricas como manga de alpaca. Reunidos os meus parcos tostões lá fui eu cheio de esperança no negócio; e o prestável caturra lá me vendeu um livro da Agatha Christie, *O caso de Charles Dexter Ward* do Lovecraft e o *Fado* do José Régio, que foi a primeira coisa que dele li. Ainda o tenho, esse trio, na minha companhia – tão fraternais como naquela altura. Lovecraft ficou, na minha experiência de leitor, sempre ligado à cúpula e às torres do Governo Civil e do Liceu recortadas contra o céu daquela parte da cidade como a sinistra mansão de Joseph Curwen contra os céus de Providence. Quanto a Régio, via-o ao vivo nos seus caminhares de mestre liceal e de frequentador assíduo do Café Alentejano, do Facha e do Central. Sempre que me cruzava com ele pensava que era aquele homem de pequeno porte e rosto algo austero, mas não taciturno, quem tinha escrito os tais versos que me confundiam seu pedaço para além de me agradarem. Mais tarde, na segunda adolescência, perto de me relacionar com o Donato Faria, que foi quem sucedeu ao poeta António José Forte como encarregado da biblioteca itinerante da Gulbenkian e que eu via conversar algumas vezes com José Régio, encontrava-o noite sim, noite não, no cineteatro Crisfal (se era estação fria) e no Cine Parque (no tempo das estivais esplanadas) onde decorriam as sessões de cinema. Grande apreciador desta arte a que deu a importância devida e reflexões críticas de recorte vário, era uma presença segura naquelas mansões, só ou acompanhado por algum amigo ou colega com quem também frequentava, em alturas oportunas, uma que outra casa de pasto muito apreciadas na época. Quando as fitas terminavam lá, seguia ele rumo ao Alentejano, que era o café mais próximo da sua morada. Ficava por vezes uns minutos a conversar enquanto tomava uma bebida reconfortante, geralmente café com leite. Depois de liquidar a despesa ao sr. João Diogo, que acorria pressuroso, com o seu passo pausado, mas vivo, abalava para casa.

 A Casa recheada por bem mais que *santos e pratos* como escrevia o excelente Charles britânico arrolador de paisagens e escritores. Ademais, o pendor colecionista de Régio está longe de ter sido um *hobby* como alguns já se pretendeu. Nem mesmo foi, a meu ver, um derivativo de qualquer espécie, mas sim uma paixão entrosada no seu fundo complexo e rico de poeta e de visionário que da Casa fez um misto de cotidiano pessoal e vivo espírito criador, o que fica bem patente ao excursionarmos pelas salas judiciosamente repletas de arcazes e faianças, de exemplares significativos de arte sacra, arte pastoril e camponesa, de relicários e memórias, de ferros forjados e mobiliário diverso. Visitar o Museu propriamente dito, que com o Centro de Estudos forma a Casa do Poeta, pode, nos melhores casos, ser uma experiência de fato enriquecedora e comovente. E tanto mais se verificarmos que é um acervo incomparável de arte popular pacientemente junta através de anos que também foram de criação literária de superior exigência. Pena é que os responsáveis portalegrenses do ramo, com certeza imaculadamente bem-intencionados, não consigam multiplicar, como cumpriria, as virtualidades do acervo exposto e do muito que existe em depósito. Espera-se, todavia, que se mantenham atentos às novas fórmulas que correm, para valer, no mundo da museologia – e que delas se utilizem.

A Casa do Poeta é, naturalmente, um bem cultural e espiritual nacional e não se compadece com precariedades de feição restritiva duma utilização ampla e para além de provincianismos setoriais – que Régio sempre abominou.

Após um arranjo final – que a morte já não lhe permitiu efetuar – amorosamente levado a cabo durante mais dum mês por sua cunhada Maria Augusta, seu sobrinho José Alberto e seu irmão Júlio, que orientou os trabalhos, a Casa que o interesse esclarecido do então presidente do município, prof. Manuel Silva Mendes, soube fazer existir abriu ao público no dia 23 de maio de 1971, tendo como cicerone um homem muito estimado na cidade, o antigo músico Germano Guerra.

O Centro de Estudos, onde fui funcionário (um pouco entre a realidade e o sonho, entre Cila e Caríbdis) deu início aos seus trabalhos públicos em 12 de março de 1989.

Nas manhãs e tardes alentejanas, nas minhas horas, eu percorria os vestígios vivos que Régio deixou; lia os livros que foram seus (era essa uma das minhas tarefas, mas também meu prazer e privilégio) e procurava fornecer aos visitantes que lá iam um pouco da sua memória. E havia presenças de amigos que chegavam, uns de ao pé da porta outros de longe.

Às vezes, por deferência amiga de minhas colegas, dava-me ao gosto de percorrer, sozinho, toda a Casa. As salas, um pouco labirínticas para quem não está habituado, não tinham para mim nada de soturno ou intimidativo e era-me grato e alegre passear por aqueles lugares onde se sente pulsar a luz do espírito. Agnóstico dos quatro costados (embora na cidade já me tenham chamado, creio que com bonomia, "conhecido ateu anarquista") compreendo e sentia, contudo, o ar de religiosidade, de sagrado, que Régio dizia ali pairar frequentemente. As estátuas sacras foram-me sendo presença tão fraternal como as esculturas de recorte popular e ingênuo.

E nos dias de bom sol, pela manhã, a passarada cantava nas árvores do pequeno quintal onde em certo dia, levada pelo vento, uma semente bem real caiu num vaso de barro que, por acaso, para ali estava...

in Revista LER e Revista do Centro de Estudos
Regianos de Vila do Conde

MAYTE BAYÓN OU AS RADIOGRAFIAS DA VIDA

Numa tarde de 2002 desloquei-me a Vila Boim, vila dos confins alto-alentejanos incrustada na mais típica região da fronteira junto à Espanha extremenha.

Era um dia de muito calor e uma triste tarefa ali me levava: acompanhar os funerais do poeta J.O. Travanca-Rego, que uma súbita e infausta morte fulminara.

Finalizada a soturna cerimônia que num outro texto evoquei por extenso, para me animar rumei a Badajoz visando a embrenhar-me no cotidiano dessa cidade movimentada e alegre – que aprecio não só por ela mesma, mas também porque me deixa entrever o halo de aventura que sempre sinto ao cruzá-la na direção da Andaluzia onde com frequência me perco e me encontro – e, ainda, porque através dos anos criei nela alguns confrades e certos amigos que me é grato contactar fraternalmente.

Instintivamente, como um animal acossado, busquei a gárrula cidade como que para afastar de mim as sombras da morte que o passamento me deixara coladas. E foi no lar dum desses amigos, após um reconfortante jantar, que um rebento do casal, rapazola de primeiros estudos, me suscitou para ir à Net vistoriar certas coisas interessantes que ali achara.

Em resumo: pus-me consequentemente a navegar um pouco, como intemerato descendente dos descobridores de outrora, ainda que o meu veleiro não estivesse,

como os deles estavam, sujeito a mares de calmaria excessiva e imobilizadora ou a borrascas súbitas e atordoantes.
Sem que me lembre bem como fui parar em um site de pintura e pintores. E correndo por ali fora no encalço dos nomes deles, achei e vi dois que me fizeram ganhar a tarde: o americano do Oeste Lyle Carbajal e a espanholíssima, mas com um timbre universal, Mayte Bayón.
Fiquei tão impressionado com a pintura destes dois – que ainda mais se destacavam num mar de relativa impessoalidade e de convencional imitação que se arrastavam no site em questão – que depois do regresso a Portalegre, logo no dia seguinte, fiz dois poemas que os celebravam e à excelência da pintura deles. Pouco tempo depois publiquei-os, de juntura com outros dois dedicados a Hundertwasser e Morandi, numa conceituada revista ibérica por solicitação estimável dum dos seus mantenedores. Foram os primeiros do bloco a que depois chamaria "Poemas desenhados".
E com Mayte Bayón o contato frequente não mais cessou.

***

1. É possível fotografar a alma? Parece que, no mundo da Ciência, as opiniões se dividem: uns asseguram-nos que isso de alma é só mera convenção para compartipativas efabulações simbólicas, ao passo que outros, mais desempoeirados no que diz parte a afirmativas religações, navegando pelos mares onde as ilhas fabulosas têm a obstinação de gostar de aparecer, nos dizem com soma de pormenores que essa substância etérea é mais consistente que a realidade real dos séculos.

Pode, portanto, fotografar-se a alma? Não o iria jurar. No entanto tenho para mim que, embora duma forma muito própria, inconvencional e matérica, há frequentações pelo menos aproximativas. No continente, está de ver, onde cobram existência civil os mitos, as lendas, as deambulações comezinhas de gente com uma forma muito peculiar e espiritual de se deslocar através do espaço e do tempo – aqueles que, sendo pintores e poetas das mais desvairadas congeminações, exercem no cotidiano o seu múnus inquietante ou sedutor.

Mayte Bayón, através das obras onde se inscreve, até mediante as cores com que as constrói, uma aparente estranheza que, no fundo, aponta para os dias e as horas de quem se interroga sob o firmamento do cotidiano mais habitual, se não nos dá a foto reconhecível da alma, das almas do mundo, patenteia-nos indubitavelmente as radiografias de seres inventados, de seres inteiramente fantasiados – ou seja: mais reais que as figuras fortuitas que passam por nós numa megalópole ou num *terrain vague* e, em questão de horas, desaparecem para sempre e apenas deixam um resíduo nos nossos olhos interiores, lugares onde os símbolos e as realidades se encontram como num universo absoluta e simplesmente imaginário.

2. Mas esta pintora é uma operadora multifacetada: atriz *performer*, poetisa e, com tudo isto, contadora de histórias encantadoras mediante a escrita e o desenho, num sugestivo simulacro à guisa da banda-desenhada e das iluminuras. Aliás os seus quadros, sejam óleos ou guaches, sejam aguarelas ou colagens modificadas pela intervenção da tinta e da cor, apontam sempre para verdadeiros relatos do que se passa ou poderá passar como que fora de cena, nuns bastidores que nos são revelados, realmente patenteados pela autora – a qual numa piscadela de olho amiga e convivencial nos desvenda universos que não desconfiáramos existiam. Ela modifica coisas que eram de uso corrente ou tradicional (por exemplo a série das cabacinhas pintadas), para nos dar a ver esses mundos que formam um cotidiano em que se revê, que habita, que cria num afã de demiurga poética. Nisso é bem uma irmã colaça dos seus compatriotas Picasso e Joan Miró, mas num registo bem diferente: em Mayte Bayón o universo maravilhoso dos utensílios e das quimeras associadas perderam o tom de fábula, agregaram um tom que, se é de maravilhamento, é também de inquietação e mesmo de algum terror: com efeito, nós civilizações, nós pintura, nós criações (digamo-lo com a suficiente carga irônica e o suficiente simbolismo) sabemos agora que somos mortais, sabemos agora que o monstro, todos os monstros, nos podem espreitar a cada esquina, a cada volta do caminho para nos quebrarem e desfazerem as "armas miraculosas" da arte e da paixão interior com que tentamos subsistir, bem assim como as da vida que vivemos como seres sociais.

Nesta pintora, o recurso ao simbólico e a efetivação do desejo íntimo partem sempre de algo que vai dar, como numa imaginária linha reta, às memórias da espécie – mas da espécie universal: é perceptível a linha que, nela e numa linguagem bem moderna, vai contudo encontrar-se e entroncar com as pinturas dos aborígenes australianos e os quadros de areia dos navajos e dos lakotas (ambos seres de serenidade e de ligação ao solo que sabiam entender-se com os plainos desérticos e com os horizontes boscosos, ainda que existindo a milhares de quilômetros de distância).

Mayte Bayón é como que a terceira linha, o terceiro lado, o terceiro ângulo deste triângulo universal que liga antiguidade plena e plena modernidade através duma linguagem comum, salubre e fundacional em que o conhecimento e a possível sabedoria, para nosso bem e nossa salvação íntegra, acabarão por se encontrar e, assim, permanecer salutarmente.

O PIRATA ALMEIDA E SOUSA

1 – De acordo com especialistas das histórias do mar, seja o oriental Nar-u-Din Ali ou o ocidental Tim Severin, os piratas do périplo que vai do golfo de Aden às praias de Mangalore, atravessando o mar arábico, na última fase de ataque e antes da abordagem navegavam aos *zig-zags*. Para evitarem melhor o fogo dos canhões adversários? É de crer que sim, tanto mais que a velocidade superior dos barcos que utilizavam era contudo contrariada pelo seu menor calado e havia que usar de artimanhas compensadoras.

Curiosamente, o célebre e nosso bem conhecido (de nós que andamos nesta existência relativamente bucaneira) Barbanegra, ou seja o excelente Capitão Teach que notoriamente acabou mal apesar dos seus dotes teatrais de flibusteiro encartado, segundo consta também utilizava essa curiosa tática. Coincidência de espíritos afins numa profissão de risco ou, pelo contrário, manobra aprendida com algum irmão-da-costa indiano que teria vindo parar, por caprichos do destino aventuroso, às plagas atlânticas?

Só o podemos conjecturar.

Mas se não temos certezas em relação àquele bravo estripador de marinheiros, no que diz respeito ao autor deste livro (que, muito a propósito, ostenta na capa um barbudo cavalheiro zigue zagueante para ilustrar estas laudas de um pirata poético que sempre achei ter cara de pirata de palco) temo-las todas: não só na disposição textual e gráfica das frases, que se encrespam aqui e ali quais ondas batendo nos rochedos da ilha

Tortuga, como igualmente no seu discurso interior, que visa a uma navegação adequada com o intuito evidente de capturar a arca de tesouros que aos corsários da escrita mobiliza os sonhos e as invenções.

Pois o que subjaz à esgrima deste poeta *doublé* de homem de teatro e de espadachim metafísico é, obviamente, a tentativa de reordenar o mundo através do que pelos anos vai escrevendo, sonhando, realizando e inventando, numa atividade que tenho por quase heroica – se atendermos aos mares encapelados que são o reino de cada dia dos nossos pátrios marinheiros de água-doce, com as suas pernas de pau societárias e os seus papagaios zarolhos e grasnantes pousados em ombros pouco iguais aos dos johns silvers que encheram de fantasia a nossa infância e juventude.

Não vou dizer mais nada. Vou apenas suscitar-vos, sugerir-vos uma leitura audaciosa como uma incursão temerária pelos canais e os istmos dos ritmos espirituais. Em suma, uma navegação tão eficaz como a desses pilotos que, tendo como única condutora a estrela polar dos tempos, sabiam achar a sua ilha misteriosa onde os esperava definitivamente a mais bela viagem futura.

(*Prólogo do livro* O pirata Zig-Zag, *de M. A. Sousa*)

2 – Almeida e Sousa acentua mais ou menos conscientemente o contraste entre a reposição parcial da antiga legibilidade e o exterior atmosférico a que usa chamar-se passado.

É, obviamente, um exilado da tal pintura de tradição. Os seus quadros assemelham-se a violentas sacudidelas na sua vida de pessoa que intervêm mediante os materiais, os traços, a cor ou a ausência de cor, na sequência do cotidiano. É o acaso que o motiva ou, pelo contrário, é uma deliberada atenção a tudo o que o rodeia? Que possui bons olhos de pintor e independência de espírito – e de razão conceitual – não sofre dúvida. Ele subverte – e nas suas colagens isso é muito perceptível – muito do tempo presente. Mas isso é evidentemente uma busca lúcida do futuro.

Almeida e Sousa é pois uma espécie de antiquário (no entreposto que é a pintura intemporal) cuja paixão de sonhador ativo o leva a incendiar o coração das recordações. Por isso as suas diversas representações exteriores – encenadas no interior que como ser humano lhe pertence – são parte de um universo que, como testemunha invisível, nos mostra as habituais e inúmeras servidões da humanidade.

Este pintor devolve a dignidade ao detrito, ao inacabado, a uma espécie muito peculiar de vazio que, no fundo, é uma concepção espacial de presente, de tempo presente. Procede a uma espécie de decantação da matéria afastada da obra alquímica que é pintar, fazer, elaborar com as formas do mundo.

Os velhos mitos são agora como imagens fixas: amores, recordações, viagens e amarguras, todas as representações de um universo de relação – vão desaparecendo lentamente, vão-se transformando em ausências no interior do jogo a que o pintor se entrega. Gostaria que se pudesse entender, daqui a muitos anos, que a principal aposta deste nostálgico de planetas perdidos, deste pacífico sonhador com rosto de flibusteiro, assentava na tentativa paciente e devotada de colocar na natureza-morta da existência o perfil surpreendido e desconstruído duma guitarra maravilhosa ou de um animal favorito. Ou de um qualquer sinal de iniciação para todos os que não se rendem à incapacidade de entender.

Se as ilusões se pagam caro, não é uma qualquer modulação espacio-temporal que vai salvar o que ficou pendurado nos ramos da árvore da sabedoria. Almeida e Sousa, à sua maneira, aí está para o testemunhar.

(Catálogo de exposição)

SOBRE JORGE LUIS BORGES

No seu célebre ensaio *O jogo dos possíveis*, onde analisa a diversidade do mundo vivo, diz-nos a dada altura François Jacob que "É provavelmente uma exigência do espírito humano ter uma representação do mundo que seja unificada e coerente. Na sua falta aparecem a ansiedade e a esquizofrenia". Em seguida, referindo que neste campo a explicação mítica geralmente ultrapassa a científica, Jacob esclarece que tal deve-se ao fato de que os sistemas religiosos ou mágicos englobam tudo, ao passo que a Ciência só opera localmente, através duma experimentação pormenorizada sobre fenômenos que consegue circunscrever e definir. Mas o espírito humano tem exigências de outra ordem, que não se inscrevem na explicação científica nem na fideísta.

Acontece que, na vasta organização plural que é a história humana, surgem os artistas, os escritores e os experimentadores do cotidiano – todos visando a conseguir um padrão de comportamentos criativos que ultrapassem os constrangimentos das outras duas explicações.

Jorge Luis Borges, argentino e cidadão do mundo como ele afirmou várias vezes, nomeadamente quando esteve em Portugal, foi um desses homens cuja passagem pela Terra congrega um universo de representações mentais tão forte e significativo que a sua memória terá eco profundo em inúmeras gerações vindouras.

É geralmente aceite, tanto pelos escritores como pelos leitores devotados, que Borges estará indubitavelmente entre os maiores autores do nosso tempo. Do nosso tempo vivo. Criador de mitos e fixador de realidades que muitos pretendem enevoar, o autor de *O livro de areia* – que gostava de acentuar o fato de ter costela lusitana – deixou-nos finalmente, depois de durante anos e anos ter ultrapassado, mediante a paciência e o gênio, a cegueira e diversas doenças com que o destino o quisera marcar. Em Genebra, cidade que escolhera para seu meditado repouso na extrema velhice e onde tivera, na juventude, a revelação de Tácito e de outros autores desse passado que tão bem conhecia e amava, Borges entrou finalmente na memória dos séculos. A Academia Sueca, que já provou por variadas vezes ter da arte e da literatura uma visão que só a ela envergonha e define, nunca concedeu a J. L. Borges o Prêmio Nobel, apesar de o escritor ser, de há anos, uma espécie de candidato perpétuo. Não lhe perdoava o desassombro de algumas observações – e convenhamos que o Nobel nenhuma falta fazia a Borges. É que nisto de prêmios, os nobéis passam e os gênios ficam!

Se esta morte era esperada, devido à idade do grande escritor, nada contudo fazia prever que ocorresse de repente. Mas *le poète a toujours raison*, como canta Jean Ferrat. Serve dizer: escreve direito por linhas tortas. E não fora o mesmo Borges que muitos anos antes, numa entrada da Enciclopédia editada na sua querida Buenos Aires, propusera como hipótese de cenário para a sua morte a mesma Genebra onde veio a falecer? É que as explicações míticas, ouço dizer-me ao bichinho do ouvido Roger Bacon, por vezes coincidem com a realidade.

Porque, como François Jacob oportunamente se demanda noutra parte do seu livro, talvez o mito, a realidade e a ciência tenham articulações comuns – e os reais criadores aí estão, falando nelas de vez em quando.

SOBRE CRISTOVAM PAVIA

Fez no fim do ano transato 40 anos que o Poeta faleceu. Recordado foi-o por alguns, os que sem dúvida amam a sua poesia luminosa e perturbadora na sua quase ática simplicidade tão cheia de uma vivíssima interpelação ao mundo, às coisas, aos pequenos fragmentos de uma existência cifrada em amarguras e ocasionais alegrias de alguém que, tal como seu Pai Francisco Bugalho, não viveu tudo quanto quis ou quanto merecia.

Mas, no geral do que se convencionou chamar mundo das Letras, não hou-ve – porque não podia haver num areópago de escada a abaixo como é o que nos rodeia – conveniente celebração. O que é compreensível, pois os poetas também veem medida a sua grandeza, frequentemente, menos pelo ruído que pelo silêncio *e a sua melhor honra está precisamente nisso. O mesmo se fez, em diferentes lugares, com Bruno Schulz, com Hans Carossa, com Nuno Guimarães, uma vez que as mundanidades literatas se dão mal e ainda bem com os que só têm de seu o alto talento tão alheio a notoriedades de baixo calibre festejadas pela pedantice literata de determinados* milieus societários.

***

Dizia o célebre inquisidor-mor de Richelieu, com um cinismo não isento de senso de humor, "Dai-me uma frase qualquer e conseguirei que ela ponha um baraço ao pescoço do seu autor". E embora se trate aqui de poesia e de um poeta, talvez faça sentido suspender a respiração por uns segundos.

Porque, com efeito, a poesia é um perigoso ofício. E se não pelas partes de fora, pelo menos pelas partes de dentro.

Será verdade que os poetas são sobreviventes? Talvez sejam – sobreviventes do tal lugar onde se acoita a verdadeira vida a que aludia, entre outros, o sobrevivente de Charleville (Rimbaud). A poesia será também, assim, uma certa arte das retiradas, a forma mais pessoal de combater a adversidade.

Quem diz "pessoal" diz "eficaz". Eficaz, na verdade, porque nisto de coisas de dentro temos de nos haver com presenças muito mais perigosas que os habituais fantasmas do cotidiano. Daí que, por vezes, como (não) queria Cristovam Pavia, só possa haver "saída pelo fundo". Pelo fundo, pelo meio, por cima, em suma e afinal: pelo lugar onde, no encalço de Flamel, "os touros encantados que deitam fumo e fogo pelas narinas" encontram finalmente a brancura da verdade perseguida.

De Cristovam sei muito pouco. Quer dizer, talvez saiba alguma coisa ou relativamente muito — porque vou a ele inteiramente pelo coração. Como fascinado leitor, primeiro, de uns raros poemas inseridos numa pequena antologia algo precária e, depois, dum livro muito pundonorosamente feito, com os seus poemas completos — publicados, esparsos e inéditos — que li inteirinho num pedaço de tarde de Verão, sentado sob uma das nogueiras citadinas em frente do edifício barroco do antigo Hospital da Misericórdia portalegrense.

Cristovam falava (fala) de pequenas coisas, o que é indício de que o fazia de grandes coisas: da morte do seu cão, da luz difusa batendo na parede da casa da velha quinta alentejana dos ancestros, da recordação que sua mãe teria na noite do seu hipotético e afinal sucedido funeral. Coisas assim leves para quem julga que o poeta é uma espécie de artilharia pesada.

E porque o tom em que o fazia é dos mais belos (e estou a lembrar-me da emoção em Rilke, em Hesse, mas também em Marie-Noel), há de encontrar sempre quem através dele possa olhar as tardes de negrume e, simultaneamente, de inteira claridade onde se vão refletindo ora um rosto, ora um ombro, ora uma mão escapando ao nevoeiro...

PÁGINAS DO MEU DIÁRIO (EXTRATOS)

No meu canhenho — um Moleskine canônico que um dos meus filhos me ofereceu — vou juntando ao calhar dos dias reflexões, pequenos poemas, notulazinhas de viagens, enfim: o trivial raciocínio escrito de um convivente que, não tendo angústias de maior, tem contudo dissabores e alegrias, sucessos e congeminações próprios de quem vai existindo num mundo que ainda se não tornou supranumerário. Mas onde por vezes desejam que o sejamos.

Correndo o risco de vos estorvar, aqui dou a lume algumas entradas desse discurso talvez despiciendo, eventualmente dispensável, com certeza dum foro comunicacional e mesmo solidário que naturalmente me apraz.

Mas não se chama/pode chamar a isso, precisamente, a literatura?

Janeiro 7

Depois de um passeio de automóvel pelas imediações do montado de Alpalhão, detenho-me num aprazível recanto perto da pequena vila da Alagoa. É um dia aberto de sol, as colinas para os lados dos

Fortios têm uma cor violeta própria desta época do ano. Em volta, o silêncio, um desses grandes silêncios de certos lugares do nordeste alentejano, paira sobre mim.

Pego num livro de Rilke e dou-me a reler, com ripanso, certas passagens deste seu *Os cadernos de Malte Laurids Brigge*: "Aprendo a ver. Não sei por quê, tudo penetra mais fundo em mim e não para no lugar onde até agora acabava sempre. Tenho um interior de que não sabia. Tudo lá vai dar agora. Não sei o que ali acontece". Palavras tão sugestivas, tão adequadas, tão percucientes, que são quase dolorosas, creio, se lidas por gente que ainda sente viver nela um pouco de sagrado.

E mais adiante, já a contas com um poema de Czeslaw Milosz: "Aos vacilantes, fracos e inseguros foi dada uma tarefa:/ erguerem--se dois centímetros acima da sua própria cabeça/ e dizerem a quem desespera:/ eu também chorava assim a minha sina".

Depois de se lerem coisas assim como é que se pode levar a sério, se acaso ela nos caísse sob o olhar, a escrita perfunctória e pedante de um Xis eivado de veneras e de pesporrente autossuficiência, própria de um luso evanescente que de súbito se viu colocado entre os imortais por fecundo amor e esforçado trabalho da nova diplomacia? E como é que se podem continuar a ouvir, sem um esgar de vômito, os relatos das aventuras cotidianas de um tratante habilidoso ou de um habilidoso homem público fornecidos pelos telejornais?

Fevereiro 24

Chego a esta terra templária (Jerez de los Caballeros) por volta das duas da tarde de um dia esplendoroso. O sol, por surpresa, é como um malmequer por cima da torre singular que logo me assinalaram. E me fascina de imediato, mas no entanto me deixa olhar outras mais. Deambulamos um pouco até entrarmos, para uma leve colação, numa antiga taverna onde se enfileiram tonéis enormes.

Ao deixá-la olho as ruas – e tanto me parece poder estar em fragmentos de Estremoz como em trechos de Marvão, em Montargil ou em Monforte: assim se irmanam estas terras na sua individualidade contudo muito própria, peculiar e singularmente personalizada.

Depois, quando saio de um antigo convento, é já noite. Cumpri minha tarefa, a que fora efetuar e, satisfeito, olho da meia-lonjura as muralhas iluminadas. E sinto uma comoção que não sei explicar: e lá fica ela, doirada – mas vi-a na sua serena alvura; noturna – e foi tão vesperal quão acolhedora.

Até sempre nobre Jerez, de *los caballeros* que garantiram o teu momento para os séculos em que perdurarás!

Março 14

Faz hoje 40 anos, contados dia por dia, que um amigo já falecido me ofereceu este livro de Albert Camus. A dedicatória e a data aqui estão, inquestionáveis. Folheio o livro com enlevo, detendo-me nesta e naquela página, de todas as frases tirando proveito e gosto num gesto espontâneo de apreço, de amor pelas obras deste escritor que sempre me fascinou e de quem me sinto um irmão espiritual. Compreendo os seus encantamentos em face de Tipasa, das colinas argelinas, do mar onde se banhava como um jovem filho desse Mediterrâneo sulcado por muitas raças e muitas gerações que lhe traçaram a legenda e lhe conferiram o poderoso apelo de região solar. Assim como sinto, de igual modo, a sua tristeza ao verificar a fragilidade analítica dos que lhe antepunham reservas, em dada época, sem atentarem no esforço de renovação da linguagem, do estilo próprio, a que ele se entregava para melhor e mais exato testemunho do seu pensamento e da sua imaginação dar a quem o buscava como humilde ou informado leitor, de confrade na rota imarcescível da escrita.

Se sou, agora como no começo, sensível à sua filosofia toda formada nos meandros de um rasgo de ética e de justiça e de verdade, eivada de verticalidade sem sobranceria, de dignidade sem altivez, dessa modéstia varonil como só os altos espíritos são capazes, é como novelista, prosador e dramaturgo que ele preferencialmente se me impõe. O seu *O Avesso e o Direito seguido de Discursos da Suécia* é uma obra-prima comovente e exaltante. Mesmo os seus *Escritos de Juventude*, ainda que nimbados por uma, a meu ver, mais inocência que inabilidade dos inícios, encantam-nos tanto quanto nos impelem numa demanda toda feita de pureza, de justeza e de sinceridade.

Leia-se então este trecho, que depois iria constituir o prefácio daquela sua coletânea:

A pobreza, em primeiro lugar, nunca foi para mim uma desgraça: a luz derramava sobre ela as suas riquezas. Mesmo as minhas revoltas foram por ela iluminadas. Foram quase sempre, creio poder dizê-lo sem fazer batota, revoltas por todos e para que a vida de todos seja construída na luz. Não é certo que o meu coração estivesse naturalmente disposto a esta espécie de amor. Mas as circunstâncias ajudaram-me. Para corrigir uma indiferença natural, achei-me colocado a meia distância entre a miséria e o sol. A miséria impediu-me de crer que tudo está bem debaixo do sol e na história; o sol ensinou-me que a história não é tudo. Mudar a vida, sim, mas não o mundo de que eu fazia a minha divindade. Foi assim, sem dúvida, que abordei esta carreira inconfortável que é a minha, aventurando-me com inocência sobre um arame de equilibrista em que avanço penosamente, sem estar seguro de atingir o fim.

Também desta maneira clara e singular nos falava a voz de Montaigne.

Abril 6

Dantes, quando comentar no *Portugal Diário* era um exercício de cidadania, salvos os pontuais excessos de algum bisnau uma notícia como esta (Suspeitas sobre meandros familiares no caso Freeport) despoletaria um pacotão de saborosos e adequados comentários.

Ainda sou desse tempo definitivamente passado à história.

Agora é o que se vê... Nem um para amostra!

Para além de isto querer dizer que o PD já não é um lugar de debate franco, aberto, independentemente de alguns excessos de que não vinha mal ao mundo, um lugar em que os escreventes humildes confiavam, isso diz-nos mais: que o país está de fato à beira de uma explosão social, como até o duvidoso Soares se deu conta.

Que venha ela, para limpar de vez esta sujeira que se acumulou na nação.

Estes sítios, que serviam como válvula de escape para além de curioso tablado de exercício democrático, perderam a partida. Algo está definitivamente podre neste arremedo de reino da Dinamarca.

O silêncio, mesclado de censura "discreta", agora é o que tipifica o dia a dia...noticioso.

Um país que, parafraseando Churchill, *perdeu a honra e vai perder a liberdade e a paz*, é o que é.

Abril 17

Hoje choveu. Esteve frio. Um frio estranho e agressivo, como que a vingar-se da primavera que por aí desponta e cresce. Acolhi-me, na cozinha, a um aquecedor sobrevivente dos arrumos primaveris. E socorri-me, para me iluminar, de dois livros, em formato de enciclopédia, com as obras de Picasso e de Cézanne, parentes consanguíneos na pintura e, por diferença, na vida de incessantes arroladores de um universo em mutação acelerada.

"Se conheço Cézanne! Era ele o nosso pai, era ele quem nos protegia! Se não havia de o conhecer como estas mãos!", dizia Picasso, já dispondo de um prestígio, de uma situação, de um reconhecimento, a uma senhora que o procurara para que ele certificasse como bom um falso Cézanne, um desses falsos Cézannes que foram muito proverbiais em aparecer nos idos de cinquenta do século passado (recentemente apareceu um entre nós).

Em Picasso, como em Cézanne, os traços, as cores, as formas, as incidências deste ou daquele motivo estão ali da única maneira pela qual o poderiam estar: intensa e verdadeiramente significativos, representando – ou melhor, certificando – uma situação limite ainda que de forma natural, ia dizer sem alardes, sem sequer dramas ou excessivas recorrências. Olham-se as naturezas mortas com os potes, cântaros ou canecas de barro do solitário de Aix e sente-se, mais do que se percebe, que são irmãs colaças, na sua singeleza e majestade, dos quadros de maiores dimensões em que o compulsivo trabalhador da Rua La Boétie traçava os perfis dos seus pescadores de Antibes, as suas festas arcádicas, as suas alegrias de viver e os seus minotauros plenos de cor juntando a sobriedade ao requinte.

Agradeço pois a este dia arisco e aparentemente um pouco rude esta incursão, retintamente não portalegrense, por um mundo encantado, amável e repleto de incontestada maravilha.

Maio 24

Floriano Martins solicitou-me um pequeno texto de opinião sobre Gherasim Luca, pois vai elaborar um artigo para a Agulha e gostaria de saber a minha opinião sobre o autor de *Dialética da Dialética*. Eis o que escrevi:

O nome de Gherasim Luca (Bucareste, 1913 – Paris, 1994), um dos maiores poetas romenos, num olhar esvoaçante sobre as minhas recordações evoca a meus sentidos os mitos cruéis e sedutores da animalidade compósita, sensual, fascinadora e simultaneamente inocente dum mundo colocado sob a égide duma paisagem grega onde o Minotauro vivesse nas pradarias e não no labirinto, rodeado de flores campestres e de beldades dançando contra o horizonte e o azul esverdeado do mar. Como alguém disse na *Mousson de l'été*:

La tradition poétique francophone ne possède pas, comme d'autres, la mémoire d'une foule de grands diseurs. Il faut se référer à Rictus, à Artaud ou, plus récemment, à Gherasim Luca pour trouver un équivalent de ce mode de récitation, évoquant également les vociferation mantriques d'Allen Ginsberg.

Modo de recitação, acentuo. E ainda: as vociferações mânticas de Allen Ginsberg. Creio que é nestes dois pontos, assim epigrafados, que reside alguma confusão, ou o equívoco, em o quererem aproximar da corrente concreta, se não mesmo letrista. Porque Gherasim Luca, surrealista absoluto posto que viajando nas diversas direções que os pontos cardeais da existência criadora contêm, tem é a ver com a recitação que numa ampla linha reta, mesmo que quebrada pela raiz dos tempos, vem da Grécia e dos coros dos seus mestres teatrólogos. Para exemplificar, mas também para ficarmos com algo de palpável e de imarcescível, deixo-vos no original este seu poema que o credita, tal como credita ainda a ideia provada de que o autor de *O vampiro passivo* foi um dos que sempre navegaram na barca da imaginação e do lirismo deste lado de cada vida:

Poème

    Je te narine je te chevelure
    je te hanche
    tu me hantes
    je te poitrine
    je buste ta poitrine puis te visage
    je te corsage
    tu m'odeur tu me vertige
    tu glisses
    je te cuisse je te caresse
    je te frissonne

tu m'enjambes
tu m'insupportable
je t'amazone
je te gorge je te ventre
je te jupe
je te jarretelle je te bas je te Bach
oui je te Bach pour clavecin sein et flûte

Je te tremblante
tu me séduis tu m'absorbes
je te dispute
je te risque je te grimpe
tu me frôles
je te nage
mais toi tu me tourbillonnes
tu m'effleures tu me cernes
tu me chair cuir peau et morsure
tu me slip noir
tu me ballerines rouges
et quand tu ne haut-talon pas mes sens
tu les crocodiles
tu les phoques tu les fascines
tu me couvres
je te découvre je t'invente
parfois tu te livres

tu me lèvres humides
je te délivre et je te délire
tu me délires et me passionnes
je t'épaule je te vertèbre je te cheville
je te cils et pupilles
et si je n'omoplate pas avant mes poumons
même à distance tu m'aisselles
je te respire
jour et nuit je te respire
je te bouche
je te palais je te dents je te griffe

> je te vulve je te paupières
> je te haleine
> je t'aine
> je te sang je te cou
> je te mollets je te certitude
> je te joues et te veines
>
> je te mains
> je te sueur
> je te langue
> je te nuque
> je te navigue
> je t'ombre je te corps et te fantôme
> je te rétine dans mon souffle
> tu t'iris
>
> je t'écris
> tu me penses

in *"Prendre corps – La fin du Monde"* (Gherasim Luca)

Junho 14

Tenho vindo, pelos tempos, a receber de Floriano Martins e ao que creio em primeira ou quase primeira mão, vários envios com poemas seus ou feitos em colaboração/coautoria com poetisas que ele frequenta como confrades ou correspondentes.

E se é fato que um poema a quatro mãos é sempre compósito, também é verdade que nestes poemas a que aludo se sente o *jeito*, a suscitação, diria mesmo a *excitação* do autor de *Alma em Chamas* e de outros (nomeadamente um volume de entrevistas, entrevistas sim, com escritores sul-americanos) que não vou agora citar.

Durante um certo tempo, claramente devido a um enfoque daqueles que todos os poetas atravessam pelo tempo, na sua *caminhada sem norte e sem estrela/ através das tempestades* (para citar Péret), Floriano deu a lume textos de clara vocação imagética, onde o simbolismo quase barroco (ou o sur-realismo na linha de Arcimboldo) se verificava e se plasmava duma forma evidente, roçando o fantástico na intenção ou, diria melhor, no *resultado*.

A seguir, com certeza por ter dominado esses *daimóns*, sem deixar de ser fortemente imaginativo, conciliou-se – digamo-lo desta forma – com um real, ou trans-real (evidentemente surreal, *et pour cause*) que apela para o cotidiano, mas um cotidiano renovado em que as coisas, os momentos, as lembranças, os seres e os acontecimentos passam a viver intensamente e, nesta medida, a fazer parte daquilo que considero o seu melhor e mais adequado timbre.

Aventurando-se naqueles lugares onde outro autor menos seguro e precavido partiria o pescoço, tem a faculdade de mesclar o sonho com a realidade, ou diria mesmo (e as suas fotografias a ilustrar os poemas é para aí claramente que apontam) *o retrato do sonho com o teatro da existência comparticipativa*.

Em suma, uma poesia – apesar de carregada de imagens e de conceitos – cheia de frescura, de invenção e no entanto de justeza.

Uma última palavra, sabendo-se ou intuindo-se, como parece ser infelizmente hábito na república (ou monarquiazinha?) das letras, que como ele mesmo afirma em momento de desabafo amargo, as cousas andam escuras ("Sim, o mundo das Letras é um mau tablado, uma gente frequentemente da pior espécie, e note que não há muita grana ou prestígio circulantes. Fosse assim se matavam entre si a sol aberto"): é muito agradável e gratificante, desde logo para os intervenientes, este *hacer a quatro manos*. Significa, a meu ver, que ainda é possível a aventura de viver...e de criar sem que os egos se choquem ou as notoriedades se encarquilhem...

MARIA ALZIRA BRUM LEMOS OU A RECONSTRUÇÃO DA MEMÓRIA

"Não se pense, meus senhores, que a memória é coisa do passado. Ela é matéria do presente, deste infinito presente e umas vezes está no que foi e outras no que vai ser e sempre será".
"Aforismos" – Fernando Batalha

1.
Como nos disse em tempos François Jacob, num texto tão excitante como de clara feitura, *A vida é mais questão de engenhoquice do que de engenharia*.

Referia-se, no caso vertente, à vida carnal, material do homem elaborada através dos séculos, mas eu estou em crer que se referiria efetivamente à vida em geral, fosse ela de seres humanos ou de tigres, de lobos de Alsácia ou do nosso estimado *Ornithorhynchus anatinus*, animalzinho estimável, protegido pelas leis internacionais e que, a quem o viu pela vez primeira com olhos de ver, deve ter comunicado um espanto que apenas podemos conjecturar ou inferir a partir de relatos cabais e com chancela científica.

O mesmo se dá igualmente, arriscaria dizer, com certos livros – que naturalmente são representação dos seus autores ou, melhor, das congeminações dos seus autores em certa fase de vivência ou de escrita. Livros únicos, de uma feitura que não se pode entreter de novo sem se correr o risco da repetição desnecessária, ainda que o que se pretendesse fosse o de uma mais perfeita adequação, mais exata preparação como uma iguaria de maestro ou de transmutador. E livros absolutamente, felizmente compósitos, com suas diversas partes e escaninhos, aparentemente intercambiáveis como *puzzles*, como labirintos comunicacionais, como peças de um mecanismo intelectual, literário e feito a partir de uma escrita cujo cimento mais evidente é o que parte da memória, do como e do porquê em que tudo surgiu e,depois, se estruturou para fazer sentido – ainda que um sentido que a uma primeira vista (uma primeira leitura?) não é imediatamente reconhecível ou, ia dizer, mesmo descriptável a quem dele se aproxime sem ter tido a precaução de verificar que se está a contas com um texto-ornitorrinco.

No qual se mescla, como se fosse só por acaso, uma certa angústia de viver trespassada de súbitas alegrias (ou comoções) que principalmente vêm da infância ou da extrema juventude, que é onde as coisas todas começam antes de termos necessidades evolutivas interiores em que a engenhoquice a que se reportava o insigne autor de *"O jogo dos possíveis"*, livro onde as hipóteses biológicas são postas em equação (mas também de "A estátua interior", autobiografia a que eu melhor chamaria viagem memorialística por si mesmo e pelos outros que lhe certificaram a existência e a permanência como pessoa em todas as direções) assenta arraiais de maneira significativa e incontornável.

2.
a. Não estamos a contas com um livro ameno ou, dito de outra forma, amável. A autora, como se fosse uma bióloga-cirurgiã, disseca

As vozes ausentes

o texto (a memória dos eventos que o constroem), descarna a escrita de forma simuladamente (mais que dissimuladamente, num jogo que nos arrasta como cúmplices para dentro das páginas) natural, tranquila, habitual dos meios em que nos faz excursionar: areópagos universitários, terras do (seu) estrangeiro, entrepostos colegiais que frequentou, cidades e lugares onde residiu ou visitou, em suma – elementos que, mais tarde, na nossa existência civil, constituem mesmo que o não queiramos lembranças por extenso e que são, por si sós, lugares estranhos.

Creio que me faço entender...

No entanto, não nos deixemos iludir, pois este é também um livro vincadamente filho de uma prestidigitação que os poetas aliás assumem sem que o mostrem excessivamente, uma vez que isso faz parte, diria, das regras do jogo em que se cruzam realidade e imaginação e já se sabe, desde Madame de La Fayette e do seu canónico "*A princesa de Clèves*", que há fantasias que são muito mais reais que presumíveis realidades, ou dito de outro modo: que para uma situação ser vincadamente real necessita do colorido da construída fantasia, que é alma da escrita, dos relatos e das efabulações, da célebre folha de papel branco vencida pelas palavras e as frases organizadas de determinada feição. Ou seja, exatamente, da literatura;

b. "Ninguém nunca admitiu ter feito parte da Ordem", diz-nos, significativamente, a autora a dado passo ao referir-se à entidade que consubstancia o título deste seu livro simultaneamente aberto e fechado, convivente e provocatório, simbólico, metafísico e no entanto muito concreto nas recorrências a que alude (da infância, dos encontros e desencontros, mesmo da própria nomenclatura discursiva e circunstancial dum cotidiano pós-moderno que subitamente irrompeu e riscou transversalmente um mundo onde está mesmo presente, ainda que em fotografia desfocada, o erotismo interativo ou digitalizado e os sinais de uma técnica e de uma ciência entre "a opacidade e a transparência"(sic) e que, se têm a ver com a evolução das sociedades, muito mais o têm com a resposta que cada um lhe possa dar, seja em escrita seja em existência comum e de todos os dias civis.

É um livro onde as personagens, vistas ou recordadas, sentidas ou apenas criadas para que o pensamento e o sentimento possam existir numa escrita que incessantemente se questiona, ora se perdem, ora se encontram, revoluteando como imagens num espelho, como dizia Fulcanelli, no espelho que é este livro onde a autora (gêmea ou mulher com rabo como um ornitorrinco? Alguém pagando o pato ou Madame Bovary entrevistadora de Templiakov? Poetisa dando comida às plantas carnívoras ou gestora da Coisa Perdida onde se pesquisa a língua?) se expressou.

Essa língua, afinal, que dá origem a universos alternativos – ou seja, da escrita – que foi segundo os cânones o princípio do mundo e que é pelo menos, indestrutivelmente e enquanto houver tempo, memória e terra para os conter, aquilo com que se faz a vida passível de existir num livro, em todos os livros, neste livro simultaneamente atormentado, complexo, sugestivo e onde, afinal e ao cabo, se consegue aperceber uma difusa e conquistada e sentida alegria de existir.

LYLE CARBAJAL OU O PASSEIO REAL PELO PAÍS DA INFÂNCIA

Um mundo de animais fabulosos que são cotidianos e domésticos e familiares quanto baste, um universo de anjos que são pessoas vulgares, um continente de gente diversa e de situações encenadas que de repente cobram razões e têm a sua razão muito própria, a naturalidade do tempo e o inaudito que a cada momento se encontram e se completam. É possível ser livre, serve dizer: transportar a liberdade – seja de existir, seja de conceber a existência desta ou daquela maneira intensa e peculiar?

O pintor diz-nos que sim. E atesta-o com os seus quadros, onde cobra realidade numa vida tumultuosa, encantada e quase miraculosa: a do seu pensamento.

O seu pensamento, sublinho.

Pois Carbajal, tendo nele toda a singularidade dos ritmos que às crianças em geral se atribuem, está longe de ser um pintor *naif*. Com efeito, detectam-se facilmente na sua pintura os vestígios dum conhecimento profundo tanto dos autores do Renascimento como dos modernos que o antecederam, de Cézanne a Matisse, de Beckman a Picasso, de todos os pintores que souberam excursionar tanto pela realidade como pela imaginação que cria os mundos alternativos e reconvertidos que a arte permite e proporciona. Ele é mais um pintor do fantástico, daquele surrealismo onde a poesia busca um sentido de memória que lhe permita dar o retrato transfigurado – e por isso mais real – do passado que se teve e que se lembra com emoção, esse passado em que era possível encenar um futuro provável – ou antes: desejado.

Numa entrevista dada a um órgão de comunicação onde sagazmente é chamada a nossa atenção para as suas raízes hispânicas, Carbajal refere o que sempre o motivou e orienta a sua pintura: as histórias com que as crianças pontilham o dia a dia, feito de coisas habituais – de idas e vindas da escola pelo *chemin des écoliers*, de objetos e móveis de uso cotidiano, de frutos e de animais, de pessoas que se veem ao deambular pelas horas correntes; mas também os grandes medos, os grandes espantos e as grandes alegrias das descobertas de um lugar, daquilo que se aprende seja com os parentes, seja com os mestres, seja mediante o nosso próprio silêncio e a nossa meditação. E a maravilha dum livro, dum filme, dum passeio, duma ida a um circo… Para além do específico bem material dum trabalho aturado.

Sendo um grande colorista, ou seja, um conhecedor profundo de como um rosa se liga a um cinzento, de como um verde-azeitona pode fazer sentido junto a um amarelo-escuro ou um anil, Carbajal tem também um domínio exemplar do inacabado, do imperfeito e do obscuro – esses que mudam de plano no interior e no exterior do suporte e que de repente criam uma nova realidade, tão multifacetada como oportuna.

Un soldat marche, seul, a travers la forêt. Il est minuscule, parmi les troncs des sapins immenses, serrés et compacts comme un mur. On distingue à peine un sentier étroit dans la neige. O pintor, tal como o soldado na floresta assombrada da sabedoria tradicional, só tem para se orientar a sua capacidade de entrega aos mundos que ele cria e que lhe permitem não desistir, rodeado que está (como todos afinal) dos perigos que a cada momento o tentam destroçar. Ou pelo menos impedir que se veja livre dos liames do hábito, do preconceito e da mesquinhez um pouco sórdida dos infernos sociais.

Com a naturalidade dos que sabem purificar o seu *modus operandi*, sem os dramatismos que os zoilos tentam colar-lhe na face (a arte como objeto de turismo mental…), o pintor faz com enlevo nascer o quadro, razão de quem sabe que a arte é ou deve ser um elemento próximo e ao alcance de todos os olhos que querem de fato ver.

Leia-se: que sabem maravilhar-se, isto é – entender a existência como inteira evidência e doação dos adultos que souberam conservar o seu coração de criança.

A 120 ANOS DA MORTE DE SANTO ANTERO DE QUENTAL OU A VIAGEM ATRAVÉS DO DESERTO

Há seres que para mim, para o meu imaginário de sucessivamente criança, adolescente e homem maduro, me apareceram e os vi sempre como uma espécie de entidades caídas da cauda de um cometa.

Assim com Verne, Régio, Nicolas Flamel, Verhaeren, Camilo Pessanha, Antero, assim com alguns outros de outras bandas, serve dizer: Monet, Cimarosa, Jacob Epstein, Fritz Lang.

Se os tenho como uma espécie de *parábolas* através da vida breve, do *tempus fugit*, não distingo na perfeição o que neles move o meu reconhecimento pelo que me deram, me foram dando e me dão ainda nesta aventura peculiar que tem sido viver com os outros e comigo mesmo, enquanto os anos rolam sob as estrelas imutáveis.

Apenas sei endereçar-lhes um halo de gratidão.

***

"Concebi pela inteligência um molde e não atendi à matéria com que tinha de o encher", disse Antero em Paris a Alberto Sampaio. E eis que assim e aqui se vê entrar em cena o deserto com a sua presença inquietante de madre negra e silenciosa, de olhos acesos no princípio e no fim de Antero. Tentando ocultar a "matéria" que o Poeta se esforçava por encontrar.

De fato, a busca de novos planetas empreendida por este claro espírito tão exigente que de si mesmo dizia ser *"um parto da Terra monstruoso"* e que até na destruição usava de rigor (como no célebre episódio em que, com esmero algo arrepiante, esquartejou centenas de laudas escritas nas suas melhores horas, sob o olhar estupefato de Eça) processou-se entre palácios e altos jardins, mas por ora lhe estavam os gelos, os reduzidos oásis, as estradas de pesadelo onde a cada passo um molosso surge, não atento, ou absurdamente atento, ao caminhar sem medida, de medida própria, do poeta e do homem.

Antero foi homem e foi poeta e ao extremo das coisas levou essa condição.

Em Coimbra, onde fora a estudos, encabeça o movimento que cura de antepor a Castilho, *magister* da razão velha, soldado de outro fortim, novos ventos e novos sóis. E atrás de si leva, e consigo, outros pesquisadores, posto que alguns o fossem de mais limitados fôlego e trajetória. De Antero se haviam animado. E passada a ponte e a árvore da "Questão Coimbrã", construída a nave que haveria de levar uma tripulação em demanda de outras estrelas e portos, seguiu Antero o seu navegar com a luz, o acre, o inteiro da vida e da morte por *"erros próprios"*. É dessa rota que nos falam os seus poemas e o que de mais fez.

Da sua poesia deverá dizer-se que a anima o despertar de sons e toadas distantes, não sendo uma poética de certificação, mas de sonho, de desejos e de esperanças (prováveis?improváveis?). Música que Antero bem adivinhava e sabia e que iria no *depois* forjar acontecimentos que pelo menos durante algum tempo mudariam por completo a face do mundo. "E, pois somos loucos, vamos / Atrás dos loucos mistérios.../ Deixemos ricas cidades/ Ao sério dos homens sérios!", escrevera ele para ser publicado em 1864 nas *Primaveras românticas – Versos dos vinte anos*. E nos *Sonetos Completos*, "Não me fales de glória: é outro o altar/ onde queimo piedoso o meu incenso", estes datados de 1862, colocara perto de si a verdadeira fogueira "de imoto brilho, poderoso e terno" na qual é dado ao verdadeiro poeta consumir-se: o amor do mundo, ainda que – se assim o decide o destino – eventualmente plasmado num ser.

É que Antero era castor e tigre, mas se deixou as *ricas cidades* não o fez com o fito de tornar à floresta: *a despeito de tudo*, atingiu cidades mais belas e mais operosas.

Soletro: Nerval, Van Gogh, Vaché, Crevel. Comparo, medito. E colho em José Régio estas palavras:

> Vida de boémia literária, de aspirações ardentes e vagas, de solicitações tão diversas como logo suspensas, de caóticas leituras em que simultaneamente figuravam a poesia romântica, a metafísica alemã, a crítica francesa, o socialismo, o naturalismo ou os grandes

pessimistas – essa vida iniciada em Coimbra para sempre lhe roubou a paz. Mestre amado dos seus companheiros, chefe pelo vigor da inteligência, a superioridade do talento, o prestígio da consciência clara e a própria sedução pessoal (...).

Quem se admira? Quem se admira pois que Antero – como outros, muitos outros – se tivesse encontrado numa tarde plúmbea e derradeira de setembro com a sua *outra* imagem? É que com terrível frequência o fim, para os que se atrevem a atravessar as areias "de formas caprichosas e nunca vistas", tem uma traça muito semelhante. E querem melhor exemplo de atordoante "ironia transcendente" do que aquela que Antero criou ao abater-se, na última hora negra de uma vida restringida, num banco de jardim público em frente do mar?

"Metendo pela Rua de S. Brás, encaminha-se a passos lentos para o Campo de São Francisco, uma ampla praça pública de Ponta Delgada. Aí, senta-se num banco, junto do muro do convento da Esperança. Nesse muro, por cima do banco, um dístico em pedra lavrada mostra a palavra esperança sobreposta a uma âncora. Antero sorri. Esperança e uma âncora que o segurem à vida, eis precisamente o que lhe falta", assim nos descreve Carlos Loures a última viagem de Antero.

A vida e a morte de Antero de Quental ilustram de forma suprema o desencontro do *muito* que se tem com o *pouco* que há, o desencontro do homem quase inocente (a despeito das *ciladas*) em que todos andamos, há que séculos, mergulhados até ao coração e onde as inquietações que valem não devem, pelo interesse dos áulicos dos suseranos, ultrapassar o simples dealbar do sol da manja (e, se eles são um pouco liberais, da fornicação condicionada e reprodutiva) e do espaço de e para restauro *quanto baste*.

Antero, homem e poeta, libertário e socialista tanto quanto o podia ser nesses anos, me parece que tocou todos os mundos, uns por fora e outros por dentro, da necessidade e da liberdade. E tocou-os de maneira intensa, profunda.

Tão profunda que como se viu, na sua casa de Ponta Delgada e visando a acertar velhas contas com uma existência que se descompusera, aquele a quem Eça de Queiroz chamara Santo Antero pôs termo a uma rota chegada a 1891 metendo uma bala nos miolos.

"Não há já luz que dure,/ E não se pode crer /Na chama das estrelas/ Que estão sempre a tremer", escrevera ele um dia.

A estrela de Antero, essa, haverá de estar sempre alta e fixa, ardente. Livre e renovadora.

E creio que estará **sobre** o deserto.

TRÊS LIVROS TRÊS HOMENS

"Ler é sempre reler um pouco". – Fernando Batalha

De entre as largas dezenas de livros que degustei este ano, no meio das centenas que ficaram por ler e apenas catrapisquei em diagonal e se quedaram à espera de oportunidade – nada mais que por acaso, pois o leitor intemerato é, creio eu, uma espécie humana vivendo um pouco entre o sonho e a realidade ocasional – as obras que gostarei de epigrafar são de recorte muito diverso.

1. A primeira, "La ciudad sin tiempo" (assim no original, pois que eu saiba não teve tradução em português) de Enrique Moriel, aliás Francisco González Ledesma (Poble Sec, Barcelona, 1927), aliás o conhecidíssimo e algo mítico Silver Kane doutros espaços de escrita, é um romance torrencial e fundacional, uma história plasmada através dos séculos que nos arrasta, nos surpreende e nos inquieta da primeira à última página.

Simultaneamente tenebrosa e encantatória, a sua publicação foi como um soco em cheio no imaginário catalão e no (in)consciente coletivo espanhol, que aliás correspondeu entusiasticamente catapultando este romance seminal para o primeiro posto dos mais comprados (e mais lidos, o que nem sempre é o mesmo...) do tradicionalmente arguto leitor espanhol.

Livro perturbador (não aludo propositadamente ao enredo, pois é um romance de enigma...), tenho a esperança de que um editor brasileiro ao mesmo tempo competente e exigente – sei que os há em terras de Santa Cruz! – o apanhe com as sete mãos e lhe possibilite viagem triunfal, pois é uma das reais obras-primas ultimamente saídas no espaço ibérico.

"Yo leo hasta los papeles del suelo", disse em entrevista a Juan Pardo este escritor que durante vários anos se ocultou sob o pseudônimo agora revelado. E dele disse Hermes Cerezo, a encerrar uma evocação justamente emocionada que lhe fez no maior jornal de Barcelona: "Hoy en día, las novelas de González Ledesma son dificilmente localizables. Espero que alguien subsane esta ausencia y que no ocurra como con Gironella, Joseph Roth, Sándor Marai".

Por esta confraria citada se verifica e se pode aferir desde logo a qualidade de Moriel.

2. A segunda, obra em 3 tomos que adquirira há um par de anos, só há uns meses a pude percorrer e finalizar com a atenção e o encanto que merece a qualquer um que não tenha perdido a frescura de saber olhar "*o que*, como dizia Kipling, *se oculta para lá dos montes*".

Trata-se de *A volta ao mundo de um novelista* do grande Vicente Blasco Ibañez. Sim, o de *Os quatro cavaleiros do Apocalipse*, de *Sangue e arena*, de *A catedral* e tantos outros com que, de juntura com o seu devotado amigo e pintor valenciano Joaquin Sorolla, encheu a sua época de verticalidade e de alto talento.

A mais bela reflexão sobre "*a viagem*" não a fez portanto o tal político luso *avis rara* que deu duas vezes a volta ao planeta sem sair do gabinete e recebeu, por tal feito, os correspondentes emolumentos... Nem o tal escritor de sucesso que faz viagens de propósito para depois escrever *volumes* que os interessados e os artolas irão consumir com ripanso. Nem sequer o estimável Xavier de Maistre, com o seu *Voyage au tour de ma chambre* que nos compraz e nos excita pela evidente convicção e o eficaz discurso literário.

De fato, quem me parece ter feito a tal superlativa reflexão que em 12 páginas iniciais arruma de vez a questão, foi mesmo este autor que, nascido em Valência, por obra e graça da sua ação em prol do seu povo teve de se exilar vindo a morrer em Menton, o belo jardim dileto nas doces terras da Provença.

O livro foi publicado em Espanha, na França, nos EUA. faz este mês precisamente 85 anos. É pois um livro antigo – como se tivesse sido escrito mesmo agora. Leiam as páginas sobre Nova Iorque, sobre a China, sobre as ilhas perdidas do Pacífico e depois venham falar comigo. Sujeito de razão e coração este Ibañez e ainda por cima um democrata de antes quebrar que torcer.

Recomenda-se aos aventureiros/as com estaleca e aos muito adultos – ou seja, a todos os que souberam conservar o seu vibrante coração de adolescente sem remorsos.

3. Por último quero destacar a obra *Almas cinzentas* de Philippe Claudel (Dombasle-sur-Meurthe, na Lorena, 1962), que foi Prêmio Renaudot de 2003. Este autor, que no mesmo ano viu o seu livro *Les petits mécaniques* galardoado com o Prêmio Goncourt para novela, faz parte do brilhante grupo de romancistas e novelistas que desde os fins da última década do século passado vêm dando um cariz novo à ficção francesa – que extraíra no meio século as suas melhores galas de obras à semelhança de *A semana santa* de Aragon ou *Adoração* de Jacques Borel – nos seus embates com o pensamento de uma sociedade que perdeu em grande parte a certeza de que as pessoas de bem eram garantes de uma cidadania sem esqueletos escondidos. Reflexão sobre o poder das personalidades tradicionais (juízes, sacerdotes, militares de topo), *Almas cinzentas* é também uma incursão pelo universo da culpa: a culpa de se ser despossuído, fraco e imbele, mas também de se ser *humano, demasiado humano* num tempo esgotado, em que as sombras desfilam sem cor e sem alma exceto a do cinzento que lhes é próprio.

Resta acrescentar que Philippe Claudel, cujo universo de mágoas e de crimes é paralelo, embora lhe esteja nos antípodas, ao do mundo descrito pelo seu famoso homônimo dos anos trinta, enveredou nos tempos mais chegados pela realização cinematográfica, o que tem sido aliás comum a alguns dos mais destacados jovens novelistas franco-britânicos em atividade.

Estes foram apenas 3 livros. Correspondendo a 3 homens. Neste caso dar relevo a tal fato não é menos importante. Dito isto, cumpre assinalar que, porque um rol é um rol, ficaram de fora depois de uma meditação compenetrada obras como *Alguns gostam de poesia* de Milosz e Symborska, *O doutor Gion* de Hans Carossa, *Musk* de Percy Kemp, o excitante conjunto de entrevistas *La edad de oro* de Vicente Molina Foix ou *Escritura conquistada* de Floriano Martins, os *Poesia vertical* de Juarroz e *O movimento das coisas* de Gérard de Cortanze ou, *the last but not the least*, o monumental ensaio "*O século dos intelectuais*" de Michel Winock.

Mas isso seria outra (pequena) história...

Atalaião, dezembro de 2008

DOIS VIVOS E UM MORTO

Hélio Rola e os dragões do mar

Um mundo feérico, alucinante e encantado de faunas diversas, de monstros e de meninos, de bichos que assumem a sua condição de santos civis e cotidianos visitados pela amargura e a mais devastadora felicidade. Coisas do mar, coisas da terra. Em preto e branco e em cores. Olhos que se viram na direcção do horizonte. Ali no Brasil. Ou seja: ali ao pé da esquina, ao virar da página e da avenida: no teu largo, na tua rua, no teu quintal. Dentro e fora do Brasil – no coração duma floresta da Europa onde se acocoram os mal-nascidos.

Entre dentes e entre linhas. Entre deambulações. Entre o grito e o soluço. Para levar para casa como recordação intempestiva, para levar a todo o lado como uma minúscula assombração. Uma gargalhada louca correndo nos ares como o trilo duma flauta numa viela onde jazem carros esventrados, sacos velhos e dejetos de um mundo supranumerário. E também muitos lugares de serena contemplação. A tua, a minha, a alegria dos outros, de todos os que ainda não se desvaneceram. O adeus que não cessa, a melancolia de cidades ao alvorecer. A lua, o sol, um bocejo sonolento no meio da madrugada.

Ao bom calor do Brasil – aqui mesmo no Alentejo, junto ao lago dos patos no Palácio de Cristal, numa simpática tasquinha de Borba. Em Coimbra, nas terras da Amazónia. Como se o tempo e os seus contrastes fosse não mais que uns olhos ouvindo atentamente, orelhas a captarem todas as cores, a boca e a mão esvoaçantes que traçam os seus sinais sobre um cantinho do universo.

Como se tudo e ainda bem não passasse de um desenho a tinta da china ou então um volteio de guache enfeitiçado.

HENRIK EDSTROM OU A RECONVERSÃO DO UNIVERSO

Todo o verdadeiro pintor é de fato um demiurgo. E, como referiu Pablo Picasso, "mais que o inspirado é aquele que inspira". Que inspira o desejo de uma nova visão, de uma nova formulação e, ao mesmo tempo, fornece as faculdades interiores para que tal seja não só possível como concretizável.

Mediante as cores e as formas com que se erguem os sinais dos três reinos da natureza, o que este pintor lírico e surrealista visa é transfigurar a existência em algo de significativo e de salubre, indo para além das condicionantes sociais e humanas. Uma vez que a pintura autêntica é uma alquimia espiritual, que transforma e que faz permanecer na existência cotidiana os signos que a sustentam e através dela permanecem no mundo.

Sendo um filho da Europa do Norte, Henrik Edstrom aprendeu bem cedo as lendas dessas terras onde os gnomos e as fadas dos bosques vivem paredes-meias com os habitantes dos jardins, onde os turbilhões de neve nos deixam adivinhar figuras mágicas ao crepúsculo das povoações. Onde as cores e os traços, por seu turno, nas tardes de sol e de bom tempo possuem uma exatidão precisa e luminosa.

Porque dá mais facilidade de manejo, sendo mais libertador do gesto uma vez que confere mais rapidez à execução, o pintor utiliza preferentemente o guache e a aguarela, como nas obras (uma série de 24 pinturas encantadoras e plenas de frescura) com que ilustrou os poemas do grande poeta húngaro Attila Joszef.

Henrik Edstrom, através da sua paleta tão sabedora e livre como o coração duma criança, viaja pelos mundos onde dá gosto viver, mas com o conhecimento que de tal pode ter um animal cotidiano ou fabuloso entre os bosques e jardins dos nossos afetos vitais.

Nele habitam o poeta e o artista – que as cores e seus prestígios revelam como num encantamento que a todos é, afinal, íntimo e comunicativo.

Tive o gosto de o conhecer na biblioteca municipal, em Portalegre, onde veio há um par de anos expôr uma surpreendente série de 46 óleos, guaches, aguarelas e colagens. Eu cumpria ali os meus últimos dias de funcionário.

Durante duas horas, na sua voz suavizada pela idade, mas firme e sugestiva como os versos do Kalevaala que, aliás, teve o ensejo de ilustrar, falou-me de lendas da sua terra, de projetos e de maneiras de pintar – pois este pintor-poeta é de igual modo um *fabro*, um *hacedor* no plano das matérias, da forma concreta pela qual se exerce a arte de efetivar uma obra que haverá de andar nos dois planos do tempo: a que se palpa com os olhos e a que se observa com os dedos das mãos. Adicionalmente, a que – como a *ars magna*, a *opus primae* – reside e se reconhece no plano da alma, como nos disse Eyrinée Philalète.

Dias depois – já ele voava de regresso a Anneberg, onde nasceu em 1937 – sem que para tal eu houvesse feito algo de assinalável vieram trazer-me ao gabinete um embrulho relativamente volumoso. Abri-o com expectativa. Continha dois quadros belíssimos e, num bilhetinho, vinham os seguintes dizeres: "Para o amigo NS intitular como achar melhor".

Estão hoje na sala da minha casa de Portalegre. Chamam-se, com efeito, "A partida para a ilha" e "O príncipe colhendo a estrela" e epigrafam duas passagens do Kalevaala.

Foi a fórmula mais adequada que encontrei para lhe agradecer.

PALÁCIOS DA SILVA OU A NATUREZA TRANSFIGURADA

Nos quadros de Palácios esplende a transfiguração do mundo. As cores, os traços, as manchas – as formas que projetam o seu universo interior – organizam o caos e dão um sentido novo à perspectiva humana do cotidiano. Recriação da Natureza? Talvez. Mas uma natureza reencontrada, finalmente próxima do Homem, ou seja: habitável, plásmica e salubre – mesmo nos seus tempos de inquietação.

Em Palácios há drama, – a selva obscura dos filósofos e místicos da Idade Média, mas há também a alegria forjada por combinações coloridas em que o movimento da mão possibilita o encontro entre raciocínio e sentimento.

Descendente direto de La Tour e de Dubuffet, Palácios retoma de forma muito própria a interrogação nuclear que foi cara a Gauguin: *Quem somos? De onde viemos? Para onde vamos?*, o que significa que ele se apercebeu que a viagem humana pode ser interpretada mediante a elaboração de uma escrita pictural em que consciente e inconsciente se entrecruzam e palpitam. Não é assim estranho que este colorista se sinta atraído simultaneamente pelo vitral e pela escultura monocromática: no fundo, é a interrogação dos elementos contraditórios que, frequentemente, suscitam a atenção e o interesse de parentes pictóricos como Boccioni e Manolo Millares.

Ao mesmo tempo próximo e disperso, Palácios conservou do passado os mitos de uma infância que lhe permite esvoaçar sobre o abismo dos minutos que a razia social tenta limitar. Algumas vezes cândido, outras vezes trágico, o universo de Palácios conhece os mistérios das estações. E, através duma concentração em que a paleta se transfigura, concebe visões vegetais e minerais que nos dão a imagem duma existência finalmente liberta e à medida do percurso humano.

> *Nota – Este artista alentejano, para cujas esculturas dei a lume os poemas de "Fotossíntese da pedra" (incluídos no livro "Os olhares perdidos"), faleceu prematuramente em 2001.*

SOBRE A POESIA DE ANTÓNIO JOSÉ FORTE

Dizia Ernesto Sampaio em "A única real tradição viva" que *"É esta a orla de um tempo onde todo o pensamento grande e rigoroso vai dar ao Inferno"*. Noutro continente, por seu turno, referia Chesterton que *"Todo o encadeamento de palavras leva ao êxtase, todos podem levar ao país das fadas"*. É pois entre florestas e sombras inquietantes ou surpreendentes que se movem as vozes dos Poetas, uma vez que a razia social, se acaso consente a maravilha, muito mais desejaria essas vozes perenemente sob um sol negro de amargura. Nestes *tempos do fim* como lhes chamou André Coyné, a Poesia move-se com dificuldade e é deslocando-se entre Sila e Caribdis que a nave poética busca chegar a bom porto.

Não tenhamos ilusões: o poeta que o é e não simples abonador de prestígios em verso para maior glória dos seus donos, tem sempre pela frente a insídia das horas do cotidiano policiado – mesmo sendo homem de paz – da intolerância social das aparelhagens sediadas nos polos onde a avidez, o interesse orientado, a mesquinhez, a corrupção judicial e a fraude pública ditam as suas leis.

Para os que persistem em opor aos desvigamentos sociais do dia a dia uma palavra alta e clara, já Gilbert Proteau nos esclareceu qual o destino mais provável: a corda, o punhal, o garrote, as difamações geralmente impunes, o calabouço e, nos casos mais suaves, a marginalização. Aos que acaso escapam, resta em geral uma vida de dificuldades que, entre nós, se cifra na *apagada e vil tristeza* dum mundo que não pode e não quer consentir a liberdade luminosa de ser-se "profeta e aedo num país onde só querem que haja lapuzes e vilões", para citar Manuel Carreira Viana.

A poesia de António José Forte, falecido em meados de 1989, ilustra de maneira perfeita o trajeto de quem não cede e persiste em procurar a casa encantada em cujo telhado crescem floridas excrescências carnosas, o *palácio ideal* que Cheval levou à prática e tantos outros tentam erguer ora aqui, ora ali, entre bosques primordiais e estranhas muralhas de granito.

Desde o seu primeiro livro *Trinta noites de insónia de fogo nos dentes numa girândola implacável* até aos poemas finais dados a lume na Editorial Estampa, passando pelo texto que tinha como personagem nuclear Daniel Cohn-Bendit vindo a público na revista *Grifo*, imediatamente retirada de circulação pela PIDE que impediu a publicação de novos números, sente-se perpassar uma grande inquietação temperada, todavia, pela ternura dos seus melhores momentos. As imagens encadeiam-se de forma inusitada, sempre muito próximas de um *real absoluto* que punha em destaque o amor e o conhecimento do mundo onde as figuras estendiam salutarmente de mão em mão os objetos comuns como um cigarro ou uma chave.

Lembro, das conversas havidas ao velejar dos minutos ao fim da tarde ou já na noite coletiva, o interesse que Forte tinha pelos grandes mistérios da existência (pirâmides de Tenochtitlan, as construções desenhadas na planície desértica de Nazca...) e, em contraponto, os enigmas contidos na existência cotidiana habitual, que lhe pareciam ultrapassar os outros em fascínio e estranheza. Esse cotidiano onde ele "passasse a fumar/ e o fumo fosse para se ler".

A poesia de António José Forte foi-me dada pela primeira vez a ler por Donato Faria, seu companheiro de emprego nas bibliotecas itinerantes da Gulbenkian, numa das nossas habituais reuniões (já Forte saíra de Portalegre para ir trabalhar na Casa mãe) na pensão da Rua 31 de Janeiro, frente à taberna Capote e cujas janelas de terceiro andar deitavam para o Largo da Sé – sempre repleto de gente, principalmente rapazes e raparigas alunos da Escola do Magistério Primário, nesses anos em que a cidade não mergulhara ainda na desertificação que hoje a carateriza em geral e no casco histórico em particular.

Foi ali que este me mostrou os *Cadernos Pirâmide* da responsabilidade de Carlos Loures e Máximo Lisboa. Era a segunda vaga surrealista, que trazia nela autores como Manuel de Castro, o magnífico poeta de *Estrela Rutilante* que teria como pares, no desenho e na pintura, as explosões singulares de Mário Botas e José Escada, posto que atuassem por outras bandas. Mergulhando inelutavelmente no sonho de todas as horas, interiores e exteriores, a poesia surrealista desses tempos, seguidos logo de outros onde mais autores se forjavam, forçava por libertar-se dos enleios do hábito, do conformismo imposto por *condottieri exteriores*, geralmente literatos subidos ao poder administrativamente e nele mantidos pelos mandantes dentro e fora dos órgãos de comunicação e das *estantes* desses lugares de massacre que demasiadas vezes são os *estabelecimentos de ensino* de alto coturno. E em que o lirismo, mais que ser apenas *um epigonismo da prisão de ventre*, como Cesariny dizia com justa ferocidade, seria luz revelada na noite geral.

O lirismo de Forte, separado – por uma brusca mutação interior – daquele que ainda hoje se expande em revoadas de folhas propiciadas por tanto vate de ocasião (ou, o que ainda é pior, por operadores de safada carreira cimentada por áulicos), aspirava à *realidade*, essa realidade outra (surrealidade) em que as mãos, por exemplo, já não são objetos para prender os movimentos alheios mas sinal palpável de fraternal sabedoria alcançada, pomo finalmente liberto abrindo fulgores diferentes e mais autênticos.

Contra a quinquilharia que frequentemente fere o viajante, a sua poesia é suscetível de criar em quem a lê um apetite de melhor e menos banal. A sua adjetivação, que nunca bordeja as margens do efêmero ou do destrambelhadamento pseudo-original, que nunca reside e se deixa cair na redundância pretensiosa, mas é antes um sublinhar de adequadas *iluminações*, faz passar de estrofe para estrofe símbolos que extinguem a inutilidade das escritas que acatam a leitura.

Dizia Étienne de Sénancour: "O homem é perecível; pode ser... Mas pereçamos resistindo e se, ao fim, o que nos espera é o vazio e o nada, façamos com que isso seja uma injustiça". A poesia de António José Forte, que permanece nos nossos ouvidos e na nossa cabeça muito depois de ser lida, ilustra de forma soberana como é possível lançar, aos deuses programados e programadores, o grande desafio dos que sabem ser e dar-se a si mesmos como penhor de que não foi em vão a passagem dum Poeta pelas planícies do tempo destroçado.

(in Boletim do Bureau Surrealista Lisboa-Alentejo e TRIPLOV)

MARIA ESTELA GUEDES OU A
ESCRITA NO PAPEL DO CHÃO

1. Por vezes, atrás de nós, há um ruído insistente. Vamos por uma rua, estamos sentados na gare dum aeroporto, num café pouco frequentado, acabamos de nos levantar do banco de um jardim ou frente ao mar numa cidade estrangeira onde nos encontramos absolutamente sós ou, então, numa taberna de uma pequena estância balnear que visitamos pela primeira vez.

O ruído pode ser o de uma ferramenta manejada por um operário desconhecido, um animal enclausurado que forceja por se escapulir, uma qualquer máquina de que jamais veremos os contornos, o assobio intermitente de uma sirene de oficina ou de embarcação. Mais raramente, gritos abafados, que não identificamos ou que não sabemos de onde vêm. Talvez de simples transeuntes, talvez de soldados em marcha ou de crianças entregues aos seus jogos infantis.

Quem se esqueceu, quem pode olvidar a sensação de surpresa, de estranheza, de arrepio que esse barulho, quebrando a naturalidade do fragmento de cotidiano, despertou em nós?

Frequentemente, os poemas de certos autores são também assim: arrastam, suspendem, distorcem por um breve instante o mundo em que nos fixáramos, no qual excursionávamos ou que nos preparávamos para ocupar. São inquietantes, nostálgicos, palpitantes e, se nos sugestionam como a súbita aparição de uma paisagem desconhecida ou abandonada há muito tempo, mas reconhecível, também criam em nós uma espécie de encantamento provocado por misteriosos filtros ou poções de secreta proveniência. Que poderá ter tido origem no universo da recordação.

E afinal, para maior maravilha, tudo se passa no cotidiano que temos ou que tivémos. Tudo se revela, existe, projeta e vive a partir desse dia a dia em que as pessoas viajam, deambulam e se relacionam como se o fizessem num universo penoso ou fecundado pela alegria. Um universo concreto onde se viveu, onde existem sombras e luz.

Depois, tudo começa a existir nos livros e em nós enquanto leitores: de repente os poemas passam a pertencer-nos, tal como as visões das maiores aventuras que eles transportam ou assinalam. E, mais e melhor, afinal somos donos dos livros, essas máquinas de imaginar que a cada instante traçam no espaço rotas intemporais. Como num

sonho (melhor, na realidade) somos de novo habitantes dum país de outrora, porque também as palavras que formam os versos, matéria aparentemente volátil, passaram a ser tão nossas como um coração, um braço, as artérias ou a mão alucinada com que erguemos os sinais tempestuosos que existem à nossa volta.
Ou na memória.

2. a. Olhei para baixo. Até onde o olhar alcançava, voando a 15 quilômetros de altura e em velocidade de cruzeiro, só se avistava areia – a areia milenar e surpreendente do Sahara. Deverei dizer surpreendente? Mais deveria dizer excitante, familiar dos sonhos de adolescente, de encantado leitor de Salgari e de Kingston que eu fora e nunca deixarei de ser. E pouco a pouco o avião foi descendo até estabilizar nos 2800 metros. Deferência habitual, informou-nos uma hospedeira de bordo, do comandante quando algo de singular acontecia a quem cruzava num jato aquela parte do mundo.

Que olhássemos para uma fita escura que se via lá ao fundo, à direita... E enquanto o avião descia, a pouco e pouco desenhou-se uma fila que a breve trecho aumentou e se verificou serem camelos e viandantes duma caravana sulcando o *erg em* demanda dum oásis, duma cidadela lá para os lados do Oceano.

Horas antes fôra a partida de Bissau, a saída pela costa africana do hoje Saara Ocidental, a imensidão do mar. Cerca de três horas depois passava-se sobre as ribas algarvias. E uma hora depois estava de novo em Lisboa, de cujo aeroporto saíra cerca de um ano antes para me achar – tonto de sono e de alguma angustiada surpresa quando saí para a manhã da bolanha que rodeava o aeródromo de Bissalanca – na cidade de Bissau, na *província ultramarina da Guiné* como rezava o livrinho *Missão no Ultramar* que logo nos era entregue, de capa verde ilustrada com uma foto da cidade com, em primeiro plano, os armazéns da alfândega do porto do Pidjiguiti que depois tão bem iria conhecer.

Por vinte e sete meses ao todo.

b. Como conheceria muitos outros sítios constantes no atlas dos poemas deste Chão de Papel.

O título, como os conhecedores do lugar-onde terão percebido, aponta para a *pátria-chica* do grupo étnico desta região guineense: a tribo dos papéis, cerca de 40 mil naquela altura. É um trocadilho, um simbolismo feliz, pois foi nesta pauta que a A. traçou o seu *mapa de viagens* da incursão onde também me revejo: a praça onde eu ia comprar a fruta que a princípio me admirava por ser tão diferente (e me permitiu não fazer uma avitaminose...), a estrada para Catió onde por vezes éramos abordados mediante uma frase em crioulo (*Qué que bô miste? Bô miste catota ó bô miste bunda? Fala qué que bô miste!*) e que não traduzirei por desnecessidade e discrição alentejana.

O som plangente dos *choros*, o ruído insistente dos tambores na distância e, a certas horas da tarde ou da noite, o *ba-oum* das rocketadas e da artilharia a quilômetros para lá da bolanha, que a certa altura da comissão nem nos inquietavam já. Os passeios à civil pelo fim-de-semana e pelas noites em que não se estava *de serviço*, a ida a ver as montras, namorando as camisas elegantes para depois se poderem comprar no fim do mês, a cerveja de garrafa de vidro grosso acompanhando os pratinhos de camarão e de mancarra, no café em frente da loja da CUF, sob as grandes árvores, as andanças pelo bairro das vivendas catrapiscando as aliás inacessíveis *bajudas* cujo balançar hierático nos sugestionavam, a nós monges guerreiros. E as idas ao mato, para cumprir as obrigações militares...

Os filmes no cineteatro, as taças de sorvete no terraço da Pastelaria da avenida cujo nome esqueci e que era no enfiamento do Palácio do governador até aos edifícios da alfândega, os jagudís que à hora do almoço baixavam dos seus céus de sobressalto e, às dezenas, esperavam civilizadamente, para depois se banquetearem, a ração militar de restos despejados nos *bidons* de folha onde, nas proximidades, se podiam ver também, recolectando sua mantença, garotos e garotas dos cinco, seis, sete, oito anos e mesmo mais, que a fome era muita e a generosidade dos cozinheiros lhes dava a primeira pratada depois de aconchegados os estômagos...

O cabo especialista barbeiro, *dublé* de poeta popular na boa tradição metropolitana dos vates, que me rapava artisticamente a trunfa enquanto me dizia quadras e endechas confeccionadas à maneira escalabitana, o negro anão que era seu adjunto civil por ação psicológica oficial, a lavadeira Domingas de sua graça que me lavava e passava a roupa e ma ia entregar sempre com um miúdo na alcofa das costas, o sargento parecido com um chefe-de-repartição de finanças a quem eu emprestava livros do Simenon e do Camus comprados na Livraria-Papelaria da rua de cima, paralela à marginal e perto do quartel-fortaleza da Polícia militar, o da Amura de seu nome.

O vasto terreiro castanho-avermelhado da parada rodeada de casernas antes do arame-farpado da *zona de morte*, nesse quartel-general tão bem evocado por José Martins Garcia no seu magnífico *Tempo de Massacre* (JMC que eu lá conheci apenas como o *alferes maluco*, meu companheiro de jogos de xadrez intemeratos, democráticos e progressistas – costumava emprestar-me o *República* que lhe chegava da metrópole – e depois, já na *peluda* um par de anos decorridos, em Lisboa na sala do restaurante Os anarquistas da Rua da Misericórdia, aonde eu iria ser o convidado (por carta Lisboa-Portalegre) para almoçar com Álvaro Guerra e um amigo – e conferi surpreendidíssimo (e ele também) que era afinal o autor dos textos inefáveis, pelo humor corrosivo, que faziam as delícias de boa parte do Portugal oposicionista que lia o *Suplemento Literário* onde igualmente me desemburrava literariamente!

Que a Guiné tinha destas coisas, frequentemente nos perdíamos--encontrávamos nos meandros rumorosos desse lugar de contendas.

c. Também eu não sei, como a A. não sabe, se a fonte de Vaz Teixeira existe ainda. Provavelmente não, como tantas outras coisas que os anos de independencia fizeram desaparecer. *A África começa mal*, constatava o famosíssimo título do livro de René Dumont. E ao darmo-nos conta de tal fato, que é/foi indubitavelmente real, não podemos deixar de sentir – nós que a amamos por razões carnais, diria, de corpo que se fez espírito durante e depois de uma permanência que nos pareceu alongada pelas vivências ali tidas – uma funda perturbação.

Não me referirei mais a estes sucessos de internacional política cotidiana, que aliás corroboram tão simplesmente uma evidência. "Hoje (as sanguessugas) são mais pequenas/E até a alma te sorvem", como escreve MEG num registro mais simbólico e noutra direção metafísica. Que estes poemas, "sóbrios e belos /um belo diário de bordo da memória/ fluido como um relato amoroso", como disse de maneira absolutamente adequada Floriano Martins, se tocam intensamente o que fica para além dos olhos de uma forma discreta, desenfastiada, aparentemente casual – é no espaço desse olhar que cobram a sua ressonância mais poderosa. A isto chamaria eu pudor. Ante o sagrado das memórias, a saudade que em certas alturas quase nos sufoca tem de velar-se sob uma cortina de coisas simples e chãs, para que não as fira uma excessiva exposição de sentimentos. O grande hausto de melancolia, de reencontro, de profunda ternura por um tempo e uma terra, está nesse intervalo apenas sugerido, nesse discreto rumor de dentro que as palavras deixam adivinhar a quem lê com a cumplicidade necessária.

Os poemas efetuam um périplo singular, apontam para os lugares e os nomes familiares e mesmo domésticos, reconhecíveis em todas as horas e acontecimentos. Marcam uma rota, definem uma emoção e uma realidade. São como marcas num mapa cuja geografia se prolonga em todas as direções, neste chão de papel que é livro e sugestão de um país que se fará permanecer mesmo que dele tudo se vá modificando.

Como alguém disse um dia, é num livro que tudo afinal acaba. Para que a terra não esqueça.

3. Nestes poemas de MEG sente-se pairar a sombra de Rembrandt e da sua mensagem lucidamente antilírica – se entendermos como lirismo essa escrita impressionista (um pouco desfasada da realidade mais legítima e soberana) que por aí vai dando cobertura a um romantismo de pacotilha, ultra sentimental e, por isso mesmo, refalso e, no fundo, claramente pedante.

MEG revisita Rembrandt, o pintor que nos deu um realismo *avant la lettre* excursionando pela sua própria rota interior, essa que contém os sinais de um país transterreno.

O Rembrandt das noites semiveladas e das carnes escorchadas, mas também o criador fascinado e fascinante dos interiores repletos de real encanto, está aqui, como se nos antolha que também ali esteja o perfil sóbrio de Milton com todos os seus horizontes perdidos e reencontrados.

Ali, aqui, nesta terra martirizada da Guiné, mas também na terra encantada de uma menina de 12 anos que através da sua sensibilidade e da sua inteligência soube forjar as tintas com que fotografaria a seu tempo uma grande e bela comoção posta em poemas que nos levam de viagem pelo seu paraíso disperso pelos anos que se evolaram. Está ali a escrita, a paixão e o conhecimento da escrita, que é signo maior lavrado nas paredes de um amor pelos ritmos da memória, deliberadamente posto em equação. E está aqui também a interrogação do ser humano, da mulher que (se) recorda, que escreve, que do baú deslumbrante e deslumbrado do seu espírito e da sua nostalgia soube retirar os mais belos sinais de uma infância e adolescência para depois e para todo o sempre.

Idade de mulher... Por isso também Prometeu aqui comparece – esse Prometeu que os grandes pintores, os grandes poetas, podem encenar nos seus quadros/poemas diurnos ou sob a lua dos tempos que vão transcorrendo – pois que o fogo do entendimento ela o acalenta a cada pincelada (verso), a cada retrocesso e reincursão, a cada nova inflexão, a cada lugar revisitado.

Neste livro/poema, cujas jornadas incessantemente se questionam tanto quanto se afirmam – pois que é esse o movimento perene da poesia, ir e vir como se fossem as ondas de um mar na noite ou na claridade – a penumbra ilumina-se a dado passo para ganhar um sentido além da devastação e da amargura. Trata-se duma legítima e nostálgica evocação mas igualmente, ou principalmente, duma transfiguração.

Conhecedora das mansões em que se radica a Arte Real, a autora deixa que a sua poesia se perpasse duma transmutação forjada pela forma e pela qualidade da escrita praticada. Espiritualização da matéria e materialização do espírito, para tudo dizer.

Rembrandt, Milton, Prometeu: o mistério das coisas e dos seres, a sua representação virtual e a chegada ao conhecimento. Ou pelo menos à busca intemerata do conhecimento (da sabedoria?) e de tudo o que ele nos pode ofertar – como claramente acontece neste Poema de carne e de sangue espiritual, livro seminal, secreto e luminoso duma mulher/menina poetisa e maga em terras africanas de outrora e deste tempo cotidiano, que é, para nosso prazer e nossa honra de leitores, Maria Estela Guedes.

Atalaião, Março de 2009

HP LOVECRAFT E OS
MONSTROS SIMULADOS

1. "Na noite de 16 de março de 1970 – conta-nos Agustín Izquierdo, na Introdução do volume que a Editora Valdemar fez sair em 97 e integrou na *Clube Diógenes* – uma curiosa procissão, constituída por cerca de 150 estudantes e encabeçada por três professores, percorreu o bairro de College Hill, em Providence, munidos de tochas e lanternas, numa homenagem local póstuma, 33 anos após o seu falecimento, ao obscuro "recluso de Rhode Island", H. P. Lovecraft. Por fim, o cortejo deteve-se ao pé da Casa Afastada, que em vida fora a morada do homenageado e procedeu-se à leitura de "Fungi from Yuggoth", num cerimonial que teria feito as delícias do seu autor".

Este cerimonial, já com Lovecraft feito em pó, é um bom sublinhado da *simulação* que efetivamente sempre foi a vida do autor de *O horror de Dunwich*. Esta era, no capítulo da existência através dos livros, das letras, das imaginações mais desvairadas a que convencionou chamar-se Literatura, uma *imitação* perfeita. HPL simula uma vida de mistério, de sonho e de caminhadas por mundos inquietantes ou francamente sinistros, o que na verdade era tão só uma *translação* em volta dum mundo pessoal expresso em fatos compreensíveis, de caraterísticas mais ou menos naturais e cotidianas, em geral penosas, que constituíam o cerne da sua existência de desenquadrado: entre muitas outras, a sua profunda repugnância por répteis e peixes, de tal forma pronunciada que a visão dum exemplar esquartejado dum dos últimos o deixava à beira do vômito; a marcada aversão por carnes e a preferência, mesmo a paixão, por bolos e sorvetes, semelhante ao carinho que acalentava pelos gatos. Saber-se de que doença rara ele sofria (1) também concorrerá para, com eficácia, poder traçar-se um mapa adequado do complexo e malfadado, apesar de misterioso e exaltante a mais dum título, continente Lovecraft. E decerto nenhum bem lhe teria feito a opinião frequentemente emitida por sua mãe, a pobre destrambelhada Susie Philips que vira o marido morrer louco ia HPL nos oito anos de idade, que o alertava amiúde para o fato de que apesar de haver nele gênio em quantidade e qualidade suficientes não devia expor-se muito aos olhares da rua, devido à extrema fealdade do seu rosto e à suposta repelência geral do seu aspecto.

Sendo os *Funggi*, como são em grande parte, uma *simulação de poesia*, vão ao encontro *no outro lado do espelho* das surpreendentes efabulações engendradas pelo autor que, diga-se a talhe de foice, nunca viu um livro de sua lavra ser dado a lume em editora profissional e jamais recebeu em vida (e muitos anos após a sua morte) a menor consideração dos habitantes desses lugares onde, presumivelmente, se fazem as sólidas reputações dos escritores ou dos pretendentes: as universidades e as academias d'aquém e d'além mar.

No que respeita aos *Funggi*, sublinhe-se que o acervo a partir do terceiro poema dispersa-se enquanto unidade consequente – e é isso precisamente que, a meu ver, faz o seu encanto e acaba por lhe conferir outra significação mais poderosa. Ao excursionar num mundo a meio caminho entre o sonho e as encenações, digamos, de cariz cinematográfico experimental tal como hoje as conhecemos (HPL era um cinéfilo fervoroso, posto que o não confessasse a todos), o autor deixa perceber que estaria no seu primeiro intuito ir singrando numa progressão dentro da qual se passaria dum texto a outro numa sequência temática lógica e pautável que seria como que o diário de uma experiência limite no mundo lírico terrorífico. Mas como num relato surreal, ou onírico, o que está em baixo passa a estar em cima ou dos lados; os poemas vão aparecendo sem que aparentemente haja uma razão lógica para estarem ou não estarem naquele ou noutro sítio. Por que aparece este no décimo-segundo lugar? E por que não em sétimo, em vigésimo ou em quinto? Na verdade, os poemas são na sua maior parte primos carnais dos seus contos, o mundo neles descrito é tributário do das novelas mas transfigura-se, transmuta-se e finalmente, no derradeiro poema, revela a sua real figura, o seu *espelho filosofal*. (2) Em os *Funggi*, deliberadamente ou não, Lovecraft conta de fato histórias em verso, histórias condensadas ou fragmentárias que, por sutil inflexão, deixa que apontem noutra direção dependente de um mundo "mais real que este que conhecemos" (sic). O tom próprio das baladas irlandesas, das canções de taberna ou de marinheiros (que todas ele conhecia bem) ou os laivos emprestados por E. A. Poe, são o veículo de que se serve para que elas se tornem significativas, verossímeis ou mesmo possíveis. Ficaremos totalmente esclarecidos se lermos e consultarmos os seus outros poemas (a lista completa vai em anexo). HPL, que modestamente se considerava um escritor de segunda ordem (3), efetuou sempre com alguma angústia à mistura uma navegação à vista, mas olhando frequentemente para bem longe. Sendo fundamentalmente *um entusiasmado leitor* (aprendeu a ler aos três anos e nunca mais parou), era um navegador sem norte e sem estrela, emendo: com a estrela da maravilha, mesmo que horrífica e devastadora (4), um poeta seminal que a exemplo do sucedido com outro feiticeiro – Raymond Chandler, mediante as novelas policiais – precisamente devido à sua ingenuidade frente ao sublime, à sua *sinceridade na simulação*, continua a encantar-nos.

2. Lovecraft, lírico bissexto na acepção cunhada por Manuel Bandeira, é assim um irmão colaço do Lovecraft das sagas e das utopias inventadas por uma alma inquieta e sedenta de transfigurações e, patentemente, um irmão *gêmeo* do Lovecraft viageiro imaginário e inventor de excursões por Innsmouth, Providence, Aylesbury e finalmente, por bandas alheias, a mítica Cthulhu. O que nos importará relancear agora é o perfil da sua poética, o mapa desvelado da viagem que efetuou pelos campos onde a imaginação é projetada por *sinais específicos* que na palavra e na múltipla organização que se lhe sucede se consubstanciam e onde não contam os recursos da invenção de mundos alucinantes e alucinados mas sim a lógica interior dum discurso a que alguns chamam inspiração e que não é mais, afinal, que o conhecimento instintivo do valor das palavras desembaraçadas de peias e de escórias dum tempo normalizado, prosaico, realmente reacionário. Na poesia o que conta é o poder da palavra organizada em frases que, como num salmo encantatório, não só sugerem como revelam cotidianos ou fragmentos muito para além do ramerrão das horas civis – e que são as suas iluminações criadas, as suas propostas assumidas ou as suas figuras essenciais. Como dizia Chesterton, o poeta é aquele que sabe (e que alcança enquanto *hacedor*) "que todo o encadeamento de palavras leva ao êxtase, todos nos podem conduzir ao país das fadas".

Temos, assim, que a nostalgia é um dos pontos em que se apoia a lírica lovecraftiana, ancorada em vestígios e em símbolos que elementos reconhecíveis, implícitos ou expressos – o mar, as estrelas, a memória, os ventos, a chuva, a noite, o deserto ou as decadentes cidades dos homens – tornam familiar a quem lê. Nela, o homem (ou o protagonista, voluntário ou involuntário) está sempre dependente dum percurso que passa pelas recordações e pelas vivências dos tempos idos, ornadas pelo prestígio duma ancestral e inquietante sabedoria e onde as figuras espaciais dos Grandes Antigos se irmanam com uma primeva inocência da humanidade. Pagão e animista a seu modo, Lovecraft é manifestamente um parente de, por exemplo, William Blake e Odilon Redon naquilo que estes tinham de visionários, mas difere de qualquer deles no significado último da sua filosofia: ao banir racionalmente, do mundo que encenou, os alvores da manhã e as flores das tardes ensolaradas – que lhe aparecem apenas como sinais dum paraíso inalcançável – o criador de *O caso de Charles Dexter Ward* faz-nos saber claramente que, no tempo conturbado que lhe foi dado viver, os fulgores da noite – dessas estrelas vespertinas que lhe feriam os olhos – constituíam um mais adequado receptáculo para a aventura do espírito onde as efígies dos deuses imaginários contavam na medida em que eram, por antítese, os referentes dum conhecimento amaldiçoado ou perverso mas, talvez por isso mesmo, gerador de sinais mais reveladores e verdadeiros, porque seriam o prelúdio de uma maior realidade, ainda que conquistada a golpes de clava, a tiro ou mediante secretas invocações purificadoras. No fundo, mesmo quando o leitor – irmanando-se com o autor – entra nos mundos que este engendrou, alcançando a revelação de algo que se entende como sério e quase iniciático (sensação comum a todos os que, tendo conservado a inocência e a frescura, deparam com a arte de Lovecraft como com um universo revelado) – a dado passo constata que existe nessa arte um halo muito marcado de humor negro, pois a própria *seriedade dramática absoluta da simulação* nos ensina que esse "exagero" é afinal pedagógico noutra direção: os monstros que sobem das profundezas são em geral dominados ou, pelo menos, impedidos de difundirem alargadamente os seus miasmas. Os monstros indomináveis são bem outros, são as bestiagas muito reais do cotidiano infausto que a todos atinge – e o leitor que arrole a lista que mais lhe quadre.(5) Em suma: os Grandes Modernos que fazem da limpa vida do espírito algo de estranho, de inusitado e de marginal – e que, involuntariamente, ajudam a que nos reconheçamos leitores fervorosos e interessados da escrita deste e doutros interrogadores do Universo e suas leis possíveis e impossíveis. Finalmente e como numa espécie de tributo – relembrando, com emoção, que o li pela primeira vez há 45 anos num tempo encantado e numa cidade com muito do ambiente da sua Providence pessoal – pergunto-me (é uma maneira de falar) porque há ainda lovecraftianos, porque há ainda gente que se dá ao trabalho de ler as suas efabulações caídas talvez um pouco em desuso pelo fato de *agora já se saber tudo*, de se conhecerem não apenas as vias da realidade cotidiana, onde não querem deixar caber a fantasia criadora, mas também as suas ruínas indubitáveis: os mundos da chamada *realidade circundante* – todos eles muito mais perigosos e avassaladores que as pobres sombras fantasmais de HPL. O célebre fascínio que costuma invadir-nos ante uma escrita sugestiva a meu ver não explica suficientemente o assunto. Creio que a resposta reside noutra circunstância. Acredito que isso acontece porque se sente que na simulação concebida por Lovecraft e que ele colocou na dependência de geometrias não euclidianas há, afinal, qualquer coisa de digno e de honrado no seu horror e na sua desmesura, na sua mágoa e na sua assumida encenação de um Mal que nos assalta mas que é, digamos, como que direto e sincero – bem diferente, para tudo dizer, desse mal terrível e destruidor porque mentiroso e sem classe, pequeno-burguês e passa-culpas que frequentemente constitui o nosso triste quinhão de *realidade* e o nosso lamentável momento de ilusão neste século que é o herdeiro virtual do outro que há bem pouco se evolou.

Por último, uma chamada de atenção para um detalhe pelo menos curioso: HPL, em data inserida no manuscrito e que o datiloscrito reproduz, dá os *Funggi* como tendo sido elaborados entre 27 de dezembro de 1929 e 4 de Janeiro de 1930. Mesmo conhecendo-se a espantosa fecundidade do autor de *A música de Erich Zann*, que além da sua obra em prosa e em verso escreveu a confrades, amigos, conhecidos ou simples correspondentes cerca de *cem mil cartas* – o que implica uma evidente destreza e velocidade na escrita... – não podemos deixar de nos colocar uma pergunta: Lovecraft teria mesmo criado a obra em nove dias (*nove*, número dos degraus da sabedoria alquímica(6) da qual ele era um apaixonado) ou tratou-se, pelo contrário, de uma *chave* com que a sua *simulação* nos quis, uma vez mais, pôr à prova?

Notas

(1) *Poiquilotermismo*, ou seja, não se possuir a capacidade, comum a todos os mamíferos, de manter constante a temperatura do corpo, ficando-se precisamente ao nível do peixe e do réptil.

(2) Anos depois do seu falecimento foi encontrado entre as muitas folhas deixadas por HPL um conto inacabado, com o título de *O livro*, que segue ponto por ponto os três primeiros poemas dos *Funggi*. Seria depois completado por Martin S. Warnes, que o intitulou *The black tome of Alsophocos*.

(3) Lovecraft guardava a sua admiração, aliás justificada, para outros autores como M.R.James, Algernon Blackwood, Walter de la Mare, Arthur Machen ou Lord Dunsany, a quem sinceramente chamava verdadeiros clássicos que contrastavam com insignificantes aficcionados como ele (*sic*). Lemos estes nomes não só com o gosto natural de quem ama a imaginação e a grandeza mas, igualmente, com a admiração pela modéstia real que define HPL como o homem de bem que sempre foi.

(4) Os décimo-sexto, vigésimo-oitavo e trigésimo poemas, comoventes na sua *exposição*, mostram-nos isso.

(5) Era um panorama que HPL, como todas as pessoas lúcidas, conhecia na perfeição. Muitos quiseram ver nisso passadismo conservador, mas o adestramento de Lovecraft no segundo quartel da vida desmente-os. A este propósito leia-se o texto de Franklin Rosemont in *Cultural Correspondence* n° 10/11. O trigésimo poema dos *Funggi* também é significativo e esclarecedor.

(6) Embora não fosse um *irmão do orvalho* e um trabalhador *per ignem*, HPL tinha consideráveis conhecimentos filosofais. O seu conto *O alquimista*, ainda que encerre uma fantasia, faz certas discretas alusões que provam tal fato suficientemente.

SOBRE CÉZANNE

1. No dia 22 de outubro de 1906 num quarto de uma casa da rua Boulegon, na cidade de Aix-en-Provence, deu-se um acontecimento penoso que a história da Arte universal registraria: contemplava pela última vez a luz azul-rosada das tardes meridionais um velho pintor que dias antes, na preocupação desgarradora de terminar uma obra sua a que dera o nome de *A cabana de Jourdan* e colhido por uma brusca tempestade, fora acometido por uma síncope no caminho do Tholonet. Descoberto depois, inanimado, pela carroça de uma lavandaria, seria levado para os seus aposentos, persistindo em se recusar a confessar-se doente. Partiria mesmo no dia seguinte para o *atelier* das Lauves e, tremendo de febre, aplicaria ainda algumas pinceladas no quadro absolutamente novo, rigoroso e genial em que os acrobatas cubistas se saberiam reconhecer passados anos.

Chamada por telegrama pela prestável senhora Brémond, Hortense Fiquet, a mulher que afastadamente lhe partilhara conjugalmente os dias da existência civil, oculta a seu filho Paul o estado de Cézanne. Com efeito, como nos relata Frank Elgar, "tendo marcado uma prova na modista" e temendo ter de partir para Aix de supetão, abandonando os trapos, esconde o telegrama numa gaveta. E é aí que o descendente do autor de *A casa do enforcado* o vai achar por acaso no dia 21. "A senhora Brémond contará que, durante a sua agonia, o velho mestre olhava constantemente para a porta por onde deveria entrar o filho que ele amava", diz-nos ainda aquele biógrafo e historiador de arte. Mas era demasiado tarde, porque para os homens como Cézanne sempre o é. Fechada com brusquidão a porta da existência, o solitário de Aix fazia desenhar no horizonte absoluto dos tempos a sua figura de persistente e enlevado interrogador da linha, da cor e do desenho interpenetrados pela sutileza de uma análise cheia de intenções, ultrapassado que fora um temperamento peculiar caraterizado pela fobia dos contatos físicos expressos, a desconfiança ante os teóricos vazios e os copiadores, o receio de que – como ele dizia – lhe quisessem "pôr a pata em cima".

É evidente que não comecei assim, por acaso, a minha intervenção. Se me permitem a ironia, a pintura não é inocente e os que sobre ela escrevem também não... Efetivamente, se é verdade – como queria

Camus – que cada um de nós transporta em si a sua espécie própria de morte, o passamento de Cézanne é revelador. Porque, com as exceções dos contatos com Emile Bernard e Joachim Gasquet (este por razões não totalmente pictóricas) e mais esparsamente Charles Camoins e Léo Larguier, Cézanne esteve sempre só – enquanto artista e pensador *adulto*. Os casos do geólogo Marion e de Victor Choquet (que ele fixou num espantoso quadro datado de 1877) e de Francisco Oler, com quem acabaria por se incompatibilizar, foram tão só acontecimentos ditados pela profunda admiração nos primeiramente aludidos, ou de desconcertante companheirismo que fatalmente teria de acabar mal.

"O isolamento, eis do que sou digno", diria ele certa vez ao escultor Solari vendo aproximar-se a meia-idade.

No que respeita aos pintores impressionistas, com quem tantas vezes tem sido excessivamente arrolado, as suas relações eram oscilantes: profundamente admirado por Renoir, nunca teve ensejo de se dar com van Gogh, sendo todavia hoje pacífico que jamais se lhe referiu como fazendo ele "uma pintura de louco" como certa lenda maldosa persistiu em querer estabelecer; e embora fosse bastante sensível à pintura de Manet, o dandismo do autor de *Pequeno almoço na relva* – ou mais exatamente a sua elegância e delicadeza de maneiras – afastava-o do seu modo de ser retintamente provençal. Monet, tal como Sisley, foi-lhe querido durante anos e, como pintor, dele dizia com apreço: "De nós todos, é o melhor observador. É só olhos, mas – santo Deus – que olhos!". Só a Pissarro e Renoir concedeu algumas vezes o privilégio de o acompanharem na pintura do mesmo tema (o *motivo*). Mas Pissarro foi o único pintor com quem se entendeu no mesmo plano, ainda que sem aprofundarem muito a questão. Dele disse diversas vezes que o considerava o seu único mestre, mas se escalpelizarmos levemente o assunto verificaremos facilmente que o que Cézanne algo ingenuamente punha em relevo era o fato de que as consabidas bondade e comunicabilidade do autor de *Telhados vermelhos em Pontoise* o levavam a dar-lhe conselhos de ordem prática que Cézanne, sempre distraído e desajeitado, encarava com extrema consideração. No que diz parte a Renoir, tal sucedeu numa altura em que por ocasião de uma visitá que este lhe fez foi acometido por violenta pneumonia, tendo sido tratado desveladamente por Cézanne e a mãe. Durante a convalescença, para o animar, este levava-o consigo pelos lugares onde erguia o cavalete, tendo-se estabelecido durante esses dias uma atitude de simpatia e comunicabilidade que só com esforço pode passar por intimidade pictural.

Não vos cantarei, contudo, a cançoneta da fatal solidão do artista – quer esta seja por razões de alma, de coração ou apenas de feitio, pois como se sabe as experiências são absolutamente pessoais e inteiramente não trespassáveis. Um pintor pode estar muito acompanhado no cimo dos Alpes, no meio de Portalegre, nos palmeirais do Sahara ou noutros locais inóspitos, assim como pode estar em solidão profunda no centro de cidades civilizadas ou na azáfama barulhenta dum café, rodeado de presumíveis confrades. A aventura de isso que alguns sentem como pintura é na verdade demasiado grande para se deter em limites estreitos, afáveis lugares comuns ou análises apressadas. Porque, vejamos, se trata da pintura enquanto meio de penetração nos segredos dos deuses. E uma coisa assim não se compraz com aventuras menores tais como o safado perfume das glórias, as mutáveis famas e outras cangalhadas semelhantes – passe o vernáculo do termo – mesmo quando é o pintor, que também é um ser do cotidiano, a equivocar-se ou deslumbrar-se sobre o sentido dos acontecimentos. A pintura, no caso de homens como Cézanne (ou Matisse, ou Chagall, ou Géricault, ou Picasso ou, entre nós, Sousa-Cardoso, Alvarez ou d'Assumpção, para citar apenas alguns possíveis) é uma incursão a todos os títulos absoluta e absorvente no coração do mistério da existência e das diversas formas que esta pode tomar ao organizar-se e que são representáveis. Porque é o único meio que permite a quem nele oficia uma confrontação com a vida interior e exterior – e porque é a única possibilidade de se caminhar ao encontro da obra, na acepção paralela subscrita por Basile Valentin, os Fulcannelli ou Einstein.

Cézanne, como provavelmente sabem, abandonava frequentemente os seus quadros nas estalagens onde se detinha para se restaurar, nas casas em que, ao sabor das andanças, passava um ou dois dias de repouso, não se esquivando ainda a dá-las em troca de um almoço, de um sorriso, de um gesto sincero de apreço ou admiração. Porque este homem cujo temperamento o transformava por vezes num velho urso rebarbativo, mas em cujos olhos repentinamente passava a brilhar uma luz de bondade vinda de muito longe, era levado como por um vento impetuoso e salubre por sobre as paisagens, as figuras e as naturezas-mortas a que depois comunicava uma vida mágica.

"Cézanne pinta. Trabalha ao ar livre, esforçando-se por se abstrair de si mesmo, por limitar-se a pôr na tela o que o seu olhar descobre, observando a diferença de tons e de planos, tentando dominar os seus ímpetos. No meio dos rochedos, na paz infinita do mar e do céu, Cézanne pinta...", diz-nos Henri Perruchot numa tirada digna do Mestre. E mais adiante: "Como um rumor confuso chegam até ele as notícias da guerra. Em Sedan, no dia 2 de setembro, Napoleão III rendeu-se ao inimigo com noventa e três mil homens. Dois dias depois, em Paris, era proclamada a República. Às dez em ponto da noite, os republicanos de Aix, invadindo a Câmara, dilaceraram as imagens do defunto regime, pronunciaram a dissolução do corpo municipal e elegeram outra vereação, de que faziam parte não só o pai de Cézanne como também os seus amigos Baille e Valebrègue e um negociante de azeite, antigo condiscípulo do pintor, Victor Leydet que seria depois presidente do Senado. No meio destes acontecimentos, Cézanne pinta, pois. Serve dizer: conserva e cria, no meio das coisas do século, o sinal maior da vida em plenitude.

2. Se revejo Cézanne na célebre fotografia que Emile Bernard lhe tirou em fevereiro de 1904, que vejo eu? Um senhor alto, de barbicha branca, olhos imersos na sombra criada por um chapeirão de feltro, enrolado num capote de burel, as mãos cruzadas à altura do terceiro botão. Vem-me à memória a figura do general Lee no quadro de Donald Clayburn. Imóvel e petrificado pela objetiva, o ancião de Aix contempla o futuro enigmaticamente. Contempla-nos – entenda-se com este significado – a nós que somos seus filhos naturais. É um olhar que trespassa as épocas – não o olhar de Claude Lantier, esse falhado de sensível gênio criado pela pena talentosa mas, na ocasião, bastante romba de Zola e sim o olhar do criador e do profeta cuja modéstia andava a par da sua capacidade de conhecimento, trabalho e realização. Quem nos olha não é apenas o ancião que, em Auvers-sur-Oise e em Estaque descobria que na natureza plasticamente tudo se organiza pela esfera, pelo cilindro e pelo cone, mas também o homem de espírito

que respondia ao pai Solari ao ouvir que seu filho Emile notara que nas bordas das veredas de Sainte-Victoire as plantas pareciam azuis embora fossem verdes: "Aí o maroto, que descobre aos vinte anos, só com uma olhadela, o que eu levei trinta anos a perceber!". É também o homem a quem os ganapos de Aix, industriados pelos pais, apedrejavam discretamente nos caminhos vicinais enquanto gritavam "Vai pinta di gabi!"(Vai pintar macacos). É, ainda, o artista sobre o qual o naquela bendita altura conservador do museu da cidade, o espantoso (até no nome...) Henri Modeste Pontier, disse com vivacidade e decisão: "Enquanto eu cá estiver não entrará nestas salas um único Cézanne!". E cumpriu a promessa. Só depois de 1926, ano em que foi Deus servido chamar Modeste para a sua beira, é que os quadros do perturbador provençal ali estacionaram com, aliás, benefícios evidentes para o turismo cultural da localidade.

Destinado à carreira sedutora de banqueiro, o jovem Paul subtrai-se tenazmente à tranquila gestão comercial de seu pai e numa bela manhã de Abril de 1861 bate energicamente à porta parisiense do seu irmão-inimigo Émile Zola, com quem na adolescência congeminara feitos e planos aventurosos. Reencontro, aliás, prenhe de equívocos: nunca o cronista dos *Rougon-Macquart* compreenderia minimamente a qualidade do autor de *O pote de grés*. Incompreensão compreensível: Zola era um descendente típico dum século dezoito filósofo e humanista, um filho caraterístico dum século dezenove economicista e profilacticamente *revolucionário*, ao passo que Cézanne era já um habitante do futuro. Para atestar, mas também para nos recrearmos superiormente, ouçamo-lo por uns momentos:

"A natureza é na verdade sempre a mesma, mas da sua aparência nada fica. A nossa arte deve emprestar-lhe a sublimidade da duração. Nós devemos começar por tornar visível a sua eternidade. Que existe por detrás dos fenômenos? Nada, talvez, ou talvez tudo. Por isso eu entrelaço estas mãos que erram dispersas. Apanho por toda a parte, à direita, à esquerda, aqui, ali, esses tons de cor, essas nuances, fixo-as, combino-as umas com as outras e elas formam linhas, tornam-se objetos, rochedos, árvores, sem que eu pense em fazê-lo. Tomam volume. A minha tela entrelaça essas mãos, não vacila, é verdadeira, é densa, é plena. Mas sempre que eu tenho qualquer fraqueza, especialmente sempre que ao pintar eu penso, sempre que eu intervenho, então tudo cai por terra e se perde".

E mais adiante, correspondendo à objeção de Joachim Gasquet: "Não, eu não disse que o artista é inferior à natureza. A arte é uma harmonia paralela à natureza. O artista é igual a ela, desde que não intervenha voluntariamente, compreendamo-nos bem. Toda a sua vontade deve calar-se, ele deve calar em si todas as vozes dos preconceitos, esquecê-los, fazer imperar o silêncio, ser um eco perfeito. A natureza exterior e o que aqui se passa (diz, batendo na testa) devem interpenetrar-se para que uma vida meio-humana, meio-divina, a vida da arte, possa durar e permanecer".

Repare-se que estes conceitos foram formulados cerca de cinquenta anos antes de Werner Heisenberg ter estabelecido o seu princípio denominado *número quântico de estranheza* que tem a ver com o papel do observador tanto em experiências como no acontecer dos fenômenos (fato, diga-se de passagem, que os antigos adeptos da Arte Magna conheciam perfeitamente), princípio esse que abriu à maneira moderna de pensar o mundo e à física teórica rumos novos e insuspeitados; e cerca de vinte e cinco anos antes das teorias do inconsciente dessoutro grande pesquisador de continentes submersos que foi Sigmund Freud. Diz-nos Nora Mitrani em *A razão ardente*:

"O inconsciente humano desempenha um duplo papel; através dele estabelece-se para o indivíduo a constante e útil comunicação com o plano da vida integral; por outro lado, ele é também o luxo dos sonhos milenários, das extintas cosmogonias: é o reflexo exato do inconsciente coletivo, cujos grandes mitos se apresentam à imaginação atual do homem segundo uma forma mais ou menos disfarçada e simbólica; assim, quase todos os sonhos são, para além das mitologias pessoais do seu autor, duma arquitetura muito mais complexa e anônima; por eles realiza-se, efetivamente, a inserção do indivíduo na vida cósmica".

Cézanne, pode dizer-se com propriedade, mediante a sua arte inseria o sonho na vida cotidiana, um sonho sem os tiques dum imaginário convencional. Ao contemplarmos, principalmente, as obras da sua última fase verificamos sem dificuldade e com extremo prazer e reconhecimento que ele dava nelas o pulsar cósmico da terra traduzido na intemporalidade de árvores, rochedos e horizontes que os conformavam.

Mas ouçamo-lo um pouco mais, que não perderemos o nosso tempo:
"O aroma azul e amargo dos pinheiros ao sol deve conjugar-se com o cheiro verde dos prados e o hálito dos rochedos do longínquo mármore dos contrafortes de Sainte Victoire. É preciso traduzir isto, mas só por cores, sem literatura. A arte, julgo eu, põe-nos num estado de graça, por meio do qual encontramos por toda a parte a emoção, como nas cores. Um dia virá em que uma simples cenoura, que um pintor viu com olhos de pintor, pode originar uma revolução".

Façamos um breve parênteses para dizer com modesta ironia que nada podemos afirmar de concreto sobre essa simpática *umbelífera bienal*, que é como as enciclopédias no-la definem. Todavia, no que aos nenúfares respeita, possuímos alguns dados que nos certificam sobre o seu poder explosivo. E isto porque numa rua de Paris o autor, precisamente, dos célebres *Nenúfares* e de outros mefistofélicos estudos *sur nature*, Claude Monet, esteve um belo dia prestes a receber um severo corretivo propiciado por uma pequena multidão que respondera positivamente às sugestões marciais de dois não apreciadores deste pintor, a quem vigorosamente acusavam de *querer fazer pouco das pessoas* e buscavam transmutar a crítica oral em algo de mais consistente.

Mas ainda no que diz respeito às relações entre Cézanne e Zola, será interessante referir que se o autor de *A taberna* nunca o compreendeu como pintor considerava-o muito como poeta. Apesar de, como pintor, lhe ter feito pelo menos tanto mal como Goethe a Kleist ou Schiller a Holderlin – recorde-se que a personagem central do seu romance *A obra* é uma caricatura, aliás errada, do amigo – jamais cessou de como poeta o ter em elevada conta: "Sim, meu caro, mais poeta que eu. O meu verso é porventura mais perfeito, mas o teu é certamente mais puro, mais comovente", comunicava-lhe numa carta em que evocava também os anos da adolescência em que, de súcia com Baptistin Baille, faziam grandes passeios pelos campos de Aix, falando de filosofia, de literatura, de arte em geral (até se debruçavam, com conhecimentos não dispiciendos, sobre alquimia), pois tanto Zola como Cézanne eram excelentes alunos de colégio e, como corolário, indivíduos muito cultos. Como Vollard fez notar algures numa entrevista, o segundo ainda por cima tinha uma memória excepcional.

Escapulido para sempre das areias da média e grande burguesia, Cézanne mergulha decididamente à maneira dum *grande banhista* ou dum batiscafo subliminar na maior aventura pictórica do século XIX. E o século pagar-lhe-á à sua maneira. Leio, com olhos sarcásticos, estas palavras de Alan Bowness, leitor de Arte do Instituto Courtauld de Londres:

Ao contrário de Manet, Cézanne sentia o maior desprezo por toda a espécie de arte oficializada (...)Uma pintura exposta por Cézanne na montra de uma loja de Marselha exasperava de tal modo as pessoas que passavam que teve de ser retirada (...) Nos fins da década de 60 a sua temática era muito imaginativa e plena de fantasia erótica, sendo os seus quadros difíceis de vender.

Revelação a todos os títulos curiosa se nos lembrarmos que a burguesia francesa, ontem como hoje, era uma das mais pornográficas da Europa. Oitenta anos mais tarde seria Willhelm Freddie quem veria apreendidas na alfândega três das suas obras, consideradas ofensivas dos bons costumes. Estão atualmente no museu de Copenhague, pagas por muitos milhares de contos. A História tem destas discretas vinganças, ajudada marotamente pelo tempo, esse grande crítico como lhe chamou André Gide.

Mas sejamos sérios e claros: na obra de Cézanne, na mente de Cézanne, nunca esteve presente a possibilidade de que as suas obras fossem escandalosas. Todo ele se admirava ao contemplar as reações de fato paranoicas – é o mínimo que se lhes pode chamar – que a visão de obras suas desencadeava. Na sua inocência e boa-fé até chegou a endereçar uma carta ao senhor de Niewerkerke, diretor-geral das pinturas do Império, tentando explicar-lhe a lógica da sua posição – com os piores resultados, porque o dito cavalheiro (como qualquer outro diretor-geral do ramo) estava a anos-luz do que fosse o entendimento da pintura.

Isto tinha felizmente contrapartidas, embora poucas. Ao escritor Léo Larguier, admirador consciente e devotado que o frequentou no último quartel da sua vida, ofereceu ele certa vez três telas, de surpresa, com lágrimas de comoção nos olhos, ao manifestar-lhe o então jovem futuro autor de *A vida de Nicolas Flamel* o seu subido apreço. Larguier, jubiloso, aceitou-as de imediato e conta a *pequena história* que – temendo que o Mestre, arrependido do gesto supostamente impulsivo, lhe pedisse as telas de volta – saíu da cidade por alguns dias atarantado com a suntuosidade do presente, levando as obras para lugar calmo e recatado.

3. Quatro anos após a chegada de Cézanne a Paris rebentou o escândalo propiciado pela *Olímpia* de Manet. Os conspícuos visitantes da Mostra, alimentados pelos Bouguereau, os Cabanel, os Gerôme a virgens envoltas em vaporosas vestimentas gregas, a graves personagens imersas em amáveis parlendas maneiristas, a sumidades trombudas apoiando-se em peanhas ou remansosamente sentadas nos cadeirões de suas inóspitas bibliotecas onde quase só entravam para posar ou ler o jornal dos debates, espantando algum ocasional visitante mais dado a leituras sérias, a paisagens onde o luar era o contraponto exato da rigidez claro-escuro do solo, estacam subitamente e escarvam o chão da arena embasbacados ante a serena sensualidade de airosa mocetona daquela jovem donairosa e verdadeira cuja carnação palpitante de luz invadia e inundava a tela, saltava para o cotidiano do Salon onde o nosso monsieur de Niewerkerke tentava dar o tom, o timbre e o arcaboiço de espantalho letrado. "Quem é esta odalisca de ventre amarelo, modelo ignóbil apanhado não sei onde, que representa Olímpia?" bradava indignado Jules Claretie.

Hoje, em frente dos magnificentes quadros de Monet, Pissarro, Manet, Sisley, Renoir, temos dificuldade em entender tal hostilidade, que em certas alturas atingiria mesmo um ódio atordoante. Não é engraçado que a mãe de Berthe Morisot tenha numa suave manhã recebido uma carta do professor de desenho da filha em que o denodado defensor da boa pintura revelava que a menina não só se dava como também expunha com loucos perigosos? A expressão é textual e esclarece-nos de maneira eficaz sobre os hábitos mentais dos professores de desenho da época. No museu do Impressionismo, em Paris – essa Paris que posteriormente tentou por vias atônitas uma recuperação (basta dizer que todos os quadros dos triunfadores da altura estão atualmente nas caves, destinados apenas à pesquisa do *ar da época* por parte de especialistas e estudiosos) – tive de esperar não menos de dez minutos de molde a poder contemplar sem atrapalhações de maior o *Almoço na relva*, o mesmo que a imperatriz Eugénia chicoteou desdenhosamente com o pingalim para demonstrar o seu descontentamento e reprovação. Os tempos vão bem mudados.

E que dizer dos ataques movidos a Cézanne? Sem contemporizações, laboriosamente, o homem que e cito "resolvera representar a natureza e não reproduzi-la" largou amarras e deixou aos marinheiros de água-doce a navegação que lhes era própria. Um artigo de Henri Rochefort, conceituado papalvo – depois antidreyfusista – da escrevinhação da época que comparava Cézanne a "uma criança de mama que faz borradelas" causou a maior satisfação em Aix, tendo cerca de trezentos exemplares de *L'Intransigeant* sido metidos debaixo da porta de todos, segundo Henri Perruchot, "que de perto ou de longe manifestaram alguma simpatia por Cézanne". Os pilares da comunidade, que aliás eram em grande parte movidos pela inveja que a enorme fortuna do pai Cézanne, Louis-Auguste, neles despertava, velavam para que o sol ensombrecesse, para que o verde desmaiasse, para que as terras vermelho-açafrão e os pinheiros agitados por uma rajada de vento ficasse para sempre no olvido ou no tubo de tinta. Mas eis que a natureza, o golfo de Marselha, os rochedos e ramarias de Bibémus, as cebolas rosadas, os castanheiros do Jas de Bouffan, os choupos de Galet, os jogadores de cartas, as planícies de Estaque, as montanhas da Provença e os caminhos de Auvers se põem a cantar nas telas, a bramir nos óleos, a bailar nas aguarelas – e tudo envolto em alegria e melancolia, cercando a nova realidade de uma vida e de um vigor prodigiosos. Não é por acaso que se diz serem os quadros de Cézanne semelhantes a baixos-relevos: com efeito, pela primeira vez na história da pintura o mundo vinha até nós assim, convocado pelo mago. Desde *A ponte de Mancy*, pintado em 1884, ao "*Casebre de Jourdan*", obra que em 1906 marca o derradeiro espasmo da paleta do velho mestre, é todo um universo sólido, nítido, indestrutível que assenta pé nos séculos. O homem que levado por um frenesim criava o *Chateau Noir* e *A casa fendida* era o mesmo que fazia nascer a doçura plena do "*Ramalhete com dália amarela*", o que estabelecia a cumplicidade fulgurante e a relação rigorosa entre os diferentes planos da criação abrasada no sangue e no mel das secretas correspondências plásticas entre mundo e mistério, entre análise e emoção, linha e cor – ou seja: entre as relações que o fazer exterior estabelece com a transmutação interior.

Que importa que muitos anos mais tarde, numa *soirée* de Paris, um intelectual de reduzida estatura – na ocorrência um jovem persa aprendiz de escritor e praticante de pedantes jaculatórias que ficou na história unicamente por esta frase idiota – tenha dito de Cézanne que este possuía "um cérebro de vendedor de fruta"? Não! As famosas maçãs de Cézanne não estavam bichadas, como Breton perspicazmente assinalou. Elas eram a representação de uma tranquila pujança solar, eram a afirmação segura de que com uma maçã, um cupido em gesso, um cacho de uvas e uma compoteira também se faz esvoaçar o pensamento – tudo depende da força e do talento de quem pinta e do *método* com que se oficia. Onde estão agora as laboriosas construções de muitos pintores festejados nas quais uma imaginação de pacotilha se expandia em girândolas que mais tinham a ver com o excesso para lançar poeira nos olhos de quem as contemplava? Desapareceram a todo o pano no mar do esquecimento piedoso. Porque, sublinho, a pintura só se justifica por si e em si, a literatura nada tem a ver com ela porquanto os campos respectivos são de índole totalmente diversa e se se interpenetram não se confundem, estão separados absolutamente pela estrutura que lhes é própria. Um quadro não é movido por temas, por um tema específico, nada o fundamenta senão a dimensão forjada por linhas, por pontos de fuga e por tonalidades confrontando-se entre si. No que respeita à imaginação, sendo esta a faculdade de reorganizar os mundos interiores e exteriores de acordo com dados novos e que o operador inventou modificando os mecanismos rotineiros, não pode confundir-se com brincadeiras estéreis ou fórmulas pretensamente novas mas relevando da esperteza e do cálculo. A imaginação, neste caso que nos ocupa, consiste em perceber-se e em dar-se a perceber mediante resultados (os quadros) que a montanha de Sainte Victoire assume contornos do paraíso reencontrado, o corpo cósmico da vida mineral e que os jogadores de cartas e o pombal de Bellevue, ancorados estreitamente numa visão livre e descomprometida do universo próprio em que vivem, ajudam a descoisificar o mundo e a lançar uma ponte entre o comunicável e o incomunicável. "Para pintar uma rosa de tal esplendor deve ter sido necessário sofrer muito", disse ele um dia a propósito de Tintoretto.

A arte de Cézanne foi laboriosamente conseguida. Chegava a levar anos a pintar um quadro. Outras vezes, pelo contrário, demorava só alguns dias e dizia então que quase atingira a "realização". Mas voltava ao tema uma e outra vez, do que resultava uma série de obras que permite verificar a tenacidade específica, o seu *método* como ele referia na gíria que lhe era própria. Era um verdadeiro pesquisador de soluções, apesar de saber – como por várias vezes concluiu – que não há *solução*, que no fundo a busca da solução (posto que provisória e precária) é a verdadeira solução possível.

Quando Cézanne dizia, como nos conta Emile Bernard, que viera demasiado cedo, que devido à velhice nunca conseguiria chegar "a realizar" e que outros viriam mais tarde e dariam então essa "realização", não o fazia por *irónica* desconfiança das suas possibilidades, por desânimo ou mesmo por incompreensão mas sim por lucidez. Efetivamente, o que Cézanne queria exprimir era o conhecimento dos *limites da pintura* aos olhos de um ser sedento de absoluto. Os quadros, as esculturas, os poemas, as novelas (dos verdadeiros criadores e não dos epígonos cínicos ou dos habilidosos) são tão só sinais de fogo com que o Homem assinala a sua presença durante a caminhada em que está envolvido sem o ter solicitado. Existe, como tão apropriadamente assinalou António Luís Moita num poema seu, uma "passagem de testemunho", uma sequência que *a posteriori* verificamos lógica e legítima. O artista é pois um *género* muito específico de emissor de sinais, sendo por isso que é absolutamente destituído de sentido pintar-se hoje à maneira dos mestres do passado, mesmo do próximo. Tudo o que não seja incursão exploratória nos continentes desconhecidos é obviamente pura impostura para estontear tolos ou desatentos.

Na pintura o trabalho com os materiais é sempre uma consequência do *outro* trabalho que se faz por dentro – o trabalho do olhar, dos humores reconvertidos e transfigurados nos órgãos do homem inteiro. E cada um é que sabe e cada um é que pode oficiar da maneira que lhe é própria, tal como os *trabalhadores ao forno* faziam nas noites de grande solidão e grande encantamento. Tal como o *apaixonado pela arte* ao tratar as matérias experimentais, o artista empreende em cada obra a busca do *objeto dos sábios* – poema, quadro, música, edifício original.

Dizia Picasso (cujo fino senso de humor nem sempre é conhecido) a uma esperta senhora que se propusera comprar-lhe por preço em conta uma natureza morta de vinte por trinta centímetros, "Que tempo me levou a fazer este quadro? Três horas a pintar e vinte anos a conceber...". A anedota é conclusiva e dispensa mais argumentos, faltando dizer que o marido da senhora o pagou por uma continha calada...

Uma cafeteira velha pintada por Cézanne, uma vela pintada por La Tour, uma mulher enxugando-se pintada por Degas, sendo motivos aparentemente vulgares prolongam-se através dos anos e chegam até nós tão frescos e reveladores como no momento em que foram criados. É o pintor que aceita em si o seu *motivo* e o transmite. O que fazia a fraqueza lamentável da arte oficial dos países de Leste não era que os artistas plásticos de lá só pintassem operários, camponeses, membros do Politburo, tratores e fábricas diversas, mas sim que só o pudessem fazer de uma maneira determinada pelo poder, que lhe exigia convencionalismo, submissão e abandono das ideias próprias que um ser *autônomo* possui inevitavelmente.

Vejamos, em paralelo, o caso de Goya. Ele pintou a aristocracia de Espanha – de maneira muito crítica, convenhamos – mas também ergueu um teatro diferente e peculiar. *O sono da razão engendra monstros* é uma consequência da sua possibilidade de se manter fora da absoluta obrigatoriedade de seguir as determinações reais. Na fresta que existe entre os diversos constrangimentos societários e a vida social autodeterminada dos autores é que vive o espaço da arte. Não é o risco que a mata ou impede ou distorce – é a obrigatoriedade de existir duma certa forma. No mundo da política peninsular foram muito mais nefastos para a arte os *safanões a tempo* do salazarismo que a rudeza tipicamente inquisitorial da brutal polícia espanhola do franquismo.

Por outro lado, a necessidade da arte prova-se pelo simples fato de que esta nunca desapareceu. Mesmo nas condições tenebrosas dos campos de concentração ela subsistiu. Os denominados *situacionistas* pretendiam enganar-nos quando afirmavam que o artista seria supérfluo numa sociedade livre e arguta à sua maneira. E isso porque não passava de uma espécie de ilusionista a soldo do poder das classes dominantes. Pelo contrário, o artista – queira-o ou não – ao criar *mundos alternativos* efetua uma espécie de purificação, forja a desalienação e funda de novo a inteligibilidade do mundo e da vida cotidiana. Só através da arte, feita ou contemplada (e frequentemente são interdependentes) o Homem ascende à sua plena condição prometaica de *libertador do fogo*.

Claro que os próceres das classes dominantes, por uma naturalidade que lhes advém da sua mentalidade específica, procuram ter como fazedores de arte gratificantes e gratificados sucedâneos. Os Meissonier são de todos os tempos, com a sua prosápia, a sua habilidade técnica e as suas almas de criados.

4. Cézanne era um marco, dizia-se um marco e não o fazia por vaidade ou convencimento orgulhoso. Disse um dia a Emile Bernard, sem qualquer ironia: "Você sabe que atualmente só há um pintor e

esse sou eu". Referia-se, com absoluta propriedade, à sua incursão no desconhecido, tratando a natureza de uma forma simultaneamente rigorosa e lírica – *"o lirismo da noite"*, como disse adequadamente Perruchot. Não havia nessa frase nenhuma espécie de megalomania ou narcisismo. De fato, as suas pesquisas nada tinham a ver com as dos seus contemporâneos, que evoluíam por outros caminhos que a pouco e pouco se esgotavam. Essas pesquisas estavam muito para além do olhar impressionista e seguiam já na boa direção, que a breve trecho iria desembocar na horta cubista. Renoir, Gauguin, Monet, Sisley e outros pintores de calibre, todos reconheceram isso e souberam entender a mestria de Cézanne, ou seja, do maior pintor do século XIX e o maior entre Rembrandt e Picasso. Hoje é perfeitamente claro que Cézanne teve razão em não ceder, ele que nas coisas do cotidiano era tão facilmente vergado pelos imperativos da vida. Reporto-me aos seus anos de plenitude, os anos dos grupos de *Banhistas*, das naturezas mortas com cebolas e laranjas, das aguarelas de móveis e dos óleos desconstruindo a montanha Sainte Victoire, aparecidos simultaneamente (é importante dar relevo a isto) com os diversos retratos de *madame* Cézanne, nomeadamente o *A senhora Cézanne com a cafeteira* no qual os planos abertos no azul acinzentado dos fundos fazem efetivamente, como num quadro de ar livre – e cito o próprio Cézanne – *sentir o ar*. Se a técnica do pintor, no decurso dos anos, sofreu algumas modificações consideráveis (e basta pensarmos no *Neve fundente em Estaque* ou no *Uma moderna Olímpia*, para não falar no *Retrato de Achile Emperaire*) é patente que a meta foi sempre a mesma: libertar a perspectiva, libertar a visão, libertar os volumes rítmicos (por isso é que nas naturezas mortas os dois flancos de garrafas ou de cântaros não tinham a curvatura igual). Veja-se por exemplo *O relojoeiro*, ou *Natureza morta com cebolas rosadas*: tal como em *O fumador* as pinceladas são mais leves, os planos organizam-se independentemente da compartimentação, o olhar é imediatamente atraído pela vibração comunicada pela deformação conseguida através da sucessão das cores – o alongamento da cabeça no primeiro caso, a linha da mesa e do copo, quebrada, no segundo. Há pois em Cézanne um profundo conhecimento dos meios picturais. E se a sociedade do tempo não fosse como era – pernóstica e fanfarrona – teria entendido de imediato. Mas ela – que também não soube entender Renoir e os seus bailes populares, van Gogh e os seus cafés e as paisagens da Provença, Gauguin e as suas aldeias bretãs, as suas taitianas e os cães rosados, estava imersa no prazer pragmático dos negócios e da intensificação da exploração colonial, nas aventuras cotidianas dum francesismo típico que mais tarde Tristan Bernard, entre outros autores, tão bem retrataria nos contos e nas crônicas.

Convirá recordar que a França, como aliás a Europa em geral e mesmo já a América, estava fascinada pelo desenvolvimento técnico que se esboçava ou assentava pé e que permitia a evolução das fortunas a exemplo da que o pai Cézanne consolidara, aparecendo a arte da época como um sublinhar de todo este panorama que as obras de Jules Verne nos descrevem de forma satisfatória. O tempo de Cézanne estava sob os ecos da Exposição Universal de Paris de 1867, que foi onde o industrialismo de maneira insofismável se confrontou, de rosto radiante, com as suas futuras possibilidades mundialistas, enquanto propiciador de certos conceitos decorrentes duma ciência e duma técnica ao serviço duma dada concepção de progresso. Era o tempo em que o barão Haussman modificava o rosto de Paris.

Respiguemos da primeira edição do *Archivo pitoresco*, semanário ilustrado publicado em Lisboa pelos editores Castro, Irmão e Companhia sediados no palácio do conde de Sampaio, à rua da Boavista, alguns breves posto que saborosos excertos do artigo com que Vilhena Barbosa ornamentou o seu estro nesses anos já longínquos:

A exposição universal de Paris de 1867 – diz-nos ele a abrir – é não só para a França mas também para toda a Europa e, pode dizer-se, para o mundo civilizado, um acontecimento de imensa magnitude. Como certame de indústria leva vantagem, sem dúvida, a todas as exposições até agora realizadas. Assim o apregoam milhares de expositores, que figuram neste grande concurso, acima do número que até agora têm obtido as exposições mais concorridas. Como festa triunfal do trabalho tem, certamente, a primazia da beleza, da opulência, do esplendor e grandiosidade entre todas as que nas nações mais cultas e poderosas têm celebrado até aqui. Enfim, como vitória da civilização ainda nenhuma se enramou de tão virentes louros. Nesse vasto campo de verdadeira e imorredoira glória não são unicamente os povos que, para glorificação do trabalho, se juntam, se abraçam e fraternizam (...).

As vozes ausentes

Enlevadíssimo, o nosso cronista refere as maravilhas da arte e da técnica que pôde contemplar, de entre as quais se salientavam dois imensos aquários, um de água doce e outro de água salgada, que faziam as delícias e o espanto dos visitantes. Como mais adiante nos elucida o fecundo Vilhena Barbosa, sobre o gigantismo da exposição, o campo de Marte mede 50 hectares, ou 500.000 metros quadrados. No meio desse vastíssimo terreiro ergue-se o palácio da exposição, de forma oval, com 400 metros de comprimento e 380 de largura, ocupando uma superfície de 146 mil 588 metros quadrados. Um quilômetro e meio é, pois, a circunferência do palácio, refere com evidente gosto e senso de exatidão, classificando-o ainda de "grandiosa arena dos progressos e do trabalho da humanidade", o que não deixa de ter um certo humor involuntário se nos lembrarmos do perfil social das nações nessa época e da consequente humanidade que este deixava adivinhar.

Mas, perante este afã de grandiosidade – ou deveria dizer provincianismo megalômano? – percebe-se como podiam ser desprezadas as obras de Monet, Pissarro, Guillemet, Renoir, tal como o tinham sido as de outros grandes antecessores como Millet e Corot. Como podiam, de fato, os *barbosas* entender que o verdadeiro jogo era bem outro?

E, no entanto, foi com os impressionistas que certos temas como as gares, pontes e fábricas deram entrada no universo da pintura. Para comparar, vejamos alguns títulos de obras acadêmicas que faziam a chuva e o bom tempo nessa altura: *Frineia diante do Areópago, O imperador em Solferino, Batalha de Alma, Retrato do Sr. Rouher, ministro da agricultura, A minha irmã não está, O pasteleirinho...*

Hoje espanta-nos a barulheira despertada por aqueles pedaços de tela não tão grandes como isso, cobertos de cores luminosas. Não serem estimados não significava que não fossem falados; eram, digamos, negativamente famosos – até cançonetas a seu propósito andavam na boca dos basbaques. No que a Cézanne respeita, nos poucos *salons* em que participou foi o bombo da festa e o maior êxito de galhofa.

Ele foi decerto *um marco*, até na coragem de persistir em exercer resistência contra a má-fé e a ignorância. Os surrealistas foram os únicos que não pertenceram picturalmente à sua descendência e, por isso, é com o maior à-vontade que se regozijam por ele ter ido tão alto e tão fundo.

Não vou imaginar Cézanne no nosso tempo, a hipótese seria arbitrária. Cézanne, para ser um contemporâneo nosso – ou seja, um contemporâneo dos foguetões Apolo, das novas teorias sobre ótica e da entrada na era do Aquário – não precisa de outro passaporte para além da sua *Jarra azul*, pois nela vive perfeitamente tanto a alta matemática como a música de Gershwin ou dos Dire Straits, por exemplo. Ele foi um desbravador intemerato de veredas e, como Picasso mais tarde, encontrava e buscava, numa sequência límpida e harmoniosa.

Referência obrigatória no mapa da *grande viagem*, *cogito ergo sum* do entreposto surrealista, familiarizado com o absoluto, Cézanne continua ao longo dum universo expansivo e feérico a desfazer a grande incógnita que mais ou menos à mesma altura, mas num continente de interrogações diferente, Paul Gauguin igualmente colocava em equação: "Quem somos? De onde viemos? Para onde vamos?".

A resposta está talvez na visão que do Tempo é possível extrairmos. Como Cézanne, recorde-se, sabia e deu a ver.

S.Cristóvão do Atalaião, julho de 1990

Este texto destinou-se a assinalar os 90 anos do falecimento de Paul Cézanne – e foi com algumas alterações o conjunto de palestras efetuadas pelo seu autor na Galeria Mailart de Roma (1990) e na Escola Superior de Educação de Portalegre (1991). Foi republicado em 2006 na Agulha e no *TriploV*, celebrando o centenário.

A PROPÓSITO DA CRÍTICA

A Crítica? Sim, sei de quem se trata: é uma que vai ali adiante, de vestido muito sujo e chapéu às três pancadas.

John Buchan

O assunto, mil vezes tratado de forma ora desenfadada ora dramática, pode ser colocado sob que égide? A do apego à decência, à verdade, à dignidade do que é viver, escrever, ser homem de corpo inteiro e de cabeça bem levantada? Ou a do direito de informar e ser informado de maneira cabal, verdadeira e não manipulatória, de aceder à cultura sem que os cínicos de sempre ponham imediatamente, ao ouvirem tal palavra, o velho ar sofisticado de risota ou de fábula, como os canalhas mediáticos usam fazer quando alguém cai na asneira, ou na ingenuidade, de proferir a palavra honra?

Moderemos um pouco, digamos, a nossa prosa ainda que nos excite alguma indignação. O assunto seria de fato cômico se não fosse trágico. Ou antes: triste e equívoco. O problema é que temos, talvez, a alma demasiado ardente, demasiado indagadora, provavelmente mal adestrada para negócios escuros. Perdidos entre esperanças e amores mortos – um deles a realidade, que já está mais que apodrecida neste país – desejamos como que num desespero a alegria, a verdade dos tempos recompostos, a beleza. Como aquele jovem e aquela senhorita dos romances. Se calhar o problema é que de há muito o jogo, *le grand jeu*, não é mais que uma imagem esfumada, um retrato desaparecido, passos que se afastam na noite dura e adversa. A crítica? Sim, sim, em geral uma excelente pendura...

No que me diz parte, estou de alma branca: tenho tido razoáveis críticas, o que se chamam boas críticas se não formos maliciosos, mal formados ou simplesmente difíceis de contentar. Ou seja: na maior parte dos casos um bocadinho de açafrão, um cheirinho de pimentão, um trago da rija. Resumindo: coisas que fundamentam umas horas de prazer gastronômico. Não tenho pois de que me queixar. O meu relativo desapego, a minha críptica olhadela é inteiramente motivada por razões de mínima decência.

Vogamos em pleno oceano deserto. O da poesia, o da escrita. As provisões começam a escassear, ao longe no vasto mar não se distingue a brancura de uma vela, a nossa escuna desapareceu e só dispomos deste pequeno bote. Nem se divisa o rasto de um corsário de bons fígados, estamos entregues a nós mesmos. E no entanto...

E no entanto, de súbito, como vinda dum sonho, aparece uma linha de costa. Coragem, um esforço mais, chegamos a terra firme. Eis-nos já na orla do bosque.

E então começam as realidades inquestionáveis a deixar ver o seu perfil difuso, algo começa a fermentar e sente-se que se juntaram sujeito e predicado em estranhos conciliábulos, em frases de esquisitos recortes. Talvez não seja ainda o "que horror!" de Margarita no livro de Bulgakov, mas é já decerto o "uns belos trastes", quiçá algo injusto, de Péret. Porque é difícil divisar-lhe nos horizontes, a isso da crítica cá da nação, o sul e o norte, a matéria provável e desejável de que seriam feitos os mais belos sonhos de uma realidade não poluída.

A evidência, como se compreende, consiste nisto: a crítica é, como dantes se dizia da tropa, o espelho do país. E quase tudo daí decorre. E daí tudo parte: os críticos altissonantes e vazios, mas palavrosos e espertalhões, iguais aos políticos e aos filhos-de-algo vazios e altissonantes que nos arrasam a paciência com as suas mentirolas e o seu arrazoado de vendedores de banha-da-cobra. Os que são competentes e modestos, como certos homens públicos sofredores e esforçados, membros duma raça em vias de extinção na coisa cotidiana.

Há a crítica que se lê nos jornais. Muitas vezes simples aparelho de aferição, mais ou menos galhardo ou gaiteiro mas que podia ser – e nos melhores casos é – algo de suscitador, de exaltante, de nobre e de digno que não envergonha quem a lê e quem a escreve. Mas, em grande parte, trata-se de pequeninas traves duma casa onde já se instalou o incêndio, cocabichices sobranceiras de pequenos empafiados, ignorantes e patifórios nos casos limites. Em suma, pedacinhos não inermes de alguma arrogância ou de seguro fingimento. A sensação que se tem, frequentemente, é a de que se trata duma encenação fraudulenta, duma espécie de jogatana para capangas dum *milieu* de bairro de má fama revestido de ouropeis de pacotilha.

No entanto é amorável conseguirmos distinguir nesse lume uma, ainda que transitória, iluminação. E por vezes vê-se mesmo, distingue-se por detrás de algum constrangimento (certas chefias têm um poder discricionário), traçado em dez ou vinte linhas, o percurso justo e adequado do que uma obra é, do que representa. Aqui e ali descortinam-se saberes e honestidades, o apego a uma real descriptação duma caminhada, a adesão fremente a um futuro verdadeiro e certo. Mas para estas pepitas, quanta ganga excrementícia, quantos ademanes espúrios e quantas arlequinadas que nos fazem enrubescer. E já não falo da pura ignorância, da pura desvergonha, da pura falta de senso. Da pura – não tenhamos medo das palavras – pesporrência e da simples e boa maldade.

As vozes ausentes

Já que mo perguntam, o que é um crítico, ou antes: o que devia ser? Tenho para mim que um ente que acredite mesmo, co'a figura inteira, na sua atividade de guia bem informado, um ente de boa-fé realmente empenhado em saber e em dar a saber aos outros o que há por ali – por aquela poesia, aquela música, aquela pintura, aquela prosa – que constitua tesouro, fruto e mistério encantador. Assim como uma espécie de missão tranquila e honesta? E por que não? Nisto não cabe nenhuma espécie de moralismo e sim de uma ética. Acaso o cinismo espertalhaço e lusitano já retirou do nosso vocabulário (dizem-me do lado que talvez sim) palavras como decência, saber, imaginação e outras mais que não recordo ou simulo não recordar – porque têm a ver com a honra de se existir, de se viver acima da lama, de se andar de rosto erguido entre réprobos ou malandrins?

Críticos por dever de ofício? Sim, se tiverem o fulgor de um Sainte-Beuve, de um Silone ou dum Claude Roy. Mas triste mester, vergonhosa tarefa a de acatitar eventuais jogos de editoras, de grupos de pressão, de castas sedimentadas num país de tartufos. Valer-lhes-á a pena semelhante trabalho?

E há também a crítica encorpada em livros, em cartapácios. E que é um gosto ler quando severa e argumentada, feita por homens de uma só cara. E há alguns que a praticam, parece que com um impulso vindo das tripas e das meninges. Mesmo que, aqui e ali, pontapeado e ferido pelo *mal de vivre* da sociedade portuguesa, que é uma coisa repelente e sinistra, tenaz como aquelas sujeiras que se nos colam aos fundilhos.

Poucos são os exemplos, muitos os fados, imensos os desvigamentos que os rodeiam. É assim de estranhar que alguns próceres entreguem os pontos e se rendam à mundanidade trombeteada por altifalantes de potente recorte? É que não pode ser por estupidez, pela santa estupidez que nos fulmina. Ninguém pode ser tão tolo assim. Sigamos, como dizia o *Garganta Funda* da película de Oliver Stone, "a pista da massinha e deixemo-nos de filosofias...". Aí se encontrarão muitas descriptações tendenciais.

Por outro lado, esse encordoamento, essas calosidades morais a que Fitzgerald aludia, serão devidas a um tom hirto de escola ou de vezo universitário? De novo, do lado, me dizem que talvez sim, mas daí não viria mal ao mundo se os exemplos fossem entusiasmantes e consistentes. Mas em geral são taciturnos e duram pouco mais que a hora clássica das rosas do lírico francês. Quem pode, por exemplo, ler hoje as obras pretéritas de um conhecido figurão mediático sem um riso de escárnio, essas obras cobertas de citações, de espertezas saloias, de frases esgalhadas apenas para abater o presumível adversário? Para colocar no pequeno Olimpo deste triste parque dormitando à beira-mar determinados vates que não podemos, apesar de com carradas de razão, apelidar de poetinhas – que é o que eles são – sem ficarmos passíveis de cadafalso?

No fundo, a nossa voz – se a pudéssemos soltar – seria não mais que a voz pobre contra as vozes que sem cessar rolam nomes pelas quebradas, pelos largos e praças, pelas tabernas do reino onde se fazem reputações. Porque o penoso é também isto: a crítica servir para fazer reputações...

Vejo na crítica – quero eu dizer, gostaria de ver na crítica – uma ajuda real, inteligente e despreconceituosa para entrarmos melhor nos universos propostos pelos autores, sem facciosismos nem atitudes de baixa política. Para jogarmos a dois, digamos, a aventura do conhecimento e, mais tarde, das linhas de sombra da sabedoria possível. Para compulsarmos, talvez, numa casa solitária, ante o espelho onde o Eterno parece que irá aparecer um dia, o nosso próprio rosto, a nossa própria figura. Uma luz ardente que nos devastasse o rosto com súbitos clarões, para que pudéssemos um dia surgir com a verdadeira figura a que o nosso ter vivido, o nosso ir vivendo com a escrita nos concederia direito.

E, afinal, o que visam oferecer-nos na melhor das hipóteses é apenas um lugar numa espécie de campeonato de competências...

Gostaria de dizer, a finalizar, que vivo – por decisão do destino – afastado dos grandes meios lusitanos, que aliás quase nunca visito. Habito lugares entre as serras alto-alentejanas e os desertos do sul de Espanha. Aí tenho as minhas casas, que são casas de dentro e de fora. Falo a partir do que me chega em ondas, em revoadas trazidas pela voz de um amigo, por uma que outra revista oferecida ou por vagos periódicos, uma vez que quase só leio jornais espanhóis. Creio por isso que não conheço exaustivamente, *in loco*, os exatos meandros do assunto que busquei abordar. O meu trabalho profissional, específico, permite-me ir vivendo magnificamente isolado. Não vejo a chamada televisão, que detesto, embora veja inúmeros filmes a partir dos programas por cabo. Não frequento a sociedade, que aliás não desprezo nem odeio, com os seus ritmos calhordas e de uma videirice a toda a prova – os meus amigos são os minerais, os vegetais e os animais a que, com os familiares de sangue ou de ritmo vital, estou ligado e que me sustentam. O que intuo, entretanto, para além do que vou sabendo intermitentemente, não é contudo de molde a tranquilizar-me. E isto porque detesto a falsidade – nomeadamente a de um certo universo da crítica que tenho por aproximativa ou pesporrente nos seus considerandos pouco desembaraçados.

Aqui há dias, num periódico lido na casa de um familiar, topei com a prosa de um fulano que dizia serem "inanidades" os belos poemas de José Luís Puerto (que não conheço), dados a lume na "Apeadeiro". Comprovei ser este o estilo fuliginoso usado em certos meios críticos. Que defesa haverá para uma opinião de tal jaez? O vómito urbano desculpará ou explicará coisas assim?

No cartão onde cortêsmente me convidavam a opinar, deram-me – como a todos – espaço até às trinta páginas. Nunca poderia lá chegar. Tal como Marie Noel não sou uma árvore nem sequer, talvez, uma planta útil. Estou sim ao lado da urze, do heléboro, do serpão. Intelectualmente, não consigo viver em bosques tranquilos.

E, apesar de tudo, para minha alegria e inquietação simultâneas o sol continua a brilhar sobre todas as coisas – até sobre imundícies que alguns propagam.

Resposta de NS ao inquérito temático efetuado pela revista "Apeadeiro"

O ÍNDIO E O OCIDENTE – REFLEXOS DE DUAS VISÕES DIFERENTES SOBRE O MUNDO

> *O homem branco possui uma qualidade*
> *que lhe fez abrir caminho: o irrespeito*
> Henri Michaux

1. Preâmbulo

Ultimamente, devido a circunstâncias precisas que o desenvolvimento das análises históricas e sociológicas tornou compreensíveis, novos olhares têm sido lançados sobre as antigas nações índias e o denominado *Oeste bravio*. Tem existido mesmo uma clara vontade de compreensão por parte de setores frequentemente muito afastados do que foram e do que representaram, no seu tempo e no seu espaço próprios, figuras no entanto tão divulgadas como Tecumseh, Sitting-Bull, Geronimo ou Quanah Parker. Multiplicam-se, nos Estados Unidos mas também fora deles, os estudos e os ensaios sobre este e aquele aspecto da vida dos americanos autóctones, os tais que durante muito tempo foram estrangeiros no seu imenso país e que hoje, acantonados em reservas, ainda são objeto de marginalização por parte de especialistas em malabarismos sociais: se o ouro das Black Hills é hoje memória histórica e um pouco folclórica, não o são seguramente – por exemplo – determinados empreendimentos turísticos e residenciais no território Lakota, bem como a exploração petrolífera e mineira nas terras dos Navajos que sobraram.

Passam agora 340 anos sobre o envio, ao rei Afonso de Portugal, da *Carta sobre a condição dos índios do Brasil*, do padre António Vieira; trinta anos sobre a criação do *American Indian Mouvement*, entidade que contra ventos e marés tem procurado defender os índios norte-americanos da espoliação e da calúnia; e cinco anos sobre o pedido de perdão, em nome do ocidente cristão agressor, endereçado aos Índios pelo Papa Karol Woytila.

Pela permanência no tempo, da primeira; pela constância e firmeza, da segunda; e pela sensatez (ou deveria dizer pela atitude melíflua?) da terceira – dedico a estas três entidades a minha intervenção, agradecendo desde já aos presentes o fato de terem vindo gastar um pouco do seu tempo nesta sessão. E, antes de continuar, gostaria de deixar-vos um momento – à guisa de honesta reflexão – com as breves palavras do chefe Lakota, dos oglalas, Luther Standing Bear, que nos diz numa tirada digna de Jean Giono:

"As vastas e abertas planícies, as belas colinas e as águas que em meandros serpenteiam, não eram aos nossos olhos, "selvagens". Só o homem branco via a natureza como selvagem e para ele a terra estava infestada de animais "selvagens" e de gentes "selvagens". Para nós ela era mansa, caritativa e nós sentíamo-nos rodeados pelas bênçãos do Grande Mistério. Só se tornou para nós hostil com a chegada do homem peludo vindo do Leste, o qual nos oprime, bem como às nossas famílias que tanto amamos, com injustiças insanas e brutais. Foi quando os animais da floresta se puseram em fuga, à medida que ele se aproximava, que para nós começou o Oeste Selvagem".

Finalmente e uma vez que a etnografia dos índios norte-americanos é hoje uma ciência puramente histórica, talvez faça sentido reter uma frase de Jean Jaurès que reza: "Do passado, apoderemo-nos do fogo e não das cinzas".

2. Breve apresentação do índio norte-americano e seu espaço específico

Mais ou menos a partir de 1891, passado cerca de um ano sobre o massacre de Wounded Knee perpetrado pelo exército americano sobre os sioux oglalas liderados pelo chefe Big Foot, começou a falar-se em certos círculos de Leste sobre o *problema índio"* remanescente. Alguns americanos mais sensíveis às condições em que as outrora poderosas nações índias eram obrigadas a viver, as contínuas tentativas de retirarem aos autóctones o resto dos territórios, transformados em reservas, que ainda estavam na sua posse sem contudo na prática serem por eles controlados, tinham despertado em alguns – escritores, publicistas ou simples particulares – uma espécie de remorso misturado com uma boa dose de má consciência. A seu ver, haveria um triste *problema índio*, que consistiria em fatos existentes a partir da tentativa de genocídio e no claro etnocídio praticado contra a nação índia no seu todo. Esta denominação, nação índia, era sem dúvida reflexo atravessado por um certo humor negro involuntário, a despeito das eventuais boas intenções – dos ecos que lhes chegavam, com meio século de atraso, da aliança formada pelos cherokees, choctaws, seminoles, creeks e chikasaws e que funcionou durante algum tempo, antes dos seus membros serem definitivamente enviados para lá do Mississipi, como uma *nação doméstica* no interior da outra.

Com diversas variantes, sulcado por diferentes contradições, este estado de espírito tem-se mantido até aos nossos dias.

Num lúcido ensaio publicado no início dos anos setenta, o escritor francês Claude Roy escreveu com a sua agudeza proverbial que, a seu ver, havia não um *problema índio* mas sim um *problema branco*, ou seja:

um *problema ocidental* que através do tempo se comunicara às etnias das diferentes latitudes. E isto porque, como o sublinhou noutro texto o escritor de ascendência Lakota (Sioux) Vine Deloria, o que se passou com os índios norte-americanos revela na perfeição o deficiente sistema societário engendrado pelo homem ocidental, cuja mentalidade cúpida foi um fato infelizmente indesmentível, ainda que camuflado sob o pretexto da evangelização ou da vontade de civilizar.

Estas opiniões são, parece-me, equilibradas e defensáveis. Contudo, é evidente que existe na prática um *problema índio*, assim como houve um claro choque de mentalidades resolvido de forma expeditiva pelos que, chegados ao Novo Mundo, resolveram tomar conta de tudo como se os índios fizessem apenas parte da paisagem ou das chamadas *riquezas naturais*.

Choque de mentalidades, repare-se. Ou seja, *choque concejtual* – para além do choque físico que deu origem a conflitos sangrentos, depredações e, finalmente, claro genocídio.

Mas antes de abordarmos a maneira de viver e conceber o mundo do índio, convirá termos uma ideia, ainda que algo sucinta e esquemática, sobre o universo em que este se movia, além dum leve voo sobre eventos históricos.

Será de considerar, desde logo, que os colonos que a partir de 1628 iniciaram de forma marcada a sistemática invasão dos territórios índios, a partir do posto avançado de Charlestown, eram membros de seitas religiosas, nomeadamente da dos *puritanos*, cuja existência nos seus países de origem, devido a perseguições e marginalizações, se tornara problemática. Desapossados dos seus haveres, chegados em petição de miséria, o que muito confrangia os índios, transportavam consigo, contudo, um terrível vírus – hábitos, preconceitos e filosofias de vida e ainda uma vontade sistemática de reconstruírem nessa América desejada o que não tinham podido conservar na terra de origem. Em vez de aproveitarem a oportunidade que se lhes deparava de erguerem um outro modo de viver, sem constrangimentos (como muitos *trappeurs* franceses fizeram) reproduziram os hábitos e os tiques comunitários do Velho Mundo que tão mal os estimara e onde os índios eram, naturalmente, corpos estranhos perfeitamente sem lugar a não ser que renunciassem ao seu tradicional tipo de vida para se converterem aos usos e costumes dos brancos, com sua soma de incongruências. Além do mais, como foi logo percebido desde que Colombo pôs pé em terra, não era possível serem domesticados e só muito poucos – e mesmo esses geralmente em desespero de causa – abraçavam a religião que lhes chegava da Europa desconhecida. Assim, após terem-se dado conta da irredutibilidade índia, os colonos introduziram de pronto em 1619, em Jamestown, a escravatura negra. Quanto aos índios, que recusavam acerbamente os trabalhos forçados – e tivera-se, meridionalmente, um bom exemplo com os *pueblos*, a contas com os espanhóis – a resposta era-lhes dada na ponta das espingardas.

Uma das caraterísticas com que deparamos ao contatarmos com a Nação Índia, é a diversidade e complexidade desse mundo, num acervo poderoso e multifacetado que chega a comover-nos dado que é mester apelar para a memória. Apesar de serem relativamente poucos se atentarmos na imensidade do território que ocupavam – segundo os estudos de ponta de Horst Hartmann, dois milhões e oitocentos mil no espaço que vai da região sonoriana até ao território subártico – os índios estavam divididos em cerca de seiscentas nações principais, subdivididas por sua vez em milhares de tribos. Hoje tem-se como certo que teriam atravessado o Estreito de Bering em diversas vagas constituídas por grupos de escassas centenas há cerca de vinte cinco mil anos, multiplicando-se depois por todo o continente. Especialistas há que os classificam por famílias linguísticas, nada menos que 21, além de 32 línguas isoladas que desafiam a classificação em qualquer daquelas 21; outros, devido a problemas que não caberá aqui invocar, mas que são efetivamente de considerar, preferem classificá-los por nações (algonquinos, mississipianos, cadoanos, ute-aztecas, etc.) ou por regiões específicas (pacífidas, centrálidas, sílvidas, márgidas…). Seja como for, assentemos em que, tal como é dito por Frank Schoell, "os índios que os colonos foram encontrar no século dezesseis e nos que se seguiram eram mais ou menos agricultores, mais ou menos caçadores, mais ou menos pescadores consoante os diversos imperativos do seu meio geográfico". Podemos pois distribuí-los, de acordo com estes imperativos, por cinco zonas relativamente distintas: a *zona do milho*, da costa atlântica ao Mississipi e no sul entre o Mississipi e as

Montanhas Rochosas; a *zona do bisonte*, norte e centro da região entre o Mississipi e as Montanhas Rochosas; a *zona do caribu*, norte do atual Minnesota, Dakota setentrional e atual Canadá; a *zona das gramíneas*, Califórnia, Nevada e parte oeste do Utah; e a *zona do salmão*, costas da Califórnia do norte, do Oregon, de Washington e do Alasca. Cada conjunto de nações, divididas em tribos, exprimia de maneira própria as concepções religiosas e mágicas – e de alguma maneira filosóficas – formadas a partir de tipos de vida específicos; no entanto, havia uma constante comum: o relacionamento muito profundo com a natureza, com as realidades e os fenômenos que os rodeavam e aos quais emprestavam frequentemente significados originais. Recordemos, a talhe de foice, a rica cosmogonia dos Denes e dos Delawares, entre muitas outras possíveis. O imaginário do índio, manifestado em conceitos e objetos artísticos que tocam o surreal, tinha muito a ver com aquilo que no ocidente, principalmente a partir de meados do século dezoito, se convencionou chamar *poesia*.

Mas na segunda parte deste texto concretizaremos este ponto.

Há – e chamo a atenção para este fato – dois períodos perfeitamente definidos na vida dos índios: o *antes* e o *depois* da chegada do homem branco. Com a colonização, além de tribos inteiras terem sido exterminadas (chesapeaks, powhatans, tainos, mohicanos e outros, tantos outros) outras alteraram radicalmente o seu *way of life*: por exemplo, a introdução do cavalo – que estranhamente se extinguira no continente – efetuada pelos espanhóis, determinou a passagem da vida sedentária para o nomadismo e seminomadismo, com o consequente estabelecimento de novos territórios de caça e alianças precárias ou firmemente cimentadas, principalmente dos chamados *índios da pradaria* (Plains): lakotas (sioux) teton, oglalas e yanktonai, pawnees, cheyennes do norte e do sul, kiowas apache, comanches, arapahos, apaches do norte, etc.

Convirá referir, igualmente, que a implantação europeia se deu através de cinco nacionalidades: a *implantação espanhola* (primeiro na Flórida, depois avançando para o norte até à Carolina, Mississipi, Oklahoma, Colorado, Novo México, Kansas; mais tarde, 1602-1603, até à costa da Califórnia); a *implantação francesa* (curso do rio S. Lourenço, depois até ao Canadá – Nova França); a *implantação holandesa* (Delaware, Hudson, Long Island e ilha de Manhattan); a *implantação sueca* (estuário do

Delaware, Trenton e o cabo Henlopen); a *implantação inglesa* (Virgínia, Massachussets, Rhode Island, etc.).

Há sensível diferença na forma como foram tratados os índios das diversas zonas de influência, apesar de a partir da formação dos Estados Unidos e da Constituição de 1787 a palavra de ordem fosse retirar das mãos dos índios, mediante todos os meios possíveis, a terra que habitavam, afastando-os paulatinamente para oeste – o que descambaria no tristemente célebre conceito do *destino manifesto*, expressão cunhada pelo jornalista mercenário Horace Greely com as consequências funestas que se adivinham. No espaço controlado pela França e durante o tempo em que os *flentchi*, nome pelo qual as tribos índias conheciam os franceses, foram o principal contato com os autóctones na extensão territorial à época denominada Louisiana, vasta zona entre o Mississipi e as Montanhas Rochosas, para norte até ao Oregon e às regiões meridionais do Canadá – Alberta e Colúmbia – depois vendida por tuta e meia (15 milhões de dólares...) em 1803, pelo empenhado Napoleão aos EUA, houve um clima de boa vizinhança. Conforme escreve Herbert Wendt, embora houvesse brigas e desentendimentos, o período francês foi, de modo geral, *intermezzo* romântico na história da colonização da América, no seu todo rude e sanguinário (...) Os caçadores franceses, desde o início, estabeleceram relações de amizade com os índios. E eis que descobriram, maravilhados, que os homens descritos nas crônicas espanholas e inglesas como sendo peles-vermelhas sanguinários, eram na realidade homens hospitaleiros, comerciantes honestos e amigos fiéis. Os franceses percorriam campos e florestas em companhia dos indígenas, sentavam-se com eles em torno das fogueiras e, muitas vezes, tornavam-se índios. Muitos caçadores franceses procuraram ser integrados como membros das tribos índias, dançavam as suas danças guerreiras, usavam os seus mocassins, pintavam o rosto à maneira índia e casavam com squaws. Os índios, por sua vez, como disse um dia um cacique chippewa, 'com os franceses sentimo-nos como se fôssemos uma só família'. A capacidade de adaptação dos pioneiros franceses chegava, por exemplo, ao ponto do general Frontenac não ter dúvidas em dançar em torno dos totens e das fogueiras usando o uniforme de gala cheio de condecorações, o que muito encantava a assistência.

Tal devia-se, manifestamente, ao fato de os franceses possuírem maior abertura filosófica e social, ao próprio caráter gaulês alegre e algo rabelaisiano – leiam-se as *Mémoires d'un trappeur* do pinturesco Jean de Raimond , dito o *Cauda-de-Lontra* e ficará feita a verificação – e, por outro lado, ao especial cuidado posto por estes no seu relacionamento com os autóctones, tendo em vista os seus conflitos com a Inglaterra. No entanto, isso não os impediu de atraiçoarem, faltando à palavra dada, os guerreiros hurons aquando do cerco de Detroit, o que determinou uma inflexão decisiva na sua guerra com os iroqueses. Os índios, aliás, não tinham papas na língua, quando se tratava de responder a quem tentava arteiramente evangelizá-los. Certo dia, eis como alguns hurons responderam a um missionário francês que procurava convertê-los: "Queres discutir conosco sobre a alma e, no entanto, nem sequer sabes como capturar um castor!".

A dominação espanhola e inglesa assumiu foros de maior crueldade e violência não só porque os seus interesses eram mais agudos (num caso a febre do ouro, noutro a febre de estabelecerem enclaves) mas também porque a mentalidade índia diferia absolutamente do fanatismo castelhano e da frieza anglo-saxónica. Panfilo de Nervaez, depois seguido por Vasquez de Coronado, que no primeiro quartel do século dezesseis atravessaram a Carolina, o Arkansas e o Arizona, perseguiam e abatiam índios inofensivos que vinham contemplar a passagem das tropas, apenas para *hacer la gracia*, ou seja, para se adestrarem em jogos marciais. A dominação inglesa foi perita em explorar e estimular as rivalidades tribais, compelindo os seus circunstanciais aliados a exterminar os rivais – o que teve pleno êxito na guerra anglo-francesa, na qual os iroqueses deram cabo de praticamente todos os hurons.

Já referimos que mohicanos mas também eries, pequots, miamis, mohawks, etc., foram dizimados através das armas convencionais e de epidemias, rapidamente disseminadas porquanto o sistema imunológico do índio não estava ativado para lhes responder. E era o homem branco, com uma estranha caridade de cepa cristã, quem lhe fornecia mantas infectadas que – repare-se na requintada qualidade do cinismo – trocava frequentemente por boa quantidade de peles ou de belos produtos do solo.

Concretizando o que atrás disse: a diferença de métodos na colonização está no fato de que os espanhóis eram movidos pela caça ao ouro, feita pomposamente (note-se que tinham tido uma gratificante experiência com os incas e os aztecas) dado que a corte espanhola e os seus áulicos e apoiantes, imersos em complicados jogos de interesses internacionais, necessitavam desesperadamente do metal amarelo para a sua política imediata e de curto prazo. Não podendo atingir o mítico El Dorado e as Sete Cidades de Cíbola, miragem fabulosa criada por um relato propagado pela imaginação desenfreada de um frade empreendedor e um pouco mitómano, *frei* Marcos de la Renta, que interpretara à sua maneira boatos que circulavam entre os aventureiros – e que haviam sido postos a correr pelos índios para lhes dispersarem a atenção e os confundirem – os espanhóis foram compelidos pelas condições hostis da região e das tribos, muito aguerridas (nas quais se destacavam os apaches) a acolher-se aos seus primeiros domínios; seriam mais tarde os mexicanos (mestiços descendentes dos invasores castelhanos) quem retomaria o afrontamento de pimas, yaquis, apaches e navajos (assim crismados pelos espanhóis), isto numa primeira fase antes da anexação americana.

No que se refere à Inglaterra, interessava-lhe efetivamente o estabelecimento de feitorias, à guisa de testas-de-ponte donde partiriam para a conquista de outros territórios visando um estacionamento perene. A consequência inevitável era o extermínio ou a férrea sujeição dos autóctones, assim que se sentiam bem escorados nos postos que proliferavam.

Quanto à França, manteve sempre uma certa distância em relação à América – fosse na Nova França fosse, mais tarde, na Louisiana – imensidão territorial que o senhor de La Salle vistoriara. É bem conhecida a opinião de Voltaire, por exemplo, que considerava o Canadá uma espécie de frigorífico onde os concidadãos iam perder o seu tempo. A verdade é que, à França, interessava fundamentalmente a implantação de feitorias onde pudessem dedicar-se ao comércio das peles: quem dominava a colonização eram as *societés*, controladas por nobres negociantes astutos. Além disso, à coroa francesa – que na altura lançava olhares cobiçosos noutras direções – não interessava imobilizar contingentes militares consideráveis a milhares de quilómetros de casa, policiando terras que a seu ver nenhuma falta lhe faziam. E foi este atraso mental dos monarcas gauleses que permitiu uma melhor respiração aos territórios sob o seu domínio. É também isso que explica – para além de casos decorrentes da estratégia político-militar – as cedências finais durante o violento confronto posterior com os britânicos para controle dos territórios de nordeste.

Em 1825, 1831, 1841 e 1848 iriam ocorrer certos acontecimentos-chave que definitivamente afastariam a possibilidade das nações índias do oeste próximo e, mais tarde, longínquo sobreviverem, tanto mais que os índios – com uma única exceção, como já se aludiu anteriormente – nunca haviam encarado a formação de um Estado, cuja concepção moderna lhes era aliás alheia e desconhecida (hoje é manifesto que os chefes das denominadas *cinco nações civilizadas* tinham uma concepção de *nação* inteiramente diferente dos ocidentais). E essa *organização* de tipo libertário, assinale-se, foi uma das causas – senão a principal! – da fragilidade da Nação Indígena frente aos hierarquizados, normalizados e metódicos invasores.

Esses acontecimentos foram: 1. A abertura do canal Erie, que escancarou sem retorno as comunicações entre o Leste e o Middle-west, estimulando ainda o desenvolvimento comercial e industrial da região dos Grandes Lagos, ou seja Buffalo, Cleveland e Chicago; 2. A invenção, por Cyrus McCormick, da ceifeira-debulhadora, de que resultou que em poucos anos centenas de milhares de hectares, onde então pastavam milhões de bisontes, fossem transformados em campos cultivados; 3. A construção da Erie Railroad, que permitiu o desbloqueamento das passagens para Oeste; 4. Finalmente, a descoberta do *ouro da Califórnia* na herdade de Johannes Sutter, o que causou uma devastadora corrida às minas, com milhares de desenraizados e aventureiros a atravessarem as pradarias e as Montanhas Rochosas em caravanas ou em simples bandos, depredando a flora e a fauna – abatendo indiscriminadamente bisontes, que constituíam a base da alimentação dos Plains – com os consequentes levantamentos e as *guerras índias* protagonizadas pelos arapahos, kiowas, cheyennes, crows, lakotas, shoshonis, flatheads, etc.; mas o ouro era então fundamental, tanto mais que em 1836 o secretário do Tesouro Richard B.Tanney, com a pronta anuência do Presidente Jackson, emitira a *Circular das Espécies* nos termos da qual, para a aquisição de terras, o governo só aceitava pagamento em ouro e não em notas de banco.

Era o princípio do fim – do fim sórdido, inútil, lamentável. Mas, neste relance em torno da História, fiquemo-nos por aqui.

3. O Índio norte-americano e o seu relacionamento com o Imaginário

Se não maltratardes o povo vermelho, mas o tratardes com justiça, podereis ganhar a sua amizade; pois ele possui profundos conhecimentos do que é bom e do que é mau".

William Penn

Ao contrário do homem ocidental, que concebe o mundo como representação abstrata no plano filosófico e como entidade absolutamente dependente no plano metafísico, o índio relacionava-se com a existência pela analogia. O que se possibilitava naturais erros de avaliação, como em relação às verdadeiras intenções do homem branco, que buscava não a *utilização* das terras mas a sua *posse*, mesmo que tivesse de massacrar os seus detentores, garantia de igual modo, no mundo físico que habitava, uma integração harmoniosa e um genuíno gosto de viver que só foi alterado pela arrancada branca. O universo do índio, mais que um universo *mágico* era um universo *poético*. Ou, por outras palavras: o índio realizava no cotidiano a maneira de ser proposta, no quadro ocidental, pela poesia e a vida que esta, a ser vivida, exemplificaria. Mais que animistas, os índios eram entes ancorados num cotidiano vitalista que a cada passo lhe fornecia exemplos e imagens construídas e nascidas da imaginação prática (ou deveria dizer *praticada*?), que é o que o poeta, no bisonho e entorpecido mundo ocidental dominado por classes, tenta plasmar nas suas construções imaginativas e verbais. Há só uma exceção: a proposta pelos mestres alquimistas, que como perspicazmente assinalou André Breton, espiritualizavam a matéria e materializavam o espírito, escapando assim ao controle do *pensamento oficial*. Como mais uma vez Horst Hartmann referia, os índios não estabeleciam qualquer diferença de base entre sonhos e visões, por um lado, e realidade (a dita realidade palpável) por outro; e isto, é claro, não porque não soubessem distinguir entre uma e outros mas porque ambos tinham *o mesmo valor indicativo*. Devido a isso, duma forma que a canalhas ou imbecis pareceria ingênua, respeitavam o solo, os rios, os animais e mesmo os guerreiros com quem se defrontavam. Viam-nos como parte dum todo a que estavam ligados, eram protagonistas duma existência recheada de significado (nunca houve índio que bolsasse inanidades como, por hipótese, uma tal *crise de identidade*...).

Nesta conformidade, a "religião" indígena deve ser vista como aquilo que de fato era: prática efetiva de *ligação* a um universo onde as coisas aconteciam por razões porventura misteriosas mas repletas de sentido – ao contrário da ocidental, que assenta na *religação*; com efeito, não possuindo mitos de queda e de culpa, para que necessitaria o índio de se religar ao que quer que fosse? – devido a uma dialética e a uma dinâmica que tinha a ver com uma existência não precária e frequentemente atingida pelo senso da plenitude. Assim, é perfeitamente descabido, quando não pura impostura ou sonoro desajuste falar-se em *deuses* a propósito do índio norte-americano (norte-americano, sublinho) – ou, como o fizeram durante muitos anos os melífluos missionários que o ocidente lhes punha à disposição, amparados pelo cacete papal, manobra que caucionava a repressão. O índio cria num *grande mistério*, o que se poderia traduzir por a *coisa sagrada* em termos ocidentais e exprimia o sentido do sagrado, em termos poéticos, que eles sentiam existir em tudo e que a seu ver envolvia a existência e era, por seu turno, permeabilizado por ela, estabelecendo uma ponte direta e bem prática entre o mundo e o transmundo das coisas e dos seres – vistos, pensados e sonhados. Esse *grande mistério* ou *grande medicina*, encarnava se assim podemos dizer de nação para nação – como o wakanda dos Lakotas (yanktonais, santees, oglalas, tetons e yanktons) e Cheyennes ou o manitu dos povos do nordeste – em entidades diversas, palpitando de atividade no cotidiano da tribo e que atravessavam a realidade circundante. Os animais tutelares ou *totens* eram assim como *uma estima do coração* e não deuses benevolentes ou maléficos e muito menos presenças metafísicas que se intrometiam na sua vida, como sucede no ocidente, onde o poético, o espiritual e o físico estão inapelavelmente compartimentados da triste maneira que se sabe e se sente. O índio tinha um comportamento epicurista ou estoico conforme as circunstâncias da vida cotidiana: era grave mas não taciturno; alegre mas não descabelado. E isto porque não era perseguido pela *descontinuidade* caraterística da circunstância judaico-cristã, agravada pelos ritmos instaurados pela revolução industrial. Apesar da sensível e por vezes rude discriminação que sobre os índios de agora ainda incide, estimulada pela política econômica das Companhias – o que pudemos constatar tanto na região *plain* (Dakotas e Nebraska) como no Canadá da tolerância e da polidez (*grande península* georgiana, ou seja na região huron-iroquesa dos lagos Huron e Ontário) – as reservas índias, mau grado os problemas instilados pelos "white-eyes" são comparativamente locais onde pulsa a luz do espírito que só raramente se sente entre as populações urbanas da América *not coloured*. Pode dizer-se com ironia deliberadamente cruel que o cuspo que os colonos atiraram para o ar, nos tempos da sujeição dos índios, recai-lhes agora na face como um aguaceiro mefítico.

Não sendo um ser amedrontado, o índio nenhuma necessidade tinha de procurar aplacar espíritos bons ou perversos, como sucede noutras civilizações. Claro que se alegrava ou inquietava, mas a exemplo do que sucede no ato poético – em que os terrores são terrores pela sua própria condição bem assim como os contentamentos – consoante os sinais que distinguia no decorrer da existência. Os mortos inquietavam-no porque ele sentia que o reino da morte era doutra cotideaneidade, mas podiam também alegrá-lo: não era invulgar um índio chegar ao lar e manifestar a sua alegria por ter, numa jornada de meditação (em geral apoiada em jejuns) sido contemplado com o *aparecimento* dum parente, dum animal doméstico muito estimado, etc; note-se ainda como exemplo que entre os Plains eram ciclicamente efetuadas danças rituais para *facilitar* ou *possibilitar* a vinda das manadas de bisontes e não para *comunicar* a um determinado deus (animal ou de tipo humanóide...) que já era tempo de se pôr ao trabalho e encaminhar os rebanhos para junto dos territórios de caça (sempre bem estabelecidos por consenso milenar). O totem possuía portanto um valor de ligação e não de adoração. O índio não possuía ritmos de adoração, encarando esta palavra como bajulação a uma entidade supostamente superior ou desencarnada. No que respeita aos denominados *homens-medicina* (e não feiticeiros, designação que apenas faz parte do vocabulário branco veiculado pelas fitas de Hollywood) que noutras comunidades tomam em geral a designação de sacerdotes ou orientadores espirituais conforme a latitude ou a civilização, eram *curandeiros* um pouco à maneira dos homens-de-virtude da região ibérica, ou aconselhadores qualificados que, em certas ocasiões determinadas por condições muito próprias, tomavam o cargo (espontâneo e circunstancial e sempre amovível) de chefes específicos que emergiam do cotidiano da tribo e não se empenhavam em ter mais ou menos influência, o que seria impensável pela lógica da organização do tecido social. Para aclarar melhor a questão: o justamente famoso – pela ponderação e a coragem – Sitting Bull, era *homem-medicina* e a consideração de que gozava no seio da tribo era tanta que assumiu o cargo de *sachem* (chefe geral) dos lakotas, que tinham como chefe-de-guerra o não menos célebre Cavalo Louco, que era evidentemente tudo menos louco – o nome vinha-lhe de ter capturado bravamente um garanhão enfurecido em condições peculiares. Os nomes, entre os índios, eram não só um *indicativo* mas também um *qualificativo*. Fazendo um pouco de humor, digamos que se calhar o nosso "bochechas" (Mário Soares), se índio fosse, teria talvez o nome de Urso Aldrabão ou, quiçá, Castor Vaidoso ou Arganaz Sedutor... Mas passemos adiante!

Os homens-medicina, fossem chefes ou não, acompanhavam o dia a dia, orientavam as festas e os rituais (de colheita, de caça, de mudança de estação ou de localização da tribo) eram de certa forma o garante dos grandes ritmos que presidiam à relação entre o conhecido e o desconhecido. Por vezes funcionavam como diplomatas inter-tribos e, nalgumas que em ocasiões sacrais utilizavam alucinógenos (como entre os pimas e os yaquis) interpretavam as visões daí decorrentes. Note-se que os índios usavam de preferência jejuns e períodos de isolamento em lugares específicos: montanhas, bosques e recantos junto a rios, no caso dos índios do sudoeste orlas de desertos (jamais se adentravam pelo deserto, como fizeram no último período da romanidade as comunidades de cenobitas cristãos do norte de África), onde buscavam ser contemplados com *revelações* em ordem a compreenderem o mundo e o seu Eu profundo.

Quanto aos chefes, que como já se aflorou podiam ser chefes-de--guerra ou civis, estavam rigorosamente dependentes dos conselhos tribais e, se eram sempre acatados e respeitados, uma vez que emergiam naturalmente da comunidade, funcionavam mais como *consciência da nação* do que como líderes cuja palavra não era passível de discussão. Só numa circunstância tinham de ser rigorosamente seguidos: quando em estado de batalha – e os próprios conflitos, como a palavra *batalha* deixa perceber, eram de âmbito limitado, sendo fundamentalmente sustentados por *grupos*. Mesmo quando uma nação era tradicionalmente inimiga de outra, como os sioux e os pawnees por exemplo, não se buscava a extinção do adversário e o *feito guerreiro* tinha fundamentalmente a ver com a qualidade e não com a quantidade. Lutava-se pela honra, pela coragem, pela vingança de injúrias ou pelo abuso da entrada em territórios de caça ou utilização. A posse destes últimos estava dependente do uso que lhes era dado pelo coletivo e, portanto, não era encarada como exaustiva e total. Nunca passaria pela cabeça de um índio dizer *este sítio é meu*, pois entendia-se que apenas aprouvera ao *grande mistério* possibilitar que a tribo dispusesse dele a seu bel-prazer. Em geral, os índios norte-americanos eram anarco-comunistas, ou melhor: socialistas libertários, o que os distinguia das monarquias totalitárias ou de claro enfoque do que depois se chamaria nazismo (por exemplo os aztecas) das nações da América central.

Grande parte da civilização ocidental assenta num intrincado jogo de *efusão/recalcamento* (para usar a terminologia freudiana) que estimula o *desejo de acumulação*. Ao frustrar pulsões legítimas, o sistema relacional ocidental e cristão (a este respeito sugerimos a leitura de *A neurose cristã* de Pierre Solignac) distorce o pensamento e dá origem à *necessidade de posse* dos bens, que tudo arrasta na sua frente (o que é caraterizado pelo axioma *uso e abuso* que define o conceito de propriedade). A mística recorrente é, em geral, apenas uma fórmula – e, em rigor, hipócrita e falsa – para tentar impedir que as consequências vão demasiado longe ou, então, para camuflar o que subjaz aos manejos dos setores dirigentes e possidentes. Nunca passou pela cabeça do índio, antes da dura realidade o esclarecer, que o branco quisesse para exclusivo uso seu e para fins que ao índio pareciam provindos da banal loucura – isto é textual, é um raciocínio dum líder chikasaw, Braço-de-pedra – o vasto território que lhe parecia sem fim e onde as nações índias viviam harmoniosamente devido à arquitectura forjada pelos milénios. Estabilizada por anos e anos de sucessivo aperfei-çoamento que a vastidão e a riqueza do continente permitia, a vida do índio estava recheada de sentido. A vida era por vezes dura, mas sempre se revelava gratificante. Interiormente, o índio interrogava-se mas não se enrolava sobre si mesmo e, se muitas vezes se angustiava, como ser humano que era, as ricas relações no interior da comunidade encarregavam-se de aplacar ou dissolver essa palpitação negativa. Nas tribos do nordeste e da costa atlântica, que foram as que primeiro sofreram a brutalidade do invasor, o choque entre a sua mentalidade libertária e a obstinação primária dos colonos foi o sinal claro do que a seguir iria suceder, uma vez que a terra não era para o índio *um corpo político* e sim um lugar onde residia com as árvores, os animais, as montanhas, a chuva e o deserto, em suma: tudo aquilo que constituía o mundo de realidade e de sonho onde não fora instaurado o *complexo de culpa* que constitui uma das bases fundamentais do pensamento religioso ocidental e, inevitavelmente, o seu cerne filosófico. Para o índio norte-americano a morte não era, como para o cidadão europeu, uma *essência* e sim uma *cessação*. Nunca uma imanência, antes uma consequência bem reconhecível – uma facada, um tiro, uma doença ou a muita idade. Arguto, encarava por isso a protérvia judaico-cristã como uma história absurda ou uma impostura. E por isso mesmo o seu mundo conceptual, extremamente perigoso para o que lhe chegava abruptamente, tinha de ser destruído pelo homem branco.

Assim sendo, é fácil tirar a conclusão maior destas linhas *e a única para que chamo vivamente a vossa atenção:* sempre que uma civilização baseada na *tradição secular livremente engendrada* se confronta com outra baseada na *evolução acelerada e na acumulação*, a primeira desaparece ou é gravemente transformada pela segunda.

Significa isto que, ao cabo, a sorte da Nação Indígena estava traçada no momento em que Colombo pôs o pé nas praias do Novo Mundo. O índio, que vivia no neolítico mas que apesar de tudo mostrou uma espantosa capacidade de adaptação interior – e mesmo exterior, convenhamos – a ritmos que lhe eram totalmente alheios, conceptualmente estava mergulhado no chamado *estado segundo* ou seja, o mundo mental em que realidade e sonho se interpenetram, estado esse que é profundamente odiado pelos próceres da civilização ocidental, que apenas respeitam ou a razão ou o instinto de posse camuflado de *necessidade espiritual* (vulgo religião, que é apenas e tão só, se nos despirmos de preconceitos ou receios, um polo agregador de interesses psico-sociais). É esse *estado segundo* que explica a curiosidade que os autóctones americanos sentiram pelo álcool, o que foi de imediato explorado pelos colonizadores. Como o álcool lhes permitia/facultava atingir um estado de euforia – que, diga-se, excelsos poetas gregos e árabes epigrafaram com volúpia (será necessário nomear o justamente célebre *Rubayat* de Omar Khayam?) – que eles pensavam ser um ritmo dos brancos, deixaram-se defraudar pelos colonizadores, que estimulavam cinicamente o alcoolismo. Chegou-se a um ponto tal que em certas tribos do Middlewest e do Oeste houve a necessidade de os conselhos tribais interditarem rigorosamente o seu consumo, chegando-se a estabelecer (e é um dos poucos casos em que tal ordálio se aplicava) a pena de morte, punição raríssima entre os índios visto que em geral era substituída por *obrigações de doação*. Entre os Plains, o álcool era mesmo considerado como mais uma *arma de guerra* por parte dos brancos.

A nação indígena desapareceu para sempre. Nobre e orgulhoso gavião planando sobre montanhas e florestas, viu o seu voo destroçado pela gente que a princípio auxiliara. Espoliada, caluniada, utilizada em divertimentos de pacotilha – mas também respeitada, compreendida e amada por ocidentais que *sabem ser índios na selva urbana* – é hoje não mais que recordação, uma vez que se desfizeram as raízes que a sustentavam: o território onde se estabelecera e o equilíbrio harmonioso entre a natureza e o homem.

Hoje em dia, habitantes que somos de universos alternativos e, ultimamente, até interativos, resta-nos somente uma certa nostalgia – mas igualmente, afinal, a arma de sabermos que é possível viver-se, mais que não seja por dentro, de maneira menos precária do que a vida (?) que foi criada, consentida e consolidada pelos europeus filhos do Método e da Mística da navegação entre Cila e Caríbdis ou, o que ainda é pior, das correrias entre Zeus e Mamón...

(Palestra proferida no auditório da Escola Superior de Educação de Portalegre durante o seminário "Semana Índia")

A PROPÓSITO DE TEATRO

> "Todas as palavras podem ter cinco sentidos e algumas têm mesmo muito mais".
> *Zohar, o livro do resplendor*

Introdução

Dizia Claude Roy num dos seus ensaios, depois de ter excursionado pela obra de Boileau e Jean Rostand, que *"um romance não é uma fatia de vida servida crua, mas sempre a arte que possui um determinado homem de talhar a vida para a tornar mais viva e mais inteligível"*.

Dizê-lo do romance, obviamente, é o mesmo que dizê-lo do teatro ou de qualquer outra disciplina artística. Toda a arte é uma *indicação cénica*, humana ou desumana, que não imita a vida nem tampouco lhe é paralela. Simbolicamente, poderia até falar-se numa inflexão à guisa do princípio de incerteza de Heisenberg que consiste na possibilidade oficiante do sujeito agir como catalizador e intercessor numa determinada experiência científica. Ou seja: no plano das ciências, químicas ou físicas, o *sujeito* influencia sempre o *objeto*, passando a ser parte integrante dum dado fenómeno. Na arte é precisamente a mesma coisa. Por isso é que as teorias que abordavam, de forma imperativa e até intempestiva, a questão da objetividade e da subjetividade colheram tão maus resultados. Era uma abordagem inadequada – e o que é mais grave é que muitos dos seus próceres sabiam que o era. Na verdade, eles faziam uma escrita *orientada*, praticavam raciocínios *orientados*, visando *ajudar* os outros a chegarem a conclusões que interessavam a uma determinada filosofia pré-ditada.

Por estranho que pareça, nos dias de hoje (em que já se descobriu a *marosca* toda) ainda há quem tenha por vezes o descaramento de vir falar em *arte que todos percebam* com um impudor que, no fundo, nos toma por mentecaptos ou iletrados. *Básicos*, como se dizia na tropa...

O que vou dizer creio que se sabe mas provavelmente fará sentido, ainda, sublinhá-lo nestes tempos dramáticos: a criação artística, enquanto *matéria em crescimento*, convoca as presenças totais não só do passado pessoal e do presente social do seu autor como igualmente daqueles a quem ela é dirigida. E quem diz passado e presente diz também futuro, uma vez que o específico de qualquer verdadeira obra de arte é a sua permanência no tempo. Assim, é fácil concluir que o artista se dirige fundamentalmente aos seus próprios ritmos, o que não significa que eles não tenham repercussão nos ritmos dos outros. Pensar-se que o artista escreve *para o público* (*artistas*, não sucedâneos mediáticos) é desconhecer os mecanismos da criação, no caso limite buscar intrujar os outros. O que pode suceder é que ao fazer uma determinada obra o artista acalente o sonho de que o que executa tenha profunda repercussão na comunidade, dando-lhe em troca eventualmente fama, proveitos... Mas isso são como que *lucubrações laterais* que nada têm a ver com o fulcro da questão. E, em geral, a História esclarece-nos que o triunfo popular (para além de ser frequentemente uma carta viciada) é algo que não obedece a leis seguras. Veja-se Balzac, nos tempos de novel operador, a escrever livralhada deliberadamente popular e que hoje já ninguém lê nem recorda. Só depois, tocado pelo aguilhão da febre interior da escrita, se esteve salutarmente *nas tintas* para o que o público iria pensar — o que deu diversas obras-primas para todas as estações e vários públicos e até lhe permitiu liquidar algumas contas... As máscaras, como os homens da *comedia dell'arte* muito bem sabiam, ora choram ora riem, atravessando os espelhos da existência — e nunca se sabe exatamente quando afixam uma ou outra condição.

São, em suma, tão mutáveis como o Destino.

O Teatro e o seu corpo duplo

Parece que faz ainda sentido, também, acreditar-se que o teatro desempenha um papel qualquer. Pelo menos poderia pensar-se em tal ao verificar-se, pela leitura dos periódicos, que há companhias — maiores ou menores, de bolso, de laboratório, o diabo a quatro — que dão ao público *material* para muitos gostos. É verdade que também se fala, acredito que com seriedade, na crise que o teatro atravessa, ou seja: nas dificuldades que essas companhias vão tendo para, sem subsídios, tratarem da sua vida pessoal e artisticamente falando. O panorama está pois algo encarquilhado...

Isto no plano do teatro representado. No que diz parte ao teatro enquanto escrita, porque em geral as peças são publicadas antes de alguma companhia lhes pegar, o panorama é diferente, embora isso não signifique que seja mais favorável. Antes pelo contrário, diria.

Praticamente não há coleções estáveis de teatro (criações e não reproduções) cá no país. Os próprios escritores, a não ser que sintam um irreprimível impulso, em geral canalizam a sua criatividade noutras direções. Ou escrevem uma peça assim como incursão do seu estro por continentes afastados. E isto porque, digamo-lo sem máscaras nem paninhos quentes, *o chamado grande público* não gosta de livros de teatro, como aliás já o constatavam os exemplares *Cadernos de Teatro* dirigidos por Orlando Vitorino. Se for representado, ainda vá... Mas lido?! Falemos de outras coisas...

Como tudo tem uma explicação, procuremos a que se adequa a este fato.

Tal deve-se a meu ver, em primeiro lugar, à deflação cultural que existe e que é evidente. Tempos atrás, na coluna que mantinha no *Le monde diplomatique*, Jean-François Revel constatou que o analfabetismo funcional estava crescendo – sendo aliás alto – nas sociedades tradicionalmente alfabetizadas. Além disso, o papel da cultura nas sociedades modernas já não é o que era no século dezenove, digamos. Por essa época, que era um período fáustico, as melhores consciências acreditavam na cultura enquanto instrumento de penetração no conhecimento. Viam nela uma possibilidade para o Homem se adestrar no relacionamento com os outros, até que verificaram esta coisa muito simples: a cultura é sempre um motor de divisão, de diferença, diria mesmo de provocação principalmente dos poderes constituídos. A cultura, ao humanizar, cria exigências, faz crescer as interrogações. O indivíduo culto torna-se frequentemente incômodo, questiona a sociedade e, em última análise, questiona-se mesmo a si próprio, tentando perceber qual a sua posição ante a vida. Por isso é que, passado um certo tempo de inocência, os dirigentes da sociedade resolveram por bem apoderar-se das suas rédeas, nomeadamente controlando as diversas variáveis do fato cultural. Mas como este é inevitável e, ainda por cima – tal como o espírito – sopra nos lugares onde menos se espera, buscou-se torná-lo matéria moldável ao bel-prazer dos acadêmicos, dos eruditos ou, então, através duma operação arguta de camuflagem, coisa de tempos livres (como divertimento ainda que algo elevado) para as massas ou de luxo para os casos de aparente maior exigência.

O teatro, sendo na altura extremamente apelativo (tendo mesmo um vetor de *distinção* social ou mundana), era controlado de forma perspicaz: teatros de Estado, algumas vezes; doutras, teatro de *boulevard* onde se iam ver reproduzidos comportamentos considerados exemplares, por um lado, ou as curiosidades cômicas, dramáticas e trágicas que davam o sal e a pimenta ao ramerrão da vida burguesa.

Ainda hoje isso sucede. Veja-se o êxito, surpreendente para alguns mais distraídos, que tiveram peças que tranquilamente passam por nós no Rossio e que consolam as almas mais ou menos aflitas por um dia a dia anquilosante. O fato não tem nada de estranho: há no nosso tempo, como sempre houve, um desejo de divertimento e de evasão perfeitamente compreensível uma vez que, como Jean-Marie Domenach assinalou com pertinência, vivemos hoje de novo o retorno do trágico duma forma impetuosa. Salvo as exceções que sempre existem, as populações sentem a necessidade imperiosa de mudar o sentido que o imaginário social tomou: os *talk-shows* e as telenovelas são uma das fórmulas que se arranjaram para fixar as sensações mais profundas e que pululam sob o consciente. E ambas são, em última análise, não mais que um *ersatz* do teatro, tanto mais que, de acordo com informações que sempre transpiram, tem havido *talk-shows* em que atores profissionais, discretamente camuflados, fazem o papel de pessoas do cotidiano com os seus problemas específicos para a função.

Aliás, geralmente os propiciadores de telenovelas nem tentam fazer passar por arte aquilo que sabem muito bem não o ser. Digamos, com a suficiente carga irônica, que até são *corporativamente honestos*: nunca se viu nem talvez se verá virem defender o seu produto como fato artístico em si. O máximo que dizem é que se trata dum *divertimento bem feito* de que as pessoas gostam e que exigem lhes seja servido num bom invólucro. Eis a explicação para as reservas bizantinas que se faziam ao comparar-se telenovelas brasileiras e portuguesas: as primeiras, no dizer de críticos ou emissores de opinião específica, seriam superiores às segundas, na medida em que teriam melhores interpretações e argumentos mais consistentes. Trocado por miúdos e falando com lucidez: porque eram/são uma treta feita de maneira muito mais habilidosa.

Não vamos acentuar a fotografia, uma vez que nos parece estar já tudo dito. O teatro, seja nas salas onde ainda se faz ou nos *mass-media* audiovisuais, é de fato outra coisa muito diferente.

Em primeiro lugar, no teatro enquanto obra de arte existe *uma parte de segredo* no sentido que lhe dava a Sabedoria Tradicional, que consiste em possuir uma estrutura que não é linear. Possui uma *segunda leitura*, caldeada na poesia que lhe é própria e que se sublinha na possibilidade de ter *diversas encenações* consoante a opção de quem o coloca em palco e o interpreta. Posso até dar como exemplo limite – e não estou a pôr em epígrafe a maior ou menor qualidade do resultado, a transformação numa comédia dramática com fortes laivos de irrisão do drama de António Patrício *O Fim* montada pelo grupo de teatro existente em Portalegre.

Este é um dos aspectos. Outro, é a *carga interior* que os diálogos, as cenas, os atos, devido a uma articulação específica, têm. Por exemplo: parecendo na altura que estava a dizer coisas sem sentido, ao dar à existência a sua *A anunciação feita a Maria*, que na época alguns consideraram como blafêmia (não fora Claudel um católico reconhecido e teria decerto pago o seu desaforo!), fez o dramaturgo francês a crítica mais justa a uma existência esclerosada e às dificuldades que nela pode ter um ser sedento de autenticidade e pureza.

Além disso o teatro verdadeiro, não o de trazer-por-casa, implica como tudo o que tem qualidade um *esforço de reconhecimento*. Num mundo que tenta expandir a banalidade, a frivolidade e a *dependência de espírito*, naturalmente que o teatro tem de ser pouco popular. É que não pode, de fato, conciliar-se qualidade com preguiça mental ainda que se corram certos riscos. O verdadeiro artista, aliás, tem de assumir a *parte maldita* que o mundo atual lhe reserva e que, em mundos antigos, também lhe cabia: com efeito, sabe-se que muitos autores antigos, hoje dados como clássicos, se viram em palpos-de-aranha por obra e graça dos poderes de então. São, digamos, os ossos do ofício...

Finalmente e embora eu vá repetir algo que já está esclarecido, creio, diga-se que a popularidade de certos *mistérios religiosos* postos em cena na Idade Média lhes advinha não do entendimento que o espectador tinha deles mas, sim, de falarem em algo que encontrava forte repercussão nos sentimentos e concepções de então. Noutro plano, para exemplificar, o apreço que as obras de Miguel Ângelo colhiam não lhes advinha da sua *qualidade própria* enquanto pintura mas sim da figuração que ia ao encontro da religiosidade geral. Aliás, muitos outros pintores menores e até alguns pinta-monos gozavam de similar apreço. E, como detalhe irônico mas verdadeiro, veja-se que só recentemente alguns dos seus frescos foram apresentados como ele de fato os concebera, pois tinham sido decorosamente vestidos pelo pudor eclesial.

As relações entre o artista e a sociedade têm passado sempre – pelo menos até à segunda metade do século vinte – por um curioso jogo-de-escondidas bordejando a atração e a repugnância de aquele para esta e vice-versa. Com a chegada dos universos mediáticos a paisagem clarificou-se: o artista é hoje uma excelente caça para exibir em locais mais ou menos tributáveis. Contudo, seja em momentos da sua vida seja porque a lógica do seu discurso específico se impõe, o espécime venatório em apreço às vezes refila e abre frentes de conflito onde menos se espera. Já lá dizia Mestre Ubu que num estado bem organizado os artistas deveriam ser obrigados a marchar, de manhãzinha, pelo menos quarenta quilômetros antes do café da manhã...

O teatro, esse cadinho de imagens multiplicadas e algo contraditórias, fala – até nos seus silêncios muito próprios. Como a vida, evidentemente.

O Teatro e o seu corpo múltiplo

Defendem alguns pensadores argutos, contrariados ou corrigidos por outros tão argutos como eles, que hoje por hoje o nosso mundo se transformou num vasto palco onde se representam sem cessar muitas e variadas peças – mas descontinuamente como é apanágio do cotidiano; e aos fragmentos, como parece que deverá ser típico duma sociedade repartida por grupos, interesses e setores digladiando-se sem cessar. Houve até um tal Herman Hesse que, certa vez, em carta a um confrade, sustentou mesmo a teoria de que o que temos socialmente é uma contínua encenação, na medida em que os sentimentos, as relações e os contatos sociais estão sujeitos a preconceitos incoerentes, a juízos morais perfeitamente burlescos e a normas desvairadas, desajustadas e mais ou menos falidas.

Permitam-me que não opine. Aliás de pouco me serviria, porque nunca se sabe em definitivo se não estamos (filosoficamente) a ser personagens nessa peça que eventualmente anda a fazer a sua *tournée* pelo globo. Como dizia Thomas Mann, "*de fato, muito bem se sabe que o artista não é em si mesmo um ente moral mas um ente estético, que o que o inspira e move não é a virtude mas o jogo, inclinado espontaneamente a jogar, ainda que mais não seja do que dialeticamente, com os problemas e as antinomias da moral...*". Mas também isso acontece duma certa forma velada, diria teatral: no fundo, exceto para tornar os dias um pouco mais coloridos nos seus intervalos de lazer, um artista não serve para nada como os rouxinóis ou os gatos. Se tiver um pouco de juízo, procurará transformar as suas quimeras ("*os seus sonhos particulares*", como dizia Vigny em algo aproveitável para a comunidade. Ou seja – e veja-se que estou olhando pela ótica do poder – em algo que morigere as almas e as ponha escaroladas e prontas para as tarefas do dia a dia...

(Em todos os tempos e principalmente na época moderna, onde a questão artística assumiu foros de *personagem* e os seus protagonistas vulto de profissionais com direitos cívicos reconhecíveis, alguns operadores econômicos deram-se conta de que era possível aproveitar certas virtualidades espetaculares desses cidadãos, nomeadamente se os conseguissem travestir de *enfants terribles* e de *jolies dames*, a um tempo brilhantes e inócuos para não lhes empatarem e até beneficiarem alguns fins-de-meses. O negócio é compensador, tanto mais que são eles que controlam o mercado e as reputações).

O hábito da simulação – melhor, a sua necessidade – difundiu-se na vida pública e privada, forjando aquilo a que poderei chamar a *teatralização dos imaginários*, o que provoca uma ausência de gosto pela profundidade das coisas e pela realidade do cotidiano. O *apodrecimento das sociedades*, para empregar a expressão cunhada por Georges Pérec, é um fato indesmentível; em certa medida vivemos mergulhados numa *esquizofrenia social* evidente, tendo os próprios ritos religiosos mergulhado numa teatralidade profunda para suscitar com mais ímpeto o interesse dos fiéis que cada vez mais se alheiam da *religação*, aderindo antes ao espetáculo mediático proposto. Em certos países, nomeadamente no Brasil, onde o palco é partilhado por diversas confissões e seitas de forma muito intensa e até gratificante, existe mesmo uma emulação de gurus e figuras de proa onde a encenação da mística é profundamente marcada.

Contra isto, o que pode o teatro – o teatro de qualidade, complexo e exigente? Necessariamente não pode muito: enquanto brinquedo é pouco sugestivo, enquanto reflexão é solitário e "pobre". Enquanto espetáculo lá se vai aguentando, manquejando, como aqueles heróis velhos das batalhas, de bigode farfalhudo. E no entanto...

E no entanto continua a fazer sentido. Eu diria – mais do que nunca. Porque o teatro verdadeiro, o que sem *partis-pris* aguenta nobremente a sua própria incomodidade e a sua própria desgraça, é um jogo legítimo com a alegria e a inquietação de existir. Misturando e combinando os ritmos da vida e da morte, entrega-se à festa do espírito com toda a naturalidade de uma cadência lúcida que antecipa ou acompanha os grandes raciocínios da existência livre e estruturada em moldes criativos, plásmicos e salubres. Feito para dez, vinte ou duzentos espectadores, permite-nos colocar o problema nos seguintes termos:

"Entrego-me ao jogo que me ajudará a libertar a minha cadência vital e social sem alienar o meu ser profundo, aquilo que sou enquanto membro da espécie humana. Sei que tudo faz sentido porque não perco de vista que o contentamento, a diversão e o repouso não me retiram a capacidade crítica e a inquietação criadora. E, assim, sou verdadeiramente participante em algo que é inevitável mas que já não me assusta: a progressiva marcha para a velhice e a morte, com o seu brusco ou leve correr de pano".

Ou seja: a meu ver, o teatro tal como o entendo é um exorcismo contra o absurdo e a infelicidade da *vida breve*, contra a senilidade social e a barbárie que nos querem impor através de mecanismos de disfarce disseminados habilidosamente em descargas pretensamente cômicas ou dramáticas. Tal pressupõe uma chamada de atenção, se assim o quiserem, *para a ética e não para a moral.*

Num mundo que já não sabe bem onde está a realidade (veja-se a relevância que tomaram nos últimos tempos – até que os extinguiram porque estavam a mostrar demasiado *o jogo*… – uns simulacros intitulados *Apanhados*, onde situações absurdas ou estranhas eram encenadas sem que as vítimas se dessem conta e que tomavam por realidade), o teatro é uma parte da receita contra a incapacidade de multiplicação da visão clara que se pode ter das coisas. Repõe no seu verdadeiro contexto os dados da questão primordial: se somos alguma coisa, o que somos necessita de máscara? Se viemos de algum lugar, esse lugar onde está? Se vamos para algum lado, por que fazer a caminhada duma forma que nos angustia mas não nos permite utilizar as pistas que temos?

Estas são perguntas legítimas. E são muito. São, com efeito, quase tudo.

Conclusão

A peça de teatro a que se aludiu a dado passo da conferência a que este texto deu corpo (*Passagem de nível*) e que foi publicada depois de vicissitudes diversas originadas por gentes alheias à sua saída a lume, escrevi-a numa altura em que me achava penosamente entregue a ostracismos provocados pela minha incapacidade de aderir a ritmos que visam acorrentar o ser humano a manjedouras de grupo ou de setor. Foi uma espécie de resposta vital à indignidade com que tentam macular-nos frequentemente, mesmo numa sociedade pretensamente democrática. Escrita em dezoito dias, quase que direto e praticamente sem modificações, afirma a minha crença em alguns valores tais como: o amor eletivo entre seres que se encontram a despeito das misérias das épocas, a liberdade de utilizar o tempo que nos é dado viver sem estarmos dependentes de preconceitos, a busca do conhecimento que pode ser a antecâmara duma eventual sabedoria.

Tal como Thomas Mann eu acredito que "o espírito não é monolítico, é uma força encerrada na vontade de fazer a sua própria imagem do mundo, a vida, a sociedade". E, sendo assim, permanece como uma janela aberta sobre os diversos palcos da existência onde as personagens se movem como num início de ato.

(Palestra proferida no anfiteatro da ESEP a convite do orientador do espaço cultural daquele estabelecimento de ensino – 1994)

ALGUMAS PALAVRAS SOBRE BICHOS
DE RENATO SUTTANA

Apeteceu-me começar esta breve introdução com – para título – uma frase mais ou menos assim: *bichos, meus semelhantes*. Ou assim: *os bichos, nossos irmãos de mundo*. Meus irmãos, teus irmãos, leitor que me esquadrinhas a prosa. Mas tive receio de ser mal interpretado. Ou antes: não tenho vontade de que algum dos que me leem me considere de alto a baixo com uma expressão desconfiada. Irmãos? Semelhantes? E me dirijam depois uma interpelação acerba: porque no rol está o porco e a barata, o macaco e a serpente, o rinoceronte e o porco-espinho – ao pé de outros mais estimáveis ou mesmo respeitáveis como a carriça, o porquinho-da-índia, a águia, o elefante, o leão...

Apesar, por outro lado, de eu ter de saber que o verdadeiro leitor é sempre uma mescla de aventureiro mental e de homem de brios, com todos os sentidos alerta para aquilo que lhe chega dos quatro pontos cardeais.

À puridade vos digo e vos juro que pelo que me diz parte *não me caem os parentes na lama*, expressão lusitana que evidentemente significa que com isso não me sinto diminuído por algum bicho ou algum homem de letras me colocar ao nível dum animal. Tenho um cão a quem chamo frequentemente filho – provocando, quando pela primeira vez disso se deu conta – o riso admirado e algo jocoso de minha neta Mariana – ou meu lindo menino. E todavia garanto-vos que não sou um maníaco dos animais, não partilho com a personagem do grande Stefan Zweig no seu admirável *Três paixões* o amor exaltado dos bichos de companhia. E se o caso do meu cão é um caso particular (coisas de parentesco profundo, digamos) também vos asseguro uma coisa: tenho meditado muitas vezes, comovidamente, naquela frase de Axel Munthe na qual ele refere a imensa solidão dos animais. Esses que estão no mundo sem saberem que estão no mundo, esses que veem o Homem apenas como ameaça ou tempestade ou então como amigo um pouco vago, um pouco disperso nas horas que eles vão cumprindo sem a consciência da morte.

Bestiários há muitos e tem-nos havido sempre: na pintura e na escrita, de foto avulsa ou mais completa, de Justin von Lennep a Nicolas Guillén. Passando pelos bestiários fantásticos onde oficiaram desenhadores, pintores, prosadores – muitas vezes para submeterem os seus modelos a exemplaridades pouco exemplares: estou a lembrar-me duma dessas cadernetas de cromos que os garotos colecionam, que uma vez vi na adolescência, onde apareciam vestidos como pessoas cães, camelos, tigres, ursos, catatuas. Um pequeno museu de horrores...

Sem ser a este propósito lembro-me igualmente dum grande contista, o belga Jean Ray, que imaginativamente muito frequentou o mundo animal. Mas poderia citar-vos outros autores que aos animais foram buscar o proveito e o retrato, fotografia a cores ou a preto e branco de realidades cintilantes para epigrafar conceitos ou esculturas interiores.

Em Renato Suttana o bicho, esse animal de muitas faces e muitos reflexos, aparece-nos como um ser cotidiano. Está ali porque foi de sua condição existir daquela maneira e não doutra. Como um homem por extenso, o animal bipes implume da antropologia, os bichos de Suttana têm as suas caraterísticas muito peculiares, muito próprias e estão sujeitos ao olhar do poeta que lhes descobre o segredo. Têm também o seu mistério muito deles, para o dizer desta forma. Têm, na verdade, quase um destino, além de terem quase que um perfil de cidadãos. Digamos que o poeta, duma forma contida e simultaneamente exaltante, os revela no seu autêntico ser e, assim, lhes devolve a dignidade: mesmo que a cobra morda, a barata desagrade, o rinoceronte ataque cegamente e o leopardo devore à falsa-fé. Participantes que eram dum teatro de sombras, aí estão eles agora a existir no nosso mundo – que é o mundo que o Homem pensa e em que se pensa, o mundo em que até uma pobre carriça pode ter voz pessoal ou uma trajetória biografada. E não era Rimbaud que nos dizia que o homem fala não só por si mas também pelos animais?

Plasmados para a nossa ilustração e a nossa memória, transfigurados mediante o poema, eles como que se apresentam e nos saúdam no dia dia, na noite noite, e nos endereçam um aceno de esperança:

porque é ao entendermos o outro (e que outro mais outro pode haver que um animal, um bicho?) que melhor nos vemos, nos descriptamos e nos conhecemos, nós que para todos os efeitos somos seus companheiros de planeta, tantas vezes seus algozes, esperemos que um dia seus irmãos de viagem pelos tempos do grande tempo em que alcançamos rosto e trajetória finalmente dignificada.

Casa do Atalaião de Portalegre

INVENÇÕES

Retratos de fantasmas nítidos

Todos nós temos intensas recordações que constituem o pão e o sal dos tempos que vivemos, com todo o sabor e o cheiro dos dias que se foram.

Ao plasmar estas figuras do meu passado, santos civis ou demoniozinhos familiares, pus ao acervo que escrevi o título que ali vai acima.

Ao dar a lume os seus perfis vos farei com elas companhia, o que será também uma forma de saudar um antigo e, assim o espero, partilhável deslumbramento.

***

Por entre muros imaginários, ei-los que chegam.

Minutos que sobrecarregam a memória mas que, paradoxalmente, a tornam mais leve, dão lhes a cor e o perfil que lhes é próprio: de rostos ora serenos ora convulsos, arrepanhados, têm já a silhueta definitiva que os tempos arremessaram sobre as suas trajetórias e os tornam em visões simultaneamente bem próximas e longínquas.

Nos cafés, nas ruas e largos da minha adolescência, dentro das casas que necessariamente habitaram e onde num lampejo os imagino como figuras recortadas ou esculturas plasmadas em posições singulares, certos da sua pessoa ou humildemente à espera do tempo e por isso admiráveis de humanidade, eis que os busco com as mãos a tremer de ternura e inquietação. Eis que os procuro como restos sobrados de uma aventura por vezes comovedora, por vezes insuportável, mas sempre contemplada como algo que um dia irá fenecer mas que é também imarcescível e se relembra quando as vozes dos que partiram são mais nítidas e ecoam nas ombreiras do coração. Ou, pesadas de discrição e de silêncio, soam ao ouvido como uma ária em pianíssimo, tal qual um piar de pássaro noturno no pinheiral da minha infância.

Nomes, agora, têm tão só os que lhes dei, os que inventei para lhes dar. Já dispõem, digamos, da verdadeira liberdade civil, que é diretamente proporcional ao privilégio de os evocar sem peias: com amor ou desagrado, dupla face da diversa gente que se apreciou ou abominou. Mas nunca com indiferença.

Desfilarão em barquinhos de papel pela "ribeira da Lixosa"(*) os que não souberam (mortos ou vivos que estejam) erguer a sua estatura para além da fasquia mínima. E, como num corolário de pacto mefistofélico, chegou para eles a altura da expiação, a hora de verem exposto o seu interior nebuloso. Tal ser feito no plano da escrita confere-lhes entretanto algum significado uma vez que, além do mais, me ajudaram por antítese a conhecer melhor o verdadeiro rosto da dignidade e da qualidade reais.

Os outros, os meus santos civis ou simplesmente humanos admiráveis que comigo se cruzaram na aventura de viver, creio que dispõem da verdadeira imortalidade, a saber: aquela que, mesmo anônima e solitária, gera um campo de forças de tal ordem que pelos anos fora faz um percurso como a elipse dum planeta, tocando aqui e acolá e forjando sinais de aproximação e de fulgurante realidade – mesmo se os que lhe sofrem o apelo de tal não se apercebem conscientemente. A esses comigo os levo na volta à Serra(*), a volta aqui imaginária da maravilha e da pureza temporal. Eles vivem em mim como flores perenes. Como humilíssimas flores de tocante recorte. E talvez vivam noutros também.

O Homem das Malas – Dormia num quartito emprestado e comia nas tabernas, a princípio ora aqui, ora ali. Depois passou a comer, vinda a democracia, num sítio fixo pelo interesse de um benemérito.

Um olho sem vida, bola de carne vítrea de garoto mal-nascido que, todavia, a meu ver não inquietava os adultos nem assustava as crianças, mas curiosamente lhe dava um ar terra a terra de ator sem filme. Barba mal feita, casaco de *clown* bissexto ou de padre despadrado, pitando o seu cigarrinho irreparavelmente. Um estilo natural de quem sabia que nunca iria para um paraíso ou para o café dos

As vozes ausentes

ricos sem um recado a entregar. Voz um pouco rouca como convém aos santos civis a quem quase se não liga em cidades distraídas ou constipadas. Mãos de carregador ao sol e à chuva. Trabalhando, trabalhando sempre como onagro estafado de solar ou de quinta das redondezas: como rapaz-de-mandados, levando embrulhos para este e aquele comerciante, com um carrinho-de-mão transportando malas e malões e um sorriso ingênuo de pássaro mal-amanhado.

Ainda de bibe, creio que o vi pela primeira vez junto ao lago da Corredoura onde meu pai me fora mostrar os patos navegadores, atração ao tempo da criançada portalegrense. Saudou respeitosamente "o senhor comandante" e afagou-me o rosto de passagem. Mal vestido, decerto mal alimentado, os *chuis* tinham-no por semibeberrão e nem o incomodavam, apenas de quando em quando lhe atiravam uma que outra palavra como que por desfastio, serenos na sua imponência de servidores desvelados do regime. Com, ponhamos assim, condescendência de pequenos sobas mirando fraca fruta para um apetite de omnívoros bem treinados.

Aqui e ali o fui encontrando ao acaso da passagem dos meses e dos horários da Escola e do Liceu, dos bilhares, dominós e jogatanas a doer (cartas bem batidas e que às vezes nos deixavam sem cheta) e das deambulações à cata de namoricos tirocinando amores precários nas ruas das beldades operárias para os lados do Terreirinho e no bairro da gente fina, com suas pequenas madonas tafuis e distantes, sopeiras incluídas. E nas fitas do Cine-Parque hoje defunto. Muitas vezes lhe *cravei*, porque ele era generoso, belos exemplares da sua marca preferida, o apreciado "Três Vintes" já passado à história, uma saudade no seu invólucro amarelo-torrado que até parecia guloseima para fumadores fartamente abonados (e nunca, coração, um cigarrito me soube tão bem, tirante os "kentuckys" de mestre Gervásio, o carpinteiro que eu observava durante horas no seu labor de fino construtor de carroças).

Chamar-se-ia, de seu nome funcional, José, Armando, Zacarias? Simão, Joaquim ou António? A malta e toda a cidade lhe chamava "*ó Sério*" e não era por pirueta. Joaquim Sério não lhe ficaria mal, mas nunca o soube na verdade: ou se o soube fragmentou-se, evolou-se enquanto designação identificada. Muito poucas letras tinha, poucas coisas devia saber. Mas era democrata, mais que isso socialista e, uma vez, no fim dum comício em que levantei os corações arrebatados com sete frases libertárias, veio estreitar-me a mão e disse-me com enlevo militante: *"Conheci-o desde pequeno..."* e cerrou-me revolucionariamente o punho musculado no braço direito.

O que guardo para valer em pé de página, digamos, é a sua figura curvada, já quase nos tempos do fim, sempre com o ingênuo sorriso de vagabundo filósofo pastoreando as ruas da cidade, suas companheiras de vida interior e exterior. Um São Bento Labre alentejano e sem exageros, que ele já estava reformado e trazia o fato limpo pelas senhoras da Misericórdia.

Na última vez que o vi a senhora dona morte, com a esperteza que se lhe conhece, deve-o ter aconselhado a ofertar-me um abraço. E eu voltei, talvez, um pouco depressa de mais para o carro, para que ele não me visse os olhos marejados. Que ele não gostaria, decerto, de ter que dizer a São Pedro que o companheiro de revolução, de cigarretes e de fitas se fizera um pachelgas.

Deve com certeza, neste momento, levar pacotes ou recados de um santo qualquer para outro colega de merecimento. Ou, numa artéria celestial, sorver o seu cigarrinho com serenidade convicta. E, se calhar, já com os dois olhos emparelhados para passeios remansosos e segredos intemporais.

À esquerda de deus pai.

O Político Truncado – Iria ter linda carreira, mas a *bernarda* abrilina modificou-lhe a trajetória. Deixou-o meio em seco e ligado a uma formação partidária dessas que balançam com o vento do Oeste ou, vegetando, concedem escassos réditos para tão grandes apetites.

Quando no tempo da *outra senhora* passeava de mãos a dar-a-dar, solene e pimpão, acompanhando os raciocínios e as confidências dum corifeu da situação passo a passo junto à esplanada do "Tarro" – era belo de ver. Imponente, tostadinho e bem penteado como um galã de bairro de média estatura. Ficou lívido com o colapso do regime das conversas em família. Durante uns tempos esteve confinado aos seus botões, decerto atónito com o furacão que lhe desabava sobre as certezas e lhe cirandava em roda das dúvidas. Ele, que sempre olhara para dentro numa imitação de meditação profunda, ganhou uma espécie de melancolia que pareceu assentar-lhe como uma luva. Depois, espertou. Apreciador de homens providenciais, ainda é solene de ademanes e parco de conversas, exceto quando através de um líder a valer a pátria parece pedir. Um dia o maroto do mundo deixar-se-á desse bocejo de liberdades para todos e mudará para o que convém: e ele terá finalmente um cadeirão à altura da sua fidelidade perdigueira. Mas que não seja tarde de mais, que os anos passam e aos roncões de média estatura o tempo costuma pregar partidas desagradáveis.

A Velhota das Estrelas – Vendia-as, *estrelas* de farinha e açúcar com ervas de cheiro a condimentar, em loja modesta de frutas e legumes num recanto escuso duma rua improvável. É que se apanhava com o aroma das laranjas, queijos, nabiças, de repente – pois a lojeca ficava numa curva onde não se esperava que estivesse. Para mim, contudo, cheiros compensadores, límpidos para gente que goste de bosques, quintas e hortejos. Hoje a loja desapareceu, engolida pelos cotidianos desesperados. E, para minha maior mágoa e ligeira fúria, nem sequer lhe deram sumiço mediante um bar finório ou uma taberna manhosa – limitaram-se a fechar a grossa porta pintada de castanho. Já entenderam o porquê da fúria: é que me ficou ali como um cadáver requentado, absolutamente cegueta e mudo. E, clarete, nem valeria a pena rebentar a porta à patada para, ao entrar-se, apanhar a adolescência evolada numa das prateleiras vazias.

Mulher de preto, a cara era como se diz um pergaminho. Não faria êxito num moderno supermercado. Lenço na cabeça, as mãos grosseiras de quem sabe dosear o doce nos caminhos da vida e nos bolos de canela, de arroz e nas leves *boleimas* ou, como em outros lugares se crismam, *enxovalhadas*. Muito calada, um ar grave de pessoa que tivera ou passara mundo. Passara, não passara – quem lho iria perguntar?

Desapareceu andava eu no fim das secundárias, que nas primárias a filava manhã sim, manhã sim, com os meus tostões prontos para amendoins e as tais *estrelitas*, bolo de canela que ainda hoje move a minha gula saudosa. Escrupulosa nos trocos, duvido que alguma vez tivesse enganado algum petiz ou graúdo mesmo com distrações pelo meio. Fiquei-lhe devendo muitos minutos de gozo mastigador. E a não menor delícia daquele ar bondoso de aia exilada. E um resto impalpável, um não-sei-quê de desventura ou íntima tristeza. Cá para mim aquilo não era comércio, era puro destino fixado em dias ora melancólicos, ora decididamente alegres oferecidos de graça, nos dias ensolarados, aos passantes fixos e descontínuos. E como deixar em escrita aquele *silêncio interior*, aquele perfume de realidade real que, agora, sei que gozei nos meridianos da doçaria humilde mediante esses contatos matinais, pensava eu que fortuitos e já perdidos no tempo?

Hoje já não há por aqui lojas daquelas. A última que naquele estilo conheci foi uma taberna na rua do Mercado, transformada ao presente em quitanda com luzes e balcão moderno. Curiosamente, também gerida nesses outroras por uma velhota parecida no pormenor, de perna arrastada e trajando de escuro.

Coincidências temporais, quero crer, numa cidade com viúvas para dar e vender.

O Santo de Pau Carunchoso – Metafisicamente, um peso leve. Ao que parece Deus manda-lhe lembretes adequados e ele, com gravidade, mas sem cerimônia, com a naturalidade dos que se sabem escolhidos (sem vaidade!) distribui-os caritativamente como cumpre aos ungidos pela graça. É humilde, bem falante, ama os pobrezinhos e até compreende os ateus, esses desnaturados. Na sua santa compreensão sabe que o são apenas (não é verdade?) por desorientação. Que um dia voltarão ao redil – mas mesmo que não voltem merecem uma oportunidade. Assim como assim não são todos filhos do (seu) Senhor?

A tal ponto humano, delicado e escorreitamente uma alma de eleição, este Bossuet de pacotilha, este S.Tomás de trazer por casa fez sempre a minha admiração estupefata: disseram-me com verdade que teve duas criadas anciãs e que no estado de moribundas lhes pegou na mão até darem o salto para a eternidade. Questionado sobre o fato, referiu que era para as auxiliar no momento derradeiro! E não ter uma delas voltado – ou até mesmo as duas – por um minuto à vida para lhe escarrarem na cara a verdade básica de que naquele momento um ser humano deve ser deixado em paz, porque cada um tem direito à sua morte sem que ao lado esteja a bondade de um patrão!

Tão dedicado, serviçal e esclarecido nos quereres da Providência – que faz perceber aos mais lúcidos ou versados nos assuntos da Dogmática e da Patrística que decerto o sinal do demo não lhe anda longe. Ou seja: vai ter uma grande surpresa quando chegar o último suspiro e o Criador – em que ele crê com os quatro lombos – previsivelmente o atirar com um gentil, mas decidido pontapé no traseiro para o purgatório, que gente como ele nem inferno merece. Mas talvez, ó céus, isso seja ainda matéria de júbilo, porque para estes semprempés místicos tudo é matéria de comprazimento e autoconsolação, tudo é magnífica ocasião de ascenderem, como ele vai ascendendo pouco a pouco, ao seio da mais celestial e gratificante santa abominação.

O Tio Pequenino – Homem do campo dos seus quarentas/cinquentas, topava a sua figura pequena e escorreita em todas as Feiras (das cebolas, das cerejas) e em tudo o que era festa ou romaria (do Bonfim, do Reguengo, da Sant'Ana, da Ribeira de Nisa, do Senhor dos Aflitos) onde eu me deslocava canonicamente acompanhando os pais e vizinhos com quem se fraternizava. Corretamente vestido, muito direito e asseado, notava-se que tinha nos ombros e nas mãos fortes e calejadas os sóis e os trabalhos da quinta ou da horta, do romper do dia ao cair da noitinha. Era proverbial, a certa altura, na barraca dos comes e bebes escorripichando com denodo e aprumo o seu tintol acompanhado de viandas delicadas como o costado, a isca, o peixe frito...

Nunca com ele troquei palavra ou aceno que fossem. Nunca soube a sua graça ou a quem pertenceria e em que courelas granjearia o seu pão. Até um dia, mas já lá vamos. Para mim era apenas, com toda a velada simpatia interior, o "tio Pequenino" e bastava-me esta alcunha pra meus internos usos. Muito cordial e respeitador, tratava com cortesia, numa voz suave e campesina, os convivas avulsos. E a sua cara escanhoada e seca abria-se às vezes num leve sorriso de singeleza. A partir de certa altura, enquanto eu crescia e passava de infante a adolescente e de adolescente a adulto, como que deixou de fazer anos. Imutável, sentia-o deslocar-se através dos tempos como uma presença pacífica e serena. E que alegria eu senti, depois de ter voltado da loucura da guerra com a inocência feita em fanicos, quando um dia na

Festa dos Aventais topei encostado ao balcão de tábua duma barraca bendita o meu "tio Pequenino", que com grisalha convicção *jogava no chão* um belo sanduíche de lombo!

Se a festa era na cidade, digamos a do Senhor dos Passos, "tio Pequenino" deslocava-se ao Largo da Sé a mercar o seu *torrão* de Alicante e a sua boa ervilhana na barraquita posta rés-vés ao edifício dos Paços do Conselho. Sempre composto, sempre urbano e solitário nas suas andanças todavia comparticipativas. Também o via às vezes no mercado municipal (um dos meus locais sagrados) falando com este-aquele hortelão seu companheiro de labutas – mirando este figo, relanceando aquela meloa, apreciando esta couve…Eu era visto e achado, principalmente nos sábados, a deambular circulando o edifício da praça. Coisa que ainda hoje, que já vivo por bandas vitais muito distantes, é um dos meus grandes gostos. E – cabeçorra distraída – também era meu colega na ida à massa-frita, ao santo *brinhol* acompanhado pelas canecas de café de cafeteira, fracote, mas com um sabor que nunca mais, minha mágoa, terei na vida…

Ora, um dia, passeando de carro (emprestado) com a família, teria eu uns dezenove anos, o meu primo que guiava nos levou a um lugar que não conhecíamos bem, em busca de um outro parente de raspão, desses em sétimo grau, mas que são indispensáveis. O meu pai desceu do automóvel e abeirou-se de um pequeno muro de pedra em cujo lado de lá um hortelãozito, tapado com um velho chapeirão, mourejava ali à beira e perguntou-lhe sobre a morada do tal parente. O trabucador aprochegou-se, descobriu-se…e era o "tio Pequenino", que em frases curtas e apropriadas iluminou a informação. Soube então que era dali que ele partia para as suas incursões festivas! E sem me dirigir palavra, num diálogo mudo, percebi nos seus olhos plácidos que também me reconhecera. Foi, durante um segundo, uma espécie de cumplicidade. Senti que ele pensara: *"Olha…este é o tal…"*. Que eu, para ele, devia ser o que ele era para mim – presença sentida aqui e acolá de seres que passam quase ao mesmo tempo pela Terra irmanados num destino comum de jamais trocarem palavra. Coisas da sociedade e dos acasos, diria eu.

Mais tarde – já ele começava a transformar-se numa presença esfumada – desapareceu-me do horizonte. Soube depois, ao folhear um periódico com a data já requentada, que morrera. A foto lá estava, era o "tio Pequenino" dos meus tempos de criança transfigurado em eternidade pela necrologia noticiosa. Ficou-me um nó na garganta, que a morte tem destes desembaraços: traz de súbito à nossa comoção uma figura de outrora, como se o olhar se irmanasse com a saudade dos tempos idos. Como, afinal, cumpre a quem vive, mesmo que virtualmente, como retrato perpétuo e inesquecível.

O Polícia de Papelão – Diziam-no um bom sacanola, pachorrentamente no passeio como um buda ambulante de segurança pública. Suspeitavam mesmo alguns, cochichando-o aos correligionários, que fornecesse os arquivos secretos com material bom e fresco. Nunca tirei isso a limpo, se acaso se verificava, de resto ele era para mim muito mais uma gravura típica que propriamente um civil. Barrigudinho, como se usava na época frequentemente nas repartições públicas de autoridade, tinha um carão avermelhado denotador – para além da estrutura biológica – do seu algum apreço por Baco.

Com má consciência? Provavelmente, pois ainda não chegara o tempo da boa liberdade em que os mantenedores da ordem (do regime, quer-se dizer) têm liberdade para frequentar os lugares onde escorre o sumo-de-uva com, talvez, excessiva frequência. Mas vão outros os tempos, dantes até se dizia à boca pequena que quando um civil ia à tasquinha era para executar trabalho, *verbi gratia* espetando a orelha para conversas de gente que escavava ardilosamente na obra do homem de Santa Comba (Salazar).

Quando vestia-se à paisana, quase nunca o reconhecia: ficava como que transfigurado, mas um tique o denunciava – as manápulas atrás das costas e o passo cadenciado de quem tinha muitos metros de rua para desbastar ao correr das horas de serviço, por acaso de folga. Fazia voz grossa, que um dia bem lha ouvi num raspanete a um colega de estudos liceais. Devia ter seus azeites, mas ainda não incomodavam tecnocraticamente, em estilo gestapo, chegados que ainda não tinham sido os tempos caceteantes de mestre Cavaco. No fundo um pobre diabo diligente quanto bastasse para chegar à reforma. Um pobre homem, afinal, de certezinha camponês despejado na profissão, exilado na cidade e de certo picado pelos do topo. Teria alguma vez, na verdade, prejudicado ou feito mal a alguém? A mim parece-me que não, pois não teria do esbirro mais que a figura caricatural. Um azar, digamos. Como nas fitas, o físico do papel. E querem maior desculpa para um sujeito que, se calhar, nem via filmes policiais?

A Rosa de Todo o Ano – Não se chamava Rosa, tá de ver, mas eu chamava-lhe assim. Criada de todo o serviço duma família de teres, ia à praça, varria as escadas do prédio de seus patrões, lavava janelas e batia tapetes, lá para dentro certamente se dava as misteriosas tarefas de cosimentos e cozinhados, habituada a alombar, percebia-se, com tudo o que requisitasse suor. Quando eu morava na parte velha da cidade, nos meus tempos de gaiato, encontrava-a frequentemente numa loja de tecidos comprando carrinhos de linha e buscando a caixa das amostras de botões, aparelho misterioso e encantado com encaixes sobrepostos como jardins suspensos que também eu transportava para minha tia, que cosia para fora como franco-atiradora de linhas e agulhas.

Sempre jovial, dava-se bem com vizinhos e lojistas. Quarentona, ainda denotava que fora linda cachopa. Mas, retirada das lides do coração, ficava-se perceptivelmente pela existência de mourejadoura a todo o pano. Constava que tinha um filho lá para os longes de uma mirífica Lisboa, marçano ou manga-de-alpaca de pequeno porte em lugares mais ou menos lendários. Portalegre naquela altura ficava longíssimo da capital, daí o desapego aparente. Um dia, por volta dos meus cartoze, quinze anos, perguntou-me onde comprara uma capelinha de macela que por esses dias de S.João eu levava nas mãos (todos os anos as compro, rendido às flores secas da tradição). "*Foi ali na do senhor Xis, senhora Rosa...*", disse-lhe eu deixando escapar a boca para a crisma que lhe dera. "*Eu não me chamo Rosa, menino! Sou ...*" e lá me disse o nome que agora omito a vosselências. E daí em diante, sempre que nos cruzávamos, cumprimentávamo-nos como velhos conhecidos. Sabia lá ela quanto eu apreciava a sua lhaneza natural, a sua inocente bondade de burrinha de trabalho e que eu somente deixava transparecer na minha saudação respeitosa!

Como outros de outros mesteres, perdi-lhe depois o rasto ao mudar de casa para lugares mais centrais. Ainda estará viva? Se assim for deve decerto trabalhar para os netos, nessas paragens lisboetas onde talvez se tenha juntado ao filho por reforma bem suada. Deverá, com certeza, continuar anciã de boa catadura: os pequenos lojistas e os vizinhos devem apreciá-la, num relacionamento fácil e contente com este saint-éxupery feminino e anônimo cruzando a terra dos homens do cotidiano esvoaçante.

O Ti'Mané Vítima – Ou só o Vítima, que os anos abreviam até as alcunhas inventadas. Era carvoeiro e quando apregoava "*Olha o picão, picãããão!*", o seu grito publicitário era uma queixa rouca e desgarradora que fazia pena e riso em simultâneo. Como uma acusação feita ao destino, quase no gênero dum Pamplinas sonoro. Daí o nome de Vítima que de pronto lhe colei para gastos internos.

Todas as tardinhas, com o jerico liberalmente carregado, passava o "Vítima" perto da minha casa. Às vezes um bocado aos trancos, que Ti'Mané gostava da sua pinga e não devia ser peco a servir-se da caneca. E sendo o burrico o seu meio de transporte, não corria o risco de ter de soprar no *balão* ou ser autuado, com vilania, pelos *pasmas*. Daí, com certeza, a sua solitária e serena reincidência que lhe desatava a língua e o punha em conversas íntimas, com perguntas e respostas só lá pra ele, num tom algo entaramelado, mas convicto. Que filosofias de mágoa ou espanto lhe percorreriam as meninges? O "Vítima" jogava nos diálogos a uma voz, visitando lugares inacessíveis aos outros nos continentes dum discurso próprio e, confesso, isso fazia a minha admiração juvenil. Pela evidente constância, decerto dirigida aos manes.

Às vezes acompanhava-o um filho ainda novito, mas que ele já dera às artes ígneas da carvoaria. Tinha uns olhos duma tristeza infinita. Mas, como eu o conhecia da escola, sabia que isso se devia mais ao enfarruscado do rosto – marca inevitável em quem praticava semelhante tarefa. Calado, sobre o magro, mas rijote, conhecia como seu pai as lides do fogo, o largo espelhado das chamas e, depois, o fumo acre e oloroso sobre os campos. Daí, talvez, o seu algum afastamento da malta colegial, rapaz-homem que já era. Mas pacífico – e com uma humildade comovente de pobre. Um dia, um peralta qualquer ofendeu-o e, ameaçador, colocou-se em posição ante os olhos algo acossados do jovem carvoeiro. Impante, bruto como as casas, humilhou-o com desfaçatez. Ou seja, teve azar. Com a minha delicadeza de orangotango fui-me a ele e deixei-o feito em cacos: e que isso conte a meu favor, essa zaragata de que me orgulho, nas contas a efetuar com os anjos guardiões do senhor deus dos exércitos. E nem sei se ele me olhou com os seus lúzios de labutador sem usura.

Há uns anos, andando eu a passear numa das vilas-dormitórios da grande Lisboa, dei com ele – com um filhote à ilharga – a entrar num cafezito de bairro. Fiz-me também entrado e tomei anonimamente qualquer coisa enquanto o nosso herói desbaratava uma sandes acompanhada a cervejola. Não era, portanto, um adepto do *tintol* como o senhor seu pai já falecido.

Paguei o não sei quê que bebera. Saí, com o coração a bambolear como o Ti'Mané fazia. E na rua, enquanto ia respirando o ar proletário daquele bairro de operários, só me apetecia gritar baixinho *"Olh'ó picão, picããão!"*. Como uma queixa, digamos. Ou uma saudação daqui para o além, burrico incluído.

A Protagonista em Pessoa – Aí pelos meus doze anos, estando o meu pai como funcionário de confiança no *stand* da Peugeot de meu padrinho – que eu frequentava depois das aulas para ler livros e seleções do Reader's Digest acantonados num armário do pequeno armazém – disse-me em certa ocasião, talvez tarde, talvez manhã: "Vai levar esta encomenda ali a casa da D. Rosa". Era mesmo em frente, nos altos do Café Facha que esta senhora D. Rosa Maria, viúva dum professor de Liceu e sobrinha (quase da mesma idade!) de meu padrinho, morava acompanhada de sua criada Clementina. Casara um pouco tarde, parece que também por gosto de seus tios. E meu padrinho era o sr. João Vinte-e-Um – um dos nomes, talvez pelo inusitado, mais conhecidos na cidade, tanto mais que a família, pela operosidade da famosa D. Rosalina, era a dona da pensão-hotel onde estacionava José Régio e, também, todas as pessoas de estatuto que visitavam Portalegre.

A D. Rosa (Fernandes de Carvalho) já eu conhecia de vista. Era senhora de cinquenta e picos, bem vestida, a quem a idade mediana ainda não retirara uma certa elegância e, claro, uns olhos negros e pestanudos de portuguesa de lei.

Foi a aia Clementina quem veio abrir. Também a esta a conhecia e ela tratava-me cordialmente quando nos cruzávamos na rua do pé da porta. Disse em voz alta lá para dentro, com a sua voz beiroa, quem era e ao que vinha. E lá de dentro uma voz educada retorquiu que mandasse esperar. Depois a senhora da casa apareceu – e trazia uma espécie de quimono de seda sobre as roupas habituais, o que bastante me admirou, pouco avezado que estava a tais elegâncias senhoris.

"Olá, Chico" – atirou-me sem detenças – "entra aqui para a sala" E perscrutando-me: "Disse-me a Josefa que gostas muito de ler...". Josefa era a minha professora de Português, dr.ª Josefa Morgado, que me facultava todos os livros que me apeteciam nas aulas em que se escolhia livralhada para ler em casa, hábito que não sei se inda existe na comunidade colegial. E dr.ª Josefa era membro da família por mor dos da outra banda, também oriundos do norte.

Confirmei. E ela disse-me então mais ou menos o que segue: "Se quiseres, no Domingo passa por cá. Vais cá lanchar. E depois vês ali os meus livros e poderás levar algum que te agrade".

Assim o fiz – e foi o começo duma amizade que durou vários anos em direto e, em indireto, toda a vida.

Num domingo por mês, lá ia eu a casa de D. Rosa Maria. Lanchava, lia Séculos Ilustrados, a revista Eva, exemplares do Bugs Bunny (crismado por cá de Pernalonga) e à medida que fui crescendo no corpo e na sua estima passei a ir-me embora só depois do jantar, sempre servido a preceito pela operosa Clementina. Interessava-se pelos progressos nos meus estudos, num dia achou que já era tempo de eu ouvir Mozart, Schubert e outros da confraria. E o primeiro livro policial que li, o *Crime na Mesopotâmia* da Agatha Christie, acompanhado de *A cidade dos estranhos* do grande Sherwood Anderson, foi ela quem me emprestou.

De vez em quando apareciam outros familiares, entre os quais uma mocita loira quase da minha idade – e eu punha-me a pensar como é que se podia ter uma cor de cabelo assim, tão estranha e como que doce. Sei que mais tarde casou com um cidadão sul-americano e foi brutamente infeliz. Coisas da vida, pois então, que uma simples cor de cabelo não pode, que pena, resolver.

Num dia, pesquisando nas prateleiras dos dois altos armários da sala onde guardava os livros, peguei num que pus de parte para levar. Tinha uma dedicatória do autor e rezava mais ou menos assim: "Para a D. Rosa Maria, que me forneceu o nome e o perfil. A muita estima do José Régio". Quando pus sobre a camilha os três livros que selecionara, a minha amiga pegou nele e disse-me: "Chico, não leves este.

Pode estragar-se, apesar de seres cuidadoso e eu não queria ficar sem ele". Anuí, sem fazer alarde.

E foi tempos mais tarde, ao lê-lo nas instâncias escolares, que comecei a juntar A mais B.

Quando fui para a tropa e depois para a Guiné, D. Rosa deu-me um grande abraço e uns beijinhos repenicados. Estava, via-se, comovida. E, findo o meu exílio prematuro, na volta fui visitá-la e agradecer-lhe frente a frente os aerogramas que me mandara com palavras de conforto e umas notazitas de banco para animar a rota.

E lá segui meu caminho...

Um dia, já os anos estavam maduros – e as visitas espaçadas – encontrei-me com ela ao pé da Farmácia Romba. A Clementina morrera, ela vivia agora com uma prima lá no bairro dos ricos, no extremo da cidade. Estava quase cega. Perguntou-me pela família, pelos filhos, pela vida. "Já pouco tempo cá hei de andar, Chico. O tempo é que nos leva...". E levou. Finou-se, segundo me disse um seu sobrinho professor, daí a semanas, durante a noite e parece que serenamente.

"Belos passeios tinha Portalegre para dar. Rosa Maria, já mais calma, pensava no que ia ser a sua vida, naquela sua futura grande solidão em que o destino a lançara".

Cito de memória o Régio, que nem tenho coragem de ir buscar o livro para citar corretamente.

O meu Belo Brummel – Foi na tropa, na Trafaria, mais exatamente no Batalhão de Reconhecimento de Transmissões, que eu conheci o Paraíso. Não, não me refiro ao mítico Éden, que nisto de aquartelamentos não se usa ir por aí, mas ao Manuel Paraíso, meu colega de crípticas saladas militares. E não digo isto por acaso, pois éramos ambos tirocinantes lampeiros da especialidade de criptografia, esses secretos labores de cifras e maquinetas reservadas. Para quem não esteja a par do léxico soldadesco: tirávamos o curso de "material e segurança cripto", que era a gajada que no exército fazia/faz os códigos secretos e velava para que não caíssem em mãos erradas. Estudávamos no duro não só a forma como o conteúdo dos irreveláveis cruzamentos, a psicologia da espionagem e defesa pessoal pelo meio, o que deu para termos como professor o Melo Antunes e outros oficiais que mais tarde fariam parangonas jornalísticas no âmbito da justa *Abrilada*.

O Paraíso, um moço de média estatura, mas bem lançado e com uns cariciosos olhos acastanhados sob a melena pouco desbastada, tinha na vida civil depois de ter tirado as secundárias numa escola comercial a excelsa profissão de, como dizem os franceses – que em lábia linguística ninguém lhes ganha – *maquereau*, ou seja *gigolo* ou, se preferirem, acalentador profissional de corações. Já perceberam ou preciso de entrar em mais detalhes?

Aí ao fim duma semana de camaradagem militar, apanhando-me numa certa privacidade dirigiu-me com vincada delicadeza um dos mais inefáveis elogios que como escritor já recebi: "Já te vi antes! Tenho te observado... És da profissão, não é assim?". Fitei-o um pouco surpreso: não entendia o que ele queria dizer. E o Paraíso, voltando à carga e sendo mais explícito: "Faz-te de novas... Então! As mulheres... ...'tás a ver? O pilim... Você também é do meio, que eu já te saquei!". Devia referir-se ao bigode que sempre tenho ostentado e que, por requerimento, eu safara (exceção feita ao tempo da recruta, que aí santa paciência ia tudo a eito) à máquina zero. E talvez, também, à minha maneira amável de falar com a malta. E, muito provavelmente, a uma saudosa e escorreita elegância na glória dos meus vinte anos, ajudada pela prática do pugilismo a sério (fui aluno de mestre Georges Gogay, campeão escocês da *nobre arte*). E continuando: "Pois eu tenho feito o Estoril...Bom vasilhame, safo-me com as estrangeiras e bifas. Você tem feito, se calhar, o Algarve, não?". Porque de fato eu não era familiar às suas paradas.

Não o desiludi, nem com o não nem com o sim. Um simples gesto no ar e um revirar de olhos que a nada obrigavam foram um arremedo de código com que entrei na sua camaradagem...trabalhadora.

O Paraíso vinha de uma estirpe valorosa: o pai era carteirista, a mãe receptava. Tinha um irmão *"escalador"* ao qual nenhuma fechadura de porta de vivenda resistia muito tempo. O Paraíso, porque tinha bom físico, boa conversa e uma sustância varonil, fora para chulo. Mas um chulo sério, que não se dava ao jogo pouco limpo de viver à custa das esforçadas profissionais do mais velho trabalho do mundo que, tal como eu, nunca frequentou. "Eu cá, ó Portalegre – era como ele me chamava – sou um dandy com'ó Brummel. Já ouviste falar? O mangas mais elegante de Inglaterra, fica-te com esta. Até o príncipe o invejava!".

Resolveu introduzir-me no seu meio de específica mundanidade. E, por uma questão de cultura geral, tenho o desgosto de confessar que por algum tempo o segui nessas andanças – como que numa homenagem ao Rimbaud! Pois não foi este irmão de escritas que nos indicou ir até onde as forças das letras aconselhassem?

O Paraíso achava que eu tinha muito futuro na profissão, mas numa tarde dum sábado, lá pelas arribas da Caparica, desiludiu-se: "Atão tu zarpas da madama só porque a achas um camafeu? Mas que brummel és tu? Um gajo trabalhador não se põe com porras dessas... Não 'tás ali pra gozar, meu mano – trabalho é trabalho, conhaque é conhaque! E tu, que tens tão boas condições!...". As condições a que o meu confrade se referia deviam ser o eu não fazer nada – porque nada sabia fazer nessas lábias de engatatão: limitava-me a ouvir as damas e a ser muito natural, porque para mais não dava a minha sabença (nula) de sedutor. Mas ele achava que isso era o máximo, uma espécie de segredo que eu mantinha como arma decisiva. E tornava: "És um brummel que nem precisas de palheta...Atão, pronto, não te podes baldar". E sem me deixar dizer que a bifa era horrorosa: "Olha se eu me pusesse com esquisitices! 'tava desgraçado... Mas que raio de brummel és tu?".

O fim da especialidade veio tirar-me de embaraços. E lá fui para Évora, até que chegou a horinha de ir para as Guinés.

E um belo dia, passados uns meses, lá no Café mesmo em frente da Casa da Cuf, ao pé da fortaleza da Polícia Militar e antes do Pixiguiti, quem vejo eu acompanhado de uma morenaça de se perder o fôlego? Pois o meu Paraíso, que com alegria pelo reencontro me estreitou castamente nos seus braços mourejadores. E confidenciou-me: "É a garina dum sargento...Eu estava em Nhacra...Agora estou por cá...Há por aí grandes boas sortes, Portalegre. Um brummel orientado safa-se nas calmuchas!...". Percebi o recado dos seus olhos ternurentos: estava de novo, esquecidas desilusões, a puxar-me para a má vida. Mas eu resolvera assentar. Bem...não com tanta rapidez como isso. Ai, ai, ó meu confrade Paraíso, estavas no melhor do teu itinerário de grande vindimador...

Perdemo-nos daí a uns tempos, nas voltas do ambiente guerreiro. Eu e a minha malta íamos cada vez mais para o mato a entregar material. E cá por coisas eu comecei a perder a vontade de aventuras daquele jaez.

Anos mais tarde soube dele por um colega de escritas que também lá estivera na tropa conosco e me transcrevia a memória de uns jornais: o meu Brummel tinha estado encravado num confuso *affaire* que metia, de juntura co'a sua famelga, umas pulseiras e uns colares...(E agora que será feito dele? Qualquer dia, tirando-me de minhas tropecinhas, no *milieu* de Lisboa onde por causa das pesquisas sobre policiarismo conservo/conservava bons contatos entre ladrões, burlões e outros que tais – às vezes muito melhores do que certa gente séria – ainda vou palpar-lhe o rasto).

Desliguei, com a saudade a bater-me nos ouvidos.

No fundo nunca me separei totalmente da honorável profissão – agora, no entanto, só como observador. Ou seja, folgo em ter referenciados os *gigolos* das letras, que por cá os há mais do qu'ó que se pensa (e nas letras é indesculpável!) e, com algum pudor o digo, não apenas no paralelo ofício de versejadores...

> (*) *A ribeira da Lixosa* era o curso de água para onde naqueles anos se canalizavam os detritos da cidade. A volta à Serra é a estrada que rodeia Portalegre num anel que parte e que chega frente à *Casa-Museu José Régio*.

O PULÔVER VERDE

Imaginou, de repente, as árvores da Quinta sob a lua. Nem um ruído. A poça cuja água espelhada, imóvel, continha as famílias de mergulhões, os insetos zumbidores, as plantas de que não saberá os nomes. A pedra grande, um horizonte nítido e solene. E ele parado, com pensamentos cruzados percorrendo-lhe o corpo em todas as direções.

Do lado da casa viria um som indistinto, a princípio, crescendo a seguir como numa escala musical, transformado por fim num ulular. Um cão, um lobo, uma presença indecisa de ser solitário entre oliveiras e postes ainda sem arame farpado. Depois, a pouco e pouco, iria encaminhando os passos para o lado do pequeno bosque de pinheiros mansos, antes do local onde um dia descobrira rastos de uma raposa. Olharia então o firmamento: Aldebaran, Fomalhout, Canis Minor como que envoltas numa névoa precária e desconhecida. Uma sensação de frio, então. E a mão direita apertada, contraída, cerrada, um pequeno bloco de súbito levado junto ao queixo e depois aberto, desconstruído, com a palma e as suas linhas iguais a caminhos vicinais entre as árvores sob a luz estelar.

***

Mozart? Está bem, ouçamos então Mozart. Por exemplo. Ou outro qualquer, neste momento tanto faz. O dedo esquerdo (ou será o dedo da mão esquerda?) o dedo indicador esquerdo (minuciosos, sejamos minuciosos) passa lentamente sobre a pasta de pergamoide castanho, ausente, distraidamente. Um pequeno gesto nervoso (altivo?) para tentar fazer esquecer que lá fora, além da janela, ondulam camiões, carrinhos, camionetas de carga pela estrada (ou será rua?) onde outrora passaram personagens de finas roupagens, plumas irisadas, cavalos árabes e alazões… Sim, desculpa. Não, assim está bem, podes pôr duas pedras. O gelo esfria-me, se assim posso dizer! Claro, todas as piadas são de circunstância. São como… Mas deixemos isso. A janela, de portadas antigas, deixa passar tudo: por exemplo o ronronar das chaminés da fábrica. O sussurrar das conversas na pastelaria próxima. Se chegarmos bem a cabeça ao vidro, penetrando nos mistérios da matéria, os íntimos ruídos dos vermes na terra, formigas e micróbios vários, os neutrões e protões… Perdoa. Não, abstraíra-me. Como sabes, as coisas metem-se umas pelas outras. Mas dizias…A calma das pessoas perturba-me. É como um sinal do passado que não consigo decifrar. Qualquer coisa que se reproduz em cadernos, em gestos convencionais, em tiques de passe como o dessas sociedades secretas que… Não. O Vicente nunca mais me tocou no assunto. Ele aliás sabia que poderia acabar mal. E de parvo é que ele não tem nada. Sim, podes deitar. Desejaria que ele compreendesse que há coisas muito sérias. Um campo minado. Antigamente seria mais fácil. Ir-se-ia de espadagão nas unhas, envoltos em couro vermelho, com as regras do jogo todas no bestunto, na cabecinha, nisto que é circunvalações e navegações entre moléculas, pistons, blocos de ADN e proteínas, entraríamos nos dias e nas noites sem pedir licença a ninguém, marinheiros experimentados sobre a latitude e a longitude, os graus dos trópicos que... Sim, é verdade. Sem nostalgia, claro. Umas belas perninhas, com vossa permissão! Mas não consegue comunicar-nos nada de permanente. É como...O filho está agora algures em Inglaterra. Ficou lá depois da operação, coisa melindrosa. Tubos aqui e ali, parecia um marciano, felizmente correu tudo pelo melhor. Uma criança encantadora. Não, nada me fere, estou aqui a falar e a olhar, alguma vez teria de ser. Londres, Montpellier, Samarcanda. Percorro-vos, a vós onde nunca mais estarei, neste portal distingo a presença sonhada de um pé aventureiro. Não esquecerei aqueles rostos de homens e mulheres votados à mais intensa... Não, perfeitamente. Perfeitamente, percebi a ligação. A alusão. Umas batatinhas fritas, prefiro-as a outros salgadinhos, podes trazer. Por amor de Deus, quando ela voltar com a água, não a incomodes sem necessidade! O livro aberto sobre o sofá vermelho, um mapa a cores finamente desenhado como um brocado de Auxerre. A pança. Inteligente, moderno, sensível. Mais um passo e estaria lá. Na sabedoria. Assim é apenas um alto funcionário com leituras. Até Auriger, até Basile Valentin. Mas por fora, como convém aos profanos. Com gestos infalíveis, na sua ignorância leal. É com facilidade que transpõe a distância entre a verdade e a fantasia, um virtuose da santa liberdade de encarquilhar, misturar, confundir, esbater a diferença entre alhos e bugalhos. E cá estamos nós, vendo a toalha de mesa (de seda? ou de linho? ou de renda? nisto, tudo se perpetua, se entrelaça, bolas!) no seu peso, grandeza, espessura, na sua utilidade e inutilidade diárias trocando frases e temas, trocando pernas e braços e fica qualquer coisa então no ar como uma letra gravada, esticada, dizendo tudo em... A polícia? Mas, meu caro, os políticos necessitam que a polícia seja como é... Repara tu na América, nas sobras do Leste, por exemplo: são os bonzos da arte de imaginar peras e maçãs na alma dos outros, faço-me entender? Ficamos sempre envoltos pela névoa desses que olham a direito, com dureza e penetram até ao fundo, até ao medo e à amargura, até aos mais ignotos recessos do ventre e é impossível ausentarmo-nos de uma esquisita sensação de desgraça, crime, solidão, desvanecimento entre as coisas e os lugares, como um fumo que... Não, ouvia-te perfeitamente, aqui tens a minha opinião sincera: todos uns merdas. Exato, uma trampa de gente que só serve para chatear. É talvez um lugar comum, mas digo-te que sempre me angustiaram. Lembras-te daquela vez à saída da Escola? Hein?... O que importa é recomeçar, temos de saber a distância entre uma e outra coisa e nisto de alta política... já se sabe. Beethoven? Talvez a Sétima. Ou os Cantos do Canteloube pela von Stadt. Ou mete um pouco de flamenco... Na azinhaga haviam derrubado um muro perto do eucaliptal. A música envolvia tudo, o sol no chão e ao correr das casas brilhando entre os bosquezitos. Aonde as tardes envoltas em cheiros próximos de vinha virgem, o espanhol dos bolos, a pastelaria ao fim do bairro, já quase no campo, olhando esta pedra, aquele lugar, aquele pomar ao longe? Porque sim, meu caro, não te canses a perguntar demasiado. Era o que faltava! Tudo o mais é história com agá pequeno, tudo o resto...é uma treta. O que conta é a tua responsabilidade, entendo-te bem. Também eu me lembro, também eu me recordo. Tens toda a razão. E aquela vez em que te safei de morreres afogado lá no pego, no açude... Portanto... Lembras-te do Roque? É agora agente mineiro no Brasil. E o Figueira, com aqueles papilons e os fatinhos assertoados... Ná, não me constou. E até duvido. Por ele ser *blasé*, talvez. Já sabes que o diz-que-diz... Panasca mesmo é o Coutinho, aquele que chegou a diretor de Seguros... Ai não sabias? Bom, que o pó assente, meu velho... E que será do Viana? Que será dele? Assim está bem, Ângela. Upa! Basta... Um rio interior: limonadas, laranjadas, refrescos de grenadine, cervejas e copos rasos de tinto, uísques e *brandies*, leite e os chás diversos do Oriente. E café. O conteúdo passageiro, familiar, do interior do Homem, este preclaro homem ereto, sabedor, confuso e esclarecido que percorre as avenidas sob a chuva e o sol, que salta com o cachecol em volta do pescoço sobre uma poça e diz que a morte é eterna... Está claro, pá, a seriedade acima de tudo, afinal és agora um alto responsável, um dos que veem as coisas à superfície e em profundidade... Diz lá então qual é a tua ideia sobre o assunto, o caso misterioso que me queres apresentar...

***

Acendeu um cigarro. No meio daquela serenidade o cigarro piscou, às primeiras chupadelas, como um sinalizador de avião que, passando na noite, cria em quem o observa uma nostalgia apaziguadora. Bom, acenderia então um cigarro. Luz e treva, como em África: em volta ruídos de pássaros desconhecidos, tric-trac de passos de animais em torno das suas moradas, o respirar multiplicado dos companheiros. Tocara o rosto de um, no escuro. Compacto, como uma pedra suada. A cartucheira pequena, sob o corpo, fazia-lhe pressão sobre o ventre, à esquerda, na fronteira dos pelos púbicos, lá onde o médico, mais tarde, anos depois, com tudo já acabado, esquecido, desfigurado, fixaria o lugar de uma incisão para que a pequena pedra de potássio cessasse de lhe atormentar os dias e as noites, soltando então a urina como uma rajada. Ouviu o gemer do Roque, medo que o convulsionava e lhe encharcava o espírito, sentia como que um vazio branco deteriorando os minutos. O cheiro do sangue, a perna esfacelada. Bem, sentar-se-ia na rocha musgosa ao pé da árvore isolada, a árvore onde se presumia que o velhote se acocorara olhando, o pasmo contraindo-lhe a cara, a mesma rocha onde se sentava em certas tardes tasquinhando o pão e o queijo olhando as cabras e as ovelhas que a alguma distância, umas passadas, tratavam de pesquisar entre as demais ervas o quitute apetecido. Para os lados da cidade – e distinguia o seu clarão, uma que outra luz sozinha das residências da Serra – o acúmulo de estrelas era, seria, maior. Um que outro chape-chape nas águas da charca, cobra ou peixe navegante, ou mergulhão, rã retardatária na anónima claridade fortuita e no escuro que a abafava. A pedra grande, a clareira entre as árvores, a pequena encosta, ficavam mais acima, para lá dos carvalhos.

***

Poderia dizer-te que não acredito nem numa palavra dessa cegada toda, mas enfim… A verdade é que tu não costumas brincar, não tens imaginação ou senso de humor que chegue… Não, não é uma indirecta, mas uma constatação… Pois, pior a emenda que o soneto… Mas tens de concordar que uma história dessas… Isso de os tipos estarem todos azuis… é forte. Não seria qualquer forma de cianose? E que tinta poderia tê-los deixado assim, não me dirás? Os homens azuis! Um dos velhos mitos do Homem. Com os cabelos brancos, branquíssimos, os olhos coruscando na madrugada, na noite misteriosa. A raça chegada das… Perfeitamente, ouço-te com a maior atenção! Não, deixa estar, não deites mais, já tenho a minha conta. Talvez daqui a bocado, vai tu bebendo que bem pareces precisar. Hum, hum, o que mais me intriga é esse... esse detalhe de terem um sinal, marca, entalhe em forma de hexágono na palma da mão direita... Queimadura? Sem bordos nem excrescências, um sinal perfeito. E na parte de trás, as costas da mão tendo como que a sombra de uma ave fantástica... Francamente, não sei que pensar. Pois, é para que saibas que os investigadores do oculto, os romancistas do obscuro como eu também se agacham... O pássaro-lira, a ave-fénix, o passaroco gigantesco do Sindbad, o papagaio que há tantos anos me saudava todas as manhãs quando ia para a Escola e a garotada se entretinha a provocar a suscitar para ouvir os assobios doidos, os guinchos, os ressaltos da pobre voz quase mecânica comovedora de simples ser de companheiro animal de infância vital e única, o canário que me morreu e que cegara semanas antes e que só pelo instinto achava o alimento, o poleiro, o recipiente com água e que tinha pelo menos sete oito maneiras de saudar o mundo as pessoas e as coisas os pedacinhos de maçã e de ovo gema e clara de bichito digno e sereno cumprindo sua tarefa sua passagem pela terra... Então um deles era bancário e os outros dois comerciantes, um deles retirado, trinta e dois, trinta e sete e quarenta e nove anos a secas. Claro, foi o melhor que podiam ter feito, falar muito nisso seria impróprio e desajustado. Ora bem: disseste que horas antes um morador da Quinta próxima ouvira como que uma musicata, uma espécie de silvo agradável e como que ruídos de gente a rir, ao jeito de uma festarola... Copos e talheres e pratos barulhando, o plop de garrafas desrolhando-se entre joviais companheiros, como nos ficava então bem o aroma do alfa e do ómega traduzido em odores de plantas, de chouriço assado, de frango tostado, atum de cebolada, bacalhau desfiado como nas tascas tasquinhas da Serra e tu pagavas desvanecido tinhas pecúlio só teu de madrinhas e primas ricas, um regalo como em Sevilha, Barcelona, Paris, parece que ainda te vejo com um cigarro na mão todo contente, no quarto alugado a meias havia claramente vestígios de antigas vidas, antigos vagares de boémia de quem existe sobretudo para continuar vivo, já se sabe tudo muda tudo é, como alguns dizem, como fotografias desbotadas, como coisas a desfazerem-se e eis-te agora jurista, responsável autárquico, tipo da alta e elemento vibrante de uma situação e eis-me escrevinhador arrolador de imaginações, o tal espertalhaço a quem se pode consultar num caso bicudo principalmente se fomos companheiros de nostalgias... Está bem. Claro, a incompetência o desleixo das forças oficiais é uma naturalidade, não precisas de pôr mais no envelope... Bom. Só te peço que a partir deste momento não dês uma palavra a quem quer que seja! Deixa-os pousar... Eu sou apenas como uma aragem da Primavera, ora estou ora não estou. Se me permites o lirismo. Investigarei a fundo, como naquele caso de Vigo em que andavam lá de cambulhada bruxas e astrólogos e o tal tipo degolado com uma carta de Tarot entre os dentes... Fica tudo entre nós. Entendido? Guarda para ti o muito ou o pouco que sabes, pela minha parte sou só um tipo com leituras, um curioso... se assim se pode dizer. Nem à Ângela digas nada, faz de conta que cá estive para recordarmos velhos tempos. A sala envolve-se em silêncio: a mesa grande, a mesa pequena, ao lado o balcão coberto de pedra mármore, a bancada de tampo de fórmica e as retortas, os cadinhos, as pipetas e lá fora o belo sol de Outono e as pessoas passando já agasalhadas, já interpondo casacões de lã e camisas de flanela entre o frio secular e o cíclico, familiar, habitual arrepio e a pele mais escura ou mais clara, mais ou menos peluda ou suave ao tato, gente, gente, meus desconhecidos companheiros de vida, gente que existiu, vai existindo, existirá ao mesmo tempo que eu, gente que me é alheia que não sabe que não pode saber o que é o segredo e o mistério, gente que morre às esquinas do que se escreve ou pensa que se esconde em quartos sombrios e em becos de filmes americanos que jornadeia por sítios distantes e se comove com fatos que sedimentam fatos larvares de ultrapassada e vaga sabedoria... Podes, claro que podes, ficar tranquilo. Virei cá depois. Ou dentro de dias ou pode levar até mais dum mês. Veremos. Ó Ângela, já agora... Não, nem mais nada, obrigado! Foi bom, este bocadinho. Sim, qualquer dia repetirei a visita... Kiss kiss, minha velha, velha é como quem diz! Um abraço, pá. E vê isso dos bons jantares! Estás a ficar com um pedacinho de barriguita. Como Beethoven ou João Sebastião Bach, se calhar!

***

Apagou o cigarro com o pé. Estava frio. Chegou mais a si o casaco, sobre o pulôver verde, com torcidos, que a operosidade sabedora da mulher nos tempos livres roubados à rotina cotidiana fizera para seu conforto enquanto ele estava longe, na aba da Serra, operando no seu serviço tão simples e tão complicado. Como uma renda, mas mais grossa. Como um mapa infinitamente certo, legítimo, intemporal.

Havia um clarão mais forte, agora, sobre a grande pedra chata para o lado dos cortiços de abelhas. Respirou fundo. Pôs-se de pé. Estava tudo certo, não era verdade? Pigarreou, lembrou-se de várias coisas díspares, como que distraidamente. Pigarrearia de novo, olharia para o fundo, para o horizonte, lá onde as estrelas eram mais brilhantes. Esperaria, então. Sentiria a música ou apenas uma espécie de zumbido nos ossos? Ou nada? Olharia uma última vez a escuridão da noite, com tudo o que lhe está associado, memórias velhas de caminhos e antiquíssimas lendas. Respiraria fundo, como se nada tivesse já peso ou substância, abandonados os medos, os remorsos e a tristeza, a alegria de ser apenas uma figura sob o céu. Começaria então a andar, um passo, outro passo, como se fosse manhã clara de Verão.

Casa do Atalaião, dezembro de 1994

ANÍBAL E AS MOSCAS FILÓSOFAS

Estava há sete semanas naquele quarto de hospital e principiava a chatear-se.

Todos o tratavam muito bem – alguém lhe emprestara mesmo uma telefonia – mas o certo é que começava a sentir-se ligeiramente aborrecido.

Não era que a enfermeira não lhe trouxesse a comida quentinha a horas certas, nem que o dr. Varela lhe faltasse com a sabedoria médica. Não. Toda a gente era realmente muito simpática, mas ele principiava a ficar um bocado... frio.

A partir da terceira semana começara a segregar para si próprio ideias que apanhava ao calhar. E, caso estranho, pensava, pensava muito, pensava como nunca havia pensado: pensamentos gordos, mesmo suculentos, que lhe deixavam na boca um sabor esquisito e galopante, como se fossem comboios molengões andando sobre carris podres. Não estava a gostar nada daquilo.

Além do mais, de noite o quarto enchia-se de vagas correrias, vagas risadas...

Virou-se para o outro lado.

O para-choques apanhara-o exatamente em cheio no sítio onde as costelas dizem adeus ao estômago. Acordara depois, de súbito, numa cama descompassada com formigas e abelhas a passearem para baixo e para cima a toda a altura do esqueleto, suaves, venenosas. A cabeça muito bem entrapada repousava virtuosamente sobre uma almofada branca. Em volta, tanto quanto se lembrava, uns fantasmas abusadores deambulavam num leva e traz peculiar zurzindo o ar ambiente com uma lengalenga que nem por ser em voz sumida era menos estarrecedora.

Depois foi-se habituando.

O dr. Varela chegava ao crepúsculo, ou ao nascer do sol, com os óculos muito calmos e mudos a apontar na sua direção: pegava-lhe no pulso, rosnava sabiamente, abanava a cabeça e, antes de sair, escrevia qualquer coisa num papel. Ele por momentos pensava que o dr. Varela tinha um pacto secreto com o seu aborrecimento, mas está-se a ver que era só impressão.

A enfermeira, como é natural, vinha mais vezes. Tinha um nome impronunciável, olhava aos ziguezagues e era magra e penugenta. Cheirava a relógios bem lubrificados e nunca se ria. Também não devia ter de quê, pensava ele, mas tudo aquilo lhe fazia nervos.

A enfermeira era ferozmente cumpridora. Uma boa profissional: puxava-lhe a roupa para o pescoço se o topava destapado, metia-lhe pastilhas entre os beiços, ajudava-o a assoar-se e a fazer mais coisas na hora certa. Enquanto ele teve os braços gessados, deu-lhe a papa com um clarão de bondade nos sobrolhos perfeitamente assustador.

O termômetro que sempre transportava no bolsinho da bata constituía uma realidade imprópria.

Saía depois de o olhar com satânico interesse enfermeiral. Antes de fechar a porta a sua mão traçava no ar um círculo cinzento e agressivo.

A esposa visitava-o três vezes por semana, mas isso já não o arreliava por aí além. Ficara imunizado por dezessete anos de matrimônio. Já estava mais que familiarizado com o seu narizinho de coruja egoísta e com a sua voz que a passagem do tempo tornara rascalhante. Limitava-se a ficar calado, com os olhos bem fixos no meio do teto. Às quatro da tarde a esposa abandonava a partida e ia-se com o seu passo de flamingo de noventa e oito quilos. Ele fingia que não era nada com ele.

Foi no dia em que lhe tiraram as últimas ligaduras que ele viu as moscas.

Eram duas, esvoaçando solenemente na meia sombra com um ar tranquilo e respeitável. Tinham o aspecto de moscas de sociedade, talvez já grisalhas dos anos e ele por uns segundos raciocinou que até nem se espantaria se lhes visse bengala e gravata.

Durante vários dias as moscas não lhe largaram o quarto.

Eram moscas filósofas. As suas conversas, num tom muito fino e discreto, eram do mais alto interesse e centravam-se sobre os grandes temas do universo: o homem, o tempo, a infância, todas as coisas – enfim – que horrorizam ou causam prazer, o mundo, o amor e a morte. Um nunca mais acabar de problemas maravilhosos e inextricáveis.

A ele o que mais o danava era o seu arzinho superior, como fingindo que nem por ele davam: como se ele fosse um retrato decrépito que para ali estivesse. E, no entanto, elas bem sabiam que ele não perdia pitada das conversas, com os punhos o mais possível cerrados.

Começou a detestá-las. Precisamente no dia em que lhe tiraram o gesso da perna direita.

No entanto, por orgulho, nunca tentou imiscuir-se nas suas conversas. Ainda não descera tão baixo.

Na tarde seguinte, tarde de visita conjugal, as moscas falaram do ser e das metafísicas. Falaram também das estrelas e seus prestígios, dos barcos à deriva nos mares antigos, dos astrónomos e dos reis dos países afastados. Ele sofria tanto que foi com renovado alívio que viu a cara-metade abandonar a cena da sua tortura.

Com pasmo e raiva estendeu o braço e abriu a telefonia. Adormeceu ao som dum fadinho picado em surdina.

E sonhou sonhos esquisitos de defuntos e bosques imensos, de catedrais e aranhas.

Acordou ao crepúsculo. Em cima da mesa estava uma bandeja com vitualhas. Nada se ouvia. Nem... o voar de uma mosca.

As moscas tinham partido. Durante o seu sono pela tarde fora, tinham decerto voado através da janela entreaberta buscando diverso poiso, com certeza sempre debatendo entre si as coisas belas e incríveis.

E ele sentiu de súbito vontade de partir tudo, pois já lhes havia jurado pela pele: quando estivesse de posse de todos os seus meios físicos, ele lhes diria. Haveria de as ensinar com decisão: ficariam, até, sem vontade de tasquinhar o mais apetitoso bocadinho de excremento!

Mas o certo era que haviam partido. Inexoravelmente. E nada, pensou, poderia fazer!

O crepúsculo, cinematográfico e devorador, entrava aos gargarejos para dentro do quarto. Do outro lado da porta uns passos conhecidos crepitaram com energia.

O dr. Varela entrou, com os óculos muito serenos.

Com uma branda emoção a palpitar progressivamente na garganta ele deu por si a notar, cheio de deliciosas comichões, que a cara do dr. Varela era mesmo, mesmo parecida com a da mosca mais faladora.

(in jornal República, Célula Cinzenta – revista da Associação Policiária Portuguesa, Laboratório de Poéticas(Brasil) e TriploV)

OS VERBOS IRREGULARES

Science fiction

– Pois bem, meus senhores – disse o mais velho, que parecia ter ascendente sobre os outros – Façamos então o ponto de situação... o ponto em que estamos de momento. Pode começar você, Lestat...

– De momento, meu caro Vlad – disse repuxando a boca bem desenhada o jovem louro e atlético – temos gente nossa bem motivada em todas as cidades do globo. O discurso que lhes é comum insiste num ponto: o nosso direito a dispormos dos nossos ritmos místicos, da nossa... "ideologia" se assim me posso exprimir. É a tecla em que temos batido sem desfalecimentos. A questão de sermos uma comunidade vilipendiada, perseguida... discriminada... ofendida. Creio que me faço entender!

– Bem visto! – ronronou Vlad Tepes com um luzir nos olhos ardentes – E, em nível de jornais, de gente que faz a diferença...como param as modas? Você, Sagramor, pode elucidar-nos?

– É pra já, meus amigos – preambulou o negro de estatura elevada e de musculoso recorte na sua voz cantante e fascinadora – Para já, os homens de negócios que estão à frente desse setor já se juntaram em grande parte a nós. Intuiram que têm de ser compreensivos, modernos, que tem de haver tolerância com o nosso… coletivo. E na classe política e intelectual também existe um equilíbrio paralelo… Alguns dos homens de topo e mesmo outros medianos já entenderam a razão dos nossos… direitos. E são partidários do diálogo: já se começaram a desobstruir reuniões… O próprio Jorge, o próprio Soa…

– Não me venha com esses nomes! – cortou do lado a mulher de estatura coleante, sensual, de cabelos e olhos negros retintos, agitando a mão de unhas longas e pintadas de vermelho – Esses estão para onde lhes dá a brisa, Sagramor!

– Não seja exagerada, Carmilla… – disse Vlad Tepes censurando-a com algum vigor – Esse tipo de operadores sociais pode ser bem útil à nossa causa. Os fala-baratos também têm lugar na nossa demanda, não se esqueça. Tornam as massas maleáveis, compreendeu? E quanto ao seu setor? Isso é que interessa, o resto… é fantasia!

– Bom – disse Carmilla von Karnstein – O elemento feminino vai-se portando como se espera… Um pouco de moda, um pouco de tratamento televisivo, um bocado de romantismo e de doçura para adequar as meninges… Percebem?

O jovem Lestat riu com gosto, pondo à mostra os dentes brancos e fortes como os de um lobo viril.

– Certo, cara Carmilla, certo. Boa jogada! As senhoras também terão um grande papel nesta opereta… A paz, a brandura de coração… O idealismo… Também o usei com esmero lá nos lindos Estados do meu sul natal. Parece que foi há três dias… e já lá vai uma eternidade!

– Porque bem veem, meus amigos – disse Vlad Tepes com discernimento – O importante é levar isto, por enquanto, com mansidão e equilíbrio. O que se ganha com violências bruscas junto do grosso da opinião pública? Isso devemos deixar, quando fizer falta, para as unidades de combate… Elas sabem como agir. Quanto a nós, é irmos pela diplomacia. De contrário ainda nos aparece aí de novo esse metediço, esse violento do Van Helsing e as suas exagerações. Não acham?

E na sala mergulhada em amena penumbra criada por pesados reposteiros de veludo escarlate, em volta da magnífica mesa de carvalho escuro, as cabeças dos confrades acenaram afirmativamente, como se fossem uma só.

LITERATURA A QUANTO OBRIGAS...

Recentemente, no anfiteatro da Universidade de Westphalia, o prof. Hans von Greffier proferiu uma conferência sobre literatura comparada. O professor, um dos maiores peritos alemães na difícil disciplina da dissecação, fazia-se acompanhar de dois cadáveres – um fresco, outro mumificado.

À pergunta de um dos participantes, que o questionava sobre a arte da escrita, von Greffier respondeu do seguinte modo: "A língua tem 4 espécies de papilas: o amargo é apercebido pela parte posterior, o doce pela ponta, o sal pela ponta e os bordos e o ácido pela região média".

Ato contínuo, decepou a mão direita do cadáver mumificado que imediatamente começou a escrever com grande celeridade.

Na colação que se seguiu à conferência, von Greffier teve ensejo de exemplificar *in loco*, socorrendo-se do préstimo de duas personalidades literárias presentes, o conteúdo subjacente ao seu postulado.

SÉRIE NEGRA

Subi as escadas um pouco apreensivo. Ainda me parecia um sonho... Eu no meio dos duros, no convívio com aquela rapaziada que sempre admirara! Os manos que sabem como é, *wise guys* sem tirar nem pôr.

Rapazes espertos, gente que não se desalinha. Os que manejam de fato a sociedade e os seus meandros, que respondem às dificuldades e que dão o mote para a vida com letra grande.

Lá passei o guarda-costas, o porteiro matulão e calado que logo cerrou o matacão daquela porta pesada como um portão de herdade. Levantei os ombros, não ia deixar ficar mal a minha gente. Assim como assim, eu, um descendente do Vimioso... do Marceneiro...

O Al, com o seu charutão ao canto da beiçola quase nem me deixou ambientar.

— E então cá estamos nós, rapazes! — disse com o seu jeito de *boss* — E não vamos perder mais tempo: é preciso que tudo corra nos conformes, muito há em jogo nesta nossa reuniãozinha! Pois o caso é que concluí haver necessidade de elevar o nível do nosso meio. E que melhor para isso que entrarmos na...literatura? Parece que tem muita saída e dá notoriedade. Por isso, artilhei umas ideias que o primo Spillane me suscitou e vou editar o buque quanto antes!

— Cá por mim — adiantou logo o Floyd Três Dedos — nem era preciso tanto trabalho... Combinava-se de antemão o assunto a partir do Hammett e depois, se o Chandler se pusesse com tretas...a minha rapaziada dava-lhe o arroz! Compreendeu, Capone?

— Aguenta! — vociferou o Babyface Nelson, com a mão no lado esquerdo do casaco assertoado — Também tenho alguma coisa a dizer, Floyd... As coisas já não são o que eram, temos de ter cuidado. Não penses lá agora que com esta onda de simpatia pelo ensaio que o Lucky Luciano elaborou inspirando-se em páginas do Jack Ripper já podemos andar a fazer tudo. As massas são imprevisíveis, não viste como foi com o Landru? Eu por mim opino que nos devemos ficar por um volume de sonetos ajudados pelo Petrarca.

— E eu punha como modelo, limpinho e sem osso e para não falharmos, um Don das fotonovelas ou mesmo um romancista do Bronx com palheta e acabava-se a confusão. Ou se fizer falta a valer, um do meio intelectual chinês, que tem experiência em sociedades secretas e biografias...É coisa de futuro — relinchou o Floyd com rudeza.

O Al, ponderadamente, abanou a cabeçorra poderosa e riu um pouco.

— Eu hoje estou muito paciente, Floyd. Não fosse isso e já tinhas a caixa dos pirulitos amolgada. *Capisci?* Vamos, mas é deixar-nos de tretas e inspirar-nos, quando muito, na Agatha Christie, que é de um ambiente mais nosso conhecido. E está dito: o cartapácio tem de vir a lume ainda nesta rentrée e mai'nada!

A intervenção dele despoletou uma algaraviada do caneco. Um dizia, outro replicava... Eu estava a ficar algo chateado.

E foi então que, lisboeta de lei que sou, me empolguei e rapando da automática escaquei um tirázio para o ar.

Calaram-se todos, pois então.

E no breve silêncio pesado que se seguiu eu disse, na minha voz bem timbrada de lírico do Bairro Alto, de descendente de letristas de fados dos tempos da Severa, arrumando a questão:

— Ouçam, rapazes: não quero ser desmancha-prazeres, mas arre! Eu acho que hoje por hoje só há uma escolha como deve ser: artilhar-se, com fidalguia e ripanso, o nosso grande "Os Lusíadas", mas com recorrências modernas!

E, para reforçar o meu breve discurso, pronto para o que desse e viesse, coloquei sugestivamente a mão esquerda, apesar de não ser canhoto, na outra algibeira da minha gabardina.

À Bogart, claro.

LITERATURA METAFÍSICA

— Não concordo consigo, Pizarro — referiu Viracocha esboçando um sorriso — Acho a maioria dos críticos do lugar uns (...) e ainda é dizer pouco!

— Pouquíssimo! — disse Alexandre Magno levantando a cabeça da folha de papel e observando atentamente o Capitão Morgan que podava roseiras — E os adeptos do golfe estruturalista, do chito psicológico, Viracocha? Aqueles desqualificados éticos que desculpabilizam batoteiros e hostilizam as suas vítimas só para manterem o *status quo* que lhes preserve os privilégios corporativos em que se enleiam como uma verdadeira (...) que são?

— Não me tire as palavras, ó Alexandre — regougou Luís XIV sem lhes ligar meia e dando um jeito na peruca — Esses tipos são uns perfeitos (...). Nem sei que mais lhes chamar! Repare nas suas conversinhas, nas suas escriturazinhas: falam muito a sério na qualidade de um texto de Rilke, de Marcial Lafuente Estefania, do Queirós e do Brandão, de Marcel Proust, de Silver Kane — quando deviam era estar moídos de pancada por três cidadãos, desses que se estão rilhando para as famas e demais traquitanas de tal forma que já só andam nisso para apoquentar o sistema dentro do seu raio de ação. Repare que...

— Ouça, seu luisão das dúzias — atirou-lhe Pizarro com um sorriso meio escarninho — Tem de notar que agora o que faz moda no reino são os trechinhos entre o lírico e o irônico dumas cabecinhas requentadas, sem ponta de talento ou de (...), mas que os donos da fita acarinham como ovelhinhas...É a altura da graça meio sacana meio poética, tá a ver...? Em épocas de decadência e já nem falo de decadência ética, mas em malta sem (...), percebe? estimula-se a galhofa, isso é bom para os vivaços-espertalhaços!

— A um desses safados fiz eu a cabeça em água. Literalmente... — disse Ricardo Coração-de-Leão pespegando um murro na mesa — Levou com uma massa-de-armas no alto da cachimónia que nunca mais escreveu uma linha, esse fedorento! Se todos procedessem assim, acabavam-se os abusos num ápice. Mas vocês é só conversa de chacha, Pizarro...

— Isso é o que você pensa, Ricardo — volveu Pizarro pondo-se de pé com modos impetuosos — Ainda ontem eu e aqui o Hernan Cortez démos cabo do canastro a três "artistas" duma revista de análise literária com prosaria de fugir, empalando-os que até ficaram hirtos... O que os biltres espumaram antes de darem as tripas ao Criador... Não foi, Rob Roy?

As risadas ecoaram pela vasta quadra celestial. Como rajadas. Como chuva de temporal...

Pé ante pé, antes que alguém reparasse que eu estava a espreitar o Além pela nesga de firmamento, escapuli-me sem um sussurro. Mui pianinho...

Pudera não! As coisas, estava a comprová-lo, também não andam a correr lá muito bem na pradaria das caçadas eternas.

A MATÉRIA DE QUE SE FAZEM OS SONHOS

— Vai ali para a direita — disse o magro com rispidez.

— E mantém-te caladinho — disse o gordo com ar torvo — a não ser que te perguntem qualquer coisa...Percebeste, minha bosta?

— Ora vamos lá a saber... — disse o magro com um riso cruel na face — Chamas-te Gervásio, não é verdade?

Tentei protestar. Dizer que não, que não me chamava Gervásio, que me chamava...

– Não me percebeste há bocado? – disse o gordo aplicando-me uma palmada a sul da orelha esquerda, ali mesmo no sítio onde os pelos da barba se juntam às patilhas. Cambaleei ligeiramente, mas uma estalada do lado contrário restabeleceu-me o equilíbrio. Admiti que de fato me chamava Gervásio e o magro compulsou uns papéis.

– És tu portanto o Gervásio... Saigão. O engraçadinho que gosta de falar nas letras e nas artes... O espertalhão das dúzias! O tal que nem se ri das piadas do senhor professor Ypsilone, o maravilhoso ensaísta que traçou o perfil nacional do churrasco e faz pouco das palavras sábias e sugestivas do doutor Xis, o maior vate do norte... Estou a ver! Ora diz-me cá, meu passarinho: confessas ou não que tentaste afundar o Titanic? Hein? E que disseste que o senhor doutor Zê, antes de ele quase receber o prêmio Nobel, era uma espécie de...

– O quê? – interrompeu o gordo com um esgar tipo morcego, aplicando-me um eficaz pontapé nas canelas e um sopapo no nariz – Ele disse coisas do doutor...do doutor... – e a raiva era tão grande que o fez titubear, ultrapassando o incômodo com um cascudo no alto da minha mona.

– Aqui o nosso Nicolau Cambodja era um dos tais... – interrompeu o magro com um riso sarcástico – Chegou a dizer que havia corrupção cultural na cidade onde vive e que ali, tal como nas duas capitais, a panelinha literária era tão safada como a magistr...

– A ma... a magistr...? – disse, gaguejando, o gordo com um ágil bofetão que me deitou o queixo abaixo – Este safardana também criticou o sistema jud...

Parecia que lhe ia faltar o ar. Rapou de um colt 45 dos da Guerra da Secessão e apontou-mo à sobrancelha direita.

– Foste tu quem incendiou o Reichstag, não foste? – e armou o cão do bacamarte.

Comecei a achar aquilo estranho. O Titanic...o pistolão igual aos do Clint Eastwood... o Reichstag... o doutor Zê quase a receber o prêmio Nobel...

Desatei a rir baixinho. Mas com vontade. Tudo estava explicado, carago! Era evidentemente um lixado e esquisito sonho! Fechei os olhos ciente de que a seguir, claro, ia acordar.

Mas não era. Raios, o soco de bom quilate no estômago tirou-me as ilusões e fez-me ver as estrelas.

Hoje sou o prisioneiro nº 4368 do Forte de Penilche. E daqui a dias vou ser transferido para Caxolias.
Não me mandam um macinho de cigarros... uma garrafita de *brandy*... um jornal que só traga notícias boas?
Uma revistinha literária?

DUELO AO PÔR DO SOL

– Ouve, Tahoma – disse o xerife Joe Macintosh com a mão oscilando perigosamente a escassos milímetros do seu colt 44 Frontier – Todos nós sabemos que quando conseguiste ser ajudante do *marshall* de Durango, em Traz los Montes, entregaste a exploração da editora a um mestiço, antes mesmo que o novo *marshall* tomasse posse da estrela...
– Quando falar assim, *sheriff*, sorria... – respondeu P.C.Tahoma, os olhos acastanhados brilhando como os de um puma – Senão terei de o considerar não mais que um caluniador... um pequeno pulha...
Era quase tardinha. O pó de um dia invulgarmente abafado erguia remoinhos na rua principal junto ao *saloon*, aos estábulos de Jack La Charla e ao hotel de Juan Plagiaño, o mexicano de barbicha à Zapata e agitava os cabelos revoltos do pistoleiro mais rápido a oeste do rio Tiejo. MacIntosh olhou Tahoma com os seus acerados olhos cinzentos de aço e deslocou-se um pouco para a direita, onde o sol declinante não o encandeava.
– Limito-me a dizer o que penso, Tahoma – tornou o xerife na sua voz metálica de batalhador – Tu e esse *marshall* cheio de retórica, esse cronista meio-atravessado, fizeram das boas em Dodge... E no fundo o que conta é o princípio. Pouco importa se o nomeaste redator-chefe ou não...E também podia falar noutras jogadas...
– E você, *sheriff*, com a colocação dos vaqueiros do Círculo Tê, à última hora, como líricos de primeira? E andar a pavonear-se de Carson City até ao Chiado, lambendo as botas à tribo dos fnaques? Até às reservas dos comanches e dos apaches você foi à cata de boas críticas... – e a mão esquerda de Tahoma pôs-se rígida, sem um tremelicar, enquanto ele olhava a destra de Macintosh e, por cima do

seu ombro, as montanhas del Cristo Rey e o deserto, que já azulavam naquele dramático pôr do sol.

(Infelizmente, caros leitores, o resto do relato perdeu-se devido a um bloqueio interativo qualquer. É o que acontece, se mal nos precatamos, nestes duelos intensamente virtuais...).

(in TriploV)

O PERFUME DE VIVER

1. Arte e erotismo

No descontínuo da existência humana o erotismo assegura a continuidade do som envolvente. *"Este corpo fala"*, dizia Lacan. Suspenso entre dois silêncios, o da vida e o da morte, o erotismo é mais que mero sinal na campina onde os fantasmas primordiais do espírito vagueiam sem destino.

Se ao princípio foi o verbo, logo a seguir o homem teve de confrontar-se com um surpreso e confuso balbuciar. "Coisas de deuses", dir-me-eis familiarmente. "Coisas universais, onde se reproduzem realidades misteriosas", responder-vos-ei. Afirmando a *desordem sonora* (que é uma bem ordenada configuração) contra o tímido império de uma perturbada realidade muda, o erotismo participa na instauração duma realidade outra, transfigura as experiências e o próprio sentido da natureza circundante. Não é arbitrariamente, pois, que Marianne Roland-Michel nos diz que:

A humanidade só existe graças à infinidade milenar dos acasalamentos, aos sucessivos nascimentos, num encantamento e encadeamento inumeráveis como a areia dos desertos. Homens e mulheres enlaçam-se na noite dos tempos e procriam, por muito que se recue no passado. Daí nós aqui estarmos hoje, gerados e geradores.

A arte é, antes de tudo, linguagem dos sentidos em movimento. À arte não se chega pela Razão: a poesia, como dizia Lautréamont, "é um rio majestoso e fértil"; a pintura erótica, por seu turno – na minha concepção metafórica – é uma região silvestre onde vagueiam Dionísio e as ninfas, acompanhados por todas as estrelas e cometas que constituem o seu séquito. E, como se sabe, os deuses pagãos enquanto símbolos existem no nosso tempo, se os soubermos ver, que o mesmo é dizer: se soubermos reconhecer-nos no sagrado que é a vida.

Em 1908 declarou Alfred Loos que "toda a arte é erótica". Esta frase tem de entender-se no contexto em que foi pronunciada. É uma verdade que a arte pertence ao mundo de Eros, ao mundo que se opõe a Thanatos, que mais que o território da morte é o lugar da não existência, das frias pulsões destrutivas. No entanto, a arte erótica tem caraterísticas que a definem: ela epigrafa o *corpo amoroso* e a pessoa sexuada, apresenta-a simultaneamente como *objeto e sujeito* de desejo, coloca os dados da questão na capacidade humana de fruir o espaço da sexualidade e de transfigurar essa experiência em poesia e libertação da nossa triste condição de seres mortais.

Já o mesmo não se dá com a pornografia: esta, pelo contrário, recenseando falsas premissas (é um mundo de frieza e de supressão da lógica dos relacionamentos e mesmo da sua exemplaridade) é uma espécie de caricatura existencial – terreno onde apenas se jogam esquemas predeterminados, naturalmente controlados por razões simplesmente argentárias e de comércio deliberado.

A arte erótica tende pois a sublinhar uma *evidência fundamental* rodeada de sombras suspeitas, a trazê-la ao cotidiano salubre. Na infinita madrugada dos corpos que se amam, as classificações só contam, se evocam e provocam um rito mais perfeito e gerador de novas e exaltantes comunhões interiores: a experiência banal eleva--se até ao ponto supremo, ao vértice da comunicação. Tal como na religião, a cerimônia de ordenação sacerdotal comporta uma unção, uma transfiguração – mesmo que ilusória, porquanto é dirigida a uma entidade fora do mundo, um deus – no ato erótico passa-se a outro plano, aquele que une dois corpos, duas mentes, duas experiências, dois percursos. Amar não é dois tornarem-se um, mas um tornar-se dois – é, por extensão, o ser humano tornar-se universo. *O amor é uma infinita repetição.* Para o enamorado a sua amada é todas as mulheres – e vice-versa. O Homem, definitivamente religado, existe então em plenitude. Daí que o ato amoroso seja *uma simulação da morte* (ultrapassando-a soberanamente) e não uma *pequena morte* como queriam os aristocratas libertinos e derivados menores ou uma *grande morte* como propunham os sádicos, míopes sexuais que necessitam de óculos/faca, ou os autoritários no plano social, membros em geral de crenças reveladas com o seu ódio ao amor humano, que esplendidamente se ergue contra o egoísmo teocentrista.

A voz sibilina que até nós chega do fundo das eras traz com ela a certeza de que a *realeza absoluta* pode ser compartilhada por todos os homens e mulheres que se livraram da pequena escala hipócrita e redutora que os próceres societários armadilharam tendo-os como alvo (expressa, por exemplo, através do negócio da moda e da cosmética, do aperfeiçoamento corporal como um absoluto, da pacóvia alegria de blocos para solteiros, jornadas para a terceira idade, etc.). Assim se explica que as religiões reveladas, que subjazem a deuses autoritários, persigam aberta ou dissimuladamente o erotismo, o corpo e a sua dimensão amorosa enquanto discretamente incentivam pela sua ação castradora e estupefaciente a pornografia e os recalcamentos societários. É esta a explicação, também, para a atitude do mundo argentário, que descaradamente explora as forças eróticas – que primeiro sufoca – nos bordéis e nas lojas de sexo. Ou a do mundo da política totalitária, que procura incluir a feição sexual, controlando-a, numa razão de Estado ou de partido.

Uma face, na arte, não é *apenas* uma face: milhares de momentos de outras faces nela se representam e consubstanciam. O nu da imagem corresponde à nudez assumida do homem e da mulher em comunhão, pois o erotismo é o sinal da sacralização do mundo concretizado em seres que se amam e possuem. Viaja-se através de um corpo como se viaja em busca dum planeta a milhares de anos-luz. A arte erótica, seja pelo traço e a cor de Cézanne, Watteau, Bazille, Clóvis Trouille, etc., ajuda-nos a encalhar a nossa barca nas margens onde cresce o mirto e a rosa, onde os fulgores do dia se transmutam incessantemente na penumbra de que os amantes necessitam para os mistérios do seu coração.

Suspensa entre o brilho duma imagem ausente e a saudade daquilo que a imaginação nos concede, a arte erótica fala com vital soberania: e é desta maneira que se assume como signo da humanidade liberta, eternamente colocada além das aparências passageiras e compreensivelmente sujeitas ao desaparecimento final.

2. A propósito de "o mestre de esgrima"

A obra epigrafada, de Arturo Pérez Reverte, é uma parábola sobre a sabedoria.

Debrucemo-nos sobre este livro iniciático, que aliás nos fornece o exemplo de como progride um texto discretamente apresentado como um *thriller* histórico – e o autor fá-lo com a subtileza que lhe permite ter o necessário impacto, como se verifica a uma releitura. Este procedimento é usual e carateriza aliás outras tragédias da literatura policial como a *Versão original* ou *Um domingo esquecido*, respectivamente de Bill Ballinger e Fred Kassak. A sequência novelesca é dada como uma lição prática de esgrima: "Do assalto", "Ataque simulado duplo", etc.

Depois da introdução, o autor refere como de passagem que é uma "tragédia". Tal como sucede com outros detalhes capitais (o nome de Cazorla, tio de dois dos alunos de Jaime Astarloa, que assim sabe da existência do mestre de esgrima e das relações que este tem com o marquês dos Alumbres, o que permite perpetrar-se a armadilha que o irá aniquilar) isso é dito dissimuladamente, escapando à atenção dos leitores menos atentos.

Aparentemente, portanto, o livro é uma história de mistério ambientada num período histórico determinado.

Naquela Madrid da segunda metade do século dezenove, alheado dos embates que em volta se verificam (conspirações do general Prim que em breve iriam levar à queda de Isabel II, a mui católica rainha duma Espanha herdada de Narvaez, "o Militarão de Loja", morto antes do começo da ação) vive um mestre de armas clássicas, discípulo do famoso esgrimista francês Lucien de Montespan e imbuído dos princípios de honra e de fidelidade que aprendera a cultivar na Paris de um quarto de século antes. Estranhos sucessos começam a desenrolar-se em sua volta depois de ser visitado por doña Adela de

Otero, fascinante mulher ainda jovem que dispõe duma extraordinária capacidade como esgrimista.

Aceite pelo mestre após hesitações iniciais provindas da tradição, Adela revela-se como uma mulher que tem por trás de si um segredo (revelado posteriormente). A sua vida é pouco vulgar e em certos círculos da capital espanhola isso é comentado mais ou menos discretamente: não trabalha, não é nobre e todavia vive com evidentes meios materiais.

Em volta do maestro agitam-se personagens ora equívocas, ora típicas de um ambiente em que as convulsões sociais eram determinadas pela decadência da monarquia espanhola e o ascendente republicanismo. Mas Astarloa, descentrado dum tempo que lhe não pertence uma vez que é um avatar da era precedente onde pontificavam os seres honoráveis da sua juventude, toma as coisas pelo seu valor facial: apaixona-se por Adela e, dada a profunda solidão em que vive e que enfrenta mediante o apego às recordações, passa a existir entre a angústia e a expectativa de algo que no entanto intui nunca poder alcançar.

O marquês dos Alumbres, único indivíduo que lhe demonstrava uma verdadeira estima caldeada de apreço pelas tentativas que o maestro vai efetuando para escrever o livro sublime sobre a estocada imparável, morre de forma violenta. Astarloa está agora definitivamente só, uma vez que Adela também deixou as aulas de atiradora esgrimista que eram o refrigério de Jaime, votado agora apenas a ganhar o pão cotidiano.

Depois de diversas peripécias de índole dramática (luta com assassinos a soldo, um companheiro torturado de forma bárbara por rufiões, o assassinato de uma mulher que a polícia toma pela bela manobradora, etc.) há de noite um último encontro entre uma Adela afinal viva e um Jaime que começa a entrever algo que no entanto não consegue verdadeiramente nortear: não nota que numa das cartas dum ministro consta um nome afinal seu conhecido, assim como não repara que em documentos posteriores esse nome desapareceu. Para cúmulo, a carta que dá sem equívocos a identidade do perpetrador dos crimes caíra, num momento de atrapalhação, para debaixo duma papeleira. Astarloa é pois um homem que não sabe o concreto, sabendo contudo e apenas – o que aliás lhe serve bem – que há causas pelas quais vale a pena viver e morrer: a fidelidade a um passado de decência, de respeito pelos outros e pelas recordações que lhe acalentam a honra cotidianamente assumida.

Ao dar-se conta das teias em que havia caído, sendo ocasional comparsa de manejos que o ultrapassavam (os negócios escuros do regime, a traição de correlegionários, as aparências tapando as realidades mais sórdidas...) o maestro recusa as facilidades que o seu silêncio lhe permitiria. Apesar de amar Adela não pode esquecer os crimes de que esta foi cúmplice e mesmo autora.

Num último duelo entre um homem fiel aos seus princípios e uma mulher que motivada por um drama sentimental se fizera encarnação maléfica da Espanha "moderna", argentária e plutocrata (o canalha seu benfeitor e chefe é banqueiro e homem de negócios), em condições muito desfavoráveis ele consegue matar Adela atingindo ao mesmo tempo, num lampejo que a sua arte e experiência das armas possibilitou, a estocada perfeita, o seu Graal.

Por outras palavras e dado que se voga num universo simbólico: a descoberta da Pedra Filosofal possibilitada pela confrontação com um amor que morrera.

Ou seja: no ato de ser morta, Adela faz viver ainda que de forma trágica, para sempre, a memória de Astarloa como autor de um manual absoluto. É através desta morte em combate, que Jaime tragicamente recapitula frente ao espelho (imagem virtual da vida real), que tudo fica perfeito e completado.

Corpo morto enquanto demônio, Adela cadáver repousa como uma coisa reconfigurada e devolvida às origens e que nem mesmo é já necessário olhar. É um invólucro apenas, presença para além de todo o bem e todo o mal. Como que vive agora noutra dimensão, naquilo que Jaime atingiu depois de tantos anos de busca inglória.

A despeito de si mesma, afinal forneceu a Astarloa a "ars aurea" dos triunfadores. Se ela não tivesse existido, mesmo que do lado negro e infernal, Jaime teria morrido possivelmente num asilo ou num quarto modesto absolutamente só e desapossado do achamento. Nesta perspectiva, sendo uma novela iniciática, de busca da sabedoria, é também uma novela de esperança e de amor íntegro que nos diz, como na "Opus Magna", que *as trevas não prevalecerão contra os filhos da Luz*.

3. Charlot e os jogos do espelho

Podemos questionar-nos: Charlot seria Chaplin ao espelho? Pergunta talvez ociosa, mas que não deixa de ser pertinente. Quase diria com humor: para ser Charlot, a Chaplin só lhe faltava o bigodinho senão, vejamos: a vida de Chaplin foi exemplar do ponto de vista de um ser humano que forcejava por se enquadrar numa sociedade que sem cessar fazia esforços para o remeter, com o clássico pontapé no traseiro das suas comédias, para lugares inabordáveis. Recordemos, ao calhar, os episódios Lita Grey*, a tentativa de darem o nosso homem como comunista por ter vendido bônus de guerra (Chaplin comunista é de fato demasiado forte), a censura que lhe faziam em Inglaterra por ter abandonado mais ou menos aquele rincão onde oficiavam os comediantes, esses sim verdadeiros comediantes, no gênero de Lord Chipendale ou Neville Chamberlain...

Por isso é que hoje se nota sem precisarmos de lupa – basta-nos a perspectiva do tempo, esse supremo crítico como lhe chamou André Gide – que o riso de Charlot, mesmo o dos seus primeiros momentos que a alguns distraídos pareceram simples Vaudeville, é o que fica a qualquer um depois de uma grande e pura tristeza. Pierre Hourcade, que um dia se forçou a debruçar-se sobre os mecanismos do humor, como personagem grada que era e por isso vagamente cômica (ia quase a dizer gravemente cômica) tinha dessa matéria uma ideia que, com maldade, classificarei de "perspectiva de proprietário". Mais ou menos na altura em que Chaplin nos dava o seu "Monsieur Verdoux", referia aquele acadêmico que *o verdadeiro humor é sempre amável ou alegre*, ou seja dito de outro modo: excelente pitança para pessoas sérias e decentes que gostam de amenizar os seus dias...

Bem melhor andou Wenceslau Fernandez Flores ao referir que "O humorista é um descontente que se ri da Sociedade em vez de a ferir" – o que remete Chaplin para o lugar que é efetivamente o seu: um homem belamente encolerizado com os disparates do mundo, como diria Chesterton, ao qual foi imposto, por inerência de talento (ou, se preferirem, gênio) um caminho traçado entre os pardieiros de Londres e, finalmente, as ruas da imensa metrópole americana. E que ele soube transfigurar e tornar perene.

Ainda hoje se ri a bom rir durante a projeção de *Os ociosos*, de *A quimera do ouro*, de *As luzes da cidade*, de *Tempos modernos*. Já não estou tão seguro que o mesmo suceda ao vermos *O grande ditador*, ou *Um rei em Nova Iorque*, ou *Monsieur Verdoux*, ou *A condessa de Hong-Kong*. Por esta razão muito simples: hoje sabemos à nossa custa que as gargalhadas podem gelar na garganta e que, no fundo, o que Chaplin encenava eram não comédias, mas tragédias e que o riso só lá estava para sublinhar uma evidência já posta em equação por Lautréamont:

Ride, mas chorai ao mesmo tempo. Se não puderdes chorar pelos olhos, chorai pela boca ou por qualquer outro lado. Sejam lágrimas, seja mijo, seja sangue, tanto faz. Mas advirto que um líquido qualquer é aqui indispensável.

Dizia Brassai, conversando com Malraux e Picasso, que de cada vez que via nas atualidades Mussolini a discursar tinha a impressão que por detrás lhe estava sempre alguém a dar pontapés no posterior. Mas Mussolini era um patifório um pouco risível, apesar dos desmandos que praticou na pátria de Leopardi. Quanto a Hitler o caso era diferente: sinistro sem contemplações de picardia toscana, era de fato um canalha de alto coturno, um verdadeiro criminoso e um ente que, com a sua simples aparição, espalhava a inquietação à sua volta como nos conta Trevor Roper citado por Jean-Marie Domenach. Será então de espantar que hoje nos apareça muito mais ridículo e verdadeiramente objeto de maior riso ferino? Porque o que admira – o que assim torna a regra mais sensível e com maior relevo – é como é que um patife daquele calibre que de fato era não mais que um ser perturbado, pôde ser tido como profeta e condutor de povos.

Porque, efetivamente, o riso profundo, verdadeiro, que dói e liberta mesmo à custa de um arranco interior, tem sempre como alvo o fundamental e nunca o acessório. Pois os ditadores, mesmo disfarçados de gente cotidiana, são sempre um pouco como as figuras dos baralhos de cartas: metade do corpo para cima e a outra metade para baixo, como se estivessem cortados a meio por um espelho que os anos articulam apropriadamente.

Chaplin e Charlot funcionavam noutra base, estavam de corpo inteiro nesta história de imagens devolvidas por um vidro encantado.

Agiam noutro plano, que é o da realidade criada depois de se ter atravessado o deserto da estupidez e da mediocridade habilmente forjada por um cotidiano que se autodesigna como responsável e respeitável. À sua maneira contundente, para além de tudo o mais, Chaplin demonstrou-nos e continua a demonstrar-nos esta coisa pacífica e intuitiva: que o riso, tal como os raios da manhã, é o mais eficaz elixir contra a monstruosidade codificada e que, contra ele, os ditadores e os bandidos fardados ficam em petição de miséria – até porque acabam por finalmente compreender que o riso é o verdadeiro precursor daquilo que nas fitas vem efetivamente em sequência e que é *a finura de uma estaca plantada em pleno coração do fantasma.*

> *Nota – Lita Grey, atriz vulgar, mas muito bela, foi casada com Chaplin. Instruída por sua mãe, mulher ávida e cruel, apresentou queixa contra ele com o pretexto de que este quereria praticar no leito conjugal atos eróticos que saíam do habitual – ou seja fellatio, cunnilingus e sodomia – que em certos estados dos EUA são punidos com pesadas penas de prisão. Entre pessoas casadas, repare-se, nomeadamente por qualquer uma das diversas igrejas existentes e sem que haja violência ou constrangimento moral pelo meio.*

(in AGULHA, SIBILA, TRIPLOV)

A CAIXA DE PANDORA

1. As profissões recusadas

O pormenor está em ouvir ainda que Breton defendesse um dia que o que era preciso, para chegar ao último estádio da Obra – discretamente, falo por símbolos... – era um superior mergulho na grande ausência, aquele estado de distração fervilhante capaz de levar o poeta, ou o fulano por extenso, pelo mar ou a planície de casas, corpos, intensidades bruscas, sentimentos e esperas. O viandante transformar-se-ia, assim, num telescópio – ou num microscópio, porque o grande e o pequeno incluem-se e o que está em baixo é como o que está em cima – navegando como uma escuna que recebesse no casco o embate dos habitantes dos oceanos, os ventos de longe, o fulgor dos astros ainda inocentes.

Mas refiro-me a ouvir tudo. Os ritmos secretos da terra? Sim, mas parece-me que foi chão que deu uvas, a acreditar em anos e anos de má literatura ou, mais grave, de más consciências transbordadas em "gestos cívicos" a dar por um pau, amores próprios e alheios, corridas pedestres. *Jogging*, como se diz. A verdade, aqui para nós, é que não existe segredo que contemple, por banda dos deuses da escrita, o ligeiramente ingênuo sujeito que se ponha ao trabalho: a corte celeste será então de loucos ou de poetas absolutos e não seria demasiado pensar que Diana ou Artemisa, no intervalo dos seus "affaires" normais, compusessem olhando em volta com certa angústia uma ode, um alongado canto onde se mesclariam porventura os lamentos por um planeta perdido, ou por uma terra distante, ou simplesmente uma interrogação mais ou menos rendida de como se encontra a chave do mistério – que segundo parece não entra todavia em nenhuma fechadura.

Digo para mim entredentes: passemos por esta rua, hoje o sol abriu contra os muros das velhas casas claridades insuspeitadas. Entreguemo-nos por alguns minutos às nossas selvagens alegrias. Façamos de conta que a literatura não existe e que sentarmo-nos num banco, no antigo Jardim da Corredoura, não traz imediatamente à lembrança uma página de Bulgakov, quando Margarita contempla o despertar de Moscovo e em sua volta se movem estranhas influências que iriam culminar no grande baile de Satã onde os sete palmos da existência e as cinco dimensões teriam uma palavra a dizer. Mas a literatura existe e é escusado querermos afastar as suas reminiscências.

Afastar é como quem diz, porque não se dispensa a música ao longe seja qual for o sentido que se lhe dê. Resumindo: quem iria dizer (pensar, o que vai dar no mesmo) que o Tio Brandão era farda? Por estranho que pareça, ou não – e nisto os Liceus é que têm a culpa – só por volta dos vinte e muitos soube que o nosso homem era oficial do exército. O que aliás não tem mal nenhum, acentuo. Pode ser-se militar quase como se é pasteleiro ou diretor dum clube de críquete. E os futebolistas canadianos que participaram com pundonor no campeonato do mundo no México, ou coisa, não eram empregados-de-balcão, advogados, estudantes e por aí fora? Vou então ficcionar por uns momentos. E atribuir profissões desencontradas a este, aquele, aqueloutro. Por exemplo: Tolstoi como jornalista no "Expresso"; Marco Aurélio como escriturário em Queluz ou Campo Maior; Camilo como farmacêutico num estabelecimento em Lisboa; Proust como árbitro de handebol nos momentos livres e, para ganhar a sopinha, primeiro-oficial num município; Abelaira como gerente duma casa de fados e, para espairecer, pintor de domingo nos intervalos das escritas; Eça de Queiroz, odontologista em Montemor-o-Novo; Pessoa, evidentemente, funcionário do FAOJ destacado em Sintra; Marguerite Yourcenar, professora de História em Beja; quanto a Rimbaud seria excitante imaginá-lo por uns segundos aluno da Faculdade de Letras alfacinha, assim como será difícil resistir a congeminar Flaubert como médico de senhoras em Elvas ou Alenquer.

Se, como alguns excelentes críticos pretendem, os axiomas são desmontáveis mais que não seja dentro das suas cabeças, a suprema festa seria então abandonar os textos ao seu destino. E teríamos: *O vermelho e o preto* por David Mourão-Ferreira; *A morgadinha dos Canaviais* por Witold Gambrowicz; *Por quem os sinos dobram* de José L. Peixoto; *Histórias do fim da rua* por Chateaubriand; o *Só* de Saint-John Perse; finalmente, *A vida em Middlemarch* por Ramalho Ortigão.

Imaginemos mais um pouco: não haveria maneira de se entretecerem as escritas? Assim, as frases iniciais de *O deserto dos tártaros* poderiam enroscar-se a dado passo num trecho de *A Cartuxa de Parma*; e o *Quem poluiu, quem rasgou os meus lençóis de linho* não ficaria descabido, convenientemente acomodado, numa página de Jorge Luís Borges. E o conflito moral de *Beau Geste*, antes e depois de ir para a Legião Estrangeira? Pelo andar que as coisas levam não seria de estranhar vê-lo na escrita sugestiva e ágil daquele romancista que ficou tão galhardo em telenovelas.

Leio, dos *Princípios* de Eyrinée Philalète, o décimo-terceiro e não porque tenha simpatia pelos números ímpares:

Encontrando-se as coisas assim dispostas, colocai o ovo onde estiver a vossa matéria nesse forno e dai-lhe o calor que a natureza pede, isto é, fraco e não demasiado violento, começando onde essa natureza o deixou. Não deveis ignorar que a dita natureza deixou a vossa matéria no reino mineral e que, embora nós tiremos as nossas comparações dos vegetais e dos animais, é necessário contudo que concebais uma relação apropriada ao reino no qual está colocada a matéria que quereis trabalhar(...).

Se o romancista é alguém para quem nada está definitivamente perdido, como se disse (com propriedade? sem propriedade?) o truque estaria porventura em efetuar *passages à tabac* aos sentimentos, às sensações, às alegrias e aos infortúnios. Como nas batalhas em jogos de computador. Mas como os jogos são todos de vida ou de morte, quer sejam no interior do núcleo (a palavra, leia-se) ou no grande exterior (ainda a palavra, previno) deixemos o Norte a norte, o sueste a Sueste e os rios correndo franca e limpidamente para a sua foz.

Raul Brandão era pois militar? Era militar e ainda bem – e nem sequer lhe foi preciso, como a Mac Orlan, ter ido para os aquartelamentos legionários no deserto. Foi o que no seu teatro próprio melhor lhe quadrou (porque foi dessa arte e não doutra maneira) de resto parece que ao mandar os taratas efetuar "esquerda ou direita volver" acrescentava frequentemente "se me fazem o favor". Reminiscências, dirão os mais experientes em tratos místicos, dos hortos de uma certa Arcádia, da pureza das areias argelinas ou da serenidade das planícies de Saskatchewan.

Não sei, não quero opinar e além do mais as partidas é como se as tivéssemos, já, todas ganhas.

Aqui ou em Sidi-bel-Abbès.

2. Gilgamesh ou a aposta impossível

Seria fácil imaginar um tigre a comer erva, assim como um cordeiro a engolir a pitança. Todavia… Todavia estou a lembrar-me, ao calhar dos minutos, daquela célebre hipótese de Mark Twain: "Se Moisés não tivesse existido, teria existido decerto outro indivíduo com o mesmo nome". E funções, evidentemente, acrescento de minha lavra. Aqui, entra Chesterton em cena, peso-pesado das metafísicas ligeiras, mas reconfortantes: "Eu nunca minto, a não ser que seja absolutamente necessário". Pois, é como na História não reciclada pelos descendentes ou herdeiros de Walt Disney. Velha mania de ocupar os lugares *todos*, de preencher o tal vazio assustador dos metafísicos? Ou apenas sensatez suficiente para que saibamos, definitivamente, que onde está um baú não pode estar uma cadeira de baloiço, assim como onde está um inteligente não podem estar sete idiotas?

Trocando em miúdos: o que se aponta é de fato para o simulacro da *"hybris"* revista pelos sucessivos concílios. Esses tais que nos quebraram a cara como o faria um soco de pugilista desempenado, sem que no entanto em simultâneo nos tratassem da alma que como se sabe se multiplica nas celestes moradas em graus de aperfeiçoamento singular. Questão intemporal de ascensões no etéreo, digamos, ou de quedas corporais. Ou, melhor ainda, o apelo fascinado de certos mundos paralelos que nos oferecem a ciência e a religião oficializadas, certas paisagens serenas ou infernais cuja traça se ergue para logo se desmoronar, como em Hollywood.

Aqui entre nós, que pouca gente nos escuta: quem é que não sonhou ainda em mudar de rota, uma vez por outra, mesmo sabendo que o ser--se isto implica necessariamente não se ser aquilo, sendo a Vida como é (ao que alguns dizem com sensatez maldosa) não propriamente uma escolha, mas a impossibilidade de se terem dois destinos?

Com o que, pelo que, conclui-se sem mais demoras que um tigre a comer erva só nos anúncios da margarina Custódio ou do automóvel Tortilha. Ou nas histórias da Carochinha que os malabaristas da coisa pública, finamente, nos distribuem pelas rádios e tevês.

Digamos com certa inocência, como nas doces festas de anos de antanho: saibam lá vossências que há pouco tempo atrás um sábio que é também robusto memorialista – trata-se de François Jacob – assinalou que a existência mais parece coisa de biscateiro que de engenheiro, mesmo genético. As somas eventuais não apagam nem destroçam e muito menos repelem o já construído. É no gênero do "Blade Runner" ou dos fabulosos bricabraques de Tinguely. Coisa de truz – e eu fico-me um bocado a rir das tiradas dos que compenetradamente afirmam nos *media* que estão muito atentos e um pouco trêmulos ante a possibilidade de se multiplicarem em provetas os hitlers, os stallones e outros hermanjosés. Mas não foi sempre a sociedade, além da ciência e das técnicas que lhe estão nos arrabaldes, uma perigosa brincadeira? Se no próprio laboratório do Éden, onde os elohins oficiavam... – mas deixemos isso por ora.

Creio que fará sentido concordar com Thomas Mann quando este refere, nos intervalos do seu sonho montanhês, que ao nível das concreções superiores existe como que uma atuação alquímico-hermética do coração humano, uma renovação de todas as fibras do ser que nos força a ir em busca do conhecimento capaz de nos fazer compreender que os passeios pelas margens dos rios, as idas ao cinema ou ao circo de mão na mão, o acordar no azul penumbroso dum quarto às três da tarde ou às quatro da manhã são o equivalente de coisas que a mística só pode explicar de forma aproximativa. (Dantes agia-se de forma expedita e suave: calabouço com eles e uma eventual passagem pelas brasas). E talvez faça sentido, também, meditar nesta frase de Nietzsche que, como num espelho mágico, nos diz lá do fundo: "Há alguns que nunca se tornam doces e apodrecem mesmo no Verão. Só a covardia os sustenta no ramo". E antes de entrarmos no fato bem passado da angústia existencial, vistamos por baixo uma camisola barata de senso comum: "Quando eu tinha vinte anos, diziam-me: hás de ver quando tiveres quarenta anos! Pois bem: tenho quarenta anos – não me mostraram nada". (Benjamin Péret).

Venham cá dizer-me que a metafísica é uma serena imanência! Não os acreditarei, com mil bombas. Seja no masculino ou no feminino. Porque os deuses têm cara de terráqueos nestes tempos que vão correndo. Quer dizer; antes de subirem aos céus experimentam em nós os seus destinos; não falando – porque isso dá excomunhão mais ou menos democrática – no cultivo intensivo e na intensa proliferação de santos, aspecto que não será de desconsiderar. Na verdade é tudo uma questão de símbolos.

Eis senão quando que Gilgamesh, por causa das vozes de sempre (já com Joana d'Arc irá ser alegadamente o mesmo incômodo) se decidiu a tomar da capa e do porrete e abalar para o deserto. Ia em busca da flor azul, como nos contos de fadas? Parece que não, o que estava em causa era tão só a imortalidade e não a saúde e a cura por extenso (úlceras, cegueira, tiro de pistola no flanco, enfarte de miocárdio). E então deu-se que Enkidu, ser primordial e selvático, inocente como um padre cura do breviário, lhe apareceu pela frente – os braços peludos de atleta, os olhos de vedeta das matinés adolescentes, a naturalidade de futebolista ferrabraz, a figura talhada ao jeito das fitas de Spielberg... e foi o *coup de foudre* conforme reza nas tábuas de barro. Coisa mística, de resto, como nos conta a seguir um velho papiro (apócrifo?). Saborosa e interdisciplinar.

Contudo...

Contudo, como já cá se ficou sabendo, os cordeiros não comem carne e os tigres muito menos tasquinham a ervinha tenra. Gilgamesh, algo ingênuo e estupefato, viu aparecer de chofre coisas adustas no corpinho empolgado de Enkidu: tinha de se render à evidência, a metafísica às vezes fica claramente ultrapassada pelas circunstâncias do momento em tempo real, a filosofia e os textos pré-diluvianos são muito bonitos, mas não servem, de todo, em determinadas ocasiões: Gilgamesh, com a personalidade enrodilhada, as roupas num farrapo, começou a perceber que Enkidu não era tão angélico e abstrato como nas ficções, mais parecia um *gigolo* do Parque Mayer, a braguilha desapertava-se-lhe em alturas muito impróprias e um arfar suspeito punha-se a trabalhar como um motor de avioneta. Gilgamesh concluiu então que os mitos são coisa fina, mas não safam a virtude de um homem de brios, co'os diabos. Tratou, rapidamente, de se pôr a andar enquanto dizia de si para si que é inútil um zé-maria enlear-se no golpe da mágica/mitológica compreensão absoluta com um zé-antônio, porque então o zé-antônio transforma-se noutro zé-maria e tudo volta ao princípio.

Circular, como nas fábulas iniciáticas. De sorte que o nosso herói, já com a escolaridade pessoal toda empinadinha, aprofundou-se finalmente pelo rosto da deusa, que mais adiante no relato o esperava a pé firme. "Será este pois o sentido da História que se conta depois do repouso do Senhor, quando Adão viu, entre assustado e divertido, o pirilau crescer com denodo ao contemplar o fruto da sua costela?", perguntará, do lado, o leitor com ironia.

Na verdade, o andrógino inicial é coisa com certa piada, talvez, mas só faz sentido nos contos de proveito e exemplo mediante os quais se chega a conclusões diametralmente opostas consoante se for anjo ou demônio. Enoch sabia disso (e era esta a sabedoria dos antigos escribas, que só por irrisão se crismariam de hipnotizados. Adiante). O que realmente faz brilhar as pupilas da existência, essa existência séria que o grande Humboldt tão bem escrutinou, é o fato de haver opostos com a autonomia que dá origem às novelas surpreendentes. De resto, não. E foi nisto certamente que o Alfa-Ómega pensou, ele que é princípio e meio e parece que não tem fim e que, experiente até mais não, tem para além dos limites a legítima lábia e o conhecimento da matéria.

Mas seria, com franqueza, de esperar coisa diferente? Como dizia outra vez Chesterton, depois de ter relanceado a *lady* do distrito de Belgravia com olho maroto, "Os amores platônicos, como todos os tônicos, são apenas um estimulante". Se não acreditam, vão perguntá-lo a Gilgamesh.

À Deusa, quer-se dizer...

3. As espécies poéticas

Sabe-se que há pessoas felizes – segundo me confidenciou o meu assistente de bordo, que por coincidência crepuscular ou madrugadora ainda é parente do *daimon* do pensador grego – que colhem os seus textos (poemaria sentimental ou cotidiana, versalhada esotérica com e sem rima, naco de prosa ou entradazinha diarística relativamente sobranceira ou merencória) ao deambular pelas ruas, no escuro dum parque, à porta duma estalagem ou na dulcíssima e profícua casa-de-banho duma amante ocasional ou dum consistente companheiro de estúrdia.

Assim como quem apanha, de passagem, no estrépito gratificante de um bar de luxo, meia-dúzia de amêndoas torradas ou um punhadinho de ervilhanas descascadas ao passar pelo balcão a caminho duma mesa onde os convivas o esperam com as peças de resistência.

Pelo menos é o que se extrai, se bem lidos, da frequentação de alguns autores e de matérias de aturado estudo de costumes, de enviesados momentos de profunda criação (alheia) que nos fazem, nos melhores casos, salivar com apetite.

Dizia Guillaume de Poitiers, numa bela tarde que também pode ter sido noite ou manhã, que fizera um poema *de nada*. Por seu turno,

Saint-John Perse afirmou algures que a sua aspiração maior era fazer um poema *sobre nada*. Seria o *nada que é tudo* como artilhou o sagaz e melancólico portuguesinho de Durban (South África)? Mas é claro que por detrás destas pequenas e aparentes *boutades* vive e sobressalta-se uma profunda contemplação do Universo das probabilidades, no gênero das que Bernard Trevisan punha no seu tempo em equação.

E, detalhe profundamente contemporâneo, mas conjunturalmente inquietante embora sem metafísicas, tende imensos cuidados vós que me ledes: se mal vos precatardes, pelo descuido dum dedo podereis mandar interativamente para a inexistência definitiva e sem piedade um lindíssimo trecho que acabastes de escrevicar, o que pode dar choro e ranger de dentes sem ponta de literatura dramática. Em tudo terá também de haver, sem desdouro, um pouco de ternura!

A verdade é que, nos tempos mais chegados, por mor da modificação de usos societários (?) sai-se para o lirismo como se sai para a caça. E, conforme me esclarecem, isso dá-se tanto em Chicago como em Bruges, tanto em Edimburgo ou Lyon como no Funchal, no Porto, em Nápoles, em Lisboa. Serão aspectos da mundialização, do aquecimento global dos corações e dos cérebros postos à prova pelos que traçam (os Bielderbergs? os Opus Dei? os aqueles que nem é bom nomear para não se ficar feito em estilhas?) as nossas folhas de destino sobre o planeta?

(Antes de passar para outro continente, continuando todavia a juntar alhos e bugalhos, permitam-me entretanto que proceda a alguns agradecimentos completamente filhos de uma comoção muito aparentada com certa inocência que me foi escapando devido à safra dos anos e às más companhias que sempre nos estorvam antes de as pontapearmos com decisão: a Axel Munthe por ter escrito tudo o que escreveu; a Mikhail Bulgakov por não ter escrito o que queriam que escrevesse; a Jean Husson por ter andado pouco com os gandulos das letras com quem queriam aparentá-lo; a Silver Kane por ser também Enrique Moriel e Francisco González Ledesma, além de possivelmente outros na vasta pradaria dos seus afetos; a Alain Decaux por ter narrado, em direto e de viva voz na televisão, todas as suas surtidas históricas que só depois, razoavelmente mais tarde, iria passar ao papel – feito notável que só um herói das letras conseguiria; a Sherlock

Holmes e Poirot por terem existido; a Conan Doyle e Agatha Christie por não terem existido, exceto com a lupa e o cachimbo e o bigodinho roubados às suas criaturas; a Cézanne por ter sido apenas pintor; a Schubert por ter sido apenas compositor e músico; a Malte Laurids Brigge por não ser nem uma coisa nem outra; por último, mas não finalmente, a Rilke por ter sido tudo inclusivamente secretário particular de Rodin, que como poderia escrever outro companheiro da corda não entrava nesta história; e a alguns ibéricos e lusitanos por o terem continuado a ser, não sendo alanos ou mouros).

Mas dizia eu que se vai saindo para o lirismo como se sai para a caça. Nos últimos anos de civilização certos quadrantes aumentaram extraordinariamente o apuro da sua pituitária espiritual. A mistura em partes desiguais de carne de primeira e de segunda, ou mesmo de terceira ou quarta, vem permitindo uma transubstanciação que muitos julgariam inimaginável. Os *gourmets* da literatura não são, evidentemente, todos do mesmo gênero. Há felizmente *nuances* compensadoras. E se é um fato que se subdividem em dois grandes setores – o escarlate e o cinzento, sendo o primeiro de tendência devoradora e o segundo raciocinadora – isso não implica o desaparecimento dos que veem na poesia algo mais que uma tarefa ou uma fatalidade. Por enquanto – o panorama pode mudar.

Há contudo variações insuspeitadas e não estou a lançar uma indireta, garanto, àquele ensaísta genial que uma vez vi ao vivo numa sessão em Cascais e que afirmou com pujança que nunca nada tinha sido criado no programa do Bernard Pivot, o que não o impediu de um mês depois lá ter estado a convite, de face risonha e radiante e engrolando seus conceitos lusos que ora se engelham, ora se distendem como se fossem bonecos insufláveis.

Há o lirismo para comemorações patrióticas progressistas ou casamenteiras de estadão, para desforços conservadores, para amores infelizes, para gestos sociais diversos; o lirismo circunspecto, diríamos *universitariante*, em timbres secos e escanhoados, preciso e conciso como o relatório de um conselho de administração, ou o mais exaltado ainda que *científico*, sendo este uma variante algo descabelada do anterior. Digamos – *mais pão pão, queijo queijo*.

Segundo julga saber-se, há poemas que não convém serem deglutidos de manhã: pesam no bucho, criam soluços e azia. De modo que é mais aconselhável tomá-los à tardinha, quando os apetites já se locupletaram com meia dúzia de canalhices bem rimadas ou uma pratada de sonetos *à marinheira* ou com todos os matadouros.

A verdadeira vida está ausente, dizia Rimbaud. Ausente, no entender de alguns gastrônomos que por vezes também versejam – gastrônomos premiados se calha pelos salões de jantar letrados – como as narcejas, as galinholas, as lebres e as perdizes. A *caça espiritual* ainda será, se os fados ajudarem, uma realidade peculiar.

Em certas alturas, o pesquisador-amador das várias espécies poéticas está particularmente inclinado para a amável prática desta salutar manducação: de alma à bandoleira, com boas reservas de cartuchos de escolaridade obrigatória no cinturão, facanejo de aço carbónico na ilharga, ei-los que partem para os lugares apropriados.

Nos montes e valados distinguem-se então minúsculas figuras movendo-se ora ágil e graciosamente, ora mais pesadamente; uns mais ardilosamente que outros lá se acocoram, armadilham, tocaiam, simulam. E finalmente estendem a presa com dois ou três certeiros balázios.

No fim, chegado o crepúsculo, aconchegadas as matilhas no palheiro ou no pátio, ao redor da grande mesa de madeira de pinho grosseiro ou de carvalho mal desbastado, abancam os amantes desta atividade venatória. Todo o dia o sol lhes ondeou sobre as frontes, queimando-lhes as faces, crestando-lhes os olhos e a vivacidade. Uma paz muito suave os prende agora à fraternal roda de congêneres. Da cozinha já chega até aos narizes dos convivas o cheiro picante dos pitéus: Camões guisado, Lorca salteado, Antero com rodelinhas de paio, Neruda com alcachofras na caçarola, Pessoa com vinho grego, Régio frito com batatinhas às rodelas, Pascoaes assado com uma gota de limão prudente. (Eugênio, por distração da cozinheira, primeiro ficara meio cru, depois demasiado passado).

No fim virão as sobremesas diversas: vates novos, postos em remolhão de vinho do Porto durante horas, a embeberem-se, para fazerem contraste com as arrufadas de Coimbra e as queijadas de Sintra espirituais, com sabores e com doçuras a dar para o selvagem e o inusitado (e que até requentadas calam no gosto, entrada a hora da ceia).

Lá fora crescem luzes no céu: Sírius, Canis Minor, o sete-estrelo, o brilho nostálgico de Vega que na Caldeia inspirava magos e arquitetos (talvez, como alguns cá, traçando por vezes seu versinho no fim dum lauto repasto).

Se o tempo é de grilos, ralos e cigarras ei-los que cantam ajudando à festa. Mas sempre, por sobre a massa pura das árvores e o negrume palpitante da noite estrelada, se expande um ruído difuso, amplo, que conviria ser – para que tudo estivesse a caráter – o filosófico rolar das esferas do universo.

Seja como for, tenho para mim que as espécies poéticas ainda irão estar intensamente noutros locais privilegiados e privilegiadores – e que possibilitarão menos canseira – as grandes superfícies comerciais aprazíveis e acolhedoras onde por ora praticamente só se mercam produtos *para bater*: romances, novelas, robustas casquinadas políticas, memorialismo relativamente pindérico.

Mais frescas e nutritivas (porque sujeitas ao congelamento eficaz e benéfico que lhes preserva os elementares), mais baratas e abundantes, terão ademais o aliciante do diploma e certificado de garantia. É aliás assim que tem de se proceder em sociedade organizada e moderna. Claro que a caça pode continuar, deve continuar, ninguém pretende hostilizar a surtida cinegética. No entanto dá obviamente um certo conforto saber-se que há nas bancas, estimuladas pela tecnologia, espécies prontinhas para a festança quando calham de ser subitamente desejadas.

Enfim, será um quadro apropriado onde poderá talvez, até, achar-se um bom naco de felicidade. Havendo, mesmo, lugar para as surpresas porque existirão com certeza aspectos não contemplados nos manuais de civilidade obrigada a mote. Poderão inclusivamente propor-se, pelo seguro, interessantes variações: sonetilhos escalfados, elegias torradinhas, odes com mel e pinhões, haicais empapados em uísque ou no proverbial *saké* para os puristas. O espanto ganhará o seu justo lugar na sensibilização das línguas – mesmo mortas – através de uma ou outra distribuição fortuita, mas enquadrada de provérbios e redondilhas.

Entraremos no domínio da poesia quase perfeita, ora de cariz labirintiforme, ora de raiz levemente mística. Às tantas, subindo verticalmente na bolsa de valores da existência como as pirites neozelandezas ou o café do Calulo.

Um tom rosado irá paulatinamente cobrindo as faces outrora lívidas dos cidadãos alfabetizados.

E tudo findará, evidentemente, por uma poderosa manducação geral só detida nos limites da antropofagia.

Bastante épica.

4. O Olimpo já está a arder?

Suponhamos, não por traquinice, mas muito a sério, que numa quinta-feira um artefato voador alienígena (um dos chamados, na Bíblia, "glória do Senhor" e, nos anais quíchuas, "serpentes voadoras" devido à forma alongada da sua fuselagem), por isto ou por aquilo pousava num arrabalde de Santarém, de Lamego, ou mesmo na Buraca ou em Linda-a-Pastora e, enquanto os seus tripulantes tratavam dos seus afazeres localizados, eram avistados durante quarenta e oito minutos (horário TMG) por habitantes locais, a saber: um membro da reunião portuguesa dos Alcoólicos Anônimos; um sacerdote dominicano; três futebolistas de momento a jogarem nas reservas do respectivo clube; uma escritora *doublée* de cientista; dois agentes da autoridade acompanhados de um autuado; um jornalista de um órgão de tiragem média; dezesseis ovelhas e o respectivo cão (o pastor dormia beatificamente sob uma árvore ou junto a um muro e não se apercebera de nada); duas crianças e três adolescentes, incluindo um telemóvel e um boneco de pano; oito passeantes diversos sem estatuto definido por não interessar a esta crônica.

Perplexos, nos sítios e localidades respectivas, todos eles se punham mais ou menos coerentemente a relatar o avistamento, dando pormenores a quem os quisesse ouvir e os não mandasse bugiar logo a partir da quarta estrofe...

O jornalista, que o chefe-de-redação tinha na conta de pessoa séria e pouco dada a tratos vínicos, ainda colocava por mansuetude companheirona do superior, na terceira página, uma *local* em 16 linhas na qual, um pouco encabuladamente, falaria num *caso curioso*, num *fato que intrigou observadores* e lengalengas que tais, sendo o assunto rapidamente esquecido e mergulhando, como milhares de outros, no vasto cafarnaum do enigmático e do misterioso para pessoal com alguma imaginação e sentido do mundo para além dos quatro olhos e dos sete sentidos.

Mas suponhamos agora que por *fas* ou por *nefas* o assunto era tomado a sério por alguns grupos da intelectualidade dominante que em geral ciranda nas veredas do poder. E que o assunto ganhava, nos círculos certos, certo destaque e certo crédito – tanto mais que nos últimos anos entidades responsáveis vincadamente oficiais ou mais discretas como entre outras a Sodalitium Pianum (serviços secretos da ICAR), a Agência Nacional de Segurança (NSA), o Deuxième Bureau e o Inteligence Service se têm debruçado parece que proficientemente sobre esses *curiosos fatos* em ordem a tentarem perceber o como e o porquê de tais *intrigantes casos*.

A não ser dum ponto de vista acadêmico – *isso não aqueceria nem arrefeceria absolutamente nada*. Quando muito deixaria apenas nos cérebros e nos relatórios dos operacionais uma congeminação, um raciocínio, talvez um leve zumbido de crença ou de descrença intelectual ou filosófica neles e nos superiores, talvez um pedacinho de inquietação na alma dos mais argutos ou temerosos ou perspicazes (ou desconfiados), porque ficariam *com a pedra no sapato* e a *pulga atrás da orelha*, como pitorescamente sói dizer-se.

Na verdade, que poderiam esses beneméritos fazer, resolver? Dizer aos quatro ventos que afinal, pelas conclusões competentíssimas tiradas pelos grupos de trabalho (as *task force* como usam ser apelidadas) andava gente realmente pelos céus, que pousavam quando queriam e deixavam contatos se lhes apetecia com iluminados (posteriores) e delegados (santões) se lhes dava na bolha modificar ou incrementar localmente certas regiões e comunidades? Quem lhes daria crédito? Quem os levaria a sério? E se levassem, cadê o resultado? Poderiam pedir responsabilidades aos viandantes do cosmo por entrarem sem visto nem passaporte por qualquer fronteira a dentro? Por gerarem filhos numa moçoila aprazível? Por levarem de viagem uns tantos parentes da mãe Terra? Por...

Mas creio que já todos perceberam, é escusado ser mais redundante ainda.

Assim, num outro plano, já se sabe que são historietas de ficção científica escrita ou cinematográfica, ou da legenda dos séculos, os relatos de cães com cabeças de homens ou de homens com cabeças de tigres. Ou de mancebos com asas de andorinha, de águia ou de pterodáctilo, ou de senhorinhas com cauda de pescada ou de espadarte. De acordo com o que nos informa a ciência de ponta, pelo menos até agora, a semente do homem não é suscetível de se misturar com a do animal sendo a inversa também muito verdadeira.

Esses sucessos, de acordo com os melhores autores, só estão dentro das possibilidades dos *deuses* – se lhes apetecesse, mas tanto quanto se sabe esses são gente sensata, até mais ver, e não lhes devem interessar, ao que se pensa, manejos em estilo doutor Mengele... Como diria um amigo meu com muitas leituras e reflexões, "Os planos, seja na vida seja na metafísica, ou na transvida ou na existência em geral, não se misturam". Concordo com ele.

"É possível, Nadja, que o maravilhoso, todo o maravilhoso, resida neste lado da vida?", perguntava o autor de *A chave dos campos* à sua apaixonada poética que a distração do velho descobridor manteve sempre como platônica com resultados quase trágicos.

Possivelmente, quase de certeza que sim. Pois o outro mundo que nos escapa, escapa-nos por óbvias razões embora seja um belo projeto de vida tentar devassar-lhe os bosques e as montanhas, os desertos e os mares, a luz e a sombra do segredo que suspeitamos nele se acoite.

As cidades reais continuam a existir *deste lado*, assim como os que as habitam. O fogo da imaginação é o nosso seguro penhor de que o melhor da noite é só ser noite, *a noite*, sem fantasmas nem assombrações, sem presenças etéreas ou substanciais de enganoso recorte, a noite com a luz das estrelas tal como o dia é o continente sob o sol e com tudo o que nos anima e conforta. Os grandes momentos das nossas mais belas horas. Sim, os planos não se misturam, não são suscetíveis de interpenetração.

Pois o que voga no espaço exterior a seu tempo se conhecerá – quando chegarem os tempos adequados tanto de uns como de outros.

(in TRIPLOV)

Nicolau Saião

O OLHAR NO HORIZONTE

A propósito de algumas recordações em letra Sobre Agostinho da Silva

> *Na sua impalpável amargura*
> *Odor de um país ulterior onde piores*
> *Fúrias passeiam e expõem as garras.*
> Geoffrey Hill *in Ovídio no Terceiro Reich*

Dizia Pablo Picasso, em resposta muito dele a uma entrevista de Madeleine Buez-Thoury, que "Recordações é tudo aquilo de que nos esquecemos". Creio entender o que queria significar na sua aparente *boutade* o autor de *Pesca em Antibes*: aludia decerto ao acervo de imagens, transpostas pela memória da sua peculiar maneira que, frequentemente, coloca a norte aquilo que está a sul, acantonando tudo no lugar penumbroso onde repousam as nossas mais resguardadas lembranças. E que aí, ao sedimentarem, se reconfiguram e cobram então a sua forma definitiva, como disse um dia Benjamin Disraeli.

Tanto quanto me recordo, foi Henrique Madeira que numa tarde aí do Verão, pelo telefone – prenda que nos era muito usual utilizar nesses anos em que eu ainda telefonava – ao agradecer-me as referências que lhe fizera a um livro editado há pouco tempo e que logo deixara chegar até mim, me fez saber que oferecera um exemplar remanescente do meu *Foto-síntese da pedra* ao autor do prefácio do dele, Agostinho da Silva. O professor, acrescentou, gostara da *plaquette* e ele sugeria-me que o visitasse quando fosse a Lisboa.

Assim fiz – nesse tempo em que ainda visitava Lisboa com frequência. Numa tarde qualquer, que as manhãs as usava para vasculhar alfarrabistas, bati à porta da casa do Abarracamento de Peniche.

Encurtando razões: a disponibilidade do homem, que cifrava a peculiaridade do escritor (pois era como escritor e apenas como escritor de "*Herta, Teresinha e Joan*" que eu o queria situar, não só por ser esse o meu campo de interesses, mas também porque esse me parece o lugar mais alto a que subiu, tirante as curiosas deambulações por outros autores de boa talha clássica a que se votou) verifiquei-a na própria maneira com que me deu entrada: sem aparatos de guru (que eu aliás não apreciaria e mesmo aquiesceria, porque como John Ford o pensou e disse, numa tirada célebre, no cinema como nas relações humanas "*O olhar do homem deve estar à altura do olhar da câmara*"...) em que alguns pelo que julgo saber, agora como na hora pretendem encafuá-lo, sem tiques de iluminado, sem outivas de sapiência consumada em que determinados periféricos da sageza e, mesmo, rústicos se mergulham com temeridade, dizia – apareceu-me como uma pessoa sensata, sensível, boa e culta.

Mas duma cultura serena, comparticipativa e solidária, sabendo ouvir e sabendo fazer-se ouvir, tendo mesmo atenções tocantes que em muito ultrapassavam o "*scholar*" de eleição para se projetarem sim naquilo que mais estimo e na única condição que respeito verdadeiramente: a da nobreza de caráter do sage que, por o ser, sabe entender nos outros a sua marca própria que os confirma como confrades de caminhada ainda que diferente, de existência ainda que dissemelhante ou, quando muito, paralela.

Não receio dizer – passando por alto os continentes do seu pensar (da sua filosofia, para utilizarmos este conceito relativamente cômodo) – que sempre reconheci Agostinho da Silva como o Mateus Maria Guadalupe exposto nessas três novelas onde se exprimem e confluem a aventura (na primeira), a "humildade gloriosa" algo vizinha de um destino implacável de cariz vincadamente lusitano (na segunda) e os "encontros falhados" a que se veem sujeitos os que não se dão conta, dura e complexa, que no fundo muito pouca coisa há em comum entre seres que, por razões de acaso, se movem aparentemente em conjunto no seio duma Europa que não nos conhece, não nos deseja nem, sequer, nos estima.

"*Herta, Teresinha e Joan*", na sua aparente displicência de economia narrativa, ágil e sabiamente vertida (como noutro mundo de preocupações o fez Bill Ballinger no seu sublime *Versão original*) e veiculada por um discurso aparentemente sem estilo literário galardoável – e é esse um dos seus maiores méritos num país novo-rico, literato e podre de estilo – traça em escassas (?) 140 páginas uma das mais belas incursões em português pela arte da novela. Leem-se, e verifica-se não haver ali sabor a rolha, aqueles três relatos permeados de diálogos onde aparentemente nada de relevante acontece e onde, afinal, acontece tudo – desde o desgosto de viver bem na linha do *fado* lusitano, até ao sabor da solidão que se intui ou se sabe ser definitiva e para nunca mais. Até ao aflorar, discreto ainda que agudo, duma reconhecível esperança onde pode existir "a vida palpitante no céu longe", como Mateus se dá conta no decorrer da última parte da trilogia.

Que dizer de conversas onde se falou de tanta coisa, ao correr dos meses que foram desaguar em anos em que não nos frequentamos? Que me comprazia o contato desses raros momentos em que eu, noutros continentes interiores e exteriores, ia vendo e ouvindo outros percursos, tocando outras rotas, olhando outros rostos e outras experiências (foi por essa altura, se bem recordo, que tive o sumo privilégio e o fundo gosto de conhecer Jacques Bergier e outros alguns que não vou aqui citar por discrição...).

Numa certa noite de um certo dia, voltando de Lisboa com um filho que também o frequentara (historiador e estudioso intemerato aberto a todos os ventos da aventura de conhecer e sãmente admirar) parei o automóvel numa área de serviço para um simples café e umas cigarrilhas de que sou particularmente guloso enquanto não-fumador que nunca alinhará em fundamentalismos antitabagistas). Daí a bocado, esse meu filho – muito comovido – veio chamar-me a atenção para uma notícia inserida num jornal não sei se de referência (como agora certos zoilos, inteligentemente, dizem): e soube então que morrera o "*Bom amigo e senhor professor*", como rezava sempre nas cartas que lhe endereçava, escritas nas minhas horas de Portalegre, de Arronches, de algum vasto recanto...

Muitas vezes me lembro dele, agora que já vivo por bandas exteriores muito diferentes e distantes. Recordo a figura desempenada, mesmo na idade que tinha, de homem ereto, cordial e sapiente. O seu olhar penetrante e a maneira de falar, que nunca me pareceu artilhar uma lição, mas sim uma comunicação, efetuando – e com força o deixo dito – uma verdadeira *doação* de pessoa para pessoa. Assim o recordo e o recordarei sempre, esse sempre que é volátil como as palavras – mas tão firme e forte como elas o podem ser.

As vozes ausentes

Gostaria de aqui deixar expresso o gosto, só em parte turvado – por razões epigonais que não salientarei – que tive ao corresponder ao convite formulado para ter estado presente.

Também, o ter ali encontrado o meu amigo Manuel Ferreira Patrício, confrade de muitos anos desde o tempo, algo mítico já, de uma comum estadia em Sintra.

Finalmente, o ensejo de ter estado em Sesimbra, local que me habituei a estimar desde os tempos, já relativamente longe no tempo, em que ali jornadeava em férias e que, aqui o deixo dito, tem a ver com uma boa parte de *"Os olhares perdidos"*.

(Intervenção de NS na sessão de Homenagem levada a efeito pela Câmara Municipal de Sesimbra em conjunto com o Círculo de Estudos Agostinho da Silva, reproduzida no livro que coligiu os textos de todos os intervenientes)

OS ENIGMAS DO QUARTO FECHADO E DA FOTOGRAFIA ARTÍSTICA

Há na Literatura Policial um tema que é o clássico dos clássicos: o quarto fechado onde algo de inusitado se passou. Dentro, um morto. Aparentemente, sem assassino. Inúmeras variações, mas um só dado exato: a interrogação. De que maneira se oficiou? Interrogação que pouco a pouco se vai construindo/desconstruindo à medida que a novela se desenvolve e progride. Objeto sem construtor, criatura sem criador? Digamos: como uma fotografia sem máquina ou como máquina sem fotógrafo? Aparentemente, sim. E, no entanto, a nossa razão e o sentido da leitura (do jogo) dizem-nos que não pode ter sido assim. Que tudo é pois simulação – como nos retratos. E há outro corpo e outra máquina: o leitor e o livro. Duas máquinas, dois quartos, dois corpos, etc. Jogo de espelhos que forjamos ao ler e assumimos ao começar a ler (a fotografar). Em suma: no plano estrito do relato, um como de que não se conhece o porquê e naturalmente sem quem.

No enigma do quarto fechado a máquina (o quarto) tem algo lá dentro (o morto, a fotografia) sem que tenha havido um dedo a premir o botão. Ou antes, sem que a presença desse dedo se tenha manifestado indubitavelmente – dedo mindinho, polegar, indicador? E teria mesmo havido um dedo (o assassino)? Temos de o admitir. O que se sabe (se intui) fica então pairando sobre o que se não sabe, ou melhor: que se virá a saber lá mais para diante, unindo-se então à outra imagem em negativo.

Na máquina fotográfica, uma vez retirado o corpo de delito (o rolo impressionado) dá-se um imenso vazio: o corpo morto (o fotografado) vai entrar noutro mundo de martírio – molhado, quimicamente macerado para que esplenda de vida simulada. Um morto torturado que só depois de trans-figurado (des-figurado?) pode viver então de uma vida equívoca (numa carteira, num dossiê, emoldurado ou plasmado numa medalha ornamental, colado num suporte próprio, trans-ferido quiçá para as páginas de um jornal). O morto, no relato, vai ter as circunstâncias da sua vida (da sua morte) analisadas, dissecadas, descriptadas. Vai ganhar exatidão, ou antes: vai ser o sinal palpável de uma exatidão reconhecível, forjadora de luz. A fotografia, por seu turno, verá os sinais da sua realidade transformarem-se paulatinamente, até desaparecerem com o passar do tempo – com o passar da luz. As inflexões, os pormenores – os habilidosos detalhes da encenação do crime – que a tornaram artística ir-se-ão dissolvendo irrevogavelmente, tornar-se-ão pertença e parte dum imenso território onde impera o desconhecido. Mas, dado que tudo é convenção (ficção dentro da ficção que um texto ou uma fotografia não deixam de ser) tudo está (fica) repleto dum sentido muito próprio: há um como absoluto, mas sem aclaramento (o *flash*) nunca se chegará ao quem e ao porquê (como nos retratos: ao olharmos para uma fotografia de nós mesmos é como se nos olhássemos a um espelho do passado, um espelho onde não nos conseguimos refletir; o direito é o esquerdo e vice-versa, mas a foto está paralisada, faz parte de um além imutável). Na fotografia artística – vestígio de algo existente, ainda que simulado – o porquê ocupa grande parte da cena e antecede (justifica?) o quem e o como. Ou seja: um morto (criatura, retrato) que já não tem continente (a máquina, o quarto) e que a prazo nem terá (será?) conteúdo. Por outras palavras: a criatura sem criador nomeável, comportável, reconhecível.

Ao entrar no quarto (aposento, mas também câmara) o detetive (a fonte de luz) começa de imediato a destruir as simulações engendradas pelo oficiante (o criminoso, o fotógrafo), tal como a brusca aparição da luminosidade ao penetrar na câmara escura destrói a película fotográfica. Há pois que saber preservar a dose apropriada de sombra (o mistério do crime, o mistério que é a matéria ela-mesma que conforma a escrita enquanto elemento palpável). Depois de solucionado, o enigma do quarto fechado evidencia os limites da arte que o possibilitou, ou seja, das encenações perpetradas para iludir a verdade dos fatos: a realidade, que é o que os autores (os assassinos) tentam transformar em algo reconhecível (como uma foto).

A literatura não será pois tanto a criação de fantasmas (de negativos), mas o lançar de fantasmas transfigurados (os negativos transformados, reconvertidos, ou seja retratos) no tráfego cotidiano, nos foros da realidade. Tornando-os vivos dessa vida esquiva, insólita e peculiar – fotografia aproximada de algo que se sabe ilusório, mas fortemente ilustrativo. No princípio há o espanto, o arrepio do mistério, à guisa do que sentiam os primitivos fotografados. Depois há a realidade, ou seja: a imobilização da fantasia, em suma – o retorno à Razão que subjaz à descriptação do crime. Na fotografia artística forja-se assim a perfeita imagem invertida do enigma do quarto fechado ou, ainda melhor, a imagem no espelho duma lente: acumulação de simulações para iludir uma realidade ultrapassada por *flashes* sucessivos (os raciocínios sagazes do investigador). Verdadeira acumulação de realidades presuntivas feitas para propiciar uma Realidade que é, afinal, só aparência, cópia armadilhada de alguma coisa que só o artista, o assassino, deu à objetiva a ver, ou antes – que esta só viu através duma máquina mortal. O assassino apoderou-se desta maneira do corpo do assassinado e expõe os seus vestígios a quem os quiser ver.

Por isso é que a fotografia é a arte obsessiva deste tempo, um tempo de homicidas: simulação encenada, não inocente – tal como o autor do relato – reflexo duma exposição à escuridão (a luz que mata, que não é a iluminação, mas a destruição do objeto retratado) que qualifica o fotógrafo (o criminoso) e a sociedade que o multiplica, a sociedade de imagens em que vivemos.

Uma sociedade que, ironicamente, exibe e protege os sinais dos seus crimes (as fotografias). Como se o quarto fechado assim ficasse através dos anos, com o morto e os seus sinais reproduzindo-se surpreendentemente no exterior por um passe de mágica (uma revelação).

Como, digamo-lo assim, algo impresso na matéria existente em quaisquer retratos mortos ou vivos da possível eternidade.

EVOCANDO TRAVANCA-REGO, A UM LUSTRO DO SEU FALECIMENTO

1. Encontrei-me com J.O.Travanca-Rego, pela primeira vez, no decorrer da inauguração duma exposição coletiva de obras de alguns pintores alentejanos – uns vivos, outros já falecidos – que organizei em Portalegre com o apoio do setor cultural dessa época do município desta cidade.

Já de há certo tempo nos carteávamos. Quem nos pôs em contato foi o José do Carmo Francisco, que aliás me mandara poemas dele para um suplemento elvense que então orientava, o "Miradouro" do defunto Notícias de Elvas.

Assim que lhe li os versos de imediato me dei conta que não estava ali uma voz de vulgar amenidade. O mesmo que senti quando pela vida fora tenho estado a contas com outros autores que muito estimo: ele sabia o que dizia, quando o dizia e como o dizia. Não era (não é) e creio que não será por muitos anos e bons, um autor de lugares simétricos carreados por um talento urbano e suave. Em Travanca-Rego há o espanto, a garra, o meditar de muitos mistérios que na poesia e pela poesia se consubstanciam. E, no entanto, existe paralelamente uma harmonia que nos seus momentos mais altos nos comunica a certeza de que no seu discurso, na sua linguagem, tudo faz o verdadeiro sentido e é dotado de um padrão interior votado à permanência no tempo.

"A pena valerá que mais palavras/ suportem a voz nua a (des)dizer-se/ como selamos todos – enigmáticos – / uma dúvida perante o indizível?", diz-nos ele nos versos iniciais de "Comunicação", o terceiro poema do seu "Sinais: 15 poemas de sideração e saudade".

Siderado e saudoso do que não se sabe definitivamente, me parece ter sido o tónus poético deste autor. Interrogativo e em certos casos crepuscular, em Travanca-Rego há como em muitos outros – mas nele com a acuidade dolorosa que o seu passamento veio confirmar – uma amargura filha dum espanto e duma melancolia abertos à procura, contudo, de novos ritmos e da maneira de dizer mais exata, mais real e adequada aos diversos momentos daquilo que se sente e por isso se descreve. Descrição, comunicação... No fundo, doação de descobertas, de universos que se encontram no percurso que mal ou bem o poeta efetua cotidianamente a despeito das suas mágoas e das suas alegrias, ou para dizer doutra forma: os poemas que encontram a sua existência nessa escrita que se fornece a todos para que a leiam e assim revelem o mundo – que em todos vive, mas que o poeta encarnou.

Diz ele em "Ilha", arrolado em "Cinco Incisões": "Deixa-me contar o tempo/ pelos nós dos dedos. Nesta ilha,/ nem estrelas nem uma árvore!". Mas o poeta efetua a religação mediante os poemas, as palavras que articula ainda que algo o destroce ou, melhor, tente destroçar-lhe o sentido do que cria. Travanca-Rego, sendo um autor de clara vocação lunar, noturna e aforística, não se compraz nesse mergulho, não se recreia na convulsão: o que ele tenta é efetivamente encontrar uma medida para que esse caos seja reordenado e se extinga como tal, passando para o lado solar das propostas de vida plenamente erguida: "Grão de trigo,/ feitio de um ventre:/ Um planeta/ te habita?", pergunta ele na primeira quadra do pequeno texto "Intimidade(s)" de "Extrato sensitivo". Ou seja: o universo contido num pequeno elemento da vida vegetal, o que está no alto tornando-se igual ao que está em baixo como na Tábua alquímica da tradição e da sageza.

Travanca-Rego soube pesquisar o mistério, assim tentou devassar o segredo da esfinge. Perplexo ante os enigmas cumpriu contudo a sua íntima tarefa, se alguma tem o poeta.

Pôde, portanto, afirmar num trecho do seu "Sentido sexto":

Onde habitasse o desespero alheio,/ deveria ter construído a minha casa!/ – Onde habitasse um pássaro sem asas/ pedindo uma árvore ou um veleiro ou/ pedindo simplesmente/ a mão do vento que sob o seu corpo/ – a afogar-se de mágoa –,/ transformasse em Espaço/ o seu canto em mágoas prisioneiro!

E não é este, para um autor, um profundo projeto de vida que completamente nos reivindica de pé perante a morte?

2. Durante os sete dias que antecederam o seu falecimento, Travanca-Rego fez-me três telefonemas.

No último contato que comigo estabeleceu, dois dias antes de partir, pareceu-me deprimido, com algo indefinível a limitar-lhe a comunicabilidade. Vinha perguntar-me se recebera a carta contendo um poema para a antologia sobre Abril, organizada por um confrade a quem servi de intermediário. Mostrava-se um pouco ansioso, como se temesse que os irregulares e frequentemente desrespeitadores correios lusitanos lhe frustrassem o intento.

Quando lhe referi que sim senhor, recebera o envelope, que gostaria de o ver e, para o dispor melhor, me dispunha mesmo a ir buscá-lo a Vila Boim, para em Arronches ou Portalegre degustarmos umas especialidades da região e conversarmos até às tantas, senti que se comovera. Respondeu-me, com um travo ameno na voz, que teria muito gosto nisso, mas andava a sentir-se mal. Eram incómodos no corpo e no espírito. Insisti em que o meu propósito, francamente lho confessava, era contribuir para as suas melhoras. Estava ele disposto a entrar nessa jornada? – tornei eu.

Em vão. Não que não lhe fosse agradável tal passeio mas...não se sentia nada bem.

À guisa de consolo, intuí, informou-me que estava praticamente pronta a estruturação do bloco específico que seria inteiramente preenchido com poemas meus – a dar a lume na Revista de Elvas, de propriedade municipal e que coordenava com Fernando Guerreiro.

Recomendou-me com alguma insistência que procurássemos que o poema saísse, quando saísse, sem quaisquer gralhas. "É um poema complexo...Tem aquelas recorrências... Veja lá isso, está bem?".

Nos dois anteriores telefonemas preocupara-se com o andamento do "Fanal", o suplemento de que era colaborador e que saiu durante três anos no "Distrito de Portalegre" e que posteriormente, por constrangimento da administração, foi suprimido. Informou-se também sobre o caso em que tivera parte, um processo contra três difamadores que nos haviam enxovalhado numa folha portalegrense.

Dê-lhe a informação que me pedia, tentando pelo meio alguma ironia fraternal.

A sua morte, comunicada de supetão, foi para mim uma dolorosa surpresa. Lá o fui acompanhar ao cemitério de Vila Boim.

Estava um dia de calor atabafante. O ambiente, para além da tristeza habitual em ocasiões assim, era soturno – um ambiente de pequena vila do Alentejo profundo e sem horizontes.

Durante vários dias aquelas horas que constituíram os funerais do poeta pesaram em mim como algo de irreal e de absolutamente não desentranhável.

MONSTROS NO ESPELHO SUBLUNAR DA ESCRITA E DO CINEMA

a Fernando Guerreiro(FG), poeta de mérito e editor lúcido e capaz que possibilitou entre nós a edição de "Os Fungos de Yuggoth", de H.P.Lovecraft

Há, no mundo da escrita, as chamadas *hipóteses levantinas* – que são as que ficam a jusante desse rio que pelos continentes da fábula corre lentamente e deságua no grande oceano das concepções que, mais ou menos ocultamente, se vislumbram, tacteiam e finalmente se agarram entre luz e sombra, entre sol e lua. Para tudo dizer: por detrás do monte, da colina onde se aoitam os mundos do imaginário.

Não esquecer, também, que no *texto novelesco* por extenso (cf. J.B.Priestley, Eric Ambler, etc.) o *levantino* era por tradição habitante dúplice dum lugar híbrido, figuração de *mistura* (que é o sinal mais típico do *monstro*) receptáculo de obscuros conteúdos de baixo e de cima, de dentro e de fora. ("Desconfia dum egípcio; mas jamais, jamais confies num grego ou num turco" – Ambler).

A hipótese que FG nos propõe nos dois escritos que constituem o objeto deste pequeno ensaio, é a denominada "hipótese do fantasma", plasmada num texto nascido tempos atrás e que se prolonga, com outra *materialidade*, se vela e se revela e, finalmente, se ergue e se põe a correr no texto posterior "Os deuses estão entre nós". Ambos notáveis pela informação que denotam, pela clareza do enunciado, pelo estilo sóbrio, mas de bom recorte, pela inteligência que deixam adivinhar.

Mas textos que partem do *reflexo*. Que são evidente sinal não diria de *sedução vampírica*, mas de imersão num mundo que dialoga com os habitantes do país das trevas e dos nevoeiros. Sem ter considerado que os *monstros*, (na minha concepção), vivem todos deste lado e que, quando digo *deste lado*, digo que o que os move não é a magnífica revolta, muito menos a rebeldia, mas a assunção do pavor e do domínio sobre os viventes. Mas eles camufladamente têm artes de enganar – que são as artes da sedução mefítica e despertam nos pensadores, quando calha, "solidariedades" algo impuras que são todavia filhas dessa boa-fé que eles arteiramente suscitam para melhor destroçarem os humanos.

Ou seja: estes dois textos de FG partem de uma hipótese *levantina*, partem de pré-concepções que, afinal, negam a própria existência da sua escrita enquanto lugar legítimo onde a maravilha acontece e onde a quimera finalmente cobra rosto, voz, figura e realidade. Que, em suma, negam a poesia (que é a vida das palavras na sua máxima força) enquanto espaço de liberdade.

Se de fato fosse real a existência do "realismo absoluto dos simulacros"(sic), isso significaria que fora estabelecido o relativismo dos não simulacros, ou seja: a proposta da assunção da morte como valor de referência, de natureza naturante, logo de extinção da escrita como carne pulsante, nascente e nascida, reconvertida e podendo pôr-se a si mesma em causa mediante a *desconstrução* que a poesia é.

Os monstros não podem criar porquanto são infecundos – um *monstro-monstro* não é nunca uma *personagem trágica*, mas sim uma *negação* que produz tragédia – que, como se sabe, pressupõe o humano e é a sua melhor prova, o seu mais seguro *sinal* com toda a *carga absoluta* que isso arrasta. (E a escrita é a busca incessante do absoluto).

O fantasma só existe enquanto criação *dum cérebro* (plasmado, quando muito, num aparelho, numa máquina de engendrar – paleta, livro, câmara de fotografar ou de filmar – uma vez que o *fantasma* parte da indeterminação do espírito e nunca parte ou é parte da carne mas, quando muito, da sua cessação – logo da materialidade *havida*, materialidade que é a única substância que pode forjar "imaterialidades": pensamentos, desejos, intuições *fantasmas*. Precisamente por isso é que as encenações engendradas por Lovecraft podem ser classificadas por outrem, por diversos críticos (ou o foram por ele mesmo) como "absolutamente materialistas". Porque ganharam corpo na escrita, tão simplesmente. Os *fantasmas*, a existirem mesmo, não seriam pois mais que realidade, *logo matéria não ficcionada*. Como canonicamente desaparecem assim que são trazidos à luz da vida, só a escrita lhes serve de comprovação, de registo que nos assegura que efetivamente existiram. E é este o supremo paradoxo: só existem civilmente, reconhecidamente, se já não existirem (se tiverem passado para o mundo dos relatos que os certificam) só existem aos olhos dos mortais se forem matéria de memória – oral ou perpetuada em narrativa escrita, desenhada, filmada. Porque os fantasmas, de acordo com a tradição, não são espetáculo de multidões a não ser na Arte (pintada, escrita, filmada), são experiência *de um ou alguns poucos*. Leia-se: matéria de embuste, simulação, aparência intimidada que procura ser intimidatória.

Vejamos agora o título proposto por FG para o seu texto "Os deuses estão entre nós".

Não tomemos a frase pelo *valor simbólico* que poderá veicular. Tomemo-la à letra. Para efetuar o *contraste* – como se procede para aferir que algo é de ouro ou de prata – sujeitemo-lo a uma pedra-de-toque. Por exemplo – e uma vez que a única *citação direta* que o trecho transporta é a frase de Holderlin "os deuses já estão entre nós". Então, teríamos como contraste "os deuses já não estão entre nós" e, a seguir, "os deuses sempre estiveram entre nós", "os deuses nunca estiveram entre nós" e, adicionalmente, como matéria vinda do país do humor negro e da ironia sibilina, "os deuses estão e/ou não estão um bocadinho entre nós".

Consideremos, antes de passarmos adiante, que Holderlin, o grande poeta contemporâneo de Goethe, *esteve são* durante um período da sua vida e *louco* durante outro. Perguntemo-nos, então: a frase foi concebida no período de sanidade ou de loucura? No primeiro caso, perguntemos mais, ainda: quanto de loucura nela se misturou? No segundo caso, quanto de sanidade? E isto muito simplesmente porque a escrita pressupõe a possibilidade de *contaminação* (alguns diriam: implica-a) da vida, assim como a vida pressupõe a *contaminação* da escrita, tal como no resto do texto é sugerido, proposto, assumido mesmo.

Continuando a usar a pedra-de-toque, ponhamos: *os deuses sempre estiveram entre nós*. Tal significaria que fazem parte tanto do mundo dos sonhos como do mundo da realidade que nos é apontado. (A primeira e mais poderosa caraterística dos deuses, de acordo com os cânones, é a sua *ocupação total* do mundo no qual os homens se movem apenas por concessão do alto. Os deuses são a totalidade, de acordo com os pensadores fideístas ou com os que os citam cabalmente). Mas neste caso não existe nem nunca existiu a soberania autónoma (mesmo que mitigada) do homem, logo não pode existir ou ter existido a escrita *"absolutamente materialista"* de Lovecraft ou outro. Na melhor das hipóteses não passaria de *equívoco* (visto o autor, como todos nós, não passar de *"símio dos deuses"*) quando muito mera função objetual, cobaia ou marioneta para indescerníveis andanças divinas, sujeito de obscuro propósito não desvelado/revelado, reflexo ou pretexto para atividades não suscetíveis de conhecimento humano. Porque a *caraterística* dos deuses é serem os seus manejos incompreensíveis para o homem, que de acordo com esta proposição se deve limitar ora à aceitação ora à expectativa.

Nesta conformidade, o presuntivo *materialismo absoluto* da escrita lovecraftiana não passaria de *imagem virtual*, direita ou invertida, dos propósitos inconcebíveis, incompreensíveis, inscritos no livro dos deuses equacionados.

Vejamos agora a outra premissa: *os deuses nunca estiveram entre nós*. Se assim é, porque são convocados/invocados? Isso corresponderá a um desejo de que o venham a estar? Ou por tal ser uma sensação/encenação que permite o engendrar duma escrita, de pensamento ou lucubração num continente onde um determinado tipo de imaginário não aparece como inverosímil, não só possível, mas também credível? Porque, pertencendo pois a soberania ao homem, este pode entregar-se sem amarras à criação *e a todas as suas contaminações*?

Ou seja, pode ele inclusivamente erguer a frase positiva, a negativa e a irônica, *uma vez que tem acesso ao lugar absoluto da liberdade*. A todas as congeminações e criações, outorgadas ou inerentes, ou conquistadas.

Passemos agora a outro ponto, vejamos os pressupostos *em atuação*: se não há, do ponto de vista da criação, verdadeiras diferenças entre escrita, cinema e vida (sic), porque é que há *da sua forma própria* vida, cinema e escrita? Poderia haver só escrita ou só vida ou só cinema... No entanto sempre houve *vida*, a dada altura passou a haver *escrita* e, muito mais tarde, passou a haver também *cinema*. Então, de duas uma: ou os sinais são *o mesmo* operativamente ou têm equivalência quando considerados. Se são o mesmo, tanto faz viver só no celuloide como só no cotidiano, viver só na folha de papel ou só na película – o que é uma inviabilidade provada pois é *a vida* cotidiana que vai ao cinema, que o faz, que produz escrita – sendo por seu turno *contaminada por estes* desde sempre a partir do surgimento deles.

É necessário, para chegarmos a algo num continente *não-fantasmal*, que concluir: os sinais têm equivalência. Mas a equivalência (como e qual?) não é nem significa *identidade*, antes pressupõe *a diferença*. É porque estão separados absolutamente que há cinema, vida e escrita. É por isso que a escrita e o cinema – a Arte – multiplicam as vivências; se estivessem juntas, em identidade, estariam sempre mergulhadas num universo extático, num limbo gelado, infecundo, espectral e portanto proto-vampírico.

Há um dado *ponto*, como os surrealistas antes e depois da letra descobriram ou constataram, em que várias realidades (sublinho, realidades) se unem. Por outras palavras: *a poesia une-se à vida*. Nalguns pensadores tal fato parece lhes ser a existência de uma matéria contendo *sinais contrários* tendo o mesmo valor operativo. Em termos morais: o mal igual ao bem, o mal ser o bem ou o bem ser o mal. Ou seja: existir uma matéria una, múltipla, constituída *pelos dois polos*.

Todavia, a *prática alquímica* ensina-nos que as coisas se passam de maneira bem diferente: existe a *matéria afastada* contendo em potência, desordenadamente, o *mercúrio filosófico* e o *enxofre filosófico*. Convenientemente excitados pelo *sal* tratado pelo duplo homem ígneo, transfiguram-se. Depois de várias operações que não interessa trazer a capítulo e subidos vários *degraus da Obra*, acaba por se entrar na posse da *matéria próxima* que a seu tempo iluminará o vazio mediante a sua própria iluminação.

Noutro plano: a palavra só tem poder transmutatório se se reconverter tornando-se outra coisa – palavra livre em conjunto, forjando uma frase *livre* ou seja, real e coerentemente ligada à sua figura *com reflexo* no espelho da existência (ao contrário do monstro, *que não tem reflexo por não ter vida)*.

E é por isso que não há incarnação doente, *mutante*, produtora de seres híbridos e impuros (sic). O que há, neste plano, são *projetos de incarnação* que só podem existir por terem seguido a *"via mala"* no meio-caminho entre a vida e a morte; seres de *mistura* e de *desordenamento* como o *dragão escamoso* dos sábios. Note-se, entretanto, que pode haver sobre eles uma luz, mas é a da *falsa estrela* que os alquimistas bem conhecem e que aparece pouco antes do derradeiro *tour--de-main*, armadilha colocada aos incautos pela Senhora da Luz para lhes testar a sabedoria, passo final antes da suprema iluminação que os levará aos confins do tempo e do espaço, à poesia das coisas e do que vive no seu interior, uma vez que o que está dentro é como o que está fora, atingido desta forma e só desta forma o milagre de *uma coisa só*. Se o operador (o poeta, o pensador, o alquimista) se deixar embalar nessa falsa certeza, pese às aparências mundanas irá dar a um lugar onde só há *choro e ranger de dentes*, onde só existe frio e escuridão.

Reparemos num detalhe que convém recordar: de acordo com a tradição, o vampiro é o produto do *esperma masturbatório* que caiu num solo *absolutamente infecundo*, logo impuro. É por isso que ele é não mais que simulacro não criativo, aparência de vida, mentira absoluta e absoluta violência. Repare-se ainda que o *Engendro* de Victor Frankenstein, segundo Mary Shelley, é formado por fragmentos de mortos, *juntos* (e não *unidos* harmoniosamente) pelo poder da eletricidade (de fora para dentro, enquanto na vida a *força* vem de dentro para fora). Ou seja: pelo poder da tecnologia, que no Frankenstein moderno aparece – ainda mais reveladoramente – através das multiplicações produzidas pelos computadores. Dizendo de outro modo: pelo poder da *nova diplomacia*, que detém tanto o poder de criar monstros (ultimamente, os livros e filmes de vampiros para adolescentes) como de criar novos *engendrados literários* que só produzem uma escrita morta, deturpada e medíocre.

No segundo texto de FG refere-se, citando Nodier, *que o homem dum tempo a vir viveria simultaneamente duas vidas, a diurna e a dos sonhos*. A primeira seria então permeabilizada pelo vampirismo existente no mundo onírico ou das imagens insubstanciais. Essa, real e material, onde se pode escolher, onde existe o espaço de liberdade (cf. Cesariny, que dizia lucidamente num poema que em vigília é possível optar *mas se é sonho tem de se ir mesmo...*) ficaria inteiramente preenchida pela fantasmagoria dos sonhos que se têm a dormir, dos sonhos que fornecem por vezes encantamento, mas não têm poder criativo *no seu próprio plano*. (Aqui, recorde-se o ditame "*Os que sonham de olhos abertos têm possibilidades de achar coisas que os que só sonham de olhos fechados nunca encontrarão*"). Por outras palavras: a substituição da vida onde é possível criar objetos, relacionamentos, arte e o acesso à sabedoria, pela *vida obrigatória* dos sonhos – similar ao entorpecimento provocado pelo ópio, pelos diversos ópios, que parte de projeções que a dado passo são pesadelos.

A vida do cotidiano, com a liberdade de criar a que se tem inteiro direito, deve *pôr-se em guarda* contra a contaminação de um pretenso sonho figurado que tenta ocupar o espaço real e que é constituído por todas as imagens dadas como uma realidade, mais, uma verdade atual e *performante*. A mais pura liberdade vive entre, por um lado, *o espaço constituído pelo direito de o escritor ou o artista por extenso, o homem, criar encenações que finjam ser a verdadeira vida e*, por outro lado, o direito de se recusar *a ser ficção* como se existisse apenas nelas.

Porque, de fato, o homem não vive duas vidas – e sim uma, mas por mor da sua soberana imaginação pode visitar o *outro planeta* (a escrita, o cinema, toda a arte), sem que dele ou dos deuses que o habitam constitua *mero símio ou mero reflexo*.

A não ser assim, corre o risco de – por obra da *armadilha* aludida atrás – se tornar carne para os monstros, quando não carne *dos monstros*. Tanto a arte como a vida – como a literatura – estão longe de ser mera encenação para acatitar monstros ou deuses. E muito menos são um sonho passivo ou enlouquecido – de simples mortos-vivos difundindo a epidemia dos que tentam aguardar nas trevas a figura impoluta do homem para eficazmente a devorarem, tal como se passa no mundo que os poderes discricionários buscam ainda hoje dominar inteiramente.

Post Scriptum – A hipótese central e imaginativa/argumentada posta por Lovecraft em "O caso de Charles Dexter Ward" é clara por diferença na sua constatação: não são mortos que voltam numa condição mutante/mutada mas sim não-seres que tentam apoderar-se de vida mediante práticas de permanência espúrias; não uma outra espécie a vir presente futura, mas simulacros, tentativas de um reflexo condenados por isso ao inevitável desaparecimento.

O livro, sublinhemos, chama-se por isso "The case of Charles Dexter Ward" (e não "Os mortos podem voltar") ou seja: o caso de um vivo, de um indagador que, por armadilha de um simulacro, foi colhido no caminho para a sabedoria, para o conhecimento. Morreu porque tentava compreender ingenuamente (isto é, sem se precaver), porque não conseguiu escapar ao retrato em que se plasmava Joseph Curwen. A meu ver, por esta soma, o título dado na primeira edição portuguesa não é justo, porque o que tenta refletir é uma ação postergadora dum direito evidente, existente, soberano e inscrito na espécie ela mesma: não voltar. Esse título acontece por mero detalhe editorial, eventualmente por pequeno sensacionalismo da época.

Adicionalmente, diga-se que a morte (a calcinação, quarto degrau alquímico, negrume do corvo místico) é referida duma maneira cabal e esclarecedora por, entre outros, Bernard Trevisan e Fulcanelli. No caso português, em José Anes e em textos avulsos de modernos alquimistas que têm difundido a sua obra através dos meios editoriais normais.

in "Nigredo/Albedo, o livro das translações"

AS FRAUDES LITERÁRIAS

1. Neste caso teatro de sombras, de silhuetas difusas, de hipóteses... De coisas muito reais deliberadamente colocadas sob o signo da aparente brincadeira que afinal tem a ver com os equívocos da literatura e das ainda mais equívocas circunstâncias circenses que por vezes lhe andam em torno.

Mas eu explico-me já.

As vozes ausentes

De há uns tempos a esta parte, principalmente depois de haver sido "caçada" uma conhecida e talentosa plagiadora, tem sido razoavelmente falada no *milieu* nacional a questão das fraudes literárias. Das quais duas – se lhes podemos chamar fraudes – ficaram famosas no século que há 8 anos se finou. Refiro-me, como os de melhor memória terão já percebido, aos *affaires* de *A caça espiritual* (Rimbaud) e de *Gros Calin – O lambe-botas*, (Romain Gary/Emile Ajar).

Já vamos dar-lhes uma rápida olhadela. Mas importará, em jeito de leve rol, referir que as chamadas fraudes se dividem em vários grupos, a saber: o plágio puro e simples (que tem sido o mais praticado muros adentro); o livro escrito com questionável qualidade, mas valorizado por um "nome" de prestígio já a fazer tijolo; o livro de qualidade que todavia o autor nunca escreveu; o livro de qualidade, de fato escrito por um autor de renome, mas atribuído a um desconhecido e que antes de ser premiadíssimo vários editores espertalhaços não agarraram com as quatro mãos. Ainda, numa estância subsidiária, o livro que simplesmente não existe (apenas composto por maravilhosos fragmentos bem artilhados) e o livro convincente, mas criado de cabo a rabo com o único intuito de mostrar os limites do que se conhece sobre uma personalidade histórica (e há alguns bastante célebres: sobre Napoleão, Rasputine, Erskine Caldwell...).

Falemos no caso do falso Rimbaud.

Certo dia, os eruditos acadêmicos Maurice Saillet e Pascal Pia (que já havia editado falsos Baudelaires, Pierre Louys e Apollinaires...) disseram ao mundo que o arquifamoso e perdido "A caça espiritual" estava nas suas mãos. Começara a grande tourada...

Imediatamente desmascarado como falso por André Breton, que se baseara apenas no conhecimento interior da obra rimbaldiana, a titarada arrastou pelos *bas-fonds* da ignorância, da jactância, da sobranceria acadêmica e da tolice literata muitos dos "trutas" das letras francesas mais armados em arco. Afinal, a deliciosa brincadeira fora pensada e executada por dois atores/estudantes que tinham resolvido dar uma lição aos emproados.

Curiosamente, diz-nos um comentador do caso que apesar das evidentes provas dadas de caducidade mental e societária, os gênios da crítica em causa continuaram a dispor de respeitabilidade, ainda que a sua credibilidade tivesse ficado muito abalada nos meios menos atoleimados.

Ou seja: o que por vezes parece contar (e por cá há maviosos exemplos) não é de fato nem o talento nem a seriedade estudiosa, mas a classe de poder onde os pássaros bisnaus se incrustam (1).

2. Em 1973 a editora "Gallimard" recebeu um inédito intitulado "Gros câlin" (O lambe-botas), relato prenhe de sustância, força, pundonor e novidade de escrita. Intimidada, porque o texto era de fato inovador e ia contra a corrente dos romances que a época e as vendas em montra festejavam, a publicação foi recusada.

Dias mais tarde é o "Mercure de France" que recebe o dactiloscrito. A sua responsável, Simone também de apelido Gallimard, pesados os prós e contras dá-o a lume. Olhado a princípio com certa incomodidade pela crítica, a pouco e pouco a obra impõe-se. Começa a sua marcha triunfal e é proposta para o prêmio Renaudot. O nome do seu autor, Emile Ajar, por ser desconhecido começa a suspeitar-se que cobre um autor de gabarito: para uns, Raymond Queneau; para outros, Louis Aragon. E outros mais...

Mas um dia, o dia do lançamento de um volume depois célebre, "La vie devant soi", o mistério descripta-se: o seu autor Emile Ajar era o nome com que Paul Pavlovitch, o sobrinho do já galardoado e consagrado escritor Romain Gary (autor, por exemplo, de "Racines du ciel", "La promesse de l'aube", de "Lady L") dera a lume o livro que, logo a seguir, receberia o prêmio Goncourt, venderia mais de um milhão de cópias e seria traduzido em 23 línguas...

Paul Pavlovitch torna-se uma coqueluche do "tout Paris": repórteres seguem-no de Monte Carlo até à Côte d'Azur, é visto finas do "demi-monde". Um lindo e saudável forrobodó que não desagradaria, suponho, a se calhar mais de metade dos austeros romancistas lusos...

No princípio de 79 outro livro de Ajar vem à luz: o belíssimo "L'angoisse du roi Salomon", novo êxito de criar bicho. E é então que em Março outro escrito da autoria de Romain Gary, "Vie e mort d'Emile Ajar" revela o imbróglio: os livros eram produto da sua pena, o sobrinho fora apenas o ator escolhido para esta partida aos literatos – partida tanto mais gostosa se nos lembrarmos que o Goncourt não se pode atribuir/receber duas vezes...

Ou seja: então como resolver a bambochata? E os gabirús da literatice desesperavam! (2)

Na sequência deste seu último livro, pois logo a seguir, profundamente ferido pela morte de sua mulher e amada, a célebre atriz Jean Seberg, Gary suicidava-se – deixara um bilhetinho irônico colado na testa: *"Diverti-me a valer! Até à vista e obrigado..."*.

Sem ser só por isto – mas também por isto, por esta manifestação de excelente senso de humor e de alto talento que a passagem dos anos não crestou – sugerimos vivamente, a quem porventura os não conheça, a leitura dos livros de Romain Gary. É um dos que, a par de Marcel Scipion, Jean Husson, Philip Claudel e Jacques Borel (ou seja, dos chamados "descentrados" das letras gaulesas) valem muito a pena ser lidos – com os olhos, com as orelhas, com a ponta da alma.

E com um leve risinho absolutamente colorido...

(1) Em suma e definitivamente: não é o saber que é poder, mas sim o simples fato de que os indivíduos que adquirem saber (geralmente nos estabelecimentos onde colam grau) e que portanto dispõem dele, pertencem ou seguidamente passam para a classe dirigente. Neles o saber é poder porque, neles, existe o poder para epigrafarem o seu saber.

Um membro da classe dirigida, tendo saber, passará sempre, sim, por subversivo ou no mínimo desenquadrado: o seu saber pouco pode, uma vez que essa operacionalidade é de fato uma questão de classe. Nessa medida, é usual consentirem-lhe que fale ou faça. Mas como um simpático animal de companhia – o que ajuda também à estratégia.

(2) As mais graves fraudes, essas sim verdadeiras fraudes, são as que alegadamente e na opinião de diversos autores se processam em "estabelecimentos de ensino", principalmente, onde de forma legitimada, mas obviamente irregular ou entrando mesmo na ilegalidade expressa, se alcandoram filosofias de vida e de cultura de forma capciosa ou intelectualmente desonesta, por intermédio da formação de verdadeiros konzerns *de* apparatchikis *ou beatões acadêmicos.*

Era assim no Leste fascista-vermelho, como o é noutros locais ditos democráticos, mas onde geralmente os rebotalhos ideológicos desse setor continuam, bem camuflados, a dominar aproveitando a labilidade dos outros e servindo-se da sua superior organização.

Como diz a frase célebre, "Não estudam e investigam para difundir o conhecimento, mas sim para impedirem o mundo de chegar a ele". Dito de forma clara: para destroçarem o conhecimento, seja através da mentira se necessário seja do oportunismo que nesses locais parece vigorar sem temor.

Não nos iludamos: hoje, como dantes, a "Cultura" e tudo o que a rodeie são para esses camuflados ou expressos meras armas de propaganda, leia-se: instrumentos para atingir o poder discricionário. Aliás, eles nem o negam quando "em família". Chamam a isso atuação progressista. Num livro seu o Dr. António Manuel Baptista iluminou a estratégia desses cavalheiros.

Note-se que esta deliciosa partida feita aos venturosos literatos foi apoiada por Robert Gallimard, confidente de Gary, pois nem todos os editores são estúpidos, velhacos ou cinzentões.

in AGULHA, SIBILA, CARRÉ ROUGE, TRIPLOV

TRÊS CHEIRINHOS DE MISTÉRIO

À memória de Dinis Machado
leitor e escritor de "polars"

Ao vivo é mais bonito

Mal me sentara na Cervejaria da Praça depois de ter mandado vir um Ice Tea de pêssego, eis que o vi assomar do lado da "Rua da Cadeia", onde os espanhóis vão comprar os "amarelos" que é como quem diz os objetos de cobre com que se fazem no matrimónio com as *carmencitas*.

Lemmy! – chamei eu com um gesto o senhor Lemmy Caution, que com o seu metro e oitenta e quatro e o ar façanhudo à Eddie Constantine fazia um vistão no centro da cidade de Elvas naquele princípio de tarde *caliente*, fronteiriça, enquanto as senhoras na esplanada falavam das suas idas ao Lidl e ao Pagapouco e cortavam com afeto na casaca das ausentes, no linguajar cantante que lhes é próprio.

O grande detetive chegou e sentou-se, esparramando os noventa e sete quilos na cadeira subitamente frágil, lusitanamente dolorida.

Ergueu o dedo displicentemente e o criado acorreu com um copázio já repleto de *"bourbon"*, que ele arrebatou com a sua apreciada falta de cortesia. *"O Philip já está lá dentro*, informei-o. *Está a tomar um "calvados" à Maigret com o Poirot..."*. O Lemmy sorriu, fazendo com que o coração duma jovem que passava se pusesse a palpitar: *"O Marlowe está a levar p'rá má vida o pobre do belga...*, disse com o seu sotaque duro e arrastado de novaiorquino. *Sabes se a miss Marple vai demorar?"*. Não lhe respondi, tanto mais que naquele momento, dos lados da Igreja da Nossa Senhora da Assunção, bem equilibradinha nos saltos altos e bamboleando-se como uma leoa, vinha chegando a Effie Thompson, a mais que competente secretária do Slim Callaghan e grande ciumeira do Mike Hammer, que como sempre iria chegar atrasado e com um cheiro a pólvora. Levantei-me cavalheirescamente e a Effie fez um muchocho na direção do Lemmy, que apenas a considerou de alto a baixo com o olhar número seis. Mas ela pareceu gostar. *"Sai uma Sagres!"*, clamei para o empregado magrito e de óculos escuros, vocês sabem, aquele que se abanica um tanto. E quando a Effie se sentou, cruzando, meu deus, as gâmbias envoltas em seda de primeira, chegaram o Marlowe e o Poirot vindos da sala do bar. O belga desbastando ainda uns restos de tremoços ou de amendoins.

E foi então que reparei que o Marlowe tinha um rito na face. Olhava para o lado da praça, o cigarro pendente do lábio taciturno e o peito arquejando ao de leve com alguma preocupação.

Era um carro da Polícia que vinha a chegar. E que parou em frente da esplanada. Apeou-se um par de *chuis*: um deles, de quase pequena estatura, usava o cabelo airosamente penteado e um bigodinho como uma linha preta retinta. Sapatinho de tacão alto, o uniforme justo ao *cabedal*. Parecia a caricatura de um galã das fitas do Totó.

Energicamente, repuxou os lábios donairosos e disse para o Lemmy, mas olhando para todos: *"Vamos a circular... Desabelhem já daqui. Dentro de um minuto quero vê-los na alheta. Vá, ponham-se a andar!"*. A Effie ainda tentou uma frase qualquer. Os outros tal como eu, nem isso. O Poirot, via-se, engolia em seco. O Lemmy perdera a rijeza. O Marlowe deixou cair o cigarro do lábio.

Pusemo-nos no andor. Que remédio! Evidentemente – é o que acontece quando estamos a contas com um polícia a sério.

AMÉRICA DE LUZES E SOMBRAS

Para nós, amantes da Literatura Policial, a América tem sido o país das mil-e-uma-noites: nela brotaram flores de mistério e de maravilhoso, de mágoa e de tragédia através dos dias e dos anos, plantadas por escritores e visionários como Edgar Alan Poe, H.P.Lovecraft, Dashiel Hammett, August Derleth, Raymond Chandler, Charles Williams, William Faulkner, Melville Davison Post e tantos outros.

A América atravessamo-la nós com os vagabundos de Frank Gruber, com os "road runners" de W.R.Burnett. Contemplamos as vertentes do Ohio e os arranha-céus de Nova Iorque e Chicago até às montanhas do Colorado e aos desertos do Arizona e do Novo México com Bill Ballinger, .Hammond Hines, Burt Spicer e Jim Thompson. Excursionamos pelas vilas e pelas pequenas cidades do Midlle West com Ellery Queen e Ray Bradbury, perdemo-nos nas alfurjas dos portos e nos "fumoirs" de Chinatown e da Bowery com Craig Rice, Thomas Burke e um certo chinês filósofo de bigode a quem chamavam Charlie Chan e que estava ali de passagem vindo da sua ensolarada Honolulu.

Numa certa noite de neve, sob a lua da Carolina do Norte, ouvimos tiros na estrada deserta por onde minutos antes haviam passado Bruce Robinson e Jonatham Latimer, que nos esclareceram o enredo.

Amamos e padecemos em quartos e em caves, de mãos atadas atrás das costas pelos "gangsters" de serviço. E fomos salvos *in extremis*, com o fato rasgado e o nariz deitado abaixo, por um tal Mickey Spillane e pelo seu amigo dileto Mike Hammer. A iluminação brotou-nos da mente num momento de sagacidade perpetrada por um fulano que atendia pelo nome de Philip Marlowe. E foi homem a homem que derrotamos o mafioso crápula pseudo-político que nos envinagrava o cotidiano, devido aos sábios ensinamentos dum tipo chamado Continental Op, em escaramuça devastadora numa viela do Bronx.

De manhãzinha, com o nosso elegante fato cinzento de discreta risca azulada, entramos num palacete onde um ancião atormentado pela nostalgia nos pediu auxílio para encontrar o genro e fomos catrapiscados por uma "mulher fatal" que nos lançou na senda da aventura. De outra vez, acompanhando um sofisticado cavalheiro conhecedor de arte assíria e etrusca que nos disse chamar-se Philo Vance, tivemos a dita de nos introduzirmos nos ricos salões de Nova Inglaterra e de Manhattan e, em troca, de juntura com um tal Humphrey Bogart, levamo-lo até aos confins do Colorado, até à High Sierra, e aprendemos a beber uns valentes *bourbons* sem ficarmos caídos de caixão à cova.

Com um jurista desembaraçado que nos disse apelidar-se Perry Mason, jornadeamos pelas artérias de Los Angeles e pelos desertos da Califórnia em busca de assassinos nefandos.

Ouvimos muitas vezes o bramir dos ventos, sentimos na pele o negrume das noites e a chicotada da chuva inclemente, enquanto – dissimulados a uma esquina, com a gola da clássica gabardina levantada – esperávamos a chegada dum companheiro empregado na mesma agência que se chamava Caution, Lemmy Caution e que era pai dum tal James Bond.

Tudo isto sentimos nessa América onde havia e há problemas e conflitos não resolvidos, mas onde também sempre houve esperança e alegria devido a umas coisinhas simples, mas espantosamente importantes, que dão pelo nome de liberdade de palavra, de reunião, de pensamento e da sua divulgação não obrigada a mote, como sucede hoje em muitos sítios supostamente civilizados.

E agora que se tornou moda ou caraterística pôr-se sistematicamente em equação essa América (toda a América?!) como símbolo do mal e da desgraça – principalmente para se sentir melhor a nostalgia dum Leste implodido e de novos bárbaros a quem se santifica como mártires – lembremo-nos de todos os mosaicos intemporais que ela criou através de membros humildes ou repletos de cultura viva que, hoje por hoje e amanhã por amanhã, se calhar só serão epigrafados e em altas vozes se, de novo, tiverem de dar a vida como em 39-45 para continuarmos a desfrutar de um pouco de futuro possível.

A GRANDE CAÇADA

Hão de os homens passar para lá de Plutão, penetrando no grande vazio tão estelarmente cheio e levarão talvez na bolsa, a amenizar-lhes a jornada, um trecho de Vivaldi. Ou de Schubert, de Bach, de Pierre Henry... Numa das gavetas, numa das sacolas da nave, para os momentos de grande nostalgia ou de fome de encantamento, livros a granel. Resmas de livros... Acredito nisto. Se não acreditasse mais me valia arrumar já as botas. Esses nossos descendentes deVerão ser gente sensível – à guisa do tal que, quando esteve lá em cima, ao contemplar o azul da Terra sentiu um nó na garganta e as lágrimas à beira do olhar.

Aposto que neste ou naquele vaivém sideral não faltará um exemplar de "Pietr, o Letão" e de "O falcão de Malta".

Faz agora precisamente 76 anos que Hammet o concebeu. Ano de farta colheita, aliás: Agatha Christie publicava o primeiro relato de miss Marple – 10 anos antes surgira o primeira investigação de Poirot – e Simenon dava à estampa o primeiro Maigret. Frederick Irving Anderson editava o canônico "O livro do assassinato" e David Frome, por seu turno, publicava "Os assassinatos de Hammersmith", o primeiro livro do sr. Pinkerton. Por sua vez, o grande Francis Beeding... Mas fiquemo-nos por aqui, não valerá a pena pôr mais na carta. O que, claro, eu quero dizer é que estes livros se leem como se tivessem sido cozinhados mesmo agora. Por terem ponta de gênio? Está de ver, mas principalmente porque a Literatura Policial (LP, "polar", "giallo", chame-se-lhe como se quiser) é um dos sinais específicos do nosso tempo – e o meio-século que foi da década de 20 (anos em que surgiram também H.C.Bailey, Dorothy L.Sayers, Freeman Wills Croft, Earl Derr Biggers, S.S.Van Dine e Anthony Berkeley) até aos anos 70, foram o território de caça dum certo imaginário que reflete uma maneira de viver, de ser, de circular pelas veredas da existência. Logo nos anos a seguir o caso mudaria de figura: não só a *science-fiction* se convertia em vedeta inquestionável como viriam à luz relatos em que o ambiente político-social seria equacionado, culminando com o aparecimento do *social-thriller*, ficando expressas em cada narrativa a corrupção e a decadência de esteios do Estado (tribunais, polícias, entidades da representatividade democrática) doravante sujeitos a um franzir de olhos desconfiado. No entanto, apesar da inocência perdida, poderemos continuar a sonhar um pouco, a ter um pouco de esperança – enquanto Sam

Spade olhar o espetáculo dos bonzos do poder com um sorriso críptico nos lábios e Marlowe for andando sob a chuva, seguido pelo som nostálgico e difuso de um saxofone...

(in revista "AGULHA", TRIPLOV)

INCURSÕES

Das Coisas Maravilhosas e Inquietantes: palavras proferidas na livraria Lusófona, em Paris, na sessão de lançamento do livro "Flauta de Pan"
"Fui-me deitar. E levei toda a noite a sonhar com o deserto, diamantes e animais ferozes e com o desafortunado aventureiro morto de fome nas vertentes geladas dos montes Suliman"
H.Ridder Haggard

"Nestes tempos, canta-se aquilo que não vale a pena dizer"
Beaumarchais

Quando sou convidado para vir conversar em lugares como este, durante alguns dias tento articular uma introdução apropriada, defrontando-me então com um acervo de inícios possíveis.

Provavelmente passa-se o mesmo com qualquer outra pessoa nas mesmas circunstâncias, mas no meu caso, confesso, fico ligeiramente mergulhado numa certa indecisão, que a meu ver parte do fato de que, à medida que os anos passam, me parece saber cada vez menos, ter cada vez mais interrogações perante a questão da escrita e ante o que ela pode significar para os meus semelhantes em geral e para mim mesmo em particular.

Creio que tal se deve à circunstância de eu não ser, segundo me parece, um pensador, mas apenas um indivíduo que foi através dos anos descobrindo uma certa *pequena música* e alguns segredos presumíveis nas palavras e no reflexo que elas por vezes são.

Só me posso desculpar, se assim me posso exprimir, com uma frase do "Zohar", ou "Livro do Resplendor", que refere argutamente que "todas as palavras podem ter cinco sentidos e algumas têm mesmo muito mais". O problema estaria então em tentar descobrir alguns desses sentidos, que no outro lado do espectro nos fazem meditar numa frase do Inquisidor-mor de Richelieu, que disse uma vez: *"Dai-me uma qualquer frase e garanto-vos que ela porá um baraço ao pescoço do seu autor"*.

Ao escrevermos, e naturalmente aponto para o meu caso pessoal, talvez não fosse asneira meditarmos no fato de que, de acordo com alguns sagazes especialistas, logo contestados por outros tão sagazes como eles, o território da escrita é o território da indefinição e da suspeita, da maior luz e da mais profunda sombra, isto se quisermos recorrer a símbolos. Pela minha parte tenho concluído que a existência projetada num determinado espaço de escrita configura sempre a observação, por vezes a instauração, dum espaço caótico, seguido nos melhores casos da sua reconversão. Ou seja, segundo o raciocínio que a lógica dos sinais e dos símbolos comporta, um ato que provém do jogo efetuado em circunstâncias mortais no seu plano próprio, no plano da vida enredada nas palavras a que o "Zohar" alude. Porque, com efeito, o caos manifesta-se a cada passo, vivemos num Universo regido pelo *"princípio de incerteza"* de Heisenberg, o que pressupõe, por extensão e antítese, que a ação do sujeito, enquanto "anima mundi", é o verdadeiro princípio gerador da ordem e da realidade. E aqui está porque é que a ordem das instituições e dos poderes é tão incapaz de estabelecer uma relação harmoniosa entre o ser e o meio societário. Máquina esvaziada de sentido, palavra perdida num oceano de dura penumbra e de aparências fragmentadas, ela não é mais que uma ilusão arteiramente acatitada através dos séculos, ainda que as consequências produzidas tenham sido sempre funestas, sempre duvidosas. A palavra que contém em si o verdadeiro sopro vital é bem outra: a que se consubstancia na figuração e no posterior entendimento do secreto sentido do Mundo, ou seja, aquele que é o cerne da própria matéria, como um sal unindo enxofre e mercúrio.

Segundo parece há na operação alquímica um momento em que o operador, depois de efetuado um *tour de main* apropriado, fica dependente de um lampejo em que a sua imaginação, mais que o seu conhecimento, lhe indica o que fazer. O mesmo se passa a meu ver na poesia: há, nos melhores casos e nas melhores alturas, um encadeamento feito de sabedoria em que, como referia Chesterton, somos levados ao país das fadas. O grande problema, o penoso problema, é que vivemos numa sociedade de afrontamentos que, apesar da democracia mais ou menos envolvente, é um meio propício ao desenvolvimento do *efêmero contínuo*, mais do que o *presente contínuo* a que um filósofo cujo nome não recordo fez referência numa obra sua.

E, uma vez que vivemos nessa tal sociedade, talvez faça sentido recordar que, desde Georges Simmel, que através dos seus estudos chamou a atenção para o que depois tomaria o nome de *socialização da morte*, se tem conhecimento de que, e cito *o espaço social mantém e encerra os ossos com o excremento dos vivos, acumula os locais vividos de geração em geração, suscita uma unidade atemporal que envolve o Homem na trama já constituída da morfologia e da paisagem. É uma unidade, sem dúvida, inteiramente psíquica, pois os acontecimentos podem levar um grupo a certas deslocações e os nómadas não sentem a necessidade dessa estabilidade campal, mas esta frágil unidade é como aqueloutra da "memória coletiva" de que falará Halbwachs, mais ligada ao meio que à duração.*

E, penso eu, não devemos perder de vista o fato de que a sociedade atual se carateriza, entre outras coisas, por possibilitar que se camufle a violência interior, que é a mais perigosa e arrasadora, sob artefatos mentais de violência exterior dados como naturais, inevitáveis ou até como exigências de maiorias claramente controladas por uma certa ideia, desvirtuada, das necessidades de Estado. Talvez faça sentido, ainda, considerarmos que nos encontramos em reciprocidade de ação, quer sejamos mais permanentes ou mais passageiros – passe o simbolismo destes termos – e que as estruturas deste fim de século dependem muitíssimo de abstrações que já pouco têm a ver com as realidades individuais ou grupais existentes. Daí o desacordo frequente entre personalidade e coletividade e que tem a ver com o "apodrecimento das sociedades" detectado, entre outros, por Georges Pérec e Paul Virilio, mas também, noutro continente de preocupações, pelo sagaz e recentemente desaparecido Jean Guitton.

Há que notar que, apesar das operações bem adestradas de contra-informação e de distracção de massas, vivemos rodeados ou explicitamente imersos num sistema relacional extremamente vulnerável e permeabilizado pela hipocrisia afável, a desinformação controlada, a mentira sistematizada e a desertificação dos imaginários consistentes, todos eles filhos do tal *"efêmero contínuo"* a que aludi.

Pode ser que isto seja devido a uma mudança de pele da Humanidade e da História. Contudo, creio que fará sentido considerarmos o que nos diz uma personagem de Henri Pichette, numa tirada digna de Vítor Hugo: "Vós haveis feito de Paris um bordel, de Londres um monturo, de Berlim uma cloaca, de Moscovo um calabouço. Mas não mais tereis paz. Eis que de toda a parte oiço chegar, com dentes de lobo, os espectros encolerizados da mágoa, do desprezo e da expiação".

Os cotidianos bichosos, essas "coisas que há no ar e me atabafam os dias", como dizia Jean Giono, podem contudo ser contrabalançados pela assunção de um conjunto de movimentos e de inflexões interiores forjador de um hálito capaz de nos permitir entender formulações como esta, da autoria de Gherasim Luca: "A beleza rompe literalmente as trevas. O seu frémito procura-nos, encontra-nos, atravessa-nos, conduz através das veias um veneno que ressuscita. Porque a beleza é uma doença de pele, de nervos, de sangue e de espírito".

Aqui, tenham a bondade de me consentir que transcreva umas palavras de Thomas Mann, que a dada altura dum ensaio da sua lavra nos diz:

O artista e a sociedade. Pergunto-me se chega a compreender-se com clareza quão complexo é o problema que enfrento (…). De fato, muito bem se sabe que o artista não é em si mesmo um ente moral, mas um ente estético, que o que o inspira e move não é a virtude, mas o jogo, inclinado espontaneamente a jogar, ainda que mais não seja que dialeticamente, com os problemas e as antinomias da moral.

Todavia, acrescenta o A. Logo a seguir:

o artista melhora o mundo de maneira distinta à que é preconizada pela moral, e precisamente incorporando a sua vida pessoal – e de maneira representativa a vida em geral – à palavra, à imagem, ao pensamento, dando-lhe um sentido e uma forma e tornando transparente o que Goethe chamava 'a vida da vida': o espírito. Em nenhum caso poderei contradizer o artista quando afirma que o fim da arte é a 'vivificação' em todos os sentidos e não outra coisa (...).

E mais adiante, e a finalizar esta citação, refere:

A verdade é que o artista, nas suas realizações e nas suas formas individuais começa sempre como algo de novo e, impregnado de ingenuidade, sem se conhecer, ou melhor, sem se reconhecer, vai adquirindo vida de maneira espontânea, sempre de maneira totalmente nova e absolutamente única. Cada caso que nele se manifesta é um caso extraordinário, determinado pessoalmente, de modo particular.

Eu não sei se a poesia e a escrita, tal como ela foi praticada por autores como Rilke, René Char, Pavese, Juan Ramón Jimenez e tantos outros, ou o continua a ser por vivos como Milozs, Yves Bonnefoy, C. Ronald, Michael Hamburger e Mathew Meade, etc., pode constituir um antídoto eficaz contra a poluição do ambiente mental. O que sei é que existem coisas como este verso de Cristóvam Pavia que nos fazem refletir esperançosamente: "Até as imagens me são inúteis porque contemplo tudo".

Inscrito no seu contexto, ele deixa-nos adivinhar um mundo religado, misteriosamente reconduzido à sua função primitiva: lugar onde o Homem já não é mera fotografia ou apenas sinal de intercâmbio formalizado e sim figura significativa onde confluem mundos de liberdade e de imaginação salutar.

Estamos a atravessar, uma vez mais, dias em que o novo-riquismo e o ambiente filisteu da mais baixa extração se erigiram em valores sensíveis e que certos setores buscam apresentar como naturais e irrepreensíveis. Fará talvez sentido, então, sublinhar uma vez mais que o artista não desfigurado e vertical e alheio às mundanidades continua a ser um polo de consciencialização, embora isso seja extremamente entravado pelo jogo intrincadamente societário de muitos setores que, no país, procuram imitar em caricatura o que lá fora se faz com mais experiência, mais discernimento e até com certa lealdade, embora esta seja uma lealdade nefanda, uma vez que tenta fazer passar como exemplares, conseguindo-o frequentemente, ritos de massificação, propondo com certa argúcia os valores do precário, do aparente e do vazio pedante como questões fundamentais.

Felizmente que a cada dia que passa o mundo se transfigura: os quatro reinos da natureza renovam-se a cada momento e, em certas horas, deixam entrever os símbolos do tempo, com o seu fogo e a sua luz. Na nossa memória, no sal e no pão interiores de toda a gente, há certos influxos que cristalizam, porque é condição da Vida ser fruída e recordada. E, se é do fundo dos séculos que essa voz persistentemente chega até nós, estamos contudo rodeados da sua imagem soberana, desvelada em presenças familiares ou fraternais, a verossimilhança da mágoa e dos grandes amores em que, como indivíduos, nos vazamos e expandimos – a dimensão simultaneamente humana e sagrada da nossa exatidão como pessoas.

Permitam-me, aqui, um parênteses: mais do que poeta, sinceramente vos digo, neste momento considero-me mais um *recolector de resíduos*. Resíduos de acontecimentos, de inflexões, de memórias e de momentos bons ou maus. A organização da escrita que se lhes sucede é que constitui o ato poético possível. E isto também depende da memória das coisas e da memória dos seres com quem me fui e vou cruzando. Não é que a verdadeira vida esteja algures, como dizia Rimbaud, mas sim que haja tentativas de a falsificar. Pessoalmente, respondo com a utilização de uma certa desconfiança lúcida, digamos, e sempre com a fidelidade aos sonhos que acalento desde a infância. Se acaso consigo traduzir isso em versos que possam interessar os meus semelhantes, é matéria de suficiente congratulação e suficiente prêmio.

Para finalizar, queria dizer que a minha vinda a Paris teve naturalmente a ver com esta sessão. Mas consintam-me ainda que eu diga para mim mesmo que foi de fato por um maravilhamento que antevia me fosse ofertado pela vossa cidade e os inúmeros *amigos* que nela tenho: pois não constituiu acaso que o meu primeiro acto, ao chegar, fosse dirigir-me ao cemitério do Père Lachaise, que é mais um jardim onde não se sente a presença macabra da morte – onde visitei *presenças* para mim tutelares: Gérard de Nerval, Chopin, Balzac, Corot, Benjamin Constant, Max Ernst, Modigliani e tantos outros.

Que este meu gesto, finalizado na rua do Rivoli frente à Tour Saint Jacques, de Nicolas Flamel, seja como que a afirmação do sinal de permanência da vida até na morte.

Obrigado a todos.

INCURSÃO PELO IMAGINÁRIO

1. Há um imaginário rural, assim como há um imaginário citadino. Esta diferenciação, que poderia parecer estranha a observadores menos precavidos, articula-se de forma própria.

Com efeito, até há bem pouco tempo – e, em certos lugares, a situação dada é ainda manifesta – o meio rural estava bastante separado do acesso aos *mass-media* mais qualificados, que são os que com maior relevo difundem, controlam, sustentam e forjam um certo imaginário padronizado.

É pacífico que o imaginário citadino é extremamente condicionado pela televisão, o rádio, os jornais e os espaços interativos a que os meios rurais tinham e têm ainda um acesso relativamente precário ou flutuante.

Posto isto, debrucemo-nos agora sobre o imaginário rural.

Com uma carga muitíssimo específica e bem caraterizada, ele está profundamente ligado ao ritmo das Estações, ao perfume do solo, às reuniões de famílias, de vizinhos, de maiores ou menores fragmentos da comunidade para o qual frequentemente os ritmos citadinos existem mais como figurações alheias, como verdadeiras paisagens exteriores. Pode dizer-se, assim, que o imaginário tradicional se radica e está entranhado, na sua pureza, principalmente nas regiões campestres. E são os núcleos que se mudaram para as povoações maiores que, em geral, o levam consigo e o vão preservando como se uma vivaz nostalgia os acompanhasse.

2. No seu livro *A arte e a literatura fantásticas*, texto canônico a muitos títulos, diz-nos acertadamente Louis Vax a dada altura:

O arrepio que as narrativas fantásticas, a literatura de imaginação científica, os quadros surrealistas provocam no leitor moderno, já o povo o conhecia graças às lendas que se transmitiam de geração em geração. As histórias de almas do outro mundo, de lobisomens, de vampiros e de maus olhados, causaram outrora a angústia e as delícias dos aldeões reunidos à volta do lume.

Pelo que me diz parte, posso confirmá-lo.

Na minha infância vivi algum tempo no campo, campo esse por onde continuo a jornadear e que, sob certos aspectos substanciais, muito pouco se modificou (não devemos esquecer-nos que a região a que aludo, a da Serra de São Mamede, é um dos lugares mais isolados do País, sendo de igual modo um dos mais atraentes para quem goste da ruralidade). E recordo com grande prazer, forte emoção e bastante saudade aquelas vezes em que, depois do jantar e antes da deita (que naqueles rincões alentejanos das Covas de Belém e do Chancrão costumava suceder cedo) um grupo de vizinhos chegavam para o serão.

Para além das conversas sobre os respectivos animais das quintas, o sucesso do que se semeava e colhia (as novidades, como se lhes chamava) a certa altura era proverbial alguém puxar a parlenga noutra direção: e eram contadas histórias, provindas da imaginação tradicional ou do cotidiano elaborado com certos requintes de invenção ou garantidamente reais. Historietas de "medos" e de aventuras perturbantes, vivências transfiguradas e espantações onde não deixava de assomar o espectro da malina que punha tremores e suspensões na alma de pequenos e grandes...

Aprendi na altura canções ligadas às Estações e aos seus eventos próprios e típicos. Se trovejava, sabia-se bem como esconjurar o mau-jeito: *"Santa Bárbara bendita/ que no céu está escrita/ com papel e água benta/ livrai-nos desta tormenta./ Levai-a lá pra bem longe/ levai-a lá p'rá moirama/ onde não haja pão nem vinho/ nem flor de rosmaninho/ nem se oiça cantar o galo/ nem repenicar o sino".*

Como se verifica pelo simples enunciado, a tradição pagã, ou mesmo mágica, cruza-se com o assimilado da missionação cristã: a flor do rosmaninho e o galo são a caução arcaica do sino, do vinho e do pão.

O próprio fato de o recitante se dirigir a Santa Bárbara – há outra versão, com ligeiras variantes, dirigida a São Jerónimo – indica uma forte implicação que tem a ver com a feição mágica. Com efeito, a santa aparece nela mais como interlocutora direta do que como intercessora.

Esta pequena incursão à guisa de parênteses permite-nos exemplificar, na verdade prática, o seguinte considerando: o rico imaginário rural, que sempre teve mais a ver com a poetização que com a sacralização, foi durante os séculos sempre fortemente pressionado pela presença obcecada da propaganda eclesial, com o seu cortejo de interdições, de recomendações imperativas, de histórias de proveito e moralidade geralmente mais retiradas ou vindas do preconceito do residente e da sua forma específica de encarar a mensagem de Roma, que da religião (*religare*) como fator de interligação entre os mundos de baixo e de cima, do espírito e da carne salutarmente postos em cena por uma harmonia cósmica. Não é, assim, de estranhar que em paralelo com a figuração fideísta muito se contasse com as capacidades das mulheres ou homens de virtude que, no plano da "possibilidade de manobra", da "capacidade operativa" além do cotidiano simples, estavam naquele espaço ao nível do médico ou do sacerdote qualificados.

É fácil verificar, pela análise das histórias tradicionais do Ocidente e que na contemporaneidade encontraram a sua mais ampla divulgação, que existe nelas, subjacente ou mais expressa, uma forte carga sentimental-sexual inerente ao ser humano, por vezes transparecendo sob o hábito ou o véu duma escamoteação cristã (como os templos sob as ermidas...).

3. O maravilhoso é a face feérica do fantástico. O fantástico, por seu turno, gere as dúvidas dum real subitamente colocado frente a fatos que ultrapassam o entendimento linear. A sua pátria é o medo que de repente cobra existência saltando para os interstícios que vão do concebível ao possível. Como estranhar pois que o imaginário rural fervilhe de animais embruxados, seres vagueantes por pinheirais e por colinas onde, nos tempos idos, com frequência se ia colher a mandrágora, o heléboro e a camomila?

Profundamente ligados à terra, é daí que os rurais retiram as suas melhores horas, ultrapassadas que foram pela modernidade e a contemporaneidade as dominações espúrias da opressão anciã. As quais se espelham em contarelos, recitações e cantares. O cancioneiro português popular tradicional – que nada tem a ver com o pacóvio ou pedante cançonetismo da massificação, pimba ou nem tanto – é extremamente valioso e, mesmo ao nível do que as canções ligeiras lhe foram buscar, muito rico e sugestivo. Há todo um setor que utiliza da melhor forma os temas rurais e campesinos: cantares sobre a macela, o cuco, os namoros junto à madressilva que ornava os logradouros, a ida às fontes vicinais, as desfolhadas e as ceifas, as manhãs de neve dos dias invernosos ou as longas tardes de calor no pino do Verão – tendo em alguns casos transbordado para a canção mais culta ou mesmo superiormente elaborada (trago ao de leve Schubert à colação, com o que no seu país ao tema diz parte).

Os próprios fatos e sucessos do imaginário citadino, científico ou apenas de relação cotidiana (a ida à Lua e a existência de casos que tais, mas também a realidade de comboios, de carros, de arranha-céus, os aprestos das casas e até os eletrodomésticos) são transfigurados até com ironia, ficando então a pertencer ao imaginário rural enroupados embora com outro tipo de indumentária...

Se me observarem que esse cancioneiro rural é muito mais rico em Espanha, França, Inglaterra, Europa Central ou do Sul, etc. – concordarei de imediato. Isso deve-se a dois fatores principais: a maior qualificação cultural daqueles lugares e a sua esquiva, mais eficaz que neste pequeno país, ao caciquismo vivificado pela beatice e o atraso existencial.

4. Exemplifiquemos com uma pequena recitação que claramente aponta já para uma miscigenação de imaginários (o que pode aliás ser um firme progresso e um sinal de permanência salubre) e que me foi dada a conhecer numa região norte de Espanha:
"Menina de olhos risonhos/ aqui lhe deixo uma papoila/ para prender no casaquinho/ Se andar de carroça não a perca/ se andar de carro segure-a bem/ que o meu amor não a falseia/ E todos os anos renasce/ como a água dos ribeiros/de manhã ou ao sol-pôr".

Atente-se que em certas regiões da Europa Central as moçoilas são instadas a que não tragam flores vermelhas nos vestidos, pois isso podia acarretar-lhes as miradas voluptuosas e devoradoras de vampiros e assombrações semelhantes. Também é conhecido o fato de, nas noites de lua cheia, se dever fazer boas provisões de flores do alho – que são brancas com afloramentos amarelos – para manter afastados os fantasmas.

A literatura recolheu muitas destas tradições, glosando-as mediante contos e novelas universalmente conhecidas. A poética, por seu turno, uma vez que lida intensamente com as funduras inconscientes do ser humano, realiza em múltiplas direções o mistério e os enigmas do mundo, tanto nas cidades como nos meios rurais. Aí, dá-se com frequência uma interpenetração dos signos, utilizando o artista símbolos comuns ao rural e ao citadino.

Deixemos agora, por alguns momentos, o nosso espírito vaguear um pouco pelos bosques e pelas ruas. Pelos campos abertos ou pelos bairros de apartamentos e vivendas.

Aqui, encontramos os animais das quintas ou dos terrenos livres entregues à sua existência peculiar entre as árvores e os arbustos ou nos cercados dos casais, tendo contudo sempre, de longe ou de perto, a presença imanente do bicho-homem.

Ali, vemos gente que de dia ou de noite, a pé ou em transportes próprios ou comuns, segue o seu destino entre casas ou, até, entre parques normalizados, rodeados pelo estridor dos automóveis e das outras presenças humanas.

O imaginário é o que resulta de tudo isso e de tudo o que advém ou provém dos ritmos que esses universos conformam, materiais ou espirituais. O rural encontra a estranheza e a aventura nas luzes da cidade, para falarmos simbolicamente, enquanto o homem citadino se descomprime e recreia excursionando pelo lugar cotidiano do outro. (Não é por acaso que nos últimos tempos os operadores, sempre atentos, têm incrementado o turismo rural bem como o turismo de aventura, ainda que este tenha especificidades e decorrências que não iremos agora abordar). Se formos um pouco mais fundo, para além do óbvio, verificaremos que havendo pontos de contato existem igualmente, e bem marcados, pontos de ruptura que podem inclusivamente transformar-se em pontos de transgressão de determinados limites lúdicos. Constitui, a nosso ver, um índice de má-consciência da parte de certos operadores públicos não se admitir que existem efetivas diferenças sensíveis entre os mundos do campo e da cidade que os obrigam a terem um *lebensraum* (na acepção de Friedrich Ratzel e não dos que depois viriam) que lhes determinam enfoque singularíssimo e que deve encarar-se seriamente.

Giovanni Papini referiu mesmo, num dos seus textos teóricos/ ensaísticos, que "a cidade é uma represália à natureza selvagem", entendendo-se como tal a tentativa de separação que subjaz ao ato de concentrar em vastos aglomerados milhares senão milhões de seres, quantas vezes absurdamente desconhecedores do que sejam os reais ritmos do dia e da noite – para alguns citadinos mera passagem de luz a sombra e de sombra a luz – com todos os seus prestígios seculares. "E foi então, enquanto descia a colina com a bicicleta rodando serenamente debaixo do céu de Agosto, que me apercebi de quanto tinha esquecido as estrelas que o enchiam desde os meus tempos de rapazinho", para citarmos um fragmento de um livro do escritor americano Ron McLarty.

5. Não estamos, é evidente, a propor uma opção que privilegie o campo em detrimento da cidade, mas a acentuar a necessidade de se ter a noção clara de que é nos campos que, como o Anteu da mitologia, podemos colher o que de mais salubre e plásmico vive em nós, no nosso relacionamento com os tempos e a natureza das coisas vivas. E, dado que nos mantemos apenas e só no plano da escrita, vejamos como um Almanaque – que durante anos e anos foi a principal fonte de leituras do meio rural e ainda tem uma larga difusão – se refere aos meses. Em relação a janeiro, que é o mês em que se semeia o agrião mastruço, a alface de cortar e os rabanetes de Inverno, reza assim: "Indo para Norte passam os bicos cruzados e os estorninhos. Floresce a maonia e o heléboro negro. Em St° António os dias crescem a passo de monge. Dia de S. Mauro gelado, metade do Inverno está passado". E em relação a agosto, mês correspondendo na esfera astrológica ao tempo dos mistérios dos assírios e caldeus, quando no céu cintila a Vega inspiradora de magos e arquitetos, diz-nos assim: "Passam voando em direção ao Sul a galinhola, a cegonha, o maçarico real, a poupa, o cartaxo, a narceja e a becoinha. Floresce o sol radioso. As avelãs estão boas. Quando chove em agosto chove mel e mosto. Agosto amadurece os frutos, setembro colhe-os".

Desnecessário é, creio, acentuar toda a beleza destas linhas simples e tão claras, verdadeiros poemas involuntários contendo toda a carga inerente à simbiose homem-terra da tradição, que vive em nós ainda que inconscientemente.

A imaginação, seja no campo ou na cidade, refuta exemplarmente a rotina e o hábito que podem limitar a existência em plenitude. A poesia – que, não o percamos de vista – começou por ser um ato de incursão e de reflexão sobre o sagrado e a natureza naturante (desde o *Cântico de Gilgamesh* às *Geórgicas*, desde o códice maia do *Popul Vuh* quíchua ao *Os trabalhos e os dias* – na verdade transtorna os tempos ao acrescentar-se ao imaginário, pois mescla fórmulas de existência tanto no campo como na cidade. Os imaginários são uma resultante do espírito do lugar ou, como queria Marc de Boislevy, "O nosso ser interior depende não só da herança física dos nossos ancestros, mas também do ar das moradias que eles habitaram, dos rios que transpuseram e dos caminhos por onde viajaram quer o quisessem ou não".

É a poesia das coisas que nos rodeiam, somada à que se põe em letra de forma, dispersa nos cotidianos, que constitui a ponte entre os dois mundos, fazendo a juntura tão cara, por exemplo, aos filósofos *per ignem*.

A este propósito, convirá dizer – e ressaltar com a justa vivacidade – que muito do que nos é apresentado e proposto como poesia popular e poesia popular rural não é mais que produto delido e incaraterístico provocado por décadas de aculturação, de submissão induzida ardilosamente a estuários poluídos que nada têm a ver com a forte, poderosa, cintilante poesia das gentes não manipuladas. É frequente ver-se, em poetas pretensamente populares – muito acatitados por certos autarcas maganões e de olho-vivo... – inflexões espúrias provindas e incentivadas ou pelos moralismos de recurso (fideístas e outros de igual coturno) que nada nos dizem sobre a agilidade, a graça, o perfume da grande tradição cravada nas pautas campesinas e aldeãs. Nelas, frequentemente, se vê espalhada não a religação, mas a beatice, não o lirismo, mas o casca-grossismo pindérico de arrivistas de mau tom. Digamos que não diremos mal, que é uma versejação visitada pelo piscar-de-olho reducionista de citadinos que episodicamente trocaram a calça de ganga pela de surrobeca dos caminhos secundários – até que de novo, enjoados da experiência, reentram na autoestrada.

6. Os provérbios populares, com tantas ligações ao solo campestre, também nos dizem muito sobre o como dos imaginários, sendo de notar que certos ditados com clara origem camponesa passaram posteriormente, com alguma velocidade, para o outro imaginário: "Ao homem farto até as cerejas amargam", "Semeia-me na lama, mas faz-me boa cama – diz o trigo". E a viagem também pode ser inversa: "Em sua casa governa o carvoeiro como galo em seu poleiro", "Redes no mar, moinhos de vento, benesses de padres, pomares de pessegueiros, bens de rendeiros – chegam a segundos, mas não chegam a terceiros".

Repare-se que a denominada "sabedoria das nações" é simultaneamente constatação e proposta, pelo que o seu percurso tem a ver tanto com as conclusões a que os séculos chegaram como com aquelas a que alguns pretendiam fazê-los chegar imperativamente...

Temos pois que há um fundo comum aos dois imaginários que, a dada altura, se separa. No espaço intersticial entre um e outro é que atua (quando não nasce mesmo) o imaginal, assim encarado por Gilbert Durand. Este é, portanto, uma sequência mais profunda, aritmética para além dos limites, completamente estruturante e vivificadora. As vivências são diferentes bem como diferentes são os enfoques, logo os resultantes que deles partem. E se é verdade que em boa medida vivemos numa aldeia global, no fundo ainda persistem no Homem os ruídos noturnos dos grandes espaços sob a Lua silenciosa. A assunção da cidade não pode nem deve ser a recusa da Natureza sob o pretexto de que é nas cidades que reside a mais alta civilização. A proceder-se assim haverá cortes bruscos no imaginário, separado de si-mesmo por via dum recalcamento societário que tenta recusar a multiplicação dos signos legítimos a que só os grandes ritmos da Terra têm acesso. É desta autêntica supressão imaginal que provêm as disfunções, como sejam por exemplo os selvagens ritos de passagem que consistem ora no massacre sobre golfinhos, havida ciclicamente nas Ilhas Faroe da civilizada Dinamarca, ora de jericos da orla desértica efetuada por povos islâmicos barbarizados.

Embora na hora atual as gentes do campo sejam, como maioritariamente as das cidades, atingidas pela protérvia primarizante dos mídias, a proximidade da terra e do ritmo bem marcado das Estações permitem-lhes raciocinar o mundo duma forma mais plástica, mais povoada de elementos reconhecíveis como estrelas e sóis.

O que se lamenta, portanto, é que a cidade – tão gratificante a vários títulos – encarada como concentração abstrusa de seres e não como um agregado de humanizados, de pessoas unidas para um fim comum de maior capacidade intelectiva, criativa e imaginativa, integre e propague tão mal um imaginário crivado de sedimentos, fraturas, frustrações e, nos casos limites, criminosas infelicidades. Há um imaginário citadino de forte poder criativo (mas atente-se no que se passa em certas áreas de Madrid, de Paris, Sevilha ou Bruxelas, para citarmos apenas estas que conhecemos e que muito estimamos; não falando noutras como S. Paulo, Calcutá ou Teerão – nestas duas últimas, para tal concorrem coordenadas provindas do fanatismo extremo e de reclusão existencial e governativa).

Claro que em tudo isto têm parte fundamental os desvigamentos sociais oriundos da modernidade mal articulada por uma economia egoísta e cínica ou pelo império das religiões (mal) reveladas.

Como exemplo mínimo, na área do desporto-espetáculo (haverá algum elemento mais citadino do que o futebol?) cada vez mais se acumulam – depois de despertados por um ambiente de inércia propositada do eticamente desqualificado sistema judicial – os tiques violentos expressos, que têm a ver com um ambiente cuidadosamente construído por operadores de tendência ideológica intrinsecamente totalitária, os quais repescam dados dum passado sinistro (como os grupos de ginástica e desporto do regime pré-nazista) para os aplicarem de maneira atual e contundente (as célebres pandilhas de hooligans ou das claques clubistas adeptas da brutalidade codificada).

7. Grosso modo, mas de forma adequada, poderíamos definir os imaginários como ativos e reativos. O imaginário rural é mais ativo que reativo, pois tem a ver principalmente com a maior proximidade da natureza da qual tudo parte basicamente. O imaginário citadino será reativo na medida em que é, em grande parte, produzido pela opinião pública e as relações intrincadamente sociais.

É isto que produz frequentemente a ideia, aliás errónea, de que as gentes do campo seriam incultas, uma vez que o imaginário corrente ou dominante, nos locais expressos das instituições, é genericamente de origem citadina. (Estamos a lembrar-nos de uma comédia australiana, muito famosa há uns anos, protagonizada por um *bushman* branco que, transplantado por uns tempos para a cidade, choca a sua sabedoria "primeva", mas eficaz com a sofisticada parolice dos metropolitanos).

O imaginário rural depende de outros fatores, o que não o torna mais nem menos valioso que o outro, em nível comparativo, sendo a inversa igualmente verdadeira. É curioso e muito instrutivo, salientemo-lo, verificar que os pintores impressionistas, vincadamente citadinos e com os quais nasce a modernidade nas artes plásticas e, mesmo, a tradição da pintura como tal, como Jean-Dominique Rey assinalaria, conseguiram mesclar cidade e campo ao procurarem uma mais adequada solução para o problema posto pela evolução da pintura: lembremo-nos de Renoir com as suas telas fixando os bailes citadinos populares e, paralelamente, aquelas em que nos dava trechos de caminhos boscosos subindo entre ervas altas ou as florestas e parques vicinais nos limites de Paris. Ou de Van Gogh e os seus cafés e ruas de Arles ou Saint-Rémy, as herdades jucundas de Crau, as ceifas em Auvers-sur-Oise. Ou de Cézanne com a sua montanha de Sainte Victoire a par do casario de Aix-en-Provence.

Um dado importante e significativo, que aqui deixamos ao leitor: as histórias fantásticas são em geral situadas no campo ou nos solares da periferia. Por seu turno, são raras as histórias policiais ou de terror ambientadas no campo. Evidentemente que há algumas exceções, que canonicamente confirmam a regra. Contudo, podemos afirmar sem exagero que os monstros sociais (*serial-killers*, endemoninhados e criminosos) pertencem ao imaginário e ao universo das cidades, ao passo que os monstros fantásticos pertencem ao campo ou têm nele a sua origem (Drácula, Frankenstein, Werewolf, os Vrucalacks).

Serve dizer: o mundo rural excursiona primeiro pelo feérico e só depois pelo fantástico e o inquietante; o citadino pelo inquietante, o fantástico e finalmente pelo feérico (Walt Disney, citadino perfeito com os seus encantadores animais antropomorfizados, até tem um enorme e significativo parque temático na cidade mais cidade conceptual que há – Paris).

8. Para finalizar convirá assinalar, ou recordar, que ultimamente se tem perfilado na grei uma certa movimentação de "regresso à natureza". Evidentemente que é a nostalgia que fala e não procurarei agora saber se tal é bom ou mau ou se corresponde a sentimentos verdadeiros ou a simples moda. A tendência, corroborada por propostas de especialistas, é para os agregados humanos se tornarem mais fluidos, mais soltos e agilizados. Há muitos pensadores e publicistas, desde os tempos de Georges Simmel até ao mais chegado George Pérec, que contemplaram o fato de que se caminha para uma recuperação da existência campestre, através da análise exaustiva da vida na cidade.

O que arrasta a construção de outras inflexões na estruturação do imaginário.

No fundo, dentro dos de maior qualidade, ou exigência se se quiser, agita-se uma clara possibilidade de interpenetração dos dois imaginários, o que corresponde a uma interpenetração das duas vivências, cada um facultando novas possibilidades, fornecendo novas virtualidades que devem encarar-se com perspicácia. Dizia Fernando Batalha, nos tempos em que apoiou o célebre humorista Coluche que até efetivou uma sensacional candidatura à presidência da República francesa, que "Vivo no campo como se vivesse na cidade e vivo na cidade como se estivesse no campo".

Em todo o caso, ambos podem fornecer uma certa herança que seria estulto desperdiçar. Na forma de articular esses dados é que o caso fia mais fino, mas há ainda um vasto campo de afirmação que, esperamo-lo e desejamo-lo firmemente, não tornará invisível o que de melhor e mais salubre os dois imaginários possuem.

Diferentes, com pontos de contato que não anulam essa mesma sensível diferença, é preciso que se deixem vivificar pelo livre sinal da mão daqueles em quem a imaginação é uma chama que continua a tremular, ainda que com altos e baixos, no escuro da noite – no meio duma floresta ou entre casas que poderão até ser de renda econômica...

(Comunicação ao Congresso sobre a Cultura Tradicional e Popular – Alentejo, também no Fórum Cultural 2010 de Montargil)

POESIA E SOCIEDADE –
DOIS ASPECTOS COMPLEMENTARES

"O homem é perecível; pode ser. Mas pereçamos resistindo e se, ao fim, o que nos está reservado é o vazio e o nada, façamos com que isso seja uma injustiça".
Étienne de Senancour

Introdução

1. Formal ou informalmente – que nisto de vida social a gente nunca sabe em definitivo como é que as coisas se apresentam – agradeço-vos o gesto de me terem convidado a estar aqui durante um par de horas a falar da poesia em geral, particularmente de alguma que se faz em Portugal e, por vossa desvanecedora vontade, da minha própria poesia.

Sucede então que por suscitação de uma digna Associação espanhola me vejo na circunstância de ser hoje ante vós, de algum modo, o rosto do meu país; o qual, apesar das marginalizações pontuais a que submete os autores que não fazem a vénia a Zeus e a Mamon e de ser frequentemente uma pátria madrasta plena de contradições, me merece o crédito de através de algumas entidades continuar a respeitar a dignidade humana.

Quero agradecer ainda aos convivas que vejo a esta mesa luso-espanhola o ato de se terem deslocado a este local para me ouvirem. E isto por quê? Porque ao escritor, ao artista, é-lhe grato verificar a recta intenção de se ter pela cultura dos dois povos vizinhos um interesse que permite que esta sala se tenha composto apesar de à mesma hora decorrer um palpitante *derby* entre duas importantes equipas de futebol. Concluo que tal atitude parte dum real interesse pelos mistérios da existência, nomeadamente aqueles que residem na Literatura encarada como algo de luminoso. Por tudo isto proponho-vos que após a intervenção inicial, a leitura dos poemas e o mais que for vindo a condimentá-la – já sem papel – me questionem, mesmo vivamente se assim o entenderem, no sentido de me suscitarem respostas que sejam potencialmente conclusivas de qualquer coisa e reflitam um pouco, como num espelho mágico, este universo simultaneamente belo e inquietante que é o da escrita e o da criação por extenso. Além do mais, sendo a minha poesia, segundo penso, uma tentativa (que também é uma busca) de desconstrução/reconstrução da linguagem e, nessa medida, refratária da facilidade do ponto de vista duma literatura amena e afirmativa, talvez faça sentido ponderar de que maneira ela se apresenta aos olhos de quem lê e, o que simultaneamente me encanta e me espanta um bocado, a procura conhecer e mesmo interpretar. Falo assim porque alguns poetas – parece que não é só comigo – no meu país são tomados e olhados pelo que fazem, mas também (ou principalmente) pelo que são civilmente: ajuda um pouco ao "bom nome" ter uma situação, isto junto de gente de letras com pouco chá, mas muita sabedoria de manobra e algum desembaraço.

No meu caso isso é, tem sido, razoavelmente marcado e contra mim falo: não sei elogiar os medíocres, institucionais ou particulares, que em Portalegre tentam fazer-se passar por talentarrões ou dirigentes iluminados. Nem pertenço a quaisquer grupos regionalistas vizinhos do Poder (políticos, acadêmicos, futebolísticos, excursionistas, etc.), mas apenas a confrarias do espírito (gastronómico, numismático, xadrezístico…) onde as coisas funcionam por indominável simples cooptação, o que me deixa um pouco inerme e permite todas as atitudes, geralmente desfavoráveis. Ainda por cima, o suplemento (Fanal) de que fui co-coordenador e onde granjeei algum destaque, apesar de ser de boas-contas (ou seja, não se recebia um tostão…) e de não fazer fretes, era uma coisa modesta apesar de séria, como as tradicionais jovens pobres das vilas… Mas adiante!

2. Gostaria de tornar claro, desde já, que não concebo a poesia como instrumento mais ou menos adequado para a instauração de "beleza formal" ou de "bondade socializada". Na verdade, entendo que a poesia, pelo menos a que faço, é uma aventura no mal, ou seja: uma incursão num mundo fragmentário e desconexo que o poeta busca reformular para que ganhe significado e sentido mediante a realização dos poemas, que a meu ver são entidades que por fim ganharam um padrão coerente. É, digamos, um jogo arriscado nos domínios da realidade, que depende de nós como nós dependemos dela. Se faço poemas é porque não posso deixar de os fazer. Ser poeta

não é propriamente uma maldição, mas é sem dúvida uma inevitabilidade que às vezes se agradece ao destino e outras nos causa sofrimento. Se publico é porque, afinal, publicar o que vamos descobrindo constitui de alguma maneira um direito democrático e uma luta contra o aniquilamento, os diversos aniquilamentos que a protérvia societária frequentemente guarda para nós. Mesmo o mais simples, que é dificultar-nos essa publicação. Ultimamente, as "forças vivas" caciquistas utilizam uma nova forma de discriminação regional – que é entregar a editoras da corda a decisão de quem deve ou não deve ser apoiado. É uma forma inegavelmente inteligente e razoavelmente discreta de transformar como por artes mágicas, da noite para o dia, talentos de segunda escolha em autores de qualidade. Na minha cidade essa atitude tem-se aproximado perigosamente do tristemente célebre "tráfico de influências".

A despeito de alguma razoável amargura que destas palavras ressalte (como é lamentável, a 30 e tal anos de distância do 25 de Abril, termos de ocupar-nos destas coisas sórdidas!) faço questão de salientar que as dificuldades a que os autores e homens livres estão por vezes ali sujeitos nunca conseguiram gelar-me por dentro, significativamente, a alegria. Fui sempre uma pessoa de amores, pessoais ou sociais, tanto em relação ao tempo como aos tempos que se evolam inapelavelmente. Nesta conformidade, concluo que provavelmente sou um ingênuo. Se o não fosse talvez não vos falasse assim, simularia conceitos fortes como fazem muitos que conhecemos.(Que conhecemos de vista e de trajetoria). Mas às vezes sabe bem dizer-se o que realmente se pensa – que corresponde ao que realmente se passa – como num grande cansaço. Tenham em conta que o poeta, afinal, não é de fato um cavalheiro amável (para citar K. R. Browne), mas alguém que de tanto conviver com certas feras – as da criação, da busca do absoluto, da nódoa sombria do pecado original – se torna também um pouco fera. E além disso é função dos poetas, se alguma têm, lançarem um olhar atento e interventivo sobre os disparates do mundo, como dizia Chesterton, para melhor situarem as forças contrárias ao Homem, aquelas forças que só visam a aniquilar a dignidade de existir só ou em conjunto.

Uma prevenção: se acharem, a dada altura, que estou a prolongar em demasia a sessão não hesitem em fazer-mo saber com energia porque eu, a exemplo do que o mesmo Chesterton disse um dia ao seu cordial inimigo George Bernard Shaw, tenho também o defeito de, à mínima provocação para falar em qualquer parte, arranjar *palheta* suficiente para, pelo menos, três cartapácios…ou duas horas de conversa.

O ARTISTA E A FASCINAÇÃO DO MUNDO

É por dentro do artista que tudo existe com mais intensidade: lugares e gentes, os grandes impulsos que fazem aparecer e desaparecer os astros e as coisas. Por isso, a mão do poeta, essa mão insólita que escreve, é uma sombra que entre as árvores e as casas, entre os sentimentos efêmeros e os desertos do cotidiano, tenta seguir a trajetória do que somos, uma vez que a realidade existe em vários planos seccionados, como se fosse uma sequência de fotografias deslocadas ao longo do horizonte, mas contempladas de diversas perspectivas.

Hoje, como em todos os tempos, não acalentamos ilusões: o Sistema (e reparem que não me refiro ao poder, pois há diversos poderes e muitos deles legítimos) no mínimo encara os poetas de lado. O que é natural, uma vez que estes usam pagar-lhe na mesma moeda.

Refiro-me, naturalmente, a poetas mesmo e não a membros da coorte de lambedores de botas ou de apepinadores que por vezes têm o descaramento de se ornamentar com essa designação e que a dita entidade usa apoiar, acarinhar e privilegiar sem rebuço de uns e de outros, com mútuos e doces proveitos.

Lembremo-nos que esse tal Sistema é o resultado de uma conflitualidade frequentemente espúria, que parte sempre não das legítimas necessidades do Homem, mas da sua indiferenciação. O que os seus próceres visam – não tenhamos medo das palavras – é se possível extinguir nas pessoas o sopro de autonomia que em todos, ainda que sufocado ou submerso, existe. Era por isso que a antiguidade e a medievalidade tentavam reservar ao poeta os papéis de empecilho ou de bobo, buscando expulsá-lo da Cidade e, mais tarde, do espaço de religação. E é por isso que tempos atrás, no Irão fundamentalista, foram de uma só vez encarcerados vinte e tal poetas, muitos deles conhecedores e receptáculos da sabedoria sufi, com o pretexto de que não estavam de acordo com os preceitos do Islão. E era por isso também que no Leste os verdadeiros poetas (ou seja, os que procuravam as secretas virtualidades da escrita – que correspondem às virtualidades da vida – ao desconstruírem a linguagem em busca de novos mundos ou de continentes perdidos) eram substituídos por praticantes de uma presumível poesia popular que nada mais era que impostura de baixa qualidade (artesanato, que os autoritários espertalhões e as elites tanto "amam" porque é lindo e inócuo). Não devemos esquecer, a este propósito, que como dizia Gonzague de Reynold "a inteligência, para os hipócritas, é sempre algo que vem do demónio, sobretudo para os hipócritas pouco inteligentes". Felizmente que as forças espirituais mais intensas da humanidade, plasmadas nas palavras dos poetas, resistem e multiplicam-se. É a viagem de nós a mundo, como referi algures num poema – e que por mais que tentem não pode ser destroçada. Desiludam-se os ulemas de todos os quadrantes: haverá sempre palavras que sairão de nós, entrarão em nós, calmas e ardentes de sugestão e procura. Como, na verdade, se tudo fosse um jardim dos tempos da nossa infância – porque as palavras com que nos erguemos e definimos são verdadeiramente o mapa da nossa navegação entre os diferentes sinais da vida iluminada e para sempre no coração das pessoas. Nós, que sofremos como qualquer cidadão os embates de um cotidiano frequentemente lamentável, nunca perderemos contudo a nossa alegria, que depende diretamente da nossa faculdade de jogarmos com a linguagem o "grande jogo", que é o da criação e o da busca de novas relações entre ela e os ritmos do mundo.

A RECRIAÇÃO DA NATUREZA

Se há fronteiras entre o sonho e a vigília, parece que compete ao poeta desfazê-las. Diz-se que no princípio do mundo foi o ruído e a tempestade e grandes sombras pairavam sobre as águas. Contudo, a função do poeta exerce-se em silêncio, um silêncio algo equívoco porque totalmente interior e multiplicado nos seus dias, nas noites em que observa a existência triangular: a palavra, o seu corpo e os seus humores e os diversos países mentais em que é lícito perder-se ou achar-se. Não há que buscar estrelas vespertinas ou matutinas, essas tem-nas o poeta nas suas paisagens de dentro e de fora, tal como nos seus desesperados momentos de amargura ou nos instantes de encantamento: trata-se, isso sim, de transfigurar e não de inventar. A invenção do poeta sucede aqui e acolá, serve dizer: existe nas suas mãos como que permanentemente, mas as suas mãos, tal como as de toda a gente, estão e estarão sempre manchadas por estranhas substancias que partem do cotidiano como se este fosse – para empregar uma imagem alquímica – a matéria afastada da Obra. E então o poeta caminha pelos campos, jornadeia perto do mar, lá onde os destroços se acantonam como inquietantes rochedos. A pouco e pouco vai entendendo a melhor maneira de jazer sob os astros que o tempo lhe consentiu ver. Então, entram pé ante pé a nostalgia, a esperança e o remorso – difusos, esquisitamente silenciosos. Daqui extrai o poeta um verbo, dali recolhe um adjectivo, um encadeamento além das promessas vagas que as mutações do cotidiano se encarregam depois de tornar em acontecimentos que por vezes ferem, por vezes punem. É um percurso todo feito de humildes olhares que, trespassando o vazio e o incorpóreo, criam rios e montanhas, caminhos vicinais e bosques onde as plantas e as pedras têm significado. O poeta é agora uma entidade viva e em chamas, incendeia o futuro e o passado: é o presente que se transmutou, a espiral deslocando-se infinitamente. Todas as eras idas lhe vão criando sombras no rosto, nos dedos, nos ombros se mal se precata. Mas são sombras como que purificadas e amigas onde se distinguem contornos de animais, de gentes que amou ou o amaram, a natureza vegetal e mineral e as suas variadas formas nas suas cores distintas. O poeta ascendeu ao poema, exerce-se em todas as direcções. E o poema vive e a sua presença é íntima e solene. Entra no mundo, desdobra-se como se o mundo o pudesse conter inteiramente. É um feto, uma flor, um planeta. Roda no espaço e repousa sobre a terra. Princípio e fim do verbo, conquistou os sete reinos da memória. Perplexo ante a ventania, o poeta toca o seu rosto convulso: pode enfim tocar também a sua silhueta, que é a silhueta que o mistério buscava esconder. A pura felicidade de afeiçoar é pois matéria vivificadora, que ele contempla como se contempla uma fotografia muito antiga. Há luzes e há escuridão palpitando em torno de si: amigos que se vão ou pacientemente chegam com um passo pausado e como que temeroso, mulheres que se adivinham mais do que se olham e que já nada têm para lhe dizer, espantos, contentamentos, muita gente em torno da mesa, a solidão de um quarto em pleno Verão. É a ternura enfim presente que a sabedoria criou para nos inquietar com ironia, mas o poeta já compreendeu que urge resistir às aparências que se desenham sem que ele possa exercer a sua vontade.

Andando pelo seu pé, o poeta – devagar e com o coração opresso – vai sentar-se numa pedra qualquer à beira da estrada e olha lá ao longe a iluminada cidade dos homens. É o fim da tardinha, o sol evolou-se mansamente. Uma penumbra familiar vai dando na copa das árvores, nas colinas em volta.

O poeta, imóvel, contempla o minúsculo relevo das casas ao pé da grande linha do horizonte. Imóvel, espera e olha. Como um animal arcaico, apenas silhueta, apenas um retrato enquanto as palavras aguardam a noite que chega para que o mundo continue.

(Lido na sessão levada a efeito no "Ateneo Cultural" de Badajoz)

RELANCE SOBRE O FANTÁSTICO

1. Do Fantástico como território vital

É o nosso um mundo onde as dúvidas mas, *pior que isso*, determinadas certezas encarnaram em inúmeros corpos, rostos, encenações de acontecimentos, vivências contaminadas por uma realidade que excluiu a possibilidade da alegria de existir ser não-dependente da razão social e, mais grave que isso, de acordo com a propaganda incessante dos *mass-medias*, tendencialmente ou inculcadamente supranumerária.

As civilizações, neste preciso momento, como se sabe sem ser pelos oráculos já não têm possibilidade de escapar quer pelo fingimento, quer pela simulação propiciada pelos fideísmos a um fato evidente e palpável: são mortais e, comprovadamente, desfazem-se a cada minuto. É uma desconstrução/modificação acelerada a que só os ritmos individuais, curiosamente, colocam uma certa barreira como se fossem ilhas. E o chamado *real social*, cada vez mais constrangedor, é muito mais estranho e inquietante que o tradicionalmente sinistro continente dos monstros inventados pela imaginação dos escritores, dos pintores, dos cineastas que cultivaram o gênero.

Tzevetan Todorov, num livro escrito com o proverbial hábil articulado dos intelectuais franceses de qualidade e, mais que isso, parisienses a despeito da sua origem transnacional, concluiu – foi o que o tempo do século lhe permitiu – que o fantástico residia acima de tudo nessa *hesitação* sentida pelo leitor. Mas isso era e tinha de ser decorrente da *escrita* do autor, fundamentalmente o fantástico reside nessa escrita e nos meios existentes para que ela excursione por esse plano. Daí que hoje, a não ser por equívoco, por falta de motivo ou, mesmo, por falta de capacidade inventiva, os escritores já não cultivem o gênero fantástico, a não ser que lhe acrescentem, de forma bastante natural, mas perturbante, um fortíssimo *elemento de terror*. O que, claro, é um sinal dos tempos, *dos nossos tempos devastados*, uma vez que o fantástico tem a ver com *o medo e seus volteios* e não com *o terror e suas circunstâncias*. Os contos e as novelas fantásticas – e o mesmo se verifica no cinema e na pintura – foram contaminadas e mesmo substituídas pelos relatos sobre *serial-killers* e *mass-murders* psicopatas ou no pleno uso da sua crueldade.

Deu-se pois uma inversão na realidade societária, que é o reservatório no qual se baseia o *campo de manejo* dos autores antes de, após a difusão da escrita, estas ficarem mescladas, interligadas, interpenetradas. Como referiu apropriadamente Louix Vax, "a arte fantástica deve introduzir terrores imaginários no seio do mundo real". (Eu co locaria aqui um pormenor: *introduz sempre* e é devido a esse fato, pois o fantástico *é sempre* proveniente do território da escrita, da arte em geral e é só aí que se exerce pese à simulação/convenção da existência do *fantasma*). Ora, pelo contrário, hoje por hoje *é o real que introduz terrores bem reais no mundo do imaginário*. Dado que nos faculta perceber, ao constatar esta evidência, que é bem certa a frase que nos diz que a verdade, ou se quiserem a realidade, tal como a luz do dia é fatal aos monstros imaginados, sendo *ad contrari* o ventre do qual brotam os monstros reais da nossa existência perversamente socializada.

No fundo, por mor da agudização dos conflitos internos-externos, o fantástico aparece-nos agora como um país recordado onde a imaginação se refugiou, ela que é caçada pelas esquinas pela protérvia dos donos da Terra que, curiosamente, já nem dissimulam os caninos, mas antes os justificam com, até, certa galhardia...

Sendo encarnações simbólicas do Mal, os monstros fantásticos são hoje brincadeiras algo evasivas em comparação com os monstros sociais que determinados poderes forjam e erguem para que a sua estratégia resulte e acrescente o seu estatuto de gente sentada numa cadeira curul.

Drácula ou Frankenstein – a não ser que os vejamos como representação dos que ocupam a realidade circundante de topo – fazem bem triste figura, pobres diabos em que os tornaram, ao pé de gente bem real como um Ceausescu, um Kim il Jong, um Stalin, a corte nazi ou um ditador sul-americano ou, nos últimos tempos, um qualquer chefe fundamentalista das diversas gamas em equação. Ou um desses protagonistas centro-europeus ou médio-africanos que liminarmente despacham milhares a sangue-frio sem grande esforço de consciência.

O jogo, o jogo de imaginar personagens de pesadelo, tornou-se um jogo mortal. Mais grave – *deixou de ser jogo* e é agora uma espécie de lembrança nos mecanismos do cotidiano. A questão fulcral não está na leitura, como Todorov postulou, *mas na escrita*. O dono do fantástico é o narrador, tal como na vida social o são os que governam a massa de quem fingem depender pela representatividade democrática. Tal como num filme, encenado com aprumo, tudo é em última análise o corpo sensível do realizador, desde as personagens às peripécias, desde o *décor* ao elenco.

Os monstros do fantástico que se transmutou enquanto os anos passavam – e constatá-lo é quase um lugar-comum que o cinema por exemplo capturou com oportunidade e argúcia – andam agora pelas ruas sob a fatiota de comerciantes, de professores ou de modelos fotográficos, de farmacêuticos ou de cabeleireiros, de simples agentes da autoridade, médicos e bancários (todas estas profissões, aqui fica o detalhe, têm a ver com fitas ou livros conhecidos, como o leitor proverbialmente atento recordará).

E é assim que de forma um pouco requentada ou arteira, num mundo feito palco inquietante para personagens carnais assustadoras, um *ersatz* do fantástico é, imagine-se, utilizado para distrair da realidade hostil: ultimamente, a moda (que não é moda, mas golpe financeiro-societário bem artilhado e consciente) dos filmes de vampiros para adolescentes, transfigurando os monstros em pequenas vedetas que, pois é esse o seu enfoque, encantam os pobres ingênuos de maneira singular.

Assim, por um lado, se exorcizam fantasmas perigosos do cotidiano e se amenizam os focos traumáticos e, mesmo, as neuroses que inçam o dia a dia e que aqui e ali ameaçam explodir.

O fantástico na Arte é como que um sinal que assegura que a imaginação livre ainda não se esclerosou. Criando lugares negros e assombrados como em o *Manuscrito encontrado em Saragoça*, os contos "científicos modernos" de Pere Calders, as equações de Jorge Luís Borges ou as metáforas de Juan Rulfo ou Cortazar – isto no universo ficcional hispânico – as incursões poético-trágicas, permeadas de uma profunda nostalgia, de Bruno Schulz e Claude Seignolle ou, num outro plano de inquietação e rigor, de Maurice Sandoz, Jean Lorrain ou Jean Ray, o fantástico lança um repto à perversidade e ao cinismo do mundo da necessidade e faz-nos saber sem lugar para dúvidas que o único sítio onde devia ser lícito existir medo e monstros – o imaginário artístico – está sendo submergido pelo sangue bem real e triste dos desvigamentos sociais provocados pela inépcia dum mundo que vive entre os destroços do direito romano *aprés la lettre*, as seduções ora apaziguadoras, ora perturbadoras da interatividade e as simulações dos fideísmos ocidentais com, bem dentro do horizonte, os fanatismos de tipo oriental de boa cepa medievalista.

Assim, o mundo do fantástico apela para a nossa compreensão, tanto dos fenômenos interiores como exteriores, para a nossa capacidade de insurreição ante as injustiças, as caquexias e as corrupções éticas oficiais ou privadas, para o humor negro ou colorido e para a liberdade de optar, que não é negociável. Não esqueçamos, antes o lembremos sem ceder a chantagens: as tentativas contemporâneas, levadas a efeito por associações profissionais de orientação geralmente "fideísta" ou de obediência, que capciosamente tentam eximir criminosos e assassinos à punição com o pretexto de que a culpa é da sociedade, devem encontrar pela frente a nossa determinação de mostrarmos que a culpa é, sim, dos seus constituintes *mais da* sociedade que os forjou *e que aqueles geralmente controlam* para efeitos do seu interesse *ilegítimo e opressor*.

E saibamos seguir esse apelo do fantástico, saibamos excursionar imaginativamente por essas noites negras onde as feras compósitas, sendo um dado essencial, desaparecem no entanto varridas pelo cantar do galo e pelo ar purificado das manhãs incorruptas.

2. Do Fantástico na Literatura – viagem concisa

Um universo que aceite firmemente o sobrenatural encontra-se perto do maravilhoso, mas longe do fantástico. Pelo contrário, um universo profundamente realista é aquele onde a ambiguidade fantástica se pode manifestar. Um vulgar cidadão supersticioso, ante uma "aparição" diabólica, sente-se aterrorizado, mas não surpreso. A surpresa pode senti-la um honesto cavalheiro racionalista armado de tremendas certezas, frente a um acontecimento insólito.

O fantástico, mais que a derrota do cartesianismo é a volatilização daquilo que o sustenta: uma sociedade que perdeu o senso – e mais que o senso o gosto ou o apego – das realidades (veja-se o mundo dos *talk-shows*, onde a realidade apresentada visa a criar um tipo de realidade cobrindo/substituindo todo o real social exterior, complexo e contraditório).

O fantástico alerta-nos para o fato de que a qualquer momento podemos desaparecer da face da terra. Com efeito, quem conhece o momento da sua morte? Quais, adicionalmente, os mecanismos do Tempo? O tempo é nosso aliado, pois vivemos dentro dele ou, pelo contrário, é uma espada sempre suspensa sobre o nosso pescoço? Passado, presente e futuro entrelaçam-se no relato fantástico e, pois, no fantástico que se convencionou existir na realidade. Mas o fantástico fundamentalmente tem a ver com o presente, esse instante infinito e evanescente que tão depressa surge logo se vai e nós com ele. O fantástico tal como o presente – que reside perpetuamente entre o passado e o futuro – equilibra-se entre o *mundo real* e o *sobrenatural* hesitando sempre. Pode dizer-se, com inteira adequação, que no sótão da Casa cresce uma excrescência carnosa que assim que tenta tocar-se imediatamente se desfaz, para voltar a reaparecer assim que nos afastamos. O fantástico contemporâneo é de ordem conceptual, como nos contos de Père Calders *A estrela e o desejo*, *Coisas da providência*, ou no de Borges *Tlon, Uqbar, Orbis Tertius*, onde para citarmos Vax *os manejos do estranho se entrelaçam com os da inteligência*.

O herói-vítima moderno verificou com inquietação que o seu saber, o seu conhecimento e a sua cultura já não lhe fornecem as necessárias *armas miraculosas* para enfrentar a maldição mas que são, pelo contrário, um motivo mais para tremer, um território mais de pavor e desesperança. (Assim como os estabelecimentos de ensino de alto coturno, na prática desta contemporaneidade, já não garantem um acréscimo de saber e de meios de vida, antes são lugares onde os utentes com terrível frequência são votados ao deus-dará uma vez que nas suas expectativas campeiam a desigualdade, a visão do desemprego e, até, o cínico apadrinhamento partidário).

Em suma, o fantástico corrente contemporâneo é filho do *desespero*, ao passo que o fantástico tradicional provinha do *desconhecimento, da fissura* entre o que é real e o que pode não o ser. Perpassa na sociedade a ideia difusa, muitas vezes inquieta e confusa, de que a *dúvida* entre real e inusitado possível (selo canónico do fantástico) só existe no plano em que os próceres do mando *nos mentem*, não nos fornecendo as *verdadeiras razões* que guiam o mundo e permitem, no plano da escrita, ver claro e fazer claro.

É isto que explica que nos últimos anos se tenham multiplicado como cogumelos as novelas, romances e até ensaios propiciando relatos que de forma impetuosa abordam as congeminações fraudulentas a que se teriam entregue agremiações como o Vaticano e grupos iniciáticos, autores célebres, estados e associações, antigos monarcas e argentários, etc.

Há pois um *fantástico em ação*, o relacionamento societário está coberto por uma pátina que provoca no vulgar cidadão a sensação de *não saber às quantas anda* como sói dizer-se.

Atentemos em que, como mais uma vez Vax assinalou, o fantástico é também *a presença do homem na fera ou da fera no homem*. A ferocidade do tigre é natural e não nos apavora. Mas pense-se num tigre com cabeça de homem ou num homem com cabeça de tigre. Como é que pode haver coisas assim? É dessa dúvida horrorizada que o fantástico brota. Mas neste momento, devido aos avanços da tecnologia e da ciência de ponta, antolha-se a possibilidade de isso poder de fato existir. Mais: há a possibilidade de pessoas com a nossa aparência serem nascituros modificados tendo dentro deles, monstruosamente desenvolvidos, todos os instintos de depravação e de perversidade que os seus presuntivos utilizadores programaram (não falando na utilização manipulatória e cínica dos mídias). E é desta ultrapassagem do cidadão pelo Estado suposto que nasce a angústia e o desespero que o fantástico moderno aponta mediante a escrita em que a dúvida passou para o campo que se interroga sobre a legalidade e o abuso em que parece terem-nos mergulhado.

E não se resolve este impasse metafísico metendo a cabeça ou a caneta – ou o aparelho interativo – na areia...

A poesia é a transfiguração da realidade. O fantástico é o transtorno da realidade. E dessa catarse possibilitada pela escrita nasce uma poesia específica, diria antes: um halo de poesia que roça os campos da nostalgia e da tragédia e que, dess'arte, permite que se ultrapasse a amargura que emerge da fugacidade inerente à vida, ao *tempus fugit* fundacional.

A poesia, bem vistas as coisas, violenta as leis da escrita para nos levar mediante a desconstrução a que procede à beleza e ao saber. No fantástico é a violação das leis da lógica comummente aceites que nos transporta titubeando, repletos de confusão, pelos recantos dessa terra inquieta. A poesia projeta-nos num universo encantado, o fantástico mergulha-nos num mundo onde todas as nossas certezas se estilhaçaram. Do fantástico solta-se um hálito poético de feição assustadora e lúgubre, fascinante e entontecedora – e só consegue isso se os textos que o perseguem não procurarem dar à vida a poesia e sim o conflito entre o real normal e o sobrenatural mefítico que jaz dentro da mais estarrecedora realidade, subitamente posta em causa e aparentemente transformada em algo que não se sabe bem o que seja, mas que não nos gratifica.

Deixemos durante alguns segundos o nosso olhar vaguear por pequenos exemplos, para iluminarmos em tom de recreio uma certa função de leitores encartados: pense-se, como na novela de Prosper

Merimée *A Vénus de Ile*, numa estátua plasmada num parque ajardinado. As estátuas, tal como os manequins e os bonecos, são sempre vagamente assustadoras, pois parecem-se em demasia com as figuras de carne e osso. Na figura petrificada da estátua há sempre uma sugestão de vida possível, de animação, ainda que a nossa razão e a nossa experiência nos garantam que tal não pode verificar-se.

Na novela referida há a suspeita de que uma estátua saiu do seu estado petrífero para estrangular um noivo demasiado atrevido que com ela, para fazer espírito, contraíra um matrimónio burlesco. Há indícios que podem tomar-se por positivos, mas o caso pode ser o resultado da superstição ambiente ou levado à conta de imaginação excessiva, bem aproveitada por um assassino hábil e empreendedor.

O que não há dúvida é que Alphonse de Peirehorade morreu mesmo com o peito marcado por vergões arroxeados e o pescoço torcido. Obra da estátua escarnecida ou artimanha vivaz do rival espanhol a quem ele humilhara no decurso dum jogo da pela?

Num relato policial este *plot* seria apenas um motivo parcial de encenação e estaria ali apenas para carregar o enredo de um perfume de mistério, pois a breve trecho se infletiria noutra direção fazendo desabar as premissas de cunho metafísico, dado que naquele gênero tudo se desenrola verdadeiramente no chão sólido do cotidiano real. Na novela fantástica, pelo contrário, a sequência de acontecimentos horríficos ou angustiantes não terminam num apaziguamento da descoberta nem sequer a têm como alvo. Em geral, o final de um relato fantástico ou faz permanecer os motivos de angústia, num articulado engenhoso ou abre novas interrogações tenebrosas. A explicação, se assim se lhe pode chamar, levanta novas perplexidades de mau cariz.

Digamos que esta caraterística, esta feição de inacabamento, esgar de humor negro amoravelmente acintoso, tipifica o fantástico como *um gênero aberto* e, por isso mesmo, maior e laborado por autores de qualidade superior.

Daí que o relato fantástico recue ou desapareça nos períodos de conturbação ou exista debilmente nos países onde, por mor ou da miséria social ou do fanatismo fideísta, laico ou não-laico, a existência civil esteja sujeita às penas da desqualificação ética, moral ou de timbre baixamente social, como sucede entre nós, que nunca *et pour cause* tivemos literatura e arte fantástica – com ligeiras exceções de desenquadrados eventuais – que não fosse vestibularmente débil ou epigonal e imitativa.

Casa do Atalaião, janeiro de 2011
NS

Bibliografia
Louis Vax, *A arte e a literatura fantásticas*
Pere Calders, *Cròniques de la veritat oculta*
Jorge Luis Borges, *Ficciones*
Claude Seignolle, *As maldições*
Tzevetan Todorov, *Introdução ao fantástico*
Maurice Sandoz, *O labirinto e outros contos*
Marcel Brion, *L'art fantastique*
Bruno Schulz, *As lojas de canela*
Eric de Monferrand, *Sur le fantastique*
Roger Caillois, *60 relatos de terror – seleção e introdução*
Claude Roy, *Arts fantastiques*

(in Revista do TriploV)

AS CRÔNICAS EVENTUAIS

Ouve, Isabel!

Estava eu no norte do país e queria sair da Cidade* em direção ao Porto sem me enganar na estrada. Como gosto de olhar para as coisas, claro que me enganei. Fui dar, sem má consciência, a Serzedelo.

Fica pra direita, pra esquerda? Sei lá, mas foi ali que eu deslindei um mistério. Ao passar por uma rua apertada que precedia um largo divisei numa parede uma inscrição a tinta que me chamou a atenção e me informou utilmente. Dizia: "Amo-te, Isabel!". Era então ali que a Isabel morava! Que mora. A Isabel nortenha dos negros olhos pestanudos que todos conhecemos. E eu parece-me que sei, Isabel, quem te interpelou assim publicamente. Ou eu muito me engano ou foi aquele rapaz um pouco calado – sim, o que tem um pé ligeiramente de lado e o nariz algo torcido – que uma vez ao passar por ti junto a um café se desviou logo para tu entrares. Por um momento o vosso olhar cruzou-se e tu durante dois dias ficaste a meditar, que o moço apesar do pé e do nariz tem olhos sensíveis, bons braços de trabalhador (é empregado num armazém de pneus) e uma expressão prometedora. E eu digo-te, Isabel: agarra-o com as duas mãos. Assalta um cassino, um comboio correio. Ou vende as arrecadas que os parentes te deram. Paga a operação ao moço, que ele merece. E até pode ser que gostes do pé de lado. E do nariz torcido. E diz-lhe que leste a mensagem. Um tipo capaz de arriscar assim a reputação publicamente não pode deixar de ser um sujeito de caráter. E gostar de ti deveras.

Dá-te pressa. Põe sebo nas canelas - que tens bem harmoniosas e roliças. Aproveita, que coisas destas não aparecem duas vezes numa eternidade!

Geralmente, em Portugal chama-se assim a Guimarães, que foi onde nasceu a nacionalidade.

SCHUBERT, A 180 ANOS DE DISTÂNCIA

As últimas leituras e a última carta de Schubert

Em qualquer pessoa que à música se entregue sem preconceitos sempre ecoará uma melodia de Franz Schubert – o Schubert "pequeno, rude e mal ataviado" que numa manhã de Setembro, ante o gáudio de uma vintena de alunos e cultores do bel-canto, se apresentou no Conservatório de Viena para mostrar o que valia, num desses eventos que usam apelidar-se "exames de Estado" das Academias (1). Mas igualmente um outro Schubert, o de óculos luzindo nas trevas sociais duma Europa que a breve trecho se veria mergulhada em convulsões que aparentemente nada fazia adivinhar, o rapaz "de coração fagueiro" que amava os campos floridos e os bosques olorosos – esses lugares onde, em potência, palpitava a imaginação a que os altos espíritos sabem ser sensíveis e onde se viaja na direção certa, sob as madrugadas de feliz boêmia criadora. E, também, o Schubert dos tempos do fim, pouco a pouco desfeito pela miséria econômica e os farrapos dum sonho que não cabia nos estreitos limites duma sociedade espartilhada por regras desajustadas – esse Franz Schubert que a "indústria cultural", mesmo que o tente, não conseguirá nunca devorar nem escurecer, o "pobre rapaz de olhar ingênuo" no fim da doença que iria levá-lo, lendo custosamente, mas com todo o prazer de um homem que entendia, as páginas exaltantes de liberdade dum James Fenimore Cooper habitante do lado de lá do Oceano. Esse outro lado onde sabia bem viver e onde as planícies abertas eram percorridas por um grande hausto de ar novo e de aventura.

É Alexander Woolcott quem nos conta: "Certo dia de Novembro de 1828, Franz Schubert morria de febre tifoide, em casa dum irmão, nos subúrbios de Viena. Apenas um ano antes, empunhando archotes, um grupo de amigos acompanhara o grande Beethoven à sua sepultura em Wahring e, na volta, fora Schubert de entre eles quem, erguendo o copo, propusera um brinde àquele que iria a seguir. Chegara a sua vez e o inditoso e acanhado rapaz, de corpo cansado e desajeitado, olhos míopes e coração faminto, não daria mais canções ao mundo. Jamais, até então, havia aparecido alguém dotado de tanto talento para a melodia. Foi uma fonte inexaurível de música, e nunca tão fértil como nos últimos anos da sua curta vida.(…) E qual foi a última coisa que Schubert escreveu? Uma carta – uma carta ao seu amigo Schober, com quem no princípio do ano tinha morado na estalagem do "Porco Espinho Azul", até que se mudou por não poder pagar a metade do aluguel que lhe cabia: *"11 de Novembro de 1828 – Caro amigo: Estou doente e há 11 dias que quase não como nem bebo. Estou tão cansado e prostrado que mal me posso mover da cama para a cadeira e vice-versa. Rinna é que cuida de mim. Qualquer alimento que tome, lanço-o logo fora. Nesta situação aflitiva, poderia V. mandar-me alguns livros que me animassem? De Fenimore Cooper já li O último Mohicano, "O piloto", "O espião" e "Os pioneiros". Se tiver mais algum livro seu, agradecia que o deixasse no Café da Srª Gogner. O meu irmão, que é a consciência em pessoa, mo fará chegar às mãos da melhor forma. Do amigo, Schubert"*.

E conclui Woolcott: "Quando pensamos em Franz Schubert, comovido no seu leito de morte ao escutar o ruído de um galho estalando sob o passo de um índio nas florestas à beira do rio

Mohawk – que pena não ter, nessa altura, sido ainda escrito "O caçador de veados"! – de certo modo os anos entre 1828 e o presente momento ficam como que riscados do calendário. Não somente a distância entre Cooperstown e Viena se encurta: o espaço de permeio também desaparece. E, de repente, achamo-nos tão perto do jardim de Schubert que podemos ver o voo dum pardal, e de tal modo próximo da sua cabeceira que chegamos a ouvir o pulsar dum nobre coração".

A despeito dessa nobreza interior, foi ele sujeito de parcos amores consumados (uma Teresa Grob, uma Karolin von Estherazy pertenceram mais ao plano das vivências do coração forçadas pela miséria do tempo), substituídos por muitas horas empregues a trabalhar nos Cafés de uma Viena dada à alegria e aos folguedos, de conversas com amigos pelos atalhos e caminhos vicinais dos arredores. Schubert, que nunca pertenceu a qualquer ordem iniciática, deu-se contudo com gente diversa, incluindo alguns frater e era sensível à música mais hermética de Mozart como "A flauta mágica". Mas o seu universo, tão povoado de seres de outro plano mais profundo, reconduzia-se à terra, ao cotidiano citadino ou campestre, transfigurava-se na existência que ele sonhara um dia alcançar, mas que a dura realidade societária acerbamente desmentiu. Nessa Viena que pouco depois da sua morte sentiria os abalos dos novos tempos, o destino que lhe coube foi o de incessante tangedor das esferas da Natureza, pois este mourejador musical era um cativante companheiro de pacatos festins e de largos passeios, amando como bom andarilho o sol e o cantar dos pássaros, as merendas e os banhos nas ribeiras campestres (2).

Pode afirmar-se sem margem sensível de erro que só na sua "Viagem de Inverno" palpitam amargamente os fantasmas da nostalgia e do desespero melancólico, a plena certeza da proximidade da morte.

(1) Principalmente depois do filme "Amadeus" de Milos Forman, Salieri viu colada a si uma lenda absolutamente injusta de mediocridade. Aquilate-se do valor dessa lenda pela sua atitude quando foi presidente do júri que examinou Schubert: ao terminar a prova, ajoelhou-se perante ele e beijou-lhe as mãos. Mais: com Rueziezka, completou-lhe a educação artística e protegeu-o sempre que pôde.

(2) Schubert tinha muitos amigos, que devotadamente o acompanhavam nas famosas "schubertíadas"e em excursões pelas estalagens dos arredores que faziam jus à estima que lhe devotavam e à sua maneira de ser aberta e comunicativa. Pois logo a maldade dos bons burgueses de Viena tentou, caluniosamente, ver nisso uma caraterística de teor sexual em geral mal encarada pelos hipócritas pseudo-moralistas.

VIAJAR COM O VICENTE

A mais bela reflexão sobre "a viagem" não a fez o tal político *avis rara* que deu duas vezes a volta ao planeta sem sair do gabinete e recebeu, por tal feito, os correspondentes emolumentos. Nem o tal escritor de sucesso que faz viagens de propósito – que horror! – para depois escrever buques que os interessados e os artolas irão consumir regalados. Nem sequer o estimável Xavier de Maistre, com o seu "Voyage au tour de ma chambre" que nos compraz e nos excita pela evidente convicção e o eficaz discurso literário.

De fato, quem me parece ter feito a tal superlativa reflexão que em 9 páginas arruma de vez a questão, foi mesmo Vicente Blasco Ibañez – e de que maneira inteligente, criativa, realmente lúcida e poética! Exato, o mesmo autor de "Os 4 cavaleiros do Apocalipse", de "Sangue e arena" cinematograficamente protagonizado por um Tyrone Power novinho pero todo un hombre – o outro, em fita, tinha por lá o Glenn Ford, a Ingrid Thulin, o Charles Boyer...

O livro – "A volta ao mundo dum novelista" (3 volumes) – foi publicado em Espanha, na França, nos EUA faz este mês precisamente 85 anos. É pois um livro antigo – como se tivesse sido escrito mesmo agora. Leiam as páginas sobre Nova Iorque, sobre a China, sobre as ilhas perdidas do Pacífico e depois venham falar comigo. Sujeito de razão e coração este Ibañez e ainda por cima um democrata de antes quebrar que torcer.

Se não encontrarem nos escaparates (saiu por cá em 44 na Livraria Peninsular Editora, em bela tradução de Agostinho Fortes) ameacem o editor de lhe ferrarem um tiro caso não reedite. Nunca uma doce ameaça faria tanto sentido.

Recomenda-se aos aventureiros/as e aos muito adultos – a todos os que souberam conservar o seu vibrante coração de adolescentes sem remorsos.

CÃES E HOMENS

Há cães para todos os gostos. Na nobre raça dos cães, antiga e venerável, velha companheira do bicho-homem, há páginas de emoção e de terror, de alegria e de miséria.

Há cães de muitas raças, variadas e diferentes como a sopa inglesa. Há o cão-de-água, o cão da Patagônia, o cão-pastor, o cão-polícia, o cão de luxo. Há o que ladra e o que morde, o que rosna depois de lhe fazerem festas e o que olha para nós com uma névoa de espanto ou comoção no olhar. Há o cão cosmopolita, que é faceiro e altivo como um *jolicoeur* francês; há o cão de província, que é melancólico e bisonho, rude e campestre, valente nos montes e nos casais, dedicado e por vezes agressivo para com o estranho que passa a horas mortas. Há também o cão de raça que, normalmente, tem mais olhos que barriga, mais orelha fita que orelha atenta. E há o "cão" popular, que nem é cão, mas falta de proventos... pagantes.

Por outro lado, há homens para todos os (des)gostos. Há homens-touros, homens-raposas, homens-lobos. Há os que têm a alma peluda como um urso, o coração minúsculo como uma bolota – e por isso se lhes usa chamar homens-bestas.

Que nem têm da besta primeva a inocência da Natureza, mas a brutalidade sedimentada por séculos de perfídia e manha.

Nisto de cães e homens há que ter discernimento, porque senão corre-se o risco de injustiça para com os pobres bichos. Ou para com os pobres homens.

Um homem, afinal, apesar de tudo o que se possa dizer sempre é um animal racional ao passo que um cão, por muito inteligente que seja, só aprende habilidades já que o seu mundo é o mundo das planícies ao crepúsculo ou ressurgindo na madrugada: o mundo onde uma árvore é só uma árvore, uma pedra só uma pedra, um rio só um rio. O mundo inocente das coisas inocentes.

Para o homem o caso muda de figura: o mundo está repleto de símbolos, de signos, de mistérios. De tudo pode sair uma interpretação, uma filosofia. O homem interroga o mundo, interroga-se a si mesmo sobre o que é no mundo.

Será um anjo caído? Um animal transformado? Uma espécie em mutação progressiva, dispersa no vasto cosmos?

Quando o homem através dos tempos primevos domou o lobo e fez dele, como cão, seu companheiro de caçadas, de viagens na terra desconhecida, não pensou decerto que mais tarde o cão se tornaria o símbolo da submissão bajuladora ou da boçalidade, o símbolo de coisas tão pouco atraentes como a repressão cega, a maldade teimosa e imbecil, a traição escondida. O símbolo da boca que morde a mão depois de se ter servido. O símbolo da ingratidão. E, como se sabe, é o homem que procede assim, não o cão. O homem é que faz porcarias no anzol depois de ter comido a isca, como diz o ditado. O homem – ou o arremedo de homem – é que procede... caninamente. E que me perdoem os cães esta referência injusta...

Eu, como se calhar toda a gente, tive cães – sem serem, felizmente, dos tais "cães" populares...Tive, na infância, um cão amarelo acastanhado e, mais tarde, um cão preto e branco que ladrava roucamente e que, à noitinha, se ouvia pelas quebradas da Quinta Ferreira. Era o Larzi, e apareceu morto um dia, o pobre corpo estendido no meio do pinheiral. Creio que morreu de velho, pois era cão que os anteriores habitantes da quinta nos haviam deixado. Ou então faleceu vitimado por alguma dessas doenças que atingem os animais.

Nunca o soube. O que eu recordo bem é o seu corpo deitado no chão e a sua cabeça de perfil, nobre mas já vazia de luz, as fauces abertas como para abocanhar em desespero o mundo e nele permanecer. Ficou, na minha memória, como um sinônimo de tudo o que representa inocência e pacíficas virtudes. E por vezes, em sonhos ou em meditações, ou ao vagar dos minutos, ainda ouço ladrar esse cão longínquo. Ainda converso com ele, como nessa infância habitada por quimeras e entardeceres em que andei, quando aprendi que os cães falavam embora com outra voz.

Depois tive, por vários anos, um podengo alentejano, inesquecível amigo de casa e companheiro de passeios: o Clóvis, assim uma espécie de filho em figura canina. Perdoem lá estas madurezas de poeta, juro-vos que eu não gosto de cães por detestar as pessoas. No meu creio que largo coração de lírico cabem todos os amores, seja por um cão, seja pela humanidade, seja até por uma iguaria bem preparada. No fundo, não serei nisso igual a todos vós que me relanceais a prosa? O Clóvis, recomendava-se pelo bom senso e pelo discernimento. Um dia, tempos atrás, disse-me com aquela voz mansa que usava para falar aos humanos:

Dono, não achas que o País anda um bocado às três pancadas? A minha política é o trabalho, como costuma dizer-se, mas não te parece que certos senhores políticos exageram no seu papel teatral de mandões traquinas? Às vezes só me apetece dar-lhes uma mordidela no traseiro!.

Não lhe respondi de viva voz, limitei-me a abanar a cabeça. É que ele tirara-me as palavras da boca.

E agora que, segundo parece, estamos no tempo em que os homens vão mordendo mais do que os cães (não foi isso que nos disse uma famosa notícia com origem nas estatísticas americanas?) celebremos cortesmente por um segundo o velho companheiro de artes venatórias e de outras viagens, presença reconfortante num mundo repleto de dentes caninos, de dentes que afinal querem é morder à sorrelfa...

BREVE RELANCE SOBRE A MÚSICA

A música, imagem da alma, como referiu com propriedade Frederich Herzfeld, tem sido uma segura acompanhante do Homem embora só tardiamente o tivesse sido da sociedade. Com efeito, se nos lembrarmos que a primeira escola de música – ainda estabelecida em termos muito artesanais – foi criada em mil e nove por Saint-Gall e que o primeiro público musical (ou seja, reunido com o fito de ouvir a música por si mesma) só começou a existir no ano de 1725, com a criação por Philidor dos chamados "concertos espirituais", começaremos a perceber que, como uma âncora profundamente fixada no mar societário, a música enquanto fenômeno ou, para dizer doutra maneira, a música enquanto entidade criadora de acontecimentos partilhados por milhares ou por milhões é um dado relativamente recente, tanto mais que os meios técnicos de difusão só neste século se tornaram uma presença quase absoluta.

Nos dias de hoje, em que vivemos rodeados de sons e de timbres organizados de forma lógica (e relembro que foi somente no séc. XVIII, com Mozart, que o timbre começou a ser utilizado de modo significativo e criativo) é-nos difícil entender quanto a música estava afastada das grandes massas populares como fruição habitual e cotidiana. Como refere apropriadamente Konrad Riemann, para o geral da população havia, nos dias de semana, as frases musicais ritmadas ao jeito de pequenas canções que sublinhavam o trabalho feito ou a fazer; no domingo era a canção entoada quando havia festas mas, acima de tudo, a presença do canto religioso, frequentemente expresso mediante a monódia gregoriana.

Antes disso – e a memória mais afastada vai só até 40 mil anos, documentados no fresco de Ariège, na gruta dos Três Irmãos em França – a música seria um sublinhar de fastos mágicos ou ritos religiosos, pois era coisa de deuses e de alguns homens que se haviam subtraído ao seu presumido controle.

A música era apanágio do mago, do sacerdote ou do monarca, fração espiritual que proporcionava um contato direto com as divindades e os seus áulicos.

Contudo, no nosso tempo a música espalhou-se pelo imaginário, dando azo a muitas figurações sociais, políticas e psicológicas. Goebbels, por exemplo, com a sua fina intuição de patifório esclarecido, conhecia bem o peso que tem, ante os basbaques, o desfilar dum cortejo precedido duma poderosa charanga e fez disso um uso infernalmente manipulador. Também os nossos meios de comunicação de massas manejam bem esta matéria: repare-se na forma psicologicamente bem estudada com que nos bombardeiam os ouvidos, repetindo até à saciedade temas de sucesso (as mais das vezes de pouca qualidade) entoados por vedetas primárias que eles próprios criam. Aliás, o consabido ambiente musical dito ligeiro dispensa-me de maiores comentários.

Seja a música – como alguns pretendem – uma variante da linguagem ou, como outros defendem, a abstração da linguagem levada às últimas consequências, a verdade é que constitui um dado incontornável do nosso tempo. É, em suma, um dos componentes do grande imaginário atual para além de ser, nos casos mais exemplares – como por exemplo em Bach, Mozart ou Schubert – talvez um sinal com que a "música das esferas" chega até nós para nos dar testemunho profundo do rosto secreto da eternidade.

UM PEDIDO AO SENHOR PRESIDENTE

Fiquei parvo! Pensei a dada altura que estava a ouvir mal ou a perceber mal ou que estava com os copos. Apesar de eu não beber nada – exceto lá de vez em quando um tinto do Reguengo, um branco de Borba, um rum da Jamaica, um anis de Badajoz, um xerez de La Serena, uma aguardente de Tavira, um conhaque de Sevilha…

Mas creio que já me perceberam: pensei que estava a ficar um pouco xoné ou então que por uma brusca mutação me transformara naquela personagem do Bradbury que tem o coração à direita e o fígado à esquerda por ser um habitante do outro lado do espelho.

Senão vejamos: vi e ouvi com estes e estas que a terra há de comer o senhor doutor Cavaco Silva, que está como se saberá presidente da República, afirmar em plena reportagem televisiva que ele almejaria que os cidadãos nacionais, ou seja portugueses, não se resignassem. Suponho, se é que estou a interpretar bem o estadista em apreço, que o que ele queria dizer na sua é que os referidos lusitanos não devem contentar-se com o pedacinho de relva que lhes tem cabido na repartição da terra cotidiana (falo simbolicamente, claro) deste nosso Portugal.

Dir-me-ão: frase equilibrada, serena e justa – pois toda a gente sabe que isto é absolutamente de aconselhar. Já muitos homens públicos, nomeadamente alguns políticos quando parecem estar mais pachorrentos, têm exprimido tão sagazes propósitos. Mas tal ser dito pelo mais alentado magistrado da Nação – isso é que fez tremer de excitação um romântico como eu…

Mas o melhor ainda estava para vir em matéria de libertário incitamento!

Logo a seguir o mesmo senhor, em que a parte mais progressiva da pátria tem posto as suas complacências e até os que em geral estão do outro lado da barricada – vulgo críticos marotos – encaram com aprazimento porque parecem não ter outro remédio, incitou a rapaziada cá da pátria a não ser subserviente perante o Estado, esse Estado de que ele é o maior e talvez melhor representante!

Bem sei que tal oração de sapiência a proferiu o senhor presidente no Dia de Portugal, numa altura em que os cidadãos necessitam empolgar-se por causa dos importantes acontecimentos desportivos que estão a acontecer lá para as bandas do Reich. E que sendo quase Verão precisávamos de algo que nos espevitasse – uma espécie de sursum corda – para entrarmos nas férias descansados.

No entanto e para a ementa ficar completa, eu pedia ao chefe de Estado uma coisinha simples, que certamente não me fará a desilusão de não me conceder: enderece uma advertência, aí coisa de dois minutos, a uma razoável percentagem dos membros das forças vivas que aqui atuam, nomeadamente a uma considerável porção dos que agora mandam no partido em que Vossência já mandou: quando algum cidadão não se resignar, rebingando com espírito cívico e barafustando educadamente, eles que não comecem logo com manobras de intimidação, com apartes acintosos, com atitudes de escaqueiramento para com o fulano doutrinado por vossa Senhoria. Ou seja, como se dizia quando éramos gaiatos: que não nos tomem logo de ponta.

Olhe, por exemplo no Alentejo – onde numa certa cidade que eu cá sei quem dá a entender que não deseja resignar-se (mediante o trabalho prático de criticar justa e acerbamente os ex-colegas de partido de Vossência ou até de fazer coisas cujo sucesso não podem sufocar), vê logo erguerem-se contra si os cacetes e os punhais (continuo a falar simbolicamente) que tentam que ele nunca mais siga qualquer conselho presidencial.

Porque sabe, senhor presidente, as coisas é no mundo da realidade que comprovam a sua eficácia. Não se pode rebingar (é uma expressão alentejana muito sugestiva) nem protestar contra silhuetas virtuais. Não podemos negarmo-nos a ficar resignados contra simples imagens num espelho. Isso tem destinatários bem materiais.

E é evidente que o Senhor sabe isso muito bem – e por tal fato nos aconselhou judiciosamente, para que possam duma vez por todas ser ultrapassados os atrasos, os desvigamentos, as maneiras de ser que tolhem este país e de que têm sido maiores beneficiários os tais que aponto à sua advertência e que devem ter ficado com as orelhas a arder com o que Vossência disse.

Uma vez que e honra lhe seja a sua postura intranquilizadora, quase libertária, não foi a meu aviso apenas uma atitude de hipocrisia para inglês ver, como infelizmente muitos praticam com o maior dos despudores. É verdade que ainda há bocado houve um malandreco amigo, um desses que não se resignam mesmo nunca (mas também eu cantei-lhe das boas!) que me disse sem brusquidão, mas com um acinte de que não gostei: "*Ó meu lorpa! Então tu não percebes que o Cavaco, como é mais esperto que os outros e já concluiu que este Estado não resolve nada, agora quer atirar o ordálio da trabalheira para cima do lombo da maralha? Naquele estilo que a gente já lhe conhece dos tempos em que ajudou a malta a pensar que eram tudo favas contadas e já tínhamos o paraíso à porta? Boa vai ela, meu palonço…*".

Não creio que o meu velho amigalhaço desta vez tenha razão!

A NUDEZ DE DEUS E DO HOMEM

(Texto feito a propósito do Caso dum pintor que quiseram processar no Brasil por ter efetuado uma performance em que por alguns segundos se desnudava)

A nudez tem um sinal de transfiguração religiosa. Religião vem de *religare*, que significa tornar a ligar. E a ligar o quê? O que, naturalmente, foi separado. Por entidades, pela natureza. Sim, mas fundamentalmente pelo mito que se dá como fundacional.

Assim sendo, a figura central da maior religião de re-ligação, a religião cristã e católica, é um corpo nu, o corpo de Jesus, o Cristo. Nu quando nasce e é exposto no Presépio, nu enquanto é batizado no Jordão por João Baptista, nu quando na cruz expia a condenação a que foi submetido pelo poder enroupado (a roupa do sumo-sacerdote Kaiphás é decisiva e caraterizadora do poder de fato) judaico-romano.

Torturado na cruz, morto em estado de nudez (embora nos ícones apareça com uma faixa de tecido que lhe tapa as partes pudendas para que o beatério não se sinta afrontado), Cristo desce ao sepulcro e aí permanece envolto num lençol de linho cru até dali ser resgatado pelos dois anjos do Senhor que o retiram nu do mausoléu para depois o cobrirem com um manto não conspurcado pela morte.

Nu no seu corpo divino e humano, igualmente se nos apresenta nu – ou seja, despido – de mentiras, de preconceitos, de hipocrisias e de cizânias enquanto ser de espírito e de intelecto, logo de razão que vai além da desrazão que constituíra o suplício, a Paixão.

Nesta perspectiva, a aversão que os modelados pelos próceres de alguns setores da Sociedade manifestam pelo corpo nu do Homem (e Cristo foi Deus, mas também Homem) só pode ser de origem satânica, relapsa, infrauniversal, contrária ao lema de Cristo e à sua mensagem sublime de bondade, de paz e de concórdia.

NA MANHÃ CLARA E QUENTE

Não é soturna, mas misteriosa. Um antigo lagar. Todos os dias a vejo, aquela casa casarão agora abandonada. Só frequentada, agora, por pombos. Segundo andar e sótão a toda a largura do edifício. E janelas, janelas de arcada, janelas em ogiva, janelas largas em sacada por onde se faziam subir as saquiladas de azeitona nos tempos da minha infância e adolescência. Todos os dias a vejo – que fica mesmo em frente do Museu aonde estacionava profissionalmente e onde todos os dias passo. Que todos os dias recordo.

Todos os dias? Todas as horas, que da janela do meu gabinete o via e hoje catrapisco na memória sem ser sequer preciso virar os olhos dentro da cabeça.

Casarão à maneira do Lovecraft, que se ele o pisgasse logo o meteria em história de espantações. Agora, deserto de presenças humanas, já com algumas vidraças partidas, é a guarida dos pombos, dos pombos que como dantes lhe andam sempre em volta (são dum columbófilo encartado, desses que fazem largadas de Oviedo, Sevilha, Vila Nova de Poiares, o mundo…) sem ousarem entrar. Netos – bisnetos, quero eu dizer – dos que por aqui esvoaçavam quando eu era tão só um puto.

Lançavam-se papagaios: feitos de papel de seda – azul, vermelha, amarela, duravam pouco mais que um dia, mas prolongavam-se pelo tempo. E passavam as mulheres da queijaria, a soldadesca e os pedreiros, gente de cara seca e braços encordoados e alguns ficavam a olhar por um momento antes de irem abancar na taberna do sr. Abreu, taberna assim a modos que fina onde os manejadores do maço e das pachadas de cimento entravam com unção de quem entra já não digo num templo, mas pelo menos numa sacristia. Os odores das iscas cozinhadas à maneira, o belo carapau de escabeche que nunca mais senti como presença de sedutoras iguarias, o moço de lábio leporino que levava as travessas carregadas de copos e de terrinas substanciais... E o senhor primeiro-sargento Cabanas (o que mais tarde me ensinou a esgrimir) que depois do toque à ordem ia buscar o jantar pra ele e sua senhora, acompanhado pelo impedido pacholas, soldadinho raso das bandas de Montargil que lhe transportava os comeres.

E o fiscal de isqueiros, funcionário da repartição de Finanças a quem se atribuíam também suspeitosos outros mesteres e que afinal, depois da bernarda abrilina, se revelou velho militante do partidão e distribuidor, pela calada da noite, de corajosas papeladas subversivas. E a dona Virgínia, cordial vizinha e esposa do senhor Casaca, que fazia brinquedos de madeira – camionetas coloridas, rocas e piões a granel e palhaços que davam cambalhotas suspensos numa barra de arame grosso. E os altares de S. João donde escorria e onde cantava a água numa ribeirinha de cenário, e a menina Maria que foi mestra de gaiatos toda a vida, e o polícia senhor Laranjo que era da terra da minha mãe e por isso eu não temia porque me dava ervilhanas e, já quase na reforma, um dia teve de me ir deter com um colega também das minhas relações, por mando do governador civil porque eu agia demais no velho Clube de Futebol do Alentejo e estava dado como perigoso oposicionista.

Os pombos. Dizia eu – os pombos. Parentes dos que todas as manhãs me acordam, pois vivem no rebordo da marquise por cima da janela do meu quarto, abandonados que foram por um cidadão columbófilo com demasiado apego a Baco e que por isso, flechado na figadeira, lá foi ter com o comandante dos olimpos romanos antes de tempo.

Pombos, pombinhos? Dum suave arrulhar para quem é um dorminhoco convicto. E lá no velho lagar, que eu bem a vi quando uma vez não me contive e espreitei pelo arrombado duma porta, há uma poeira muito fina no ar de outrora iluminada brevemente por raios de sol que lhe cruzam a penumbra mais consistente e onde o silêncio para quase todas as horas se condensa e vai perdendo no tempo vivo.

COMO UM TAMBOR AO LONGE

Bate e palpita e não é um mar nem um tropel de pernas e braços que sobre um relvado arfa e se descompõe. Nem a revoada de palmas numa sala comicieira de gândulos esfaimados por prebendas, por coisas de muito mandar. Bate: quente, arfante, solitário, nítido como uma voz que reboa na manhã em que ainda se sente o sussurro da madrugada. Bate como um punho numa porta cerrada e depois aberta para o afago, o grito, o absoluto permanecer. Não é um bater de espingarda que se dispara, de aparelho (um piano, um frigorífico, uma mala enorme) que tomba num chão e faz um estardalhaço infernal. Nem um tum tum tum de maquineta enlouquecida. No calor e no frio das terras e dos tempos, no afastado de salas e de quartos onde os mistérios se interpenetram como corpos de amantes, como corpos de amantes que ao mistério se dão, como um balão que rebenta, mas de mansinho, na noite de muito possuir e na manhã de magia, ele efetua o seu ruído difuso, único, solar.

É um pássaro, um super-homem, uma nave que ultrapassa a barreira do som com um estampido?

Ou é soco violento numa mesa, muitos socos violentos sobre uma mesa, um rosto, uma situação?

Não é nem ronronar de máquina de navio, nem grasnar rouco de motor de avião, nem estrépito de cavalos no empedrado de uma calçada antiga.

Com efeito, esse toque toque toque, esse pulsar incógnito, mas reconhecível, humilde, mas fragoroso no interior do seu silêncio, reboante nas horas de que não há nem notícias nem mapas, esse pequeno ruído como o de um tambor ao longe é apenas, tão só, simplesmente – o de um humano e apaixonado coração.

RECORDANDO MANUEL INÁCIO PESTANA

"A memória é uma flor ausente" *

Em 1998, Gérard Calandre visitou-me no Centro de Estudos José Régio, onde trabalhava – e que era em geral o teatro dos meus encontros com Manuel Inácio Pestana. À entrada da larga porta do Museu, cruzamo-nos com o distinto historiador. Delicado como era, urbano e verdadeiramente civilizado – era um senhor no trato – cumprimentou-me e cumprimentou-o e trocaram breves palavras informais. Acompanhei o poeta ao restaurante onde iria almoçar, mais tarde, depois de ter visitado o Museu Municipal.

Na volta, encontrei o Prof. Pestana a contas com os cartapácios que eram o seu objeto de pesquisa aturada. Mas largou-os logo e pusemo-nos de imediato à conversa.

Disse-me então, depois da minha explicação mais pormenorizada, que achara Calandre uma pessoa de bom porte e, logo, de evidente qualidade. E pediu-me em seguida poemas seus para os dar a lume na "Callipole".

Creio que isto epigrafa bem a disponibilidade, a abertura, a generosidade – penso que, sem exageros, poderei dizer *a bondade* – que sempre reconheci nele.

Durante vários anos encontramo-nos em colóquios, em lançamentos de livros, em inaugurações de Mostras. Numa delas acontecida na Galeria municipal portalegrense, reunindo pintores de diversos locais e proveniências e durante a qual foi lançado um número temático ("Portalegre") da "Sol XXI", dirigida por outra excelsa figura alentejana – Orlando Neves – o nosso relacionamento aprofundou-se. Verificamos com aprazimento que as nossas coordenadas intelectuais e os nossos espíritos estavam mais próximos do que pensávamos e resistiam muito bem a onzenices com que alguns invejosos tentavam turvar a nossa crescente consideração mútua.

Sempre que pôde, convidou-me – e deu-me latitude de manobra para agregar outros autores – a participar em coisas em que estava inserido. Da mesma forma procedi eu e tive o gosto de no suplemento cultural "Fanal" ter publicado os primeiros e, infelizmente, únicos versos seus dados a lume em vida.

O Prof. Pestana, como sempre gostei de lhe chamar pois era um *scholar* autêntico, competente e empenhado, assim que chegava ao Centro de Estudos, dirigia-se logo ao meu gabinete. Hoje, à distância, comove-me recordar as palavras com que se apresentava – ele que até pertencera à Comissão Instaladora do mesmo e era membro colaborador: "Dá licença, amigo Saião?". Não "Ora bom-dia!", não "Ora cá estamos!" ou outra expressão absolutamente cordata e natural. Mas sim aquela. Denotando modéstia, educação aberta e respeito pelos outros. E depois falávamos de publicações. Eu mostrava-lhe com frequência poemas e escritos, ele falava-me nos projetos e nos trabalhos que o moviam. Não durante muito tempo, que não nos queríamos estorvar (como se isso fosse possível) mutuamente. E eu ficava no meu lugar e ele ia para a salinha de pesquisa e sentia-lhe a presença pacífica, serena, estudiosa...

Em 1999, de juntura com outra figura incontornável do meio intelectual alentejano, António Ventura, estivemos no Canadá. A convite da Casa do Alentejo em Toronto. Aprofundou-se a nossa lidação e a nossa estima. Éramos comensais, éramos pessoas da escrita, éramos alentejanos de visita a uma terra distante. E, passados anos, ainda de vez em quando me falava na sessão de poesia (e conversa e suscitações diversas!) que efetuei ante uma sala repleta – a princípio de alentejanos um pouco céticos mas que, por meu deslumbramento, tive a sorte de conquistar com os poemas que levava artilhados...

Assisti, com amargura e inquietação, à sua crescente debilidade. Sem condescendência de qualquer espécie – que não é esse o meu estilo – procurei sempre dispô-lo bem, tranquilizá-lo tanto quanto me era possível. O seu falecimento – quando me encontrava impedido de me transportar com presteza (essas coisas danadas que acontecem aos automóveis de gama baixa) no regresso de Sevilha e sem possibilidade de me deslocar a tempo – comunicado pelo meu estimado companheiro de escritas Dr. Joaquim Saial, consternou-me profundamente.

Há coisas que as máquinas, esses bichos estimáveis, mas sem alma, não nos deviam fazer...

Recordo pois em Manuel Inácio Pestana o investigador probo e talentoso, o professor competente, o confrade respeitador e aberto, o cidadão tolerante e a consciência bem formada. A sua ausência paulatina e, depois, súbita na fase derradeira, deixou-me um vazio que não sei bem explicar: talvez o da memória, talvez o da fraternidade sem jaça entre duas pessoas diferentes em ideologia e em concepções doutrinárias que, contudo, se irmanaram pela flor sem conveniências espúrias da Cultura, da escrita e da busca do verdadeiro Bem.

Emocionado, curvo-me ante a sua lembrança.

* verso de Gérard Calandre

O PRAZER DE CITAR

Tenho um gosto pronunciado pelos provérbios e as citações.

Os provérbios porque, independentemente da sua justeza, por vezes são pérolas de fantasia verbal; as citações porque correspondem a momentos excepcionais no espírito dos autores das frases, quando a mente, em fase ascendente e profundidade fecunda, traça girândolas que jamais se apagam.

Além disso, ambos são úteis. Os primeiros servem muito bem para nos acautelar o dia a dia, tornando-nos mais atentos às eventuais ciladas; os segundos, além de serem uma homenagem reconhecida a quem as pronunciou ou escreveu, dão sempre sinal sonoro que ilumina tudo em torno.

Assim, por exemplo, quando um político astuto e cheio de ronha vem prometer mundos e fundos, tirando o pigarro uma pessoa pode responder-lhe parafraseando Churchill: "Pois... Como se eu não soubesse que a política é a arte de ajudar o público a *não* tratar dos assuntos que lhe interessam...". E, se um malacueco qualquer até nós vem com falinhas mansas para nos interessar num negócio chorudo e de mão-beijada, podemos raciocinar: "Tá bem, deixa... Como se eu não soubesse que não dá o frade do que bem lhe sabe!". Se alguém se queixa de que, num estabelecimento, comprou um produto bom e barato, desses que a perclara televisão nos mete pelos lúzios adentro e que a breve trecho pifou, pode pensar com equilíbrio: "Fui um saloio... Então não sabia eu que as pechinchas dão em requinchas?". E, ao saber que num determinado serviço público certos funcionários andaram a lesar o contribuinte mediante atos de pequena ou grande corrupção, abafados pelos superiores fatuais, pode comentar com filosofia: "Os javardos, na lama, são donos como el-Rei no Paço...". E a alguém que se admire de que num areópago os representantes populares passem o tempo a bulhar por dez réis de mel coado, esquecendo os interesses da nação, pode responder-se com sensatez: "Deixe lá... Se se pusessem de acordo é que se calhar era mau. Pois não sabe o meu amigo que quando os barões se abraçam quem leva as pauladas é o servo?". Espanta-se uma pessoa porque os inquéritos sobre os casos das contas de... e das luvas de... demoram a deslindar-se? É referir-se-lhe, com bonomia: "Tenha lá tento! Então nunca ouviu dizer que a roupa suja deve ser lavada em família?". E ao Fabiano que comente o ar patibular de certas figuras públicas, pode esclarecer-se sensatamente, a exemplo de Oscar Wilde: "Note, meu caro, que cada sujeito tem a cara que merece. Aliás, a partir dos trinta anos cada um é responsável pela cara que tem...". Vem um tipinho, muito moralista, metido na sua indumentária a dar conselhos à gente, pela televisão e pela rádio, alertando-nos para a nossa falta de contenção na fala e para o nosso amor ao mundo, ao dianho e à carne? É repontar-se-lhe de pronto: "Sim, sim...Bem prega frei Tomás". Ou, como escreveu um dia Benjamin Péret, "Quando eu tinha 20 anos, os espertalhaços avisavam-me: vais ver quando tiveres 40 anos! Tenho 40 anos – não vi nada...".

    Pela minha parte, digo que embora os ditames e as citações sejam inúteis para ultrapassar certas situações de fato (vejam, por exemplo, se é possível acabar com o abuso de poder de certos donos dos grandes dinheiros com um provérbio jogado à cabeça do argentário) o que não admira pois lá reza o ditado sobre o trinta-e-um de boca, e sabe-se que *cantar é bonito, mas não enche barriga*, serei sempre apreciador de tão concisos conceitos.

Bom, mas calo-me já para não correr o risco de algum leitor mais afoito me dizer *fique-se com a sua sabença que eu fico-me com a minha mantença* ou, pior ainda, *vozes de jerico não chegam ao firmamento*.

E não me assistiria, está de ver, o direito de responder com uma parelha de coices, como fazem certas coléricas personagens que, por nosso azar, transitoriamente nos tratam do cotidiano...

RETRATO OUTONAL

Portalegre sob a chuva, numa manhã de Outubro quando na rádio vão soando os acordes alongados dum trecho de Sting ou dos Dire Straits. Portalegre cuja silhueta cubista e serena, olhada do caminho vicinal da Serra da Penha, é semelhante à de Santa Maria de los Caballeros, vila espanhola que se projeta na bruteza rochosa de montes por onde suevos, alanos e mouros cavalgaram como que por país conquistado antes de chegarem a esta nação onde segundo Le Poer Trench se situaria o Jardim das Hespérides – uma vez que os longes de cretenses e áticos eram os pertos de lusitanos futuros, presentes e passados.

Portalegre, "cidade de ouro e sangue" como lhe chamou um notável artista português. Lugar de encontros e de momentos singulares.

Cidade que em si mesma se revê, encantada com seus arredores, seus vales e recantos, sua estrutura vegetal que do Reguengo à Ribeira de Nisa, dos plainos dos Fortios às colinas e vergéis de São Mamede e de Alegrete a justifica e projeta, a faz permanecer em quilômetros de terra onde cresce a oliveira, onde as vinhas retomam do Sol os antigos prestígios, onde a couve, o agrião, a batata, o feijão e a cenoura fazem concorrência frutuosa às peras, às castanhas e às laranjas. Sim, as manhãs sagradas de deambulações pelo Mercado.

Cidade de fumo no ar (das fábricas que contribuem para o seu enriquecimento industrial) e de fumo rente ao chão (dos carros que a poluem e atravancam quando calha nos passeios, porque as pessoas não podem guardar os automóveis no bolso ou estacioná-los em cima dum boné de cívico) de fumo nos corações e nos pulmões (pois os cigarros e as paixões equivalem-se conforme nos explicava com justeza Augusto de Castro) e de outros fumos mais que se evolam e desaparecem como miragens, como imagens virtuais num espelho quebrado: as da politiquice, da bondade frascária, do novo-riquismo ridículo. Pois que até os édens não estão livres de animais virulentos.

Cidade de juventude e de velhice mal-amada, onde os Planos Quinquenais (perdão, emendo o termo) onde os Planos de Desenvolvimento se mostram tão raquíticos e pouco dotados que mais uma vez desconfiamos que andaram brincando conosco. Cidade onde a droga e o alcoolismo infelizmente não fazem esquecer que estamos em fins de século, mas onde às vezes a cultura é felizmente uma realidade – uma hiper-realidade, para melhor dizer...

Cidade que vê passar os aviões a jato pelo ar muito azul; que vê passar os Presidentes lá longe para os montados de Beja; que frequentemente viu passar as carnes de porco e de vaca de contrabando pelas fronteiras entre penedias e adustos carrascais; que não vê passar a banda porque as bandas musicais estão nela a morrer; nem os comboios sequer, porque a Estação lá vai ficando a uma dúzia de quilômetros.

Cidade de cidadãos e de turistas para encherem os hotéis às moscas.

Cidade que apesar de tudo nos merece a nós, seus habitantes, como nós legitimamente e com amor dorido a merecemos a ela porque, como disse em tempos Vítor Hugo referindo-se a realidades nacionais, *"cada povo tem o governo que merece"*.

Mas será de fato realmente assim?

DE PAU FEITO
(OS PEDAÇOS DE MADEIRA DE DEUS)

Sambène Ousmane é um grande escritor africano. O que carateriza este romancista é o seu apego a África como um todo, um continente onde pairam ainda as presenças dos animais ancestrais com o Homem no seu centro pululante de vida. É/foi, como africano, um homem do mundo.

Este escritor do Mali deu a lume uma obra célebre intitulada *Os pedaços de madeira de Deus*, onde descreve a existência de gente simples, de trabalho e de humildade: essa gente feita, efetivamente, como de pedaços de madeira vulgar que, pela sua específica razão, ascende a algo mais significativo e humanizado.

Tempos atrás, há anos, fui ao Reguengo. Era altura de festa, as gentes do lugar confraternizavam no largo onde se havia armado barracas de comes e bebes.

Numa delas, abancado com amigos, estava o homem que eu ia procurar: o Tio Canas, que teve no civil o nome de Emílio Relvas. Ora acontece que o Tio Canas, homem cordial e sensível, é autor de uma obra soberba considerável em tamanho e diversidade, toda feita de madeira, a madeira (paus) que apanha aqui e ali ao sabor da fantasia e da imaginação criadora.

Os pedaços de madeira de Deus...Tenho para mim que Sambène Ousmane saberia, embora tivesse feito parte doutro quadrante cultural, apreciar os magníficos bonecos do fraternal habitante do Reguengo: bailadores, animais e Cristos, barcos e baixos relevos de festas de casamento, paisagens ornamentais, objetos de uso comum, enfim – um ror de pequenas maravilhas que pouco a pouco têm enchido a vida deste nosso vizinho que, como maior motivo de regozijo, tinha a peculiaridade de se dar bem com toda a gente, como ele fez questão em nos dizer. "Apesar de ser pobre tenho gosto pela vida!", disse-nos com um sorriso bom na face crestada por anos de ar livre. "Ainda bem que gostou de ver cá as minhas coisinhas!". Era assim que se exprimia este homem, modestamente, ele que teve o condão de iluminar o seu dia a dia através da execução de peças que não ficam atrás das de qualquer outro artesão (artista) doutro qualquer lugar. Era com humildes pedaços de pau, a madeira do dia e da noite que o Tio Canas fabricava a sua madeira sagrada. Porque é possível, por intermédio do íntimo talento e pela magia da Arte, tirar o universal do particular e, voando sobre a incrementada vulgaridade dos tempos, criar algo de eterno e de permanente.

Para quando, nesta cidade, uma grande exposição que preste justiça ao Tio Canas?

E, por osmose, à arte regional autêntica, tão viva nos discursos de circunstância.

Nota – Recentemente, vários anos depois deste texto ser dado a lume, soube com alegria que a edilidade local criou justificadamente, num edifício do Reguengo, um pequeno museu que hoje acolhe a obra do tio Canas, já falecido.

EM TORNO DE JULHO

Julho é o mês da sétima lunação. No céu desafogado de Verão os planetas de mais larga translação quase se palpam no azul sedento do crepúsculo ou ao entrar da noitinha. Há no ar sons distantes de sinos, sons esparsos de aves e de animais enquanto os minutos correm como ecos longínquos no arfar da ramaria, no silêncio fremente das casas.

Em Julho o campo e o mar são como um grande segredo inolvidável.

Julho é um mês ardente e mágico, palpitante e solitário que ainda guarda nas suas horas lentas o prestígio dos tempos idos em que não se sobrepunha o signo à coisa significada, os tempos quase inocentes em que a brutalidade e a manha não eram apenas uma nótula ou um excerto assinalando sem estranheza que este Mundo vai andando de cabeça e coração como se fossem objetos postiços de cartão ou madeira negra. Noutro contexto civilizacional, julho era o mês em que os egípcios glorificavam Osíris e a sua corte de divindades menores, em que os gregos mais visitavam a pitonisa de Delfos, em que os dógons do Sudão se juntavam nos bosques à entrada da noite soberana para falarem na sua linguagem secreta, tão misteriosa e interdita que só aos iniciados e aos arcanos se podia dirigir. Era em julho que nos montes de Palenque os ferozes deuses mexicanos se apaziguavam: virados para a constelação das Plêiades, coroados de penas de condor e de flores zapotecas, os sacerdotes quíchuas soltavam o seu intermitente grito de saudação misturado com o trilo das flautas.

Era em fins de julho que na Lusitânia, nas pedras de granito talhado dos campos de carvalhos, nas arribanas e nos casais, tudo se começava a preparar para receber depois a uva sangrenta geradora de maravilhas.

Mas Julho é também, a par do calor que o fundamenta, um mês claro e alegre, pleno de tranquilidade e gentilezas: a fruta é em Julho sumarenta e refrescante, viva e generosa como a própria poesia da natureza em volta. Há o figo e a melancia, o pêssego e o abrunho – que são frutos amáveis e solidários: o seu mistério se dissipa nas tardes de gula, posto que o mistério persista, porque no coração vegetal há sempre um minuto filho da terra trabalhada por muitas mãos calejadas, regada por muitos suores, cerzida por muitas linhas de cansaço e solidão. Mas quem humanamente se detém no gosto de devorar um figo luminoso numa fresca manhã campestre?

Em Julho a noite cresce como a tranquilidade no coração dos justos. E talvez, também, como o remorso, como o travo azedo duma acerba incomodidade no estômago dos que têm ou terão contas a prestar ao mundo e à consciência dos homens.

Mas Julho é igualmente o mês dos sonhos longos e dos amores mortos e renascidos: a própria memória das coisas é como um bicho entontecido num bosque, olhando febrilmente a penumbra rente ao mar e à montanha, correndo como uma raposa acossada nos caminhos pela trompa dos senhores de casaca vermelha que, na "pérfida Albion", se dedicam a estes mansos desportos que felizmente entre nós não existem.

Em Julho a alegria é azul e a tristeza cinzenta. E às vezes mudam devido ao rumor persistente das recordações.

Diz-nos o "Almanaque do Pensamento Astrológico-Literário" que em Julho os luminares estão a vinte e seis graus de cancer, na terceira casa, o que prenuncia período favorável para a agricultura, os negócios (da China?) e as representações nacionais no estrangeiro. Os trígonos de Netuno e Saturno indicam, não obstante os bons presságios anteriores, dissensão nos meios políticos e administrativos e a conjunção de Marte com Júpiter augura aumento de renda nas repartições arrecadadoras do Governo, bem como desenvolvimentos peculiares nas autarquias, no comércio e na indústria com benéficos reflexos no exterior...

E por tudo isto se vê que Julho é também um mês cheio de senso de humor, de ironia astrológica e de mansuetude literária. E de perspicaz anotação política.

Por isso, agora que ele vai iniciar a sua corrida ascendente, louvemos com galhardia o mês de Baco e de Quetzalcoatl, o mês límpido dos grandes calores e das altas esperanças humanas e lusitanas – que quase nunca, infelizmente, se realizam.

QUEM TIVER OUVIDOS QUE OUÇA

O meu amigo Ricardo faz-se entender por gestos. Claro, já perceberam: o Ricardo é surdo-mudo, o que à partida constitui uma barreira razoável. Mas ele não se deixa limitar. Vivo e esperto participa no que o rodeia, seja brincadeira ou conversas. Convirá dizer que este meu amigo está à beira dos 7 anos, mas entende muita coisa. Por exemplo: que as outras pessoas também podem entendê-lo a ele. E vai daí o Ricardo chilreia e gesticula com grande poder de comunicação. Por detrás de cada orelhinha ostenta uma prótese auditiva, que ele nem calcula ser descoberta de truz de um senhor austríaco que preferia trabalhar em objetos pacíficos. Ora, importa-lhe lá saber isso! O que ele quer é correr, pontapear uma bola, dar largas à sua exuberância.

Daqui a uns tempos o Ricardo irá para a Escola e terá possibilidades de não se ver marginalizado, incomodado ou mesmo estorvado, como em tempos antigos sucedia. Pois que, apesar de tudo, teve a sorte de nascer no nosso tempo. Dantes – digamos: há cinquenta anos, por exemplo – ele seria provavelmente alcunhado de o mudo, ou de o mouco. Ficaria eventualmente analfabeto. Mais tarde alguma moçoila, quiçá seduzida pelos seus olhos límpidos, nunca se esqueceria contudo – ou os papás lho lembrariam – que pessoa assim não era futuro e mais que toma e mais que deixa, a panóplia clássica de quem sabe o que quer e para onde vai moça casadoira.

Resumindo: se os instrumentos sociais que hoje existem não falharem, por incúria ou desinteresse, esta criança poderá viver uma vida não muito diferente dos seus companheiros sem *"handicap"*.

Há dias fui de passeio. Viagem curta, mas que deu para muita coisa interessante, uma vez que esta nação, em certos casos, não é tão má como isso – ou as pessoas por ela. Ainda tem aspectos e coisas cotidianas que nos animam e nos consolam. Por exemplo, uma bem preparada terrina de enguias na região ribeirinha de uma pequena povoação do centro do país, onde me detive para almoçar e na qual a fraternidade não se mediu em termos sensaborões. E que tem duas padarias, três cafés, duas vendas. Terra onde não se vive mal e se pode jornadear com sossego.

Ora num destes cafés, quando as ditas enguias estavam passando ao estreito de vários convivas, calhei de olhar para a televisão, suscitado por um comentário acerbo vindo de um senhor bem vestido abancado a outra mesa com outros senhores bem vestidos. E vi que estavam a falar de Pablo Picasso, pintor de muitas celebradas maravilhas mas que, segundo o dito cavalheiro, só fazia cagadas – conforme disse apontando o écran, num vernáculo despejado e sem respeito pela indumentária própria e os ouvidos alheios.

Mas estará o leitor a perguntar: onde é que isto se liga com o Ricardo, qual a articulação entre um rapazinho surdo-mudo e um dos maiores pintores do século vinte, o ilustre autor de "A pesca em Antibes" e tantos outros quadros esplendorosos? Nisto, que a meu ver é comovente: quando o conheci em casa de uns familiares eu tinha nas mãos uma obra sobre Picasso. E logo, curioso e vivo, ele veio até mim e com as suas mãozitas de infante folheou, admirou, maravilhou-se com tanta maravilha. E, com o dedo polegar erguido em gesto tácito de efeito garantido, me asseverou silenciosamente que tudo aquilo era porreiro.

Pois é... É que o Ricardo não fala, mas vê. E sabe ver! Talvez mais tarde, quando for adulto, saiba mesmo que neste ano da graça de 2009, enquanto lá fora se têm multiplicado, desde meados do ano transato, as recensões e homenagens a Picasso pelos 35 anos do seu falecimento, no país onde reside continua a haver muitos senhores bem vestidos, mas despejados que não gostam da cultura viva, atuante e suscitadora. Ao contrário desses excelentes cidadãos, o Ricardo sabe que não basta ver e ouvir com os olhos e os ouvidos de fora, assim como não basta falar de papo nos areópagos caseiros.

Como diz um conhecido meu, às vezes as coisas acontecem mesmo sem que um fulano dê por elas. Seja na culinária, na pintura ou mesmo na política nacional.

E, por acontecerem, talvez um dia nos vejamos definitivamente livres – intelectual e socialmente, é claro – de senhores bem vestidos com a elegância verbal de carroceiros.

COISAS DE PANTAGRUEL

Não percebo nada de cozinha. Emendo: creio que não entendo nada de culinária, o que bastante me pesa. Os prestígios secretos da pimenta, do sal, do cravo-de-cabecinha, as magnificências do colorau e dos cominhos – escapam-me, por meu mal, completamente. Por outro lado, até hoje o único prato que consegui confeccionar sem desdouro de Mestre Cuca foram uns ovos com ervilhas em estilo cometa que ninguém, saiba-se lá por quê, apeteceu consumir.

Sou pois, como preparador de regalos e de acepipes, aquilo a que propriamente se chama um fracasso e estou em crer que se algum empresário da nova vaga, um desses dinâmicos patrões que se encomendam a Zeus e a Mamon, tivesse a infeliz ideia de me contratar como chefe de restaurante, depressa faria fugir a sete pés todos os comensais que eventualmente me caíssem em frente do guardanapo.

Isso não significa, contudo, que não seja capaz de apreciar a boa mesa!

Já se sabe que para se aquilatar do gosto duns ovinhos mexidos não é indispensável ser-se galinha, assim como para se distinguirem as saborosas caraterísticas de um chispe não é imprescindível pertencer-se à espécie porcina, posto eu saiba que anda por esse mundo fora muito reco a tentar a mestrança de perito em paladares: o que é sem dúvida legítimo, desde que se mantenham nos limites gustativos da bolota e do maceirão.

Para mim, que tenho pinta de *gourmet* como dizem os franceses, que nisto de comidas ninguém lhes leva a palma, o frango do campo não é necessariamente inferior à galinhola ou ao pato, o esturjão remolhado não se avantaja à pescada bem fritinha, de rabo na boca ou com todos os matadouros. Cá me lembra por exemplo, com saudades, uma pratada de peixinhos fritos que devorei em Peso da Régua, assim como não me esqueço dos prazeres que em Reguengos de Monsaraz me provocou o maroto dum coelho todo envolto em vinha-de-alhos.

Tenho para mim que há vegetais e vegetais... Todavia, virem-me com a historieta de que a couve é sempre melhor que a cenoura é balela que eu não engulo.

Bem sei que a couve contém elementos que a tornam recomendável: o ferro, os sais minerais diversos, a vitamina H ou Z, o diabo; mas para mim as cenouras, desde que tratadas com discernimento e suavidade, não se lhes ficam atrás. Além do mais consta que fazem bem à vista. E, havendo nestes tempos tanto omnívoro meio-cegueta, verifica-se assim que não são elas um legume para deitar no lixo ou no esquecimento.

Confesso que tenho um fraco pela batata. Isso parece-me lógico: a batata é o pão dos pobres e eu sou de origem humilde. Radico pois tal preferência num hábito hereditário que me deve ter deixado marcas nas papilas e nos refegos interiores do estômago. Mas alto! Que não são todas as batatas que me agradam: bem preparadas as quero, sem grelos nem pontos negros. Se cozidas, que se desfaçam na boca; se fritas, que estalem sob os dentes; se assadas, que transportem ao palato o fino olor místico da salsa e do cebolão.

O que menos me agrada numa batata é que seja envinagrada, farinhenta, torpe como nascida das pedras ou com sabores menos filhos da terra úbere que do supermercado às três pancadas. Rasca como certos homens públicos...

Quanto a aves, tenho conhecido muitos passarinhos fritos que mais se parecem com pássaros bisnaus. Mas se a avezinha, qualquer que ela seja, estiver cozinhada com mão de mestra, eis que quase se sente esvoaçar no ventre – tão leve e saborosa se achou ao rés do fogo.

Nunca devemos esquecer-nos que uma iguaria, para o ser, não deve ter o lume por demasiado violento ou excessivo: é que os pitéus, tal como os homens, parece não se darem bem com o que é rude em extremo. E é bem natural que a carcaça de um peru se queixe, tal como noutras circunstâncias um qualquer cidadão faria.

Nunca gostei de santolas. Aliás, o marisco em geral deixa-me frio: tem muita casca e pouca carne, é caro e anda para trás como o caranguejo. E eu tenho para mim que às arrecuas não se vê bem o caminho: às vezes até se cai de cabeça ou de joelhos, sem mesmo se ter tempo para antes do trambolhão se pronunciar um deus me acuda protetor. Por isso o único marisco que aprecio é a ostra – pois por vezes tem lá por dentro a maravilha de uma pérola.

Quanto a licores só gosto dos generosos. Os espirituosos quase sempre não têm espírito nenhum, até se parecem com um eventual crítico literário *au pair* ou algum ronceiro comentador televisivo. E se pelos vinhos se entrevê a alma dum povo, então desejo com ganas que o nosso se vá parecendo mais com um porto que com um uísque, mais com um colares que com um vodka, mais com um madeira que com um conhaque. E que não tenha o álcool muito fraco, pois que é dele que lhe advém a generosidade e a altivez.

Das frutas prefiro a cereja, o pêssego, a laranja. Não gosto nada da pera e quanto à banana já lá vai o tempo em que muita gente a tinha quase de graça, de exportação africana. Agora, coitadinhos, ficaram votados às bananas de outros, à ameixa e às pevides de melão...

Não falarei nas sobremesas, que nisso não tenho preferências de assinalar. Sou ao contrário dos romanos, que quase invadiam um país só para lhe raparem os bolos e os doces ancestrais. Aliás, as sobremesas são petisco pouco sólido e que ainda por cima vem no fim do repasto, quando os apetites já estão fartos e os convivas repletos.

E a nós, apreciadores esclarecidos, o que nos carateriza é o que a todos os humanos convém: não se encherem muito as panças, não se ceder ao empanturramento, pois que de indigestões e de fartanços estão as covas cheias e as sociedades saturadas.

E na cozinha, como em tudo, é necessário manter o bom-senso.

Não vá daqui amanhã querer-se comer e só nos restar uma côdea ao cantinho da gaveta…

O MACACO E A ESSÊNCIA

Tempos atrás vi na TV uma cena que me esclareceu para sempre sobre as misérias e as grandezas da atividade pública – política, religiosa, militar, desportiva, judicial. Com um famoso condutor de massas, um desses seres excepcionais que movem multidões?

Nem por sombras!

O protagonista que me elucidou foi um humilde vigarista de bairro…

Melhor dizendo: modesto, insinuante. Com uma forma de estar na vida que depressa conquistou – pois participava num *talk show* posto a correr por uma esbelta sirigaita das nossas noites televisivas – a assistência que o ouvia, quase fascinada.

O inspector da polícia que em tempos o prendera, também presente no programa, bem se fartou de prevenir os espectadores de que era mesmo aquela a técnica de que o indivíduo se servia para perpetrar os seus golpes. E que propiciava que um simples mortal, depois de o ouvir, lhe entregasse tudo o que ele queria. *"Já vos conquistou a todos!"* – dizia o pobre *chui* (polícia) em desespero de causa – *"Digam lá se agora não entravam no negócio que ele vos propusesse..."*. E o simpático vigarista, com um sorriso fraternal no rosto aberto e franco, saiu do cenário coroado por uma enorme salva de palmas.

Eu e milhares como eu, decerto, acolhemos com proveito a inapreciável lição que ali nos fora dada.

Lembrei-me disto e também de uma notícia referente ao ex-ministro Alain Joupé, que tinha tempos atrás sido condenado a 18 meses de prisão, com pena suspensa (é sempre pena suspensa a que estes ilustres cidadãos apanham), para além de 10 anos de impedimento de se candidatar a qualquer cargo – por ter cavilosamente manipulado uns dinheirinhos chegados aos seus bolsos de forma esquisita.

Ora o Supremo Tribunal, instado a pronunciar-se, reduziu para catorze meses a pena aplicada, além de considerar que lhe bastava um aninho de travessia do deserto.

Em 1999, num encontro sobre Literatura Policial numa cidade francesa, defendi a tese de que "o sistema judicial é o cancro que está a destruir a Democracia", a qual foi bem acolhida pela assistência que me quis ouvir. E disse ainda que o sistema judicial politicamente correto, eticamente corrompido até à medula, não o era devido a magistrados receberem dinheiros desta ou daquela entidade, mas sim por no seu coração e no seu cérebro – com as naturais exceções – aceitarem o jogo de que os poderosos são seus irmãos de cena e portanto credores de cuidados especiais, aliás generosamente dispensados.

Mediante o estatuto granjeado pelas suas qualificações pessoais – companheirismo de formatura, de família (pessoal ou política), lábia poderosa e poderoso desembaraço, preparação e cultura – o homem público cai no goto do *vulgus pecus* e daí em diante praticamente tudo lhe é consentido. Passou-se com Joupé como se tem passado com outros simpáticos safardanas europeus e mundiais, que quais *sempre-em-pés* logo se erguem e seguem triunfantes ou pelo menos perdoados mal os atira a terra uma vigarice ou um ato assacanado. Ou o simples desprezo que acalentam pelo povo, sobre o qual tripudiam com o beneplácito dum universo societário podre e complacente para com esses irmãos naturais, que aliás lhe pagam com juros deixando os seus próceres bem ancorados no seu específico conforto corporativo.

E tudo isto é mais eficaz – e muito mais inquietante – que a simples vigarice dum tratantezito de bairro...

UM LONGO CHORO NA NOITE

Chorar é transformar em lágrimas a angústia, a solidão, o pavor. Chora-se por medo e até por alegria, chora-se ao ver partir alguém que amamos, chora-se porque se partiu uma perna, um objeto, um sentimento.

Diz-se que um homem não chora, mas há os que sustentam que quem não pode chorar é já um autómato, um vago pedaço de matéria inerte. Há choros legítimos e há os choros por moleza ou frouxidão.

Há os que choram por dinheiro, por um cargo, por uma carga de pancada. Há, também, os choros coloridos das madamas que não pensaram a tempo que as lágrimas – que pena! – lhes estragariam a maquilhagem.

Há o choro dos doentes e o choro dos fracos, o choro dos canalhas e dos falsos – que é choro de crocodilo ou de hiena. E há o choro infinito dos que morrem pouco a pouco e já nem chorar podem.

Há o choro fácil das crianças, mas há também o choro dramático das crianças.

Há no mundo um imenso choro de mágoa e de agonia. E há o choro por um cisco que entrou num olho e magoa. E há, ainda, o choro do chato, do palerma, do espertalhaço perdido. Do mestre de falsas mestranças.

Há, portanto, choro para todas as estações da vida. Há quem chore, igualmente, porque perdeu um comboio, uma viagem, um enredo.

Mas sim, há o choro devastador das crianças: devastador, insustentável. Amargo.

Ontem, numa rua citadina, através duma janela entreaberta chegou até mim o choro duma criança. Porque choraria? Por nalgada paternal, por brinquedo estraçalhado? Eu levava um jornal na mão, um desses de usança nacional. E nesse periódico, em certa página, saltava para os olhos do leitor itinerante que sou por vezes a fotografia macerada, absurda, de alguns justiçados numa rua dum país do Oriente. O sangue corria pelas pedras da calçada, nessa terra longínqua. Contava a legenda que alguns dos justiçados não tinham morrido com a necessária presteza e fora preciso que umas almas caridosas lhes dessem o tiro de misericórdia.

Em volta, populares assistiam ao acontecimento. E, entre eles, várias crianças.

Conheceriam as vítimas? Seriam vizinhos seus, gentinha de ver na rua? Nos rostos dos que assistiam lia-se o ódio, algum temor, o espanto. Teria havido algumas lágrimas?

Para o leitor itinerante que eu era naquele momento o choro da tal criança foi-se esbatendo no vaivém da rua. Apagou-se pouco a pouco, como uma ária negativa ao longe.

E dei comigo a pensar se aquelas crianças da fotografia iriam chorar um dia ao recordarem o espetáculo a que tinham assistido, espetáculo de morte e de sangue da absurda condição a que alguns chamam humana. Se chorariam um choro sentido pela violência presenciada, como tempos atrás nesse país afastado tinha decerto chorado de dor a criança a quem a polícia política do mandante precedente cortara a mão direita para dar exemplo aos seus pais, que não choravam lágrimas de petróleo ou de ouro, mas de raiva, de miséria, de revolta. De pobreza e de queixume.

Há um longo choro na noite dos tempos. Um choro que por vezes paira sobre os nossos olhos cansados de não chorar por uma esperança de justiça que tarda a assentar arraiais neste minúsculo pedaço do Universo vulgarmente chamado Terra.

E a que alguns, de olhos secos ou húmidos, por vezes chamam vale de lágrimas...

AS MORTES EXEMPLARES

Os números aí estão, insofismáveis, com a dureza e a naturalidade próprias da amarga verdade: o distrito de Portalegre é a segunda região da Europa com mais elevada percentagem de suicídios. Só é ultrapassada por Beja, essoutra região desprotegida de Portugal. Números divulgados pela Associação de Estudos específica, corroborados anteriormente por organismos da União Europeia, abrem o pano de um triste cenário para quem tem o hábito de ler periódicos d'aquém e d'além mar.

E aí está a região chave do nordeste alentejano, mais uma vez, a ter o lamentável privilégio de se ver citada por razões negativas.

Razões? São muitas, desde o recalcamento psicológico-sexual propiciado pela pressão duma religião mal-assimilada e nos limites da medievalidade até aos preconceitos provindos duma vida de relação atabafante e mesquinha, com o espectro da debilidade econômica e da falta de meios sempre no horizonte: onde o comércio e a indústria não conseguem ir além da ronceirice requentada, só quebrada pela prosperidade das grandes superfícies, onde se encara frequentemente como cultura a efetivação de ações para entreter e lançar poeira nos olhos; e se tenta colonizar os espíritos mediante sessões que não deixam resíduo, que nada criam e nada proporcionam de durável, buscando transfigurar medíocres boas-bocas em *gênios por via administrativa*...

Onde os que se rebelam contra a impostura são em geral marginalizados e substituídos por gente sem talento e frequentemente sem ética.

Onde o turismo, apesar das encenações a que alguns se entregam para *deitar milho aos pombos*, alcandorando-se quiçá a prebendas, não anda nem desanda. Ou antes, sarabanda...

Que o perímetro desta região está de fato doente, eivado de neuroses sociais onde aflora o "discreto" desprezo pelo cidadão por parte de organismos de segurança, violências oficiais subterrâneas e desvigamentos socioeconômicos, infelizmente já o sabíamos. Agora aí está preto-no-branco, para nosso desgosto, nossa vergonha – e falta dela nuns tantos.

Mas que fazer quando organismos médicos são entidades persistentemente anquilosadas, nalguns casos até com gritantes fraturas no seu existir? Quando as ditas "forças vivas" olham mais para o umbigo que para o bem-estar dos cidadãos a quem por vezes hostilizam quando não vergam o pescoço à canga com que habitualmente tentam jungi-los? Quando certas entidades espirituais-clericais avalizam a ignorância e substituem o esclarecimento e a autêntica vivência religiosa por atuações visando à permanência de teimas e de escleroses mais de cunho beato-falso que filho do legítimo cristianismo digno do século em que estamos?

Diz o ditado que "o pior cego é aquele que não quer ver". Mas o pior mesmo, segundo creio, é o que tenta que os outros não vejam.

Pela minha parte acrescentarei que, mais que aos obstinados, a culpa de situações assim cabe aos que tentam substituir-se à vida clara, ao interesse dos concidadãos – para continuarem a seroar nas suas confortáveis posições extáticas, oportunistas e sectárias ainda que à custa de um ambiente ilegítimo e suicidário.

Que o "Deus das pequenas coisas", como dizia Arundhati Roy, nos ajude neste período tão especial de andanças e veraneios…bastante gélidos.

À BEIRA DO MÊS DE MARÇO – NA MORTE DE JOSÉ MANUEL CAPÊLO

Conheci José Manuel Capêlo na segunda metade dos idos de oitenta, numa tarde em que por intermédio de Henrique Madeira nos encontramos ao pé da Estação do Rossio sob um sol quente de Verão.

Combinamos de antemão por carta, pois nem sequer se sonhava com telemóveis ou mensagens interativas, essa jornada em que iríamos passar uma considerável parte do resto do dia num pequeno restaurante ao Bairro Alto, amparados por uns comes e bebes de bom porte que foram uma espécie de enquadramento para uma conversa algo rabelaisiana: gostava de comer e de beber, o autor de *Fala do Homem Sozinho*, de *Rostos e Sombras*, de *O incontável horizonte*, falava profusamente na sua voz bem timbrada e era de simpatia rápida. Não estaria mal entre goliardos, entre joviais companheiros num banquete onde houvesse iguarias e poesia entremeadas. Complexo e claramente fantasista, tinha projetos que uns se concretizariam e outros ficariam apenas esboçados. O que, perante alguns menos contentáveis o feriu frequentemente, pois o seu fundo imaginativo era por vezes atraiçoado por uma veloz mudança de cenários, que o metiam – soube-o depois – em andanças um pouco menos que rocambolescas.

Mas era aberto e comunicativo, expansivo e poeta bastante para nos cativar e, mesmo, permitir-nos passar por alto certo pendor baloiçante de alguma navegação sua.

Devido a essa simpatia mútua logo com generosidade me convidou a participar na noite seguinte, para conversarmos e dizermos poemas, num programa de rádio que tinha numa das localidades da Grande Lisboa. Aboletou-me em sua casa e entre o petiscar afável da cozinha britânica (estava consorciado, nessa época, com uma senhora inglesa) em que nos compaginamos, contou-me histórias movimentadas que colhera nos sete céus e nos catorze continentes devido à sua profissão de comissário de bordo da TAP. Todo ele esfuziava e, *si non è vero è bene trovato*, mostrou-me um filme bastante conhecido (*O Bom, o Mau e o Vilão* de Sérgio Leone) em que entrara como figurante (médico militar nas cenas após uma escaramuça da Guerra da Secessão) junto a Clint Eastwood, Lee van Cleef e Eli Walach.

O programa a que me levou estava bem estruturado, era aliciante e ele conduziu a emissão de uma forma competente e que me permitiu excursionar com certo desembaraço por coisas do Alentejo, da noite circundante, da escrita e, em suma, da aventura de viver.

Devido a isso, num repente e suscitado pela sua figura bem recortada, criei a partir do seu aspecto físico (com a sua agradada aquiescência) o meu personagem Doutor José Jagodes, o misto de pensador-pirata que alguns dias depois apareceria em *O Distrito de Portalegre* na sua primeira "aventura", *O Jagodes em Espanha*.

Em princípios de 1988, telefonou-me e convidou-me a participar numa antologia que teria o título de "Palavras – sete poetas portugueses contemporâneos". Como as coisas da edição, ontem como hoje segundo julgo saber, não eram fáceis, o coletivo acertara esportular uma quantia que minorasse os custos. Como eu nessa época, devido a circunstâncias do meu erário de pai de família andava ligeiramente descapitalizado, informei-o de que não me seria possível abrir os cordões à bolsa, ficando com pena minha fora das suas deles cogitações. Ele disse-me que iria ver...

E o livro veio de fato a lume, com um prefácio de João Rui de Sousa – que na altura só conhecia de nome – que me era muito favorável. Soube então que a minha parte a pagara ele do seu bolso.

O lançamento foi numa conhecida livraria da capital, com galeria de pintura anexa e chão de empedrado como nas ruas finas. E se aludo a isto com pormenor é porque se verificou nesse evento uma situação que tenho por razoavelmente curiosa, pouco abonatória da minha proverbial distração e que muito divertiu o nosso Capêlo que com senso de humor me xingou cordialmente durante todo o jantar que se seguiu, num entreposto do Bairro Alto em que também me fizeram cantar para poderem aquilatar dos meus hoje já diminuídos dotes vocais…

Sentados na mesa dos oradores, acompanhados do ator-declamador João D'Ávila que iria ter o encargo de dizer o acervo de poemas escolhidos, eu tive a sensação de que diversos membros da assistência que enchia completamente o salão os conhecia de algum lado que não divisei, a princípio, perfeitamente.

E o evento seguiu seu curso, com agrado geral e aplausos – e recordo que no final e antes dos autógrafos um dos membros da assistência, também ele poeta, me veio simpaticamente cumprimentar e exprimir-me o seu apreço sincero.

E a dada altura, já o nosso Capêlo me propiciara a companhia de um copo de tinto pundonoroso e aconselhara provasse uns panadinhos muito salubres, aproximou-se de mim uma senhora alta, com aspecto cordial e franco, que me disse: "Importa-se…? É para mim e para o meu marido". "Com todo o gosto minha Senhora". – retorqui eu imediatamente. E logo a seguir: "Pode fazer a fineza de me dizer o seu nome e o de seu esposo?".

A senhora olhou-me um pouco intrigada. Deve, acho eu, ter pensado: "Estes poetas…são todos uns despassarados de marca…", ou qualquer coisa pelo estilo. Mas, com delicadeza, acrescentou de pronto: "Ora então ponha, faz favor: Maria e Aníbal…!".

E foi então, estimulado por uma discreta cotoveladazinha nas costas dada pelo Capêlo, que se me fez luz…

As pessoas que eu parecia conhecer de qualquer lado eram políticos colunáveis: secretários de Estado, um que outro ministro, deputados e membros de formações partidárias. E a senhora…já adivinharam…era a Senhora de Cavaco Silva, que na altura estava primeiro-ministro. E devia-se a presença, solidária, de todos eles à circunstância de um dos antologiados ser Fernando Tavares Rodrigues, na época diretor-geral da Informação e figura destacada do PSD…!

Soube recentemente que JMC, numa sequência a que o seu interesse pela História e o Mito o levava, escrevera uma obra que me dizem de gabarito sobre o universo templário luso. A sua poesia, que fui encontrando enquanto participante-conviva em diversas publicações ou a constante em livros que ciclicamente me fazia chegar, tem uma estrutura discursiva e apaixonada de bom quilate. Ele era um intenso, mas caldeava essa caraterística por uma feitura sabedora, o que lhe permitia fazer excursionar a sua escrita de maneira consequente e muitas vezes com uma indubitável alta qualidade. E se por vezes se deixava enredar por uma certa deambulação declamatória, creio que o devia ao seu excesso de vitalidade, pois naquela época era vigoroso e ainda não tivera de abandonar, por mando dos esculápios, conforme me foi dito, as saborosas refeições e o corolário de um cigarro ou um charuto reconfortante.

À beira do mês de Março, quase no fim de Fevereiro, um AVC fulminante levou-o para outros espaços aos 64 anos, ao José Manuel Capelo, poeta, viajante dos céus, albicastrense de gema e sonhador de inspirações várias.

Saúdo-o com um evohé fraternal e sentido.

(*Poeta, ficcionista, ensaísta e editor)

DA JANELA À RUA

A notícia tinha a chancela da Agência Lusa e eu li-a entre o pasmo e a tristeza: aparecera morto, junto de sua casa no Bairro Alto, o poeta e jornalista Eduardo Guerra Carneiro, autor de diversos interessantes livros como sejam *É assim que se faz a História* e *Isto anda tudo ligado*. De acordo com a agência noticiosa, tudo leva a crer que teria caído da janela de sua casa, num desses acidentes em que a geografia humana de Lisboa é fértil. Chamado a comentar o acidente, se é que de um simples acidente se tratou, Baptista Bastos referiu sem meias tintas: "Foi o país que o matou. Este país que trata tão mal os poetas e os prosadores" e que permite acrescento eu que existam muitas situações de grandes dificuldades no setor dos trabalhadores do espírito: intelectuais, jornalistas, etc., enquanto certos senhores engordam cada vez mais seus pecúlios mediante habilidosas e ágeis estratégias.

Não tenho mais elementos para aquilatar desta morte infausta aos 61 anos. Mas senti um arrepio no corpo e na alma. Ademais, há muito tempo que o nome do ilustre autor de *O revólver do repórter* não me ocorria nas voltas do pensamento.

Nos meus tempos de tertúlias pelos *mentideros* da capital, via-o por vezes de raspão: aos serões do Café Monte Carlo ou junto aos locais das redações de jornais, lá pela Rua da Rosa ou perto da "Barateira" que eu muito frequentava. Sabia-o autor de textos poéticos acutilantes, roçando o surrealismo e o neorromantismo. E era tudo. Lera-lhe depois os versos, ao calhar dos minutos, já na província onde me recolhera por mor da vida vidinha de profissionalismos para granjear o pão da boca – distantes que iam indo já os meus tempos de aventura boémia quanto baste nos rincões lisboetas onde os poetas ombreavam alta noite com atores de teatro (e atrizes), gente dos jornais, cantores e pintores, uns em busca do sonho que os salvasse ou os perdesse, outros por mesteres mais pedagógicos: a escrita, a edição, a encenação, a maravilha dos tempos dispersos em revoadas de imaginação partilhada.

Não sei por quê, vieram-me à memória nomes de outros mortos antes de tempo: Gonçalo Duarte, João Rodrigues, António Maria Lisboa. Gente que na pintura e na escrita deixou seu nome assinalado e que se foi prematuramente, vividos que tinham sido os tempos fugazes como as rosas de Malherbe.

É de todos conhecido que, em geral, este país trata mal os seus artistas, os seus homens de espírito – salvas as naturais e reduzidas exceções. Enquanto bastas vezes perde tempo a contemplar políticos e pensadores de três ao vintém com uma lábia do tamanho da légua da Póvoa, deixando-se ir frequentemente nos seus tentames de velejadores de ruins escunas. Será por isso que ao pé da Europa (a tenaz e *caballerosa* Espanha, a sagaz França, a operosa Inglaterra, etc.) fazemos um tão diminuto relevo?

Bem vistas as coisas e meditadas com certo cuidado, o poeta agora falecido tinha razão: é que isto de fato anda tudo ligado e, infelizmente, também é assim que se faz a história – a história de um país e de uma sociedade ainda *às três pancadas*...

AMOR ARDENTE

Num dos seus mais famosos poemas, escreveu Luís Vaz de Camões num começo incontornável e facilmente reconhecível – arriscaria dizer – até por um qualquer sujeito de letras grossas que já sentiu lá por dentro o dulcíssimo sentimento amoroso: "Amor é fogo que arde sem se ver"...

E por aí fora, numa sequência apropriada, indubitável e fruto do seu talento de aedo duma alma e duma pátria...madrasta.

Pois. Mas o fogo a que eu me vou referir agora e que nada tem a ver com o do amor, antes do ódio ou da safadeza, é o que durante alguns dias, numa lógica implacável num país de *baixa patente*, devastou muitos hectares de floresta sob o olhar normalizado e normalizador, eficiente e vigoroso *depois da casa roubada* (como sói dizer-se) do estadista (futuro?) e apreciado governante (europeu) – e que eu admiro pelas evidentes qualidades de gestor duma imagem (a sua) que se chama Durão Barroso.

Em geral não me debruço sobre os atos cotidianos dos políticos – não porque despreze a política ou porque tenha ante essa coisa um pouco sórdida, um pouco cínica, um pouco lamentável uma distanciação de lírico mas porque, como dizia Churchill numa frase de quem sabia na perfeição o que ela era, *em geral serve para não se tratar das coisas que nos dizem respeito*.... Ou seja: no nosso país todos temos um pouco a impressão de que a atividade política é algo que mais ou menos roça a vigarice, a manobra usurária, a torpe falsificação dos cotidianos, apesar de todos conhecermos operadores políticos seriíssimos e devotados, gente de uma só cara que nem se enroupa com ouropéis que lhe não pertencem, em suma: políticos a valer, que procuram a melhoria do país – que o mesmo é dizer a melhoria da vida exterior e interior de nós todos.

No entanto, desta vez vou encarar um fato e um político de frente, porque senti *cócegas na alma*.

Eu estava a passar uns dias numa estância de veraneio e sentia-me em paz com o mundo: um amigo comunicara-me que textos meus iam sair no Brasil; uma nova galeria de arte propusera-me a exposição monetariamente muito favorável de obras minhas; o meu advogado informara-me que os indivíduos que tempos atrás me difamaram iam finalmente ser julgados logo após a reabertura dos tribunais. Tudo bem, portanto – e eu descansava tranquilamente ao sol…

E o sol, a água e a visão das beldades da beira-mar lavavam-me o olhar e criavam no meu espírito e no meu corpo amáveis disposições...

E numa tardinha, ao abrir a televisão e contemplar o noticiário – entraram-me pelos olhos adentro imagens de fogo, de ódio pela natureza e de campos calcinados – a mim que amo as árvores, tal como amo os animais, as coisas em torno ou os livros que delas partem.

E a certa altura, confrontado com esta destruição fruto da incúria (provada), do desleixo (evidente) e da ação criminosa (mais que provável), vejo aparecer o governante europeu Durão Barroso que, ante uma pergunta arguta e perspicaz duma repórter, respondeu duma maneira que num outro país lhe teria valido de certeza a demissão – uma vez que não é natural tanta habilidade para *sacudir a água do capote*: há 41 mil bombeiros, mas só cerca de três mil é que atuaram, sobrecarregando a sua atuação (essa sim, devotada ou mesmo heroica) duma maneira brutal? O plano de defesa civil (pois que é disso que se trata), mostrou os seus acanhados limites? A *silly season* dos políticos parece que deixou as pessoas emaranhadas na treta? Pois bem, "não vamos agora falar nisso, pois há pessoas a sofrer...O que importa agora é dar-lhes algum dinheiro para se aguentarem"...

É isto conversa de um governante ou de um animador de palco desses que, com uma pirueta, põem os espectadores todos a lacrimejar ou a rir?

Ao mesmo tempo, muito enfiado – o que nos dá alguma esperança, porque se vê que é um homem que ainda sente algum pudor – metia os pés pelas mãos querendo nomear o inominável...

Porque a verdade é que tudo parte desta coisinha simples: durante um ror de anos os próceres deste país (e os de hoje estão nesse rol) têm andando a brincar conosco – e o estado do nosso parque florestal é disso exemplo e é algo que tem sido falado em reuniões internacionais, em universidades, em entidades específicas. Por outro lado, existe uma cegueira e uma desculpabilização em relação aos incendiários prováveis ou provados que nem vou classificar. E as negociatas? E os caciquismos? E a bambochata geral?

Os leitores que me perdoem esta incursão pela arena política. Foi uma vez sem exemplo. Digamos que também o fiz como homenagem ao Camões, que apesar de zarolho era um poeta atento e um *trinca-fortes*, um homem que conhecia o fogo – mas o dos sentimentos – e enquanto varão de honestidade deixava a muitas milhas de distância certos varões que de certeza não vão morrer, como ele, numa sórdida enxerga dum albergue...

POR QUEM OS SINOS DOBRAM

Obra-prima de Ernest Hemingway, o famoso romance com este título provindo de um poema do autor cristão John Donne, afixa uma atitude de humaníssima interrogação perante as amarguras do mundo e, mais do que isso, perante os atos discricionários que, desde os mais pequenos caciques de província até aos ditadores de Nações, conspurcam a existência pacífica e civilizada das sociedades, criando uma espécie de vida paralela, antidemocrática e assente na mentira, no confusionismo, na difamação e na baixa calúnia.

O que visam é criar um estado de coisas sensível à intimidação, para que através da cedência moral e ética não se tenham forças para efetuar o repúdio de manipulações ilegítimas, de negações da vida íntegra: o que ultimamente se tem passado com a criminosa clonagem de seres humanos é um exemplo do que pretende essa propaganda. Mas não é o único: em determinados locais, busca-se interditar a ação de pessoas de boa-fé, que desmascaram ou combatem gente eivada de cinismo e que chega a servir-se de instituições respeitáveis. O objetivo é bem claro: estabelecer o seu autoritarismo sobre os destroços que desejam criar.

A este propósito, ocorre-me o que sucedeu na França, nos anos 30, com um homem de grande nobreza de caráter: diversos sujeitos, atacados nos seus privilégios indevidos e maliciosos pelo escritor François Janin, brilhante orador e amigo de escritores destacados tais como Gilbert Cesbron, Jules Jacob e Robert Weiglé – confidente de Saint-John Perse – desencadearam contra ele ações que configuravam um verdadeiro *"assassinato de caráter"*, visando a impedi-lo de esclarecer a opinião pública sobre os jogos de influências que os norteavam. Durante dois anos tudo tentaram, apoiados em gente sem moral, venal e maldosa.

No entanto, ajudado pela força da razão e também pelos escritores seus amigos, que igualmente se destacariam no combate contra os nazis, François Janin desmascarou os energúmenos, que a seu tempo ali tiveram o seu simbólico Waterloo.

E foi lembrando-se duma conversa que em dada altura com ele manteve, durante a qual ele lhe citara a frase de Donne, que Hemingway epigrafou o título famoso.

De fato, por quem dobram os sinos? Não é apenas pelos que morrem, mas por todos os que a felonia, a venalidade e o falso testemunho tentam prejudicar na sua integridade. Quando, simbolicamente, a morte por algum tempo se sobrepõe à vida, a mentira à verdade – eis que se ouve um plangente som de sinos dobrando. Por isso é que as pessoas de bem devem recusar os tentames dos que, servindo-se das falsas analogias (caso da clonagem) ou das calúnias soezes, buscam violar as consciências das populações e das pessoas decentes, para melhor estabelecerem o seu reinado de horizontalidade moral.

E se é verdade que, como diz a conhecida frase, "a maldade não prevalecerá contra a verdade dos justos", é preciso que as pessoas de boa-fé ergam um muro de honradez que corte o passo aos que se servem de ardilosas camuflagens para se furtarem a que os reconheçamos como aqueles que sempre buscaram perpetuar o calvário humano.

A GUITARRA E O VENTO

Decididamente, o *cavaglieri* Berlusconi, simpático e sorridente primeiro-ministro de Itália e, durante um lapso de tempo, presidente da Comissão Europeia, anda em maré de azar.

Primeiro foi a *gaffe* contra os espanhóis, depois a piadinha sobre os gregos, agora a frase curiosa mediante a qual ficamos a saber que, afinal, Mussolini era um homem de bem e nunca tinha morto ninguém...

Os parceiros comunitários e os cidadãos em geral, depois de passada a estupefação inicial, criticaram-no duramente. E o honorável *signore* Berlusconi, ainda que a contragosto, teve de meter a viola no saco.

A propósito do tal *homem de bem*, conta-nos Ignazio Silone, no seu excitante ensaio "A escola dos ditadores", que Mussolini – aquando do seu exílio em Genebra e anos antes de fundar o Partido Fascista – nos seus contatos com a sociedade genebrina entregava sempre aos indivíduos a quem era apresentado um cartão de bom aspecto no qual mandara imprimir "Professor Benito Mussolini"...embora fosse apenas mestre-escola. Foi isto uns bons anos antes de ter ordenado os massacres da Eritreia e outras bagatelas semelhantes. Mas para estes beneméritos cavalheiros tudo tem um começo...adequado.

Mussolini, que Hitler e Goebbels reconheciam e admiravam como seu mestre em propaganda e em retórica totalitária, conhecia bem o valor da astuciosa empáfia e da ardilosa vigarice junto de ingênuos ou de pessoas de boa-fé. Como o ministro da Informação do "Führer" dizia no segundo tomo dos seus "Discursos", numa tirada de rara franqueza, "Não tem mal que, em certas circunstâncias, se apresente a verdade um pouco modificada, desde que isso sirva superiores interesses da nação".

Ou seja e dito de maneira realista: não importa mentir, desde que os nossos interesses se vejam com isso favorecidos.

Procedimento semelhante, de acordo com as mídias e o deputado regional que o desmascarou, defendeu um atual homem público alentejano que numa reunião oficial de estudantes, a crermos no dito deputado e nos jornais, rádios e televisões, teria dito: "Se for preciso mentir, então eu minto se isso for conveniente a superiores interesses que estão além da verdade".

Mas, também, não admira muito: é na mesma Cidade que existe um indivíduo o qual, sem ter qualquer colação de grau e, conforme nos garante o prof. Ribeirinho Leal nunca se ter licenciado, andou durante mais de 20 anos a dizer-se doutor e, o que é mais estranho – e o caso aqui fica à atenção da seriíssima senhora ministra da Educação, que terá decerto uma palavra a dizer, ainda se garante doutor e consente que muita gente lho chame e não só privadamente.

Em suma e comparativamente, como dizia James Thurber num determinado passo dum texto seu: "Os vigaristas são pessoas cordatas e simpáticas. Normalmente são pacíficos e de boas falas. Isto na vida e, por maioria de razão, na literatura ou na política. Com os seus modos insinuantes, uns levam-te a carteira e outros levam-te o senso crítico...".

Não conheço vigaristas em Portugal. De acordo com várias vozes de pensadores lusitanos, felizmente neste país não há vigaristas porque os portugueses têm sim um caráter lírico e a vigarice requisita uma maneira de ser decidida e, posto que de forma camuflada, relativamente brutal. No nosso país parece que há é aquilo a que Camilo apelidava de "mentirosos relapsos", que são os que mentem sistematicamente e aldrabam com magnificente habilidade.

Mas, segundo creio e um competente humorista de língua lusa confirma, encontram-se todos no setor dos adeptos do futebol de praia e da pesca à linha amadora.

E só de vez em quando – só lá muito de vez em quando! – comem *pizza* e bebem Mosela...

UM ÍNTIMO FULGOR

Quando o Verão vai decorrendo, muitas coisas acontecem: ficamos rodeados, feitos ilhas, de coisas que essa estação leva a bom porto. E aos solavancos sociais do tempo respondemos muitas vezes ora com a tristeza, ora com a melancolia – por tão pouco terem aprendido os que nos deviam bem governar. Apesar de nos garantirem que as lições lhes iriam servir de emenda.

Anda-se de férias e é um gosto. Anda-se de férias e é, frequentemente, uma inquietação.

Ao cronista cabe então o ato de recordar: um dia, em terras do Douro, frente a esse mítico rio, eu pude contemplar e guardar nos escaninhos da memória a rosácea em claro-escuro da presença solene e familiar das árvores e da luz que das arribas emana, fremente como um gole de puro vinho sagrado.

Duriense e lavado. E algumas crianças que passavam correndo e gritando maravilhadas nos seus jogos e invenções. Uma bica e um bolo e um cálice de Porto consumidos para todos os momentos no restaurante de acaso e que de repente, mercê de uma simples paragem, me ficou perene na memória, o carro que já lá ia devorando paisagens e fortuitas aldeolas no diferente caminho de outras terras, outras gentes.

Mas há sempre um rádio, um jornal divisado de relance, uma semiconversa ouvida ao desbarato dos minutos que nos puxa para a natural realidade. Por exemplo: a mais alta taxa de tuberculose dos países ditos civilizados. Ou ainda: um país onde as pessoas têm receio, medo, timidez de recorrer à justiça, que é frequentemente useira em se embaraçar e em se quedar embaraçada. Nos seus símbolos, está de ver, que são tantas vezes lentos e confusos, de humanidade anônima e acinzentada. E o défice das contas públicas e os atentados ecológicos e os atos indignos que alguns cometem e nos atingem a todos.

Mas esse Verão tem também dentro de si outros signos, luminosos: a coloração esperançosa das uvas, o palpitar terrenal das boas castas, a renovação que se adivinha nos céus claros e prometendo farta colheita, serenal frutificação nos campos desse norte que sempre vejo como uma promessa de alegre fecundidade.

Alentejano que sou, as terras do claro rio – como dizia Camilo – eram-me em grande parte desconhecidas, eram um mundo longínquo apenas visto em contos e romances, em poesias e documentários. E então, quase por acaso, decerto por maravilhado destino, nele me tenho percorrido por fora ao divisá-lo por dentro.

Terras amáveis e de sinal fraterno, terras da grande corrente aquática que de Espanha nos chega como um eco de outras memórias. E nesses lugares a mim alheios há um timbre límpido de um futuro possível que palpita na terra vicejante, como se nos dissesse: mais tarde será de novo tempo de reverdecer, ainda que em muitos lados vá persistindo um negrume sáfaro nos campos e nas almas.

E assim, entre a memória de um país ainda adiado, onde sobre a fragilidade das palavras dos políticos corre a aragem dos pragmatismos regionais geradores de contradições, vai o Verão certinho e seguro para outras paragens. E nós dentro dele, pois que somos habitantes do Tempo e seus filhos naturais – parentes das morenas terras do sul, dos dantes floridos e agora frequentemente calcinados montes do norte, mas sempre habitantes desta pátria que mesmo sendo tão diversa ainda não se consignou a um viver que lhe perpetue os prestígios, os direitos e as certezas de amenidade e de inteireza – que da real cidadania são o fruto de esperanças e de assombros.

O PRAZER DE RESPIRAR

Foi nos tempos longínquos da antiguidade, mais exatamente na Grécia dos filósofos e dos cientistas não-experimentais que um fulano, dotado de saber e perspicácia, revelou esta verdade que depois pareceria evidente: o homem vivia... porque respirava. Ou seja: o tal pensador, com madurezas de investigador e de poeta, constatara que a *banalidade de base* era a inspiração e a expiração – numa sequência agradável e regular – do arzinho que nos sustenta...

Claro que o bom Grego apontava para estes fatos em ambiente normal, em circunstâncias de ar puro ou pelo menos passável – não o que por vezes existe em certos lugares ou se exala de certos corpos e nos cria um nó na garganta e no nariz. Ou até de certas almas a que Santo Agostinho, com o devido respeito, crismava como *almas execráveis* e cujas caraterísticas epigrafou no seu canônico "Confissões".

Respirar é pois uma naturalidade. E respirar bem é um direito qualitativo. Por isso tal tema é figura de proa nas atividades de ligas ambientalistas e alguns gabinetes governamentais. Entre outras que visam a melhorar a qualidade de vida.

Mas há um outro tipo de respiração. Com efeito, se o corpo precisa de respirar também o espírito tem essa exigência. E bem respirar, espiritualmente falando – pois ao Homem foi insuflado de acordo com os cânones, pela Providência, o espírito – é um direito que certifica a existência da Democracia, por seu turno a *banalidade de base* da liberdade e da civilização contemporâneas.

Não se estar constrangido por inquinações diversas, por opressões ainda que disfarçadas, por manigâncias espúrias e por manejos equívocos é condição *sine qua non* dum direito social que assiste os cidadãos e que permite uma respiração adequada.

Não se ser poluído por atentados ao caráter, ao pensamento livre e à inerente responsabilidade, à livre iniciativa – seja ela nos campos comercial, industrial, científico ou cultural – dá de igual modo o perfil dessa mesma respiração. Tal como o dá não haver impedimentos de se pertencer a associações e grupos legítimos, a terras e a lugares.

Quando tal não se verifique (recordemos certos países onde não se podia circular sem passaporte interno, ou recentes tentativas em Portugal de se impedir "discretamente" a formação de novas agremiações políticas), há fortes indícios de que tenta cortar-se a respiração democrática e instaurar ardilosos e talvez menos discretos mecanismos autoritários que tão maus resultados deram e de que ainda estamos a sofrer mundialmente as consequências.

Por outro lado, quando tenta impedir-se alguém de pertencer a uma comunidade – já difamando-o, já marginalizando-o, já tentando intimidá-lo – algo está mal, profundamente mal e, como recentemente o disse o Presidente da República lusitana, há que modificar prestamente os aparelhos do Estado apropriando-os a essas eventualidades.

As chamadas forças vivas (os eleitos, em suma) têm de ser o garante de que na sua alçada tudo se passa conforme à lisura e à legalidade específicas ou éticas.

De outro modo tudo passará a ser um *segredo de Polichinelo*, dependente de não-eleitos alcandorados a posições ilegitimamente manipulatórias e sem base racional ou legal.

A luta contra o mau ambiente não se faz apenas no cotidiano da Natureza, mas também no cotidiano da sociedade. A miséria moral (a existência de toxicodependentes, de traficantes, de vigaristas, de ladrões, de manipuladores e de carreiristas) estimula-se quando o ar social é impuro. Ou antes: poluído deliberadamente por gente que se desqualifica mediante a sua ação perturbadora. E que é necessário erradicar.

Porque a vida, comunitária ou pessoal, só nos dá uma oportunidade – antes que chegue o último suspiro.

QUAL A ALTURA DO CÉU?

As crianças, já se sabe, têm perguntas especiosas. Ora para o que lhe havia de dar, àquele garoto que uma tarde, de mão dada com um avô e uma avó, passeava tranquilamente num dos jardins da cidade onde eu moro. Lugar citadino que pelos tempos fora sempre senti mais ameno e livre e onde, passeando, gosto de imaginar que não é descabido tais perguntas inocentes serem feitas, uma vez que é um dos lugares mais expressos e, por isso, mais humanos desta bela localidade alentejana.

Bela, sim. Talvez a mais bela destes rincões do Sul, mas onde ainda há assinaláveis défices democráticos. Onde ainda há sofrimentos impuros. Onde ainda – em certos setores – existe um ambiente de caciquismo, de grupismos ilegítimos que umas vezes se atracam ao atraso que lhes agrada e outras chegam a servir-se ardilosamente da calúnia contra terceiros para continuarem a gozar de mandos e privilégios equívocos que julgam (ou fingem que julgam) naturais e indescartáveis.

Ambiente esse que infelizmente – conforme tenho ouvido dizer e algumas vezes constatei – parece ser comum a outros locais da nação.

Mas perguntar não ofende, como diz o ditado. E a avó, provavelmente mais expedita, foi-lhe dizendo: "Ai filho, sei lá... É muito alto, muito alto!". E o garoto, numa reflexão infantil: "Mais alto que a Serra da Penha e que a casa da tia...".

"Pois, filho, então não vês que o céu fica por cima?", voltou a avó a dizer aos quatro/cinco anos do miúdo. Depreendi que a tal tia talvez morasse em Lisboa ou fosse emigrante e tivesse enviado alguma fotografia. Sim, que lá no estrangeiro os emigrantes lusos de agora moram por vezes em casas tão boas como as dos nacionais de raiz. Já lá vai o tempo dos "bidonvilles" (bairros da lata) povoados de lusitanos de gema que tanto pretexto de propaganda barata deram ao reacionarismo "poujadista" e aos asseclas do estalinismo. (Esses monturos parece que estão agora reservados a certos emigrantes em terra de Camões. E esperemos que não sejam de novo o *habitat* dos, cada vez em maior número, portugueses que demandam a estranja).

O avô, esse, com um ar natural continuava calmamente a andar. Alheio a filosofias infantis, que nisto de cotidiano a razão tem razões desconhecidas, ia assobiando para dentro uma modinha em voga.

E eu parei e pus-me a falar com os meus botões.

O céu, meu rapazinho, se te referes ao firmamento dos Antigos, tem de fato grande altura. E a dado ponto termina o azul e entra-se no negrume estelar, não menos misterioso: ele são as estrelas, as galáxias, os planetas e as constelações – o infinitamente grande que não inibe a existência do infinitamente pequeno. Nesse mundo de grandeza relativa, de pequenez aparente, também há lugar para interrogações, uma vez que a nossa substância, a nossa matéria, o nosso envoltório carnal é comum ao da amiba, do ácer ou do urubu – como as pesquisas sobre o ADN nos informam. Logo, semelhante à que configura Sírius, Neptuno ou Aldebaran.

Há efetivamente lugar para interrogações de alto coturno – e também para certezas e descrenças comezinhas, para esperanças e para desilusões: com a política politiqueira, com a justiça trauliteira, com o cotidiano bichoso que nos atormenta e com as instituições que subjazem à cidadania e que por ela deviam pugnar. Mas que apenas se esboçam na democracia tendencial que é a nossa.

E que por vezes tão mal se portam, com uma indignidade que não lhes devia ser própria mas vai sendo, infelizmente, cada vez mais natural – gerando na sociedade angústias, perplexidades e revoltas a cada passo mais insuportáveis e insufocáveis.

Um dia saberás qual a altura do céu. Os livros irão dar-ta em quilômetros, em pontos cósmicos, em anos-luz. Ela, como a estupidez e a maldade humana (e também a cordialidade e a fraternidade quando calha de se ser decente) é extensa e rodeia o universo.

E rodeia até o dia a dia. Mas a altura do céu pode também conter-se nos teus olhos, pois se o céu é alto, tu é que o observas.

Um dia aprenderás que essa altura está à medida do nosso tamanho. Do tamanho do nosso sonho e que só é preciso conhecermos a medida que nos é intrínseca, que nos quadra ou que efetivamente merecemos.

Mas isso, como o outro diria, é já uma outra história...

UM TESTEMUNHO LUMINOSO

O sol, na iconologia cristã, significa a verdade e a vida. É um símbolo que traduz o calor da existência, caldeada no ultrapassar dos mitos anteriores pela mensagem do Nazareno, de acordo com escritos e obras de arte expressos por diferentes artistas, novelistas e pensadores de agora e de antanho. Crentes e mesmo não-crentes.

Há dias, por detrás daquelas resmas de livros que se vão acumulando – aconchegando! – nas estantes onde encontraram segura guarida em consequência de anos de lidação com as letras, fui dar com um tomo que não folheava há considerável lapso de tempo: "*O meu testemunho*", da autoria dum dos maiores escritores cristãos que a França, como *venerável filha da Igreja*, é fértil em propiciar.

Dado a lume pela Editorial Perpétuo Socorro e integrado na coleção *Nova Cidade*, esse texto de Gilbert Cesbron excelentemente traduzido por Zacarias de Oliveira é um verdadeiro refrigério, uma fonte de luminosa sensatez, uma desempoeirada incursão no pensamento cristão de ponta e uma poderosa manifestação da escrita que foi feita para resistir ao tempo que passa.

Cesbron – romancista, pensador, homem de teatro e representante dos pés à cabeça desse cristianismo aberto e generoso onde também se contavam Jean Guitton, Pierre Hermand, Jacques Maritain, Martin D'Arcy e tantos outros – surpreende-nos a cada passo com o fulgor do seu verbo e do seu pensamento.

Homem do seu tempo e do seu espaço, conhecia o negrume como nenhum outro, esse negrume que também ocupou os anos em que lhe foi dado viver: nascido em 1913, foi mobilizado contra o nazismo como oficial de artilharia, tendo assistido aos dias mais amargos do hitlerismo em França, que combateu integrado em grupos humanistas. O seu livro *A nossa prisão é um reino*, foi galardoado em 1948 com o Prémio Sainte-Beuve, tal como premiada tinha sido a sua primeira obra, *Os inocentes de Paris*. A sua peça de teatro *É meia noite, dr. Schweitzer* constituiu um êxito internacional sendo depois transformada em filme.

"Aos espíritos brilhantes e zombadores, cuja ambição é galopar diante dos outros, dando-lhes a respirar apenas a própria poeira, teria vontade de responder como Jacob: 'Segue à frente! Eu caminharei ao passo dos animais e das crianças'...", diz nos ele a certo passo da Introdução ao livro citado lá em cima. Ou, noutro ainda: "Vencida uma certa idade, ou apenas uma certa saturação de acontecimentos, regressa-se, em cada dia da vida, aos mesmos problemas, quer furiosamente quer pacientemente, como o mar na praia.

Acaba-se por urdir, assim, uma espécie de sabedoria assaz sólida, que apenas aos presunçosos parece resignação e repetição às cabeças leves. Não é sempre a mesma terra que o jardineiro cava e recava porque só ela é fecunda? É porque o comboio passa e repassa sobre os carris que eles não enferrujam".

Homem lúcido, "crente pelo coração e pelas veias" como dele disse o Abade Janin, conhecia perfeitamente o cotidiano e, neste, os *"sepulcros caiados"* que com terrível frequência simulam estar junto do Galileu para melhor cuspirem sobre a face dos seus irmãos de Humanidade. E dizia, atingindo-os certeiramente: "Existe o bem, o belo, a verdade – o que é tudo a mesma coisa. O mal, o feio, o falso é que são adventícios, mesmo quando dominam por uns tempos". Ou, numa tirada digna do Eclesiastes: "A paixão da fraternidade chama-se amor. E, sem ele, que é a liberdade? Fazer impunemente o mal, tudo estiolar em torno de si, como fazem as árvores cegas? Os homens possuem outros meios para crescer".

O escuro, quando passa a negrume, deixa de ser sombra – a sombra doce e amiga a que o Cristo e os seus discípulos se acolheram num dia de calor ardente junto a um figueiral de Samaria. A sombra matiza a luz e ameniza as temperaturas excessivas conferindo-lhes razoabilidade, ao passo que o negrume apenas contém em si a raiz dum tempo que estiola. É por isso que a realidade sempre se irmana com a honradez e se recusa, como Cesbron o deixa patente nos seus escritos, a patuar com a hipocrisia, a habilidosa maldade, o artifício soez, a falta de lealdade. Como ele disse no terceiro capítulo do seu testemunho, "Nada é mais importante para um homem que realizar a tempo a sua unidade. A tão maltratada palavra honra, vejo para ela o mais conveniente uso: honra de um homem é a sua unidade, a sua transparência". Ou, numa frase decisiva: "Não é de maneira nenhuma porque a mentira acabe por ser descoberta, mas antes pelo contrário porque ela existe, na maioria dos casos sem risco, que é preciso viver na veracidade e na transparência".

Ou seja, com a autenticidade que foge ao negrume, esse "espinho no coração do mundo" que Gilbert Cesbron, com o seu talento e a sua cristianidade limpa e democrática, generosa e dignamente combateu.

As vozes ausentes

O BEI DE TÚNIS MORREU

Eça de Queiroz, conforme nos relata o próprio num texto entre a realidade e a simulação, certo dia em que se encontrava sem tema para artilhar a sua crônica e ante o matraquear das passadas impacientes do moço da tipografia que aguardava na antecâmara, tomou da pena e arrasou o bei de Túnis.

Eu também, hoje por hoje, estou imerso num drama paralelo. Mas de sinal contrário: tenho muitos temas, muitíssimos temas. Sou uma espécie de ilha humana rodeada de temas por todos os lados...

Mas, co'os diabos, que tema escolher? Temas regionais como o dos polícias que numa determinada localidade lusitana se entregavam a manobrinhas para engordarem seus pecúlios e que nunca mais ninguém soube em que param as modas do processo? O tema abarrotador de senhoras e de senhores funcionários sem mácula que desviaram dinheiros dos locais onde honestamente trabalharam anos a fio até que veio o Diabo e os tentou? O tema confrangedor de não-eleitos com mais influência e que mandam mais que eleitos – que dest'arte alienam as promessas feitas a quem os colocou no galarim? Ou o dos *dealers* dos narcóticos que em certas cidades desenvolvem seu mavioso negócio praticamente às claras como se fossem vendedores de ervilhanas, pevides ou tremocinho do alto? Ou o do caos rodoviário que vai assolando vilas e cidades do país sem que os autarcas, os hierarcas e outros barítonos tenham capacidade de estancar o desconchavo?

Ou abordarei, em troca, o tema nacional das trinta mil casas que não se conseguem vender, para desespero dos que as fizeram e dos que nelas poderiam morar? Ou a ideia emocionante e peregrina do governo – corroborando o anterior – de continuar a não consentir que mais de 25% do funcionalismo público tenha classificação de *"muito bom"* (mesmo que o mereça, senhor ministro?) o que é um estímulo para um compreensível *não te rales*? Ou o escaldante tema propiciado por talentosos pensadores dos meios judiciais, que de repente – apesar dos avisos de muita gente desembaraçada – descobriram que têm parcialmente entre mãos um semipaís de *gangsters* oficialíssimos?

Ou deverei antes (com mil macacos!) esforçar as meninges para glosar o caso dos trinta e tal anos de bandalheira monetária e, vai-se a ver, afinal só se conseguiu a colheita escassa de meia-dúzia de apreciadores das…finanças? Ou as turras do dr. Qualquercoisa e do dr. Coisaqualquer com os drs. Nãoseiquantos?

Quando muito, vá lá, vou apenas referir que o governo português, já não sei por quê, está bem e recomenda-se. E o senhor ministro de…perdoem a má memória…está cada vez mais arguto. E, já agora, que me tem doído uma perna se calhar por causa das oscilações do tempo quente. E a cabeça, por razões várias. E que, em compensação, parece que me começaram a crescer flores nas omoplatas – orquídeas, malmequeres, magnólias…Ou será apenas do calor singular?

Ná! Vou precisamente aproveitar estes dias, muitos dias, para me *baldar* salutarmente. Para não escrever nadinha, dando descanso ao teclado do computador. Por estes tempos, de mim, o leitor não leva nada. Vou descansar, vou de férias um ano – que também tenho direito.

Mas de repente… começo a ficar nostálgico: é que já me habituei a este lugar de comunicação. Eu que sempre tive por jornais, por revistas e tal um brilhozinho nos olhos de distanciação e de perda, talvez por ter andado no boxe onde numa *soirée* nos davam todos os carinhos e no outro a seguir nos atiravam com o balde de zinco – começo a ficar… mesmo caído (e tenho a esperança de que os meus sete leitores também me vão tendo um pouquinho de estima…). E digo de mim para mim: vou continuar escrituralmente por aqui, ainda que esteja em férias. Como uma presença ausente, não sei se me entendem. Devido às maravilhas da tecnologia fica o trabalho artilhado – e ala que se faz tarde!

Desejem-me boas férias – e se quiserem aparecer lá por Espanha (sou fácil de encontrar, um alentejano por ali destaca-se bem, encontra-se em qualquer parte) sempre poderemos acompanhar-nos numa confraternização gastronómica à maneira ibérica…

SONHO REPUBLICANO

Tão depressa não caio noutra, isso vos garanto eu!
Mas vou já explicar tudinho para, como numa história de proveito e exemplo, morigerar as eventuais gentes que, como eu, tenham ingenuidades como eu tive.

Foi o caso, como estarão decerto recordados, pois dispõem com certeza de boa memória, que anteontem houve uma cerimónia comemorativa do 5 de Outubro. Cerimónia luzida, ao que constatei posteriormente. Pois que eu, como republicano dos quatro costados, resolvi comemorar também – como já o fazia o meu pai durante décadas, correndo o risco de ser amavelmente aconselhado pela PIDE a não andar nesse dia, como ele costumava, de gravatinha vermelha...

Mas, matutei com os meus botões, que relevo teria isso no seio dum país que já é, de si, republicano acho eu? Ninguém iria afrontar-se! E, vai daí, resolvi ir até Espanha, país distante onde vigora uma monarquia.

País distante para quem mora longe, claro, que para nós alentejanos é mesmo logo ali. Mas continuando – fui até lá principalmente para chatear os *nuestros hermanos* com o berrante da minha gravata (temo que, contudo, ninguém tenha percebido a branda provocação) e, adicionalmente, para apreciar umas tapas pundonorosas ajudadas por umas *cañas* coroadinhas de bela espuma.

E nestes suaves propósitos fui. E nestes encantadores projetos me refastelei. Por uma tarde gostosa?

Nem isso... É que por azar – é uma maneira de dizer – assim que cruzei a fronteira calhei logo de entrar num dos meus poisos preferidos, o entreposto simpático do *señor* Artur Pérez, ali no jucundo El Marco e que, sendo meio português por afinidade humana e comercial, é adepto do Benfica!

E, é claro, à espera de notícias da bola, tinha a TV numa estação lusitana.

Zás, apanhei logo nas narinas e nos lúzios com o nosso estimado Prof. Cavaco Silva, que os mais avisados referenciarão de imediato como o excelso presidente da República lusa.

Estava Sua Excelência botando, como é seu timbre, sensato e bem articulado discurso.

Que fui ouvindo emocionado.

Apesar de ser, geralmente, no resto um cético.

Dizia ele e muito bem, com voz firme e bem marcada, que cito: *"O país está atravessando uma crise que os políticos não podem iludir"*. Iludir...ó que palavra perturbadora!

Entre *cañas* e entre o discurso, tenho no entanto de vos confessar que me deu uma soneira...e adormeci. Que querem, sucede aos mais precatados patriotas!

E logo sonhei – vejam o que nos faz o despaisamento – que estava a estribar, através do consabido "Portugal Diário" onde por vezes espanejo meu estro, umas linhas referentes ao dito estadista:

"É bem conhecida a historinha contada por Eça de Queirós, que refere aquele maometano que, convertido ao cristianismo, diz para um antigo correlegionário: "Não queres comer toucinho? Mas quando deixarás tu de ser mouro?".

Ou seja:

Cavaco, que até agora não fez o que devia já ter feito há muito tempo, que era ter chamado Sócrates a capítulo e dizer-lhe sem papas na língua: "Ou o senhor se deixa de tretas, de malabarismos, ou demito-o sumariamente! O senhor não pode continuar a deixar o país mergulhar na desgraça e na revolta e continuar a dizer que isto é um éden de equilíbrio, raios!".

Falo coloridamente, mas creio que faz sentido.

É competente um governo que deixa que a dívida às Forças Armadas atinja, como os mídias noticiaram, 100 milhões de euros??! É sério um governo que deixa que o sistema judicial atinja um ponto crítico onde se chega a disparar a matar mesmo dentro duma esquadra? Onde a própria PJ é assaltada? Onde, muito justamente, o bastonário dos Advogados afirma que é mais fácil e exequível contratar gângsters que ver um tribunal da República colmatar uma dívida através da lei? Onde se multiplicam os assaltos, os roubos, os atentados contra o direito do cidadão sem que a polícia possa judiciosamente disparar contra os criminosos? Onde...Mas fico-me por aqui, para não maçar quem leia, pois toda a gente sabe o que se passa!

E vem Vossa Excelência agora dizer que os políticos não devem esconder a cabeça, como os avestruzes???

Tarde piou V.Exa., como sói dizer-se em português vernáculo.
Ponha essa gente, através dos mecanismos que a Constituição lhe garante e o povo sancionou ao elegê-lo, na ordem!
Porque quem merece deferência e respeito é o povo, não esses sujeitos que continuamente, baseados no poder de que desfrutam, tripudiam sobre os cidadãos e fazem pouco de todos nós!
Creio que é notório que a Nação, senhor Presidente, espera de V.Exa. mais que simples paliativos...
Ainda não percebeu que o tempo começa a esgotar-se?

Acordei estremunhado. Paguei e, de rabo entre as pernas e a boca a saber-me a papéis de música, meti-me no carrito e abandonei aquele pedacinho de país vizinho – rumo à República que, por vezes, tão mal servida tem sido por este, aquele, aqueloutro protagonista...

AS ARMADILHAS ORATÓRIAS

A oratória, como os leitores decerto sabem, é a arte de bem falar. Isto, em geral, escolarmente. Porque, no dia a dia, a oratória ultimamente vai de forma esquisita, no mínimo – e não me refiro, garanto, a ministros ou ministeriáveis.

Senão vejamos: num país africano, terra onde usualmente a oratória é uma questão de cacete nos tempos infelizmente usuais do governante em exercício, um punhado de militares resolveu amotinar-se contra o atual regime. Depois de uma certa confusão, um orador da banda dos operacionais veio informar que afinal tinha havido erro, fora confusão: só se tinham amotinado porque estavam convencidos que o golpe era dirigido pelo ministro da Defesa.

Tal é, evidentemente, um deslize oratório, que sublinha um equívoco de outra índole. Assim como quem diz: foi um engano, sem ministro nada feito. A revolta era com outro dirigente...

Mas há mais. E mais engraçado.

Em Portugal, um futebolista com dinamismo tece em entrevista mediática críticas vivazes e parece que fundamentadas a um dirigente. Tem um deslize oratório – e não lhe chama doutor, coisa que em Portugal é imperdoável. Este deslize oratório, segundo foi já constado, pode valer-lhe um inquérito disciplinar, porquanto o tal dirigente entendeu que o seu procedimento vocabular revelava espírito contestatário e vontade de o amesquinhar. Temos de concordar que não se chamar doutor a um doutor é lusitanamente um ato sinistro.

Por seu turno, um outro cavalheiro futebolístico teve também um deslize oratório muitíssimo interessante e que faz jus à imaginação dos que neste país ocupam lugares no topo: ao comentar a atitude de alguns cidadãos que achavam esquisito estarem a ser "convocados" televisivamente pelo selecionador nacional, disse esse senhor que na verdade até não bastava saber-se driblar e pontapear o esférico, era também preciso possuir-se um apropriado patriotismo. Homessa! E quem irá julgar, numa disciplina tão difícil, o patriotismo deste ou daquele cidadão, deste ou daquele centro-campista, deste ou daquele guarda-redes?

Haverá uma comissão para o efeito? Questionário a preencher? Ou será apenas *questão de instinto*, como dizia o Rantanplan?

Tenho para mim que estes deslizes oratórios, verdadeiras armadilhas da semântica aplicada, são provavelmente uma espécie de epidemia, pois que também o espírito, como a carne, por vezes anda de mal com a saúde cotidiana.

Os leitores que me desculpem este tom leve, irônico, quase balanceado. É que, às vezes, perante as caquexias do mundo – e os exemplos poderiam multiplicar-se – o melhor ainda é um sorriso a tempo.

Em todo o caso é melhor que chorar, não acham?

SÃO FUMOS, SENHORES

Como todo o cristão decerto sabe, o fumo branco tem um significado de alegria, de fecundidade e de boa-nova. É, no imaginário cotidiano, o fumo que se propaga sobre os telhados do lar, adejando por sobre as chaminés que são, também elas, símbolos de convivência, de fruição e de partilha uma vez que denotam a presença humana com a sua carga de materialidade mas, também, de espiritualidade.

Não é por mero acaso que, por exemplo, a eleição de um novo Sumo Pontífice seja anunciada pelo fumo branco resultante da queima, na lareira papal, dos papéis sem jaça mediante os quais, em votação lídima, se concordou pela elevação de alguém à cadeira de São Pedro. Para além de assinalar aos fiéis um fato congratulatório, esse fumo branco atesta o tom jubilatório que dele emana.

Mas não é só entre os cristãos que o fumo branco – por oposição ao fumo negro – tem um valor simbólico marcado: entre os *dayaks* da Nova Guiné, sempre que na tribo nascia uma criança em circunstâncias especiais, eram erguidas três pequenas piras das quais brotava um fumo branco aromático, conseguido a partir de plantas apropriadas; por seu turno, entre os *sioux* do Nebraska havia dois membros da tribo (denominados anciãos *lakota*) que tinham por missão, entre outras menos sacrais, disseminar fumos brancos após os sucessos duma caçada coletiva ao bisonte – que era, em geral, a base da nutrição dos Plains.

O fumo negro, como se intui, tem um significado bem diferente – de queda, de decadência, de triste ou de inquietante negação porque brota de substâncias adulteradas. É aquele que costuma caraterizar situações menos legítimas. E então é costume aludir-se a ele dizendo, por exemplo: "Há por ali fumos de bandalheira".

Nos últimos tempos, atingindo a opinião pública, tem sido dada notícia de fumos negros de ilegalidades em entidades as mais diversas. Como disse – e bem – Durão Barroso (sou consabidamente seu oponente, pelo que creio ser insuspeito para o poder afirmar de viva voz) antes assim que ficar tudo abafado, como costuma ser estranhamente habitual. O ato de vir a lume um fato penoso é um sinal positivo e só os coniventes com o opróbio e os secretos partidários da pouca-vergonha ou da roubalheira é que podem defender as práticas de ocultação. O que está mal é o fato em si e não este ser assinalado.

Foi, no entanto, ligeiramente inquietante verificar que um dos dirigentes da nossa praça – não recordo se um executivo de topo ou um senhor comandante de uma corporação – referiu que esperava ver, e cito de memória, os casos investigados e, talvez, julgados como é de norma. Talvez?

Faço minha, no entanto, a evidente preocupação daquela alta entidade. Tem inteira razão na sua expressão, modesta, de acreditar em algo que é perfeitamente de esperar em qualquer sociedade civilizada.

Todavia, efetivamente, no nosso país isso não é assim tão pacífico.

Com efeito, em Portugal o sistema judicial – pese embora à natural boa-vontade legal e ao pundonor legítimo de tantos e tantos próceres da Justiça – está hoje por hoje quase completamente desqualificado, sendo olhado com natural desconfiança pelos cidadãos comuns e, mesmo, pelos quadros societários. É todos os dias dito e não por mim, que reina a inimputabilidade de órgãos de análise prática, o que vai contra a Constituição, que preceitua a independencia e não a irresponsabilidade e muito menos a prepotência cavilosa.

Não há muito tempo, participei no estrangeiro numa sessão acontecida no âmbito de um encontro referente à Literatura Policiária. Ao analisar as suas relações com a vida cotidiana, que aliás fundamenta qualquer tipo de literatura, chegou-se à conclusão de ser o nosso país, infelizmente, uma sociedade criminal. Ou seja, onde um sistema judicial degradado e capturado por cliques irregulares é o cancro que está a destruir as simples regras de convivência e, em última análise, a *democracia tendencial* (ou *democracia limitada*, de forte tendência intimidatória ou mesmo policiesca) que é o tipo de regime que vigora em Portugal pese aos "disfarces" estatais que tentam tomar-nos por primários.

Mediante a ineficácia ou a devastação em que se consente que o referido sistema viva, tem-se criado na sociedade uma torpe sensação de inquietude, de precariedade, de desleixo cívico e autêntica moralidade crápula que – embora da maneira subreptícia que só os estultos não percebem – se estimulam e justificam através de uma desculpabilização arteira, "habilidosa" ou prepotente, exercida com o intuito de constituir contra-propaganda frente aos anseios de legítima justiça que vive em qualquer cidadão minimamente sério e sensato.

Os sinais de que isso é já insuportável são muitos – e começam a ter um cariz de alta gravidade. Esses sinais com efeito revelam da parte dessa gente um verdadeiro desprezo pelos direitos de cidadania e, em última análise, uma sobranceria injustificável e antipatriótica para com a Nação. Tem, por isso, de ser firmemente combatida pelas pessoas de bem.

Os portugueses estão a ficar definitivamente fartos em relação a situações de laxismo provenientes de homicídio, roubo, manipulação oficial, delito ecológico, etc. ou a outras de ordem diversa como furto, agressão, calúnia e difamação, peculato, tráfico de influências, associação criminosa, abuso policial. Começam mesmo a formar-se movimentos de opinião para obstar a tal estado de coisas e, portanto, é urgente agir de modo a que tal não descambe em algo mais preocupante ainda. Lembremo-nos de que foi devido à inércia havida contra um sistema judicial criminal, laxista ou tendencioso que na Itália quase se chegou à devastação societária. E que muito por isso o Leste colapsou, tendo muitos dos seus próceres sido abatidos.

É legítimo esperar que o sistema judicial, alegadamente colonizado pelo poder, o que é ilegal, se reconfigure – e bem depressa – mesmo que tal passe pela responsabilização pura e dura (com todas as garantias de defesa, naturalmente) de protagonistas ao mais alto nível que não cumpram ou, ardilosamente, enovelem ou entravem situações contra o interesse da Nação.

Caso haja necessidade, os cidadãos e as entidades individuais ou coletivas podem e devem recorrer às instâncias internacionais, pois isso já é, hoje em dia, um legítimo recurso.

Ou – o que está consignado na Constituição dimanada dos direitos humanos – o "direito de insurreição" quando seja caso que os órgãos de governo se desautorizaram nefandamente.

Havendo tal necessidade, por inépcia ou corrupção ética das entidades nacionais, teremos uma vez mais legitimamente posta em causa a "honra e a soberania nacionais" que muitos dizem querer ver defendidas mas que, afinal, deixam que fiquem inteiramente cobertas de negros fumos.

O CORAÇÃO DO MUNDO

Tempos atrás, numa clínica de New Jersey, uma criança recebeu um coração novo.

O fato não causaria estranheza não fosse dar-se a circunstância de a criança ser um bebê de tenra idade. Agora, com o seu coraçãozinho batendo serenamente, a pequenita – pois trata-se de uma menina – irá pela vida fora.

Esperemos que vá. De acordo com os médicos que procederam ao transplante a pouca idade da garota favorece o resultado da operação. Com o seu pequenino coração tiquetaqueando, Philipa enfrentará o mundo e as suas tristezas e alegrias. Com esse coraçãozinho de empréstimo – que será todavia muito seu – conhecerá tudo o que uma criança do cotidiano ocidentalizado usa experimentar: o despertar lento para a vida de relação, o progressivo descobrir da existência, a surpresa das brincadeiras e o esforço controlado do trabalho. Conhecerá outras crianças, outras vidas: outros corações. Conhecerá um dia o amor e a amargura – embora, prosaicos que todos somos, bem saibamos que não é no coração que residem os sentimentos. Mas, como referia Richard Lewinson (esse mesmo, o excelente historiador francês que, curiosamente, foi também o criador de uma das figuras mais conhecidas do moderno relato policiário, o Tenente Columbo) "prestemos homenagem à fantasia secular de situar no coração a morada desse mar que sempre agitou a humanidade".

A possibilidade de receber em termos o coração estranho deveu-se aos melhoramentos introduzidos em certo mecanismo de apoio por um cientista-inventor. Aliás, de acordo com as notícias que diariamente se cruzam sobre os diversos setores da atividade humana, os inventos estão a conhecer ultimamente como que uma idade de ouro. Os inventores, esses curiosos Ulisses da ciência aplicada, se desde sempre foram apreciados pela lenda e pela literatura de imaginação, só nos últimos tempos estão recebendo uma atenção profunda: na Bélgica, em França, nas Américas, em Espanha e até nos atuais países de Leste, a ação desses homens granjeia o apoio e o apreço das entidades científicas e mesmo das empresas com alta capacidade de manejo. No fundo, é delas o benefício; e, finalmente, de todos nós. Porque a existência é uma componente rica e articulada, nos melhores casos, entre o espiritual e o material.

Jules Verne, que aliás morreu desiludido com o excessivo materialismo do seu tempo e o que este tinha por ciência definitiva, disse-o com propriedade, tal como o têm feito outros autores que equacionaram e debateram nos seus escritos esses temas candentes. A talhe de foice: Ray Bradbury, Fritz Leiber, Clifford Simak, Isaac Asimov...

Mas em Portugal (como noutros lugares...) não é, com efeito, assim. Já vai sendo conhecido nos diversos países que um inventor, cá no jardim, passa as passas-do-Algarve para conseguir afirmar-se. Dispondo de um poder de imaginação relativamente limitado, formado frequentemente por homens públicos mazorros ou de espírito bronco e politicão, o Estado português não tem tido pelos inventores portugueses o desvelo que estes merecem. Aqui há dias um destes homens teve ocasião de relatar na televisão a sua odisseia de pessoa criativa num país onde a imaginação é por vezes mais bem vista a inventar aldrabices mediáticas, cenários políticos e outras baldrocas.

Sabia o leitor que muitos dos inventos mais úteis e comuns que aí andam pelo mundo foram congeminados por inventores portugueses?

Pois é verdade. O que acontece é que tiveram de ir para as franças e aragaças dar seguimento prático às suas invenções. Cá no portugalinho tinham de se quedar como se nada tivessem descoberto. Nem facilidades para registarem os seus trabalhos lhes eram dadas!

Pelo que, fique então sabendo: se acaso inventar algo e for lusitano, perca um bocado as ilusões. E encha-se de paciência...

E se quiser ter o cotidiano facilitado, dedique-se antes – será muito apreciado pela doce gente politiqueira que vive um pouco em todo o lado – a artilhar uma nova maneira de fazer o Zé Povinho esportular as lecas.

É o espírito inventivo que muitos deles apreciam. Até lhes faz bater o coração!

ROSTOS PARA UM MUNDO

Desde há milênios que o homem, sem cessar, pergunta aos arcanos maiores: quem somos, donde viemos, para onde vamos? Porque se o princípio do mundo foi ruído e tempestade, a seguir começou a ser interrogação e memória. E o homem no afã de reconhecer o seu rosto busca-se através das Idades.

Qual o rosto do homem? Qual o rosto humilde ou senhoril pelo qual o Homem se pode reconhecer? A história do mundo, na verdade, é a história da procura – umas vezes desesperada, outras vezes esperançosa – com que o homem ergue o signo da sua presença completa.

O espelho da humanidade é o viver cotidiano. Mas por dentro do cotidiano há imagens cuja origem urge determinar. Pois só assim se compreenderá o mistério que todo o momento, todo o minuto, seja de trabalho ou de festa, de contentamento ou de melancolia, transporta consigo.

Homem significa permanência. A criança, o velho, o adolescente, são sinais erguidos na vasta correnteza da vida. A paisagem é ou pode ser uma habitação esparsa, não contida, propagando-se no mundo como o vozear da multidão – ou a serenidade de alguém que está só. Os detalhes também são permanência: por eles nos guiamos para reconhecer o segredo da existência. E por isso se diz que tudo conta, assim como numa vida humana nenhum minuto se desbaratou. Porque na vida humana tudo o que se cria se transforma.

O rosto do mundo está por vezes repleto de amargura. Devemos saber que se a vida tem uma parte de abnegação, o peso dos sacrifícios não deve contudo manchar os múltiplos vértices com que o homem pontua a sua caminhada. Por isso devemos perguntar-nos: aparentemente semelhantes, as notas da sinfonia vital diferenciam-se por que timbre? Se nos sentimos distantes do conhecimento que se procura, da realidade que se quer atingir, é necessário ter a coragem de nos interrogarmos conscientemente, de conscientemente interrogarmos o mundo que nos cerca e em que nos inserimos.

A vida, a morte, o medo, a alegria, o sofrimento. Temas maiores para o verdadeiro rosto do homem, para o autêntico rosto do Mundo. O mundo e o homem são realidades absolutamente ligadas, mesmo quando tal parece não se verificar. O que os liga é o gênio de uns poucos, o talento de mais alguns, a interessada solidariedade de muitos mais. É importante que pouco a pouco esta corrente desenvolva a sua robustez através do que de mais nobre, mais harmonioso se criou através dos séculos.

O passado, quer o queiramos ou não, liga-se ao futuro pelo presente. Em qualquer lugar da terra foi assim. As imagens menos nítidas, mais arbitrárias em aparência tornam-se compreensíveis se a elas ligarmos o sinal do homem, o seu rosto luminoso. Porque o mundo existe. E o homem existe. E existe a terra, o firmamento, tudo o que está ou pode vir a estar ao alcance do nosso deslumbramento.

As vozes ausentes

Que mundo amanhã?

Nota – A propósito, ou sublinhando, a exposição "Cem Rostos do Alentejo" patente em Gáfete (Distrito de Portalegre) e da autoria de Ribeirinho Leal.
São rostos daquela localidade do Alentejo profundo – mas podiam ser, creio, de uma irmã e semelhante de qualquer outra parte.

EVOCAÇÕES ESPANHOLAS

A don Juan Valderrama
A don Josep Andreu i Laserre (Charlie Rivel)
in memoriam

Por su gracia

Juanito Valderrama ergue a voz e solta o seu *cante grande*. E abrem-se os céus. Os céus de Sevilha, entre renques de laranjeiras, entre os odores de Sevilha, ao pé da sombra da Giralda, ao pé da Catedral a propósito da qual o cardeal Pedralva disse "Faremos uma igreja tão imponente que os vindouros dirão que estávamos todos loucos!".

Canta Juanito em criança e canta depois de velho. Andaluz dos pés à cabeça, voz de *plata policromada*, canta *Las carretas del rocio, La rosa cautiva, La hija de Juan Simón*… Canta e no seu canto vibra o amor e a morte, o desespero e a mais funda alegria, o vigor e a altivez e a simplicidade varonil de um povo de pessoas e não de números. E com ele cantam, sem cantarem com ele, Pedro Martin, o *Chato de las vendas* que morreu de desgosto duas horas depois de saber, durante a guerra civil, que o iam fuzilar. E Jimenez Rejano com a sua voz de vendaval, e Caracol, e os irmãos Montoya, e Camarón, e Paco de Lucia com a sua guitarra trágica e poética. E a Niña de la Puebla, que canta aquela que é provavelmente a mais bela canção de amor já feita pela tradição popular e pelo gênio desse povo: a comovente, exaltante, lírica e desgarradora "Campanilleros en los pueblos de mi Andalucia".

Mas canta também o *maestro* Pepe Marchena, de grave e doce voz de *hombre y caballero*. E o Niño de Penarrubia, essa fonte de pura água andaluza. E os anônimos dos tascos, do *venga vino*, os azeitoneiros de Jaén, os *niños del mar* de Almeria, os *minericos* de Linares e Cartagena. E cantam o quê?

Os *fandanguillos*, as *alegrias*, as *seguidillas* e as *campanilleras* do flamenco – que é a meu ver a maior invenção musical e *cantaora* já feita pelo povo. E onde ressoa a dignidade, a paciência, os momentos de fruição dessas gentes anônimas e pobres – mas tão ricas! – esses "gitanos de aristocrácia/ cantaores de cante grande/ flamenco en sus quatro ramas" que souberam erguer a figura entre os solavancos do tempo e os volteios das cordas das guitarras.

Juanito Valderrama... *Hombre! Toma mi pañuelo blanco para limpiarte la cara!*

Em Louvor dos Palhaços

Não por simbolismo mais ou menos evidente, não por se estar em tempo de *clowns*, de malabaristas, de hipnotizadores e de ilusionistas – mas sim por no fim do inverno a memória parecer mais nostálgica, intercedendo pelos tempos de grandes alegrias, de viagens interiores, de meandros que se acariciam com a palavra, com a recordação. Um mundo juvenil de circo, fremente e encantado.

Charlie Rivel, que vi ao vivo em Madrid numa tarde de surpresas, no decorrer duma *matinée* inesquecível, com o seu lentíssimo andar, com as suas pequenas frases entrecortadas, com o seu *huuuuuu!* de rosto rodando para o céu, esse som surpreendente pontuando as historinhas comoventes, terríveis e poéticas daquele que foi considerado o melhor palhaço do mundo.

E os Irmãos Campos, portugueses retintos num elenco circense todo composto por húngaros de Linda-a-Pastora, por franceses do Cadaval, por italianos da Madragoa? E Oscarito, o palhaço bailarino com as pernas de arame que todo se desconjuntava quando Simeão, o palhaço-rico, o submetia a rudes diálogos de que aliás saía mal-ferido? E que com o seu serrote-violino, com o seu trompete destravado, com o seu saxofone bicéfalo nos levava por todos os lugares onde o sonho podia acontecer?

E – posto que agora por fora – as distintas *partenaires* que eram jovens em início de carreira ou *madames* a finalizá-la, mas inteiramente frequentáveis para olhos adolescentes (um toquezinho de inusitado que ainda lhes conferia mais sedução...)?

Deixem que me lembre desses anos de vinho e rosas... Em Portalegre por todo o Rossio, em frente do antigo campo da bola, por detrás da belíssima cascata do jardim barroco infelizmente passado à história da História, quando ainda lá havia uma esplanada de Café sob um cedro do Líbano, onde pelas tardes a rapaziada hoje madura ia deslumbrar-se nos serões de província...

Deixem que me recorde – como se, com vossa licença, tasquinhasse expeditamente um pacote de amendoins, antes de entrarem os trapezistas, os domadores, os hipnotizadores e outros acrobatas.

> *Nota: Aos interessados, sugerimos as biografias:*
> *António Burgos, "Mi España querida", introdução de Juan*
> *Manuel Serrat, ("La esfera de los libros")*
> Sebastià Gasch, "Charlie Rivel, pallasso català", (Ed. Alcides, Barcelona)

(in revista LER, AGULHA, QUARTZO, FELDSPATO & MICA, TRIPLOV, LIBERAL – Cabo Verde, revista TRIBUNA DO DOURO)

FALAR COM OS OUTROS

"A Poesia é o símbolo mais alto da dignidade da pessoa humana", declarou Nicolau Saião a O Distrito de Portalegre.

Tal como noticiamos na semana passada, NS comemora este ano 30 anos de vida literária, artística e cívica. A exposição realizada pela Biblioteca Municipal com o apoio do pelouro da Cultura do Município portalegrense é uma homenagem justa a um homem que tem dado o seu melhor a Portalegre, mesmo sabendo que seria alvo de "tentativas de ocultação" e de "censuras discretas" da parte daqueles que, muitas vezes, ele próprio apoiara noutras ocasiões. Nascido em Monforte em 1946, veio aos três anos para esta cidade, onde tem divulgado a arte e a poesia em locais tão diversos como este jornal, a revista "A cidade", o rádio, etc. Poeta d' "Os Objetos Inquietantes" e de "Flauta de Pan", o terreno privilegiado "para a sua aventura da palavra é", como refere Albano Martins, "o do real cotidiano". (RV)

O Distrito de Portalegre – NS nasceu em Monforte e, aos três anos, veio para Portalegre. Qual a sua ligação com estas duas localidades?

NS – A minha ligação é de duas ordens: a interior e a exterior. Em relação a Monforte, apesar de bem pequeno, tenho memórias algo fundas: vejo-me a passear com os meus pais no jardim, junto ao castelo, pelas ruas onde tinham lojas, carpinteiros, funileiros, um alfaiate... Recordo especialmente a casa de minha madrinha Mariana (da conhecida família Mata) que tinha uma estufa e um grande sótão, que me serviram de modelo para a peça de teatro "Passagem de Nível". No que respeita a Portalegre, tenho as profundas vivências exteriores que, devido à passagem dos anos, se vão transformando em memórias: os grandes verões, com passeios pela Corredoura, pelas festas e romarias (Sr. do Bonfim, Sra. Santana, a festa da Penha...). Enfim, a sequência da infância, da adolescência e da idade madura.

DP – Em que medida o republicanismo de seu pai, João Garção, o influenciou?

NS – Apesar de ter vários amigos monárquicos, e de uma absoluta tolerância em relação a credos diferentes do meu, sempre vi na república a possibilidade de o homem comum ser dignificado, dependendo apenas do seu mérito e do seu caráter.

DP – Fez a Guerra de África (na Guiné). Essa experiência humana marcou-o na sua poesia?

NS – Creio que sim, seguramente. Contemplei muitos momentos penosos (também os tive...). Apercebi-me do absurdo e da brutalidade do sistema ditatorial, que prejudicava das baixas até às altas patentes. Conheci militares (fossem praças ou oficiais) de grande nobreza e força de caráter. Para mim o exército pode ser um local de junção de excelentes profissionais, desde que envolvido por uma democracia humanista. A poesia que lá fiz e que lá pensei reflete a meu ver o drama profundo em que estavam imersos os homens, a região e a própria natureza envolvente. A partir dessa estadia, creio que se sente no que escrevo a presença de África que, como disse o Poeta, "é um continente surrealista".

DP – Como se iniciou a sua entrada na escrita?

NS – Os primeiros poemas publiquei-os no Diário de Lisboa, no Suplemento Juvenil, que foi um alfobre de autores depois conhecidos. Depois de vir da tropa, comecei a escrever n' *O Distrito de Portalegre*, com o beneplácito do seu diretor José Dias Heitor Patrão. Fui sempre aqui bem tratado com a maior consideração e estímulo. Tenho, confesso, uma ternura grande por este jornal.

DP – Como se processou e o que significou para si o seu contato com o surrealismo?

NS – Em 1969, vindo de férias a Portugal (estávamos na Guiné), Carlos Martins comprou alguns livros de Cesariny, Ernesto Sampaio, Virgílio Martinho e Herberto Helder. Na volta, combinamos que, assim que chegássemos, escreveríamos a estes autores para lhes manifestar o nosso companheirismo. Assim fizemos. A abertura surrealista possibilitou-me contatar com os universos que eu já descobrira por volta dos 15 anos, ao ler uma revista brasileira que trazia quadros e poemas de Max Ernst, Breton, Éluard e Victor Brauner.

DP – *Qual o papel do surrealismo na sociedade atual?*

NS – O papel de avaliar e analisar o mundo de uma forma aberta e criativa, propondo eventuais soluções para problemas graves que se nos colocam: a globalização, a desertificação do imaginário, as novas violências, a tentativa de instauração de novos fascismos sociais.

DP – *A atribuição do Prêmio Revelação em 1991 foi um marco importante na sua vida literária. Em que medida alterou o seu percurso?*

NS – Possibilitou que tentativas de ocultação de índole provinciana, medíocre e invejosa não mais tivessem verdadeiro efeito. Há gente que não gosta de nos ver em foco, porque isso é a prova do seu falhanço e da sua incapacidade, mesmo que os não contestemos. Ao defrontarem-se com a opinião pública nacional, que não controlam, como por vezes acontece localmente, podem ficar responsabilizados, o que acima de tudo temem, porque no fundo conhecem bem os seus limites. Além disso, o prêmio deu-me novas audiências e afirmou na prática o sentido da minha caminhada.

DP – *Nicolau Saião é um homem dos jornais há 30 anos. Que diferenças tem encontrado no jornalismo?*

NS – De um ponto de vista formal e técnico, houve melhorias sensíveis – exceto em alguns pasquins sem emenda. De um ponto de vista humanista, certos órgãos informativos têm baixado o seu nível com o pretexto de que as populações também têm baixo nível. Pura mistificação: não é pelo fato de as pessoas terem tendências negativas que vamos incrementá-las com o pretexto de que estamos a servi-las. No fundo, o que esse jornalismo pretende é ganhar dinheiro e fabricar novos primários.

DP – *A sua ação cívica e cultural em Portalegre tem tido altos e baixos. Como a carateriza?*

NS – Os altos corresponderão decerto a períodos mais favoráveis na gestão social dos ritmos nesta localidade. Não esquecendo que há alturas de maior criatividade e difusão, dependendo de fatores diversos. Os baixos refletirão certamente ocasiões de menor disponibilidade, menores facilidades concedidas e, até, as censuras discretas a que um autor inconformado fica por vezes sujeito em localidades onde permanece um fechamento utilizado por entidades que assim procedem ao arrepio dos interesses das comunidades.

DP – Tem sido um divulgador incansável da Poesia. Que papel lhe reserva neste século XXI?

NS – É uma luz que sempre brilha nas trevas. Claro que, aqui, poesia nada tem a ver com versalhada insensata e pretensiosa. A poesia é, a meu ver, o símbolo mais alto da dignidade da pessoa humana. De um ponto de vista ético, criativo e generoso. Talvez isso explique a marginalização e a ocultação a que certa gente tenta submeter os poetas, substituindo-os por pseudo-intelectuais a meio-pano (mesmo que sejam acadêmicos) com caraterísticas de pequenos burocratas hegemônicos e, no fundo, como referia Eça de Queirós, "pilriteiros e apepinadores".

DP – É poeta e pintor. Qual das duas dimensões lhe dá maior satisfação estética?

NS – Ambas. Cada uma delas nos faz falta para excursionarmos pelos seus dois continentes. Por vezes, como que numa febre ou num encantamento, só se escreve; noutras, as imagens, as cores e os traços aparecem em catadupa e há que dar-lhes a resposta que nos pedem ou nos impõem.

DP – Que poetas e que pintores o marcaram?

NS – Não posso deixar de referir à partida a minha "santíssima trindade": Cézanne, Thomas Mann e Schubert (este último, apesar de músico, era também um poeta através do que fazia e do que vivia). Depois posso citar (e misturo propositadamente portugueses e estrangeiros) Raul Brandão, Yves Bonnefoy, Régio, Branquinho da Fonseca, Guillevic, António Franco Alexandre, Asger Jorn, Bulgakov, Rilke, Cristovam Pavia, etc..

DP – Um novo livro de poesia ainda este mês. Que projetos se aproximam?

NS – Alguns, e diversificados. Tenho na calha a junção de crônicas e prosas diversas (onde Portalegre marcará forte presença): *As Vozes Ausentes*. Há a tradução para a Black Sun Editores dos poemas de H.P. Lovecraft; para esta editora, ainda, um livro misto de prosa e poesia intitulado *Nigredo/Albedo – O Livro das Translações*. Com Luís Vintém, estamos articulando um volume que mesclará a foto, o poema e o texto em prosa: *Portalegre vista por NS e LV*. Tenho também o livro de poemas *Cantos do Deserto*, inspirado pelas minhas estadias nas terras desérticas de Almeria – o Campo de Tabernas. Para além disto, continuarei com as traduções de autores diversos e do meu apreço e, por último, a continuação do projeto, que é já uma afirmação, do suplemento cultural Fanal, que tem tido a colaboração amiga e interessada de confrades de diferentes proveniências. Isto tudo reflete a minha ligação ao Alentejo, nomeadamente a São Mamede, apesar dos amargos de boca a que os criadores estão por vezes sujeitos.

DP – Para finalizar, que se lhe oferece dizer?

NS – Gostaria de pedir aos leitores que reflitam nos problemas que o novo milênio nos coloca: tendências hegemônicas da parte de certos dominadores, visando apenas ao lucro e o poder indiscriminado; necessidade de saudáveis ritmos de vida serem incrementados; aprofundamento dos direitos que a todos se põem: melhor saúde, melhor instrução visando à melhor educação, adequação do sistema judicial hoje total e medularmente corrompido do ponto de vista ético; maior respeito dos poderes públicos pelos que devem ser o alvo último da sua ação – as populações em geral e, dentre estas, os mais desprotegidos e necessitados.

RESPOSTA DE NS AO QUESTIONÁRIO A CIRCULAR NA NET

Não podendo sair do Fahrenheit 451, que livro quererias ser?

Posso escolher três? Aí vão: *O homem da montanha* de Dino Buzzati, *As minas de Salomão* de Ridder Haggard – mas não na tradução (incompleta) revista pelo Eça, que é à portuguesa curta – com as encenações duma rota para todas as viagens: "Fui-me deitar. E levei toda a noite a sonhar com o deserto, diamantes e animais ferozes e com o infortunado aventureiro morto de fome nas vertentes geladas dos montes Suliman" e as páginas marcadas a fogo de *O pássaro pintado* de Jerzy Kosinski.

Já alguma vez ficaste apanhadinho por uma personagem de ficção?

Sim, por várias: o Axel Munthe de "O livro de San Michele", o sir Charles Ravenstreet de "Os mágicos" de J.B.Priestley, a mrs.Dolloway de Virgínia Woolf, o Herbeleau de Jean Husson... E porque não o Danny April de Bill Ballinger, na sua busca desesperada da pureza e do amor absoluto no magnífico *thriller Versão Original*?

Qual foi o último livro que compraste?

Foram quatro e não um – e todos em espanhol (há já muito tempo, por uma questão de "localização", que não compro livros em língua portuguesa, essa tarefa está agora reservada a um dos meus filhos): *El viaje de Simbad* de Tim Severin, roteiro muito real (as costas do Malabar... as terras de Oman...) construído sobre os mapas do ficcionado aventureiro árabe; o "Dalí" de Lluís Llongueras acabadinho de sair na Ediciones BSA; o *Mentiras fundamentales de la Iglesia Católica*, uma análise séria e competente de Pepe Rodríguez também na BSA; as "Prosas" de Cláudio Rodriguez, onde se arrolam em menos de 300 páginas (é o suficiente...) tudo o que o grande poeta nos deixou – e, como que fazendo parte do pacote, as suas poesias oferecidas na horinha...

Qual o último livro que leste?

"Os grandes cemitérios sob a Lua" de Georges Bernanos.

Que livros está lendo?

Como leio/releio vários ao mesmo tempo posso dizer três? *Os filhos do capitão Grant*, de Verne; *A costa das Syrtes*, de Gracq; *A vida essa aventura* do grande biólogo Jean Rostand.

Que livros (cinco) levaria para uma ilha deserta?

Depois de meditação algo aturada: *A ponte sobre o Drina* de Ivo Andric, tributo ao real, ao sonho e à sua mútua interpenetração; *Alain Decaux raconte* – tributo à História, para não perder o continente; *A montanha mágica* de Mann, tributo ao exatamente porque sim; *Os triunfos de Eugène Valmont* de Robert Barr, para manter na ilha o champanhe gelado; e *En compagnie des vieux peintres* de Léo Larguier, para saber ver o horizonte enquanto esperava o barco que me levaria definitivamente de regresso. (Passado sob as barbas dos guardas-marinhas, o *Diário* do Amiel na edição velhinha – a mais completa – da Stock...).

A quem vais passar este testemunho e por quê?

Ao Floriano Martins da "Agulha", porque Fortaleza também é a minha debilidade.

OS ENCONTROS FALHADOS – O TRIÁLOGO EM 2007

Augusto José/Manuel Caldeira

Em princípios de 1970 (onde isso já vai!) recebi uma carta de um amigo. Dentro dela, além de um texto abordando o tema das semelhanças entre os animais e os vegetais, vinha um poema que começava assim: "Ter prazer em falar/como quem fosse/ um simples animal, um ser da treva/ Ter prazer em nascer, como quem desse/ o nascimento à própria solidão".

A carta vinha da Guiné-Bissau, o amigo era o NS. O poema nascera, tal como o texto explosivo, no absurdo da guerra colonial em que então Portugal estava metido e propunha(m) o prazer contra a solidão e a morte envolvente, transfigurando o horror destas em vida e fruição futuras. Razões da vida profissional fizeram-me perder de vista o amigo, conquanto o poeta me aparecesse aqui e ali em breves momentos e, de quando em vez, uma breve missiva me chegasse quer à região de Espanha onde então habitava, quer à cidade europeia (Londres) para onde o meu trabalho me transplantou.

Reencontramo-nos mais tarde numa rápida manhã alentejana de 1981 e, num desses acasos em que a existência é fértil, em Toronto, cidade do outro lado do mundo em que por feliz coincidência nos achávamos.

Reencontro-me agora com ele, mais velhos os dois, mais questionados. Na sala modesta pejada de livros e de objetos apontando mais para a memória afetiva que para uma decoração estudada, centenas e centenas de livros que guardam para oferecer a quem os abrir tudo o que a imaginação pode dar-nos, conversamos. Sente-se que, aqui, os livros não são um álibi, mas companhia e "paisagem" natural. E é por aí que o triálogo começa.

LIVROS, LIVRINHOS...

Manuel Caldeira (MC) – Nicolau, porque tem tantos livros? O que é que os livros representam para você?

NS – São uma espécie de Jardim Zoológico...sem prisioneiros. Ler é para mim uma forma de comunicar, de resistir à morte civil e à exaustão do cotidiano. É uma das minhas formas de brincar com a morte...Como sabes, cada livro põe-nos à prova, é preciso mantermos uma grande serenidade, um enorme sangue-frio! Os livros são também, digamo-lo assim, a minha sociedade secreta, uma espécie de mar com ilhas sempre novas. São também a negação duma determinada sociedade que quer é que a gente veja televisão e passeie de carro até ao fim da gasolina mental...

Augusto José (AJ) – Mas você vê televisão...

NS – Evidentemente! Mas quem é que não vê? Só os hotentotes, possivelmente. E mesmo esses...Mas só vejo o essencial, o indispensável. E posso garantir-lhe que não ouço os discursos nem assisto às telenovelas...

MC – Isso também já seria demasiado!

NS – ...a não ser para renovar um certo nojo. Misturado com riso, aliás. A televisão como presença obsidiante, note, porque também por lá aparecem às vezes belas coisas, é o grande ser sagrado do nosso tempo. Nessa medida, é óbvio que está acabando com a componente mística da religião, que é hoje um rito em aceleração...basta ver as missas televisivas, sem esquecer que neste país houve durante algum tempo uma emissora da Igreja que a breve trecho teve de ser vendida a um grupo menos "metafísico"... Conhecem, já agora, um conto do Bradbury em que ele descreve os EUA totalmente modificados por se terem estragado, devido a manchas solares, todas as cadeias de televisão? Pois leiam, que vão gostar. Quanto aos livros, eu não acredito como os chamados "situacionistas" que seja indispensável liquidar as artes e a cultura. Isso são teorias espúrias de intelectuais abastardados. O que é preciso é acabar-se com a ignorância, com a estupidez e isso passa também por amar a cultura, mas recusar a cultura, a tal de colarinhos e gravata.

AJ – Então não crê que a verdadeira cultura ande na rua?

NS – Anda, assim como lá andam também os autómatos cotidianos, os polícias, os díscolos, toda a sorte de sacanagem...Ser livre não implica ser ignorante. Ser culto é precisamente o contrário de ser convencional ou atrofiado. O que é preciso é não se perder o nosso coração de criança, tal como Savater o descreve. *Chevaucher le tigre*, como dizia Raymond Abellio. Ter frescura e ser espontâneo, o que não é o mesmo que ser gostoso e brutalmente acéfalo. O mito do bom selvagem... Quem é que ainda acredita nisso?

AJ – Alguns acreditam...

NS – Ou fingem que acreditam. Como sabe este é o tempo das surpresas, surpresas de ordem mental e mesmo social. Num dos textos desses senhores um deles dizia em tom de programa (cito de memória): só haverá uma sociedade mentalmente aberta quando o artista, saindo à rua, correr o imediato risco de ficar com um olho deitado abaixo... Repare-se que diziam isto quando em certos países totalitários artistas eram encarcerados e até mortos. Não é estranho que fosse também nessa altura que estes cavalheiros despediam um violento ataque ao surrealismo!

Desconfio muito e tenho razões para isso de certa gente benemérita. Assim que os ouço ou leio que estão a dar muitas palmas ao "popular", ao "natural", preparo-me para o pior. A meu ver é uma pura mistificação...questão de calabouços ou de votos e sandices semelhantes. A meu ver o povo não precisa de "graxa", precisa é que o não aborreçam ou mistifiquem em ordem a ficar ainda mais afastado da plena cidadania.

O ARTISTA NO TEMPO

AJ – Estes quadros são de sua autoria? Diverte-o pintar? Por que pinta?

NS – Se é que se pode chamar pintura ao que faço…Parece-me que a profissão de pintor implica uma estratégia, uma sistemática. Digamos que a minha "pintura", ou a minha atitude enquanto "pintor", é uma viagem no universo das cores e das formas, mais nada. Às vezes dou por mim a pintar figuras com alguma habilidade, noutras nem sou capaz de reproduzir aceitavelmente um cavalo, um rosto…Eu creio que assisto com gozo e certo sofrimento ao nascimento dos…quadros e, se esta resposta o satisfaz, então sim, divirto-me. É uma espécie de brincadeira, um jogo…Mas "a posteriori"! Antes é uma certa angústia, uma inquietação, uma febre enquanto dura a feitura. Acho – e não estou a ser solene nem, espero, demasiado dramático – que a pintura é um jogo algo mortal, em suma. Pode morrer-se por dentro e até já houve pintores que morreram por fora por se haver sumido, ou não ter aparecido, o universo que buscavam ou intuíam. Para além disto, a pintura como a sinto pode também ser uma coisa habitual, digamos calma e secreta, como a presença dos ruídos familiares numa tarde de agosto…numa noite de junho, como a presença de um gato, um sabor ou um cheiro, um ato cotidiano. Mas é sempre uma viagem sem bússolas, no meu caso. Vou confessar uma coisa: às vezes, principalmente quando estou deitado descansando, ou sentado meditando, ou andando pelo campo, aparecem-me na cabeça quadros belíssimos…Mas não sou capaz de os reproduzir, é um desespero! Se conseguisse (mas às vezes nem tenho materiais adequados) era um grande pintor. Assim sou, tenho consciência disso, apenas um curioso com alguma felicidade, digamos…

MC – Sem bússola…O homem no labirinto? Você um homem em cólera?

NS – Apre, creio que não! Só excursão sem pontos marcados. Não, definitivamente não. Pelo contrário, para além da normal indignação de um mais ou menos atento habitante do meu século, sou um indivíduo que apenas despreza, não odeia. Para odiar é preciso ainda suar... Já lá vai o tempo em que eu odiava. Odiei muito, assim como amei muito. Agora, sem eu querer conscientemente, apenas sinto capacidade para amar suavemente ou desprezar. Aqui há dias, ao ler um texto apontando para as semelhanças mentais entre o Hitler e o Bin Laden, dei comigo a ter uma sensação de irrealidade, de desprezo e de pena repugnada.

AJ – E o que é que despreza, fundamentalmente? Quem é que despreza?

NS – Em primeiro lugar desprezo os oportunistas, tanto na vida cotidiana como nas letras e artes...Aqui na cidade de Portalegre e no Alentejo, para não sair da região, tenho conhecido vários. Pequenos oportunistas, porque isto é uma terra pequena. O que aliás não me descansa, às tantas uma pessoa gostava de encontrar canalhas em grande, como no Balzac...e apanha só canalhinhas à portuguesa! Bom... E desprezo também os enfatuados, os que se escondem por detrás do dinheiro ou do poder. Em nível geral desprezo os politiqueiros, os raposões que fazem grandes frases e apenas querem enganar o povo, os – no caso da escrita – que constroem as suas lendas, grandes ou pequenas, sobre a desgraça dos povos, para acatitarem as respectivas produções. Mas os que desprezo acima de todos são os que se proclamam irmãos dos homens e nada mais têm para lhes dar que obtusidade, dureza e frieza. Pessoas por vezes com grande formação académica e intelectual, universitários e quejandos, mas que são uns perfeitos patifórios, usando o lugar de que dispõem para exterminar a dignidade com um evidente sentido de que o podem fazer impunemente.

MC – Podias citar algum nome?

NS – Nem por sombras! Não por sentido de decência, digamos, mas por sentido das realidades...Se o fizesse estava desgraçado! Não haja equívocos: tenho amor à pele e "os tais" cá no *meigo país* (Ribeiro Couto) são quem manda no dia a dia. Se eu falasse abertamente, "quilhavam-me" na certa. Esclareçamos de uma vez por todas que isto não é ilusão, podia contar histórias bem reais de manigâncias artilhadas por senhores que são mais nefandas que as de bandidos das ruelas... Guardo essa voz aberta, vocês desculpem, para um livreco de memórias... a sair quando já estiver a "fazer tijolo"... Mas os nomes abundam, da política à religião, da economia à saúde pública... às letras mais respeitáveis, infelizmente.

AJ – Como se define? Poeta surrealista, surrealista só, anarco-surrealista? Como, afinal?

NS – Ao contrário do que às vezes se usa fazer ("os outros que me definam" e tal...) tenho muito gosto em me definir...até para poder epigrafar o que me parece legítimo: creio que sou um poeta surrealista *pop*. Nos meus textos, se bem notar, o universo onírico entra e sai (como uma bomba de pistão?) pela sociedade de consumo adentro, são constantes nos meus textos as referências aos objetos e coisas caraterísticos dos tempos que correm, comidas, lugares cotidianos, coisas vulgares em suma. Isso não é, evidentemente, premeditado, garanto-lhe que não tenho gosto pelo miserabilismo, não há tanto quanto me dou conta qualquer propósito preconcebido. Sinto a dada altura que os textos vivem vida própria, vivem por eles mesmos. Os mundos à Dali não me atraem nada enquanto *hacedor*, nada me dizem, os vastos painéis oníricos encaro-os como entidades...bem, falecidas. A meu ver o universo da poesia não é extático, há uma intrínseca vitalidade nas coisas. Sonho, sim, mas com cadeiras, janelas, motocicletas, roupas até. Que eu me lembre nunca sonhei com cavalos voadores ou homens espantados de olhos na ponta do nariz ou assim...O meu surrealismo é de situações inusitadas entre os fatos e as personagens, o que me parece ser muito peculiar e ter muita força. Aliás, a *imagerie* surrealista *à la page* (ou pseudo-surrealista, se quiser) nunca foi cultivada com insistência senão por falsos surrealistas e explorada por publicistas pouco éticos ou propriamente tolos.

MC – Você está feliz ao dizer isso...

NS – Indo além do humor subjacente, seria talvez curioso referir que o que mais me atrai e atrai-me intensamente nos quadros de Picasso, que é com Cézanne um dos meus pintores preferidos, mas não em todos os momentos (noutras alturas sou mais sensível a Lee Krasner ou Cy Twombly) é a exemplar presença de objetos transfigurados, mas sem deixarem de ser eles mesmos, reais como tudo (surreais?). Enche-me de admiração e prazer o partido que ele soube tirar de candeeiros bruxuleantes (como vi na infância, quando morava no campo), de palmatórias de velas, de caixas de bolachas, de pratos, de cântaros, de atavios, de garrafas, de coisas para o cotidiano urbano, de instrumentos para os trabalhos de quinta... Creio que os objetos deste tempo a consumir-se (a meu ver ainda não saimos verdadeiramente do século vinte) me atraem porque extraio deles um sentido vestibular de anticatástrofe que me permite passar indemne para o universo saudável do sonho inserido na vida corrente. Digamos que os vejo de vários pontos de vista, mas que estão sempre ligados à vida calma e fecunda, à felicidade simples. Tenho para mim que este mundo, agora sim à beira da destruição atômica – os soviéticos eram do nosso tempo, continham-se, ao passo que os islamitas vivem na idade média...com eletricidade – não chegou a conhecer perfeitamente, leia-se estimar, na sua verdadeira dimensão os instrumentos e objetos sobre os quais erigiu o seu dia a dia. Com ressalvas pontuais, é claro. Em contrapartida, veja os índios. Os objetos eram para eles não entidades anônimas ou sagradas (no sentido em que pertenceriam a uma mística), mas entidades respeitáveis e poéticas. Tinham um lugar estimável no mundo. Por seu turno, a nossa sociedade *usa* os objetos, como *usa* as pessoas. É uma sociedade canibal, com ligeiras exceções.

Os objetos motivam-me porquanto os transformo em signos, em símbolos, servem-me de trampolim para saltar para o meio do mundo, o verdadeiro mundo, onde até os objetos poderão ser felizes e repousar e ter alegria. Nós, quando estamos em estado de graça, formamos com tudo o que nos rodeia em singeleza um cosmos único, assombrado, o que significa que as coisas funcionam como espelhos de um dado real.

AJ – E não acha que esses sentimentos são comuns a muita gente que não vive alienada?

NS   Francamente não sei, estimaria bem que assim fosse! É muito possível que sim, quem sabe? Repare que não tenho gosto de proprietário, para usar este termo, em relação aos objetos caros que não recuso e até me agradam, pois têm uma qualidade estética a que sou sensível e que infelizmente não posso comprar a não ser com sacrifícios. Como constatou já, com certeza, a minha não é uma casa rica, as coisas custam dinheiro, de que nunca tive grande abundância...

MC – *As coisas usam-se como escravos...*

NS – Pois, também...A propósito, sabem decerto que em Roma os escravos eram chamados "utensílios falantes"...

MC – *E na China os criados eram posse do patrão enquanto estavam dentro da casa dele...*

NS – Em resumo, os objetos causam-me vertigens e pena: pobres deles, tão usados, tão explorados. São o *lumpenproletariat* do nosso sistema, candidatos à lixeira. E no entanto...Já repararam que têm tanta procura as feiras de objetos antigos? No programa inglês *People & Arts* vi um programa sobre feiras de leilões que era deslumbrante. Em episódios, gravei-os todos...Objetos que, sublinho, normalmente são guardados em sótãos, outro dos lugares mágicos do surrealismo, até que alguém os descubra, os reencontre...

AJ – *Há uns anos morreu-me uma tia, uma senhora muito curiosa, um bocado à antiga. O sótão da sua casa era surpreendente, um verdadeiro cofre mágico!*

NS – Não me fale nisso, que me cresce água na boca! Alguns objetos dos meus primeiros tempos, que são como companheiros de jornada, olho-os como se olha um dedo do pé, um detalhe do rosto... Daí em geral não renovar mobiliário pelos anos fora. Não dispenso a minha velha secretária, a minha velha cama, alguns candeeiros a petróleo, uma velha banca de cabeceira...Tenho um frigorífico, que comprei a umas senhoras adventistas que liquidaram os móveis antes de voltarem à América, que já faz parte da família...No fundo é a velha questão da antiga magia. Os utensílios ficam "carregados" de nós, mas a latitude aqui é a da magia branca. Claro que se trata do amor intenso à vida que se viveu...

MC – É uma espécie de passeio pelas diferentes idades.

O TEMPO NO ARTISTA

NS – Outra coisa que me atrai inapelavelmente são as casas. As casas, quer sejam em claridade ou em sombra, são todas tão estranhas! Nem é necessário procurar muito, são a coisa mais estranha que há. São o símbolo localizado do cosmos, até se costuma utilizar a expressão "*a casa do mundo*", mas um cosmos misterioso e secreto, apesar de luminoso. Fantástico e familiar. Efetivamente, foi o homem que deu luz a casa, a casa é simultaneamente asilo e prisão. Defesa, fruição e inquietação. O universo das casas é muito mais inquietante e maravilhoso que os universos estelares, que aliás só alguns veem na sua real corporalidade (estão muito longe). Esses podem ser conhecidos mediante o estudo científico, são objeto de ciência, a Casa é simplesmente hipótese, porque uma vez erguida pelos arquitetos deixa de ser apenas um local para se transformar em algo mais. Fica a pertencer ao universo que só é desvendável através da poesia, feita em verso ou em prosa. Aqui aponto para um livro excepcional, *A vida modo de usar* de Georges Pérec, no qual ele descreve um edifício de Paris e não só quem nele vive, mas as coisas que o enchem ou ali são feitas. E quer coisa mais triste e perturbadora, até inquietante, que uma casa abandonada, em ruínas, no meio dum campo numa tarde quente de julho? Quando de súbito, numa curva do caminho em que passeámos, nos aparece com toda a sua memória de coisas e pessoas idas?

MC – Não é por acaso que é nas casas que há fantasmas...

NS – E acima de tudo a recordação de gente viva! Lá pelo fim dos anos 1970 fui com o Cesariny ver um filme policial intitulado *O gato e o canário* e apesar da película, como ele dizia e bem, ter alguns *buracos*, a casa onde decorria a ação era enfeitiçante, fascinadora. Dava corpo a um ambiente cheio de sugestões e de ambiguidades no qual a intriga dependia em grande parte da sua beleza e fascínio sensual e criminal. Num outro filme, também visto pelos dois (ambos partilhávamos o gosto pelo mistério), de novo o tema das moradias é tratado: é sobre uma casa que "toma o freio nos dentes" e se põe a viver angustiante vida própria. Nessa película – *Férias macabras*, dum especialista do fantástico, Dan Curtis – o realizador devolve à casa o seu poder de fantasmagoria, recoloca a casa no lugar mais perturbador: universo paralelo, sonho sobre o sonho, realidade inteira e inteira ausência, prazer e maldição…

AJ – Lembro-me desse filme, vi-o há uns dois anos em reposição na TV por cabo. Calculo o que teria sentido ao vê-lo no grande écran. Em certos trechos era de fazer saltar das cadeiras, mas não foi isso que mo conservou na memória. Funcionava como que em círculo…

NS – Lembra-se da cena da estufa? A cena em que o protagonista, um dos melhores atores ingleses da época (Oliver Reed, muito bem acompanhado por Burgess Meredith, Karen Black e Bette Davis) entra na estufa há anos abandonada e a encontra repleta de rosas, gladíolos, girassóis, orquídeas, tudo mergulhado num ambiente de sonho e de felicidade edênica…E as luzes, as luzes que de repente rodeiam a casa como que num Verão interminável? A propósito, sabem que uma das coisas que mais perturba os neuróticos – simples particulares ou gente pública – são as cores brilhantes? É uma descoberta recente de psiquiatras de topo…

AJ – Desconhecia esse facto, mas não me admiro. Talvez se explique assim a hostilidade que alguns manifestam pela pintura…

MC – Pelo menos em público…Muitos têm as salas de jantar bem fornecidas de quadros.

NS – Talvez no lar sejam pessoas normais e guardem essas neuroses para nos atrapalharem a vida…Estou a brincar, é evidente que na maior parte dos casos certa gente tem quadros devido ao seu preço, como afirmação de *status*. Mas, falando a sério, sabes que num estudo de Francis Mayer ele assinala que nas residências de pessoal de topo se encontram sobretudo obras pouco coloridas? Aliás, o ataque que na época se movia aos impressionistas, mais do que por *deformarem* a perspectiva, era principalmente devido a haver nos seus trabalhos grande profusão de cores…

AJ – *Passemos agora a outro tema. O que pensa da literatura portuguesa atual? E da literatura em si?*

NS – Enquanto continente de percursos e prestígios, cá ou lá fora, não me interessa nada. No que respeita ao folclore do gênero, vejo-o de longe com certa aversão, pois me parece fazer parte de um ambiente geral de parlapatice. Não me diz nada enquanto literatice e creio mesmo que autores que se respeitam sofrem um pouco com esse cenário. Enquanto paixão interessa-me muito, é uma parte muito importante da minha vida. Aliás, numa palestra que fiz há uns dois anos na Espanha deixei isso bem claro. É uma grande aventura. Não posso esquecer o gosto com que defrontei – não apenas como simples leitor – livros como *Mau tempo no canal* de Nemésio, *Voltar atrás para quê?* de Irene Lisboa, *Apresentação do rosto* de Herberto Helder, os livros de contos de Branquinho da Fonseca, prosa de Pascoaes e de Raul Brandão… O teatro do Ionesco, mesmo os seus contos, as reflexões memorialísticas em que se vasou às vezes, o *Margarita e o mestre* de Bulgakov, *A montanha mágica* de Thomas Mann… São experiências absolutas, só por isso valeu a pena ter vivido. Não falando em certos autores mais chegados, cuja escrita também sigo atentamente. No entanto o comboio literário em estilo Deve-Haver é frequentemente uma tristeza mas, como vivo fora desses meios onde as pugnas mais intensas acontecem, não sou muito tocado pela eventual peralvilhice.

De vez em quando em fortuitos órgãos de informação topo com inquéritos gênero *ano passado nas letras* ou *para onde vai a literatura* que relanceio com certa má disposição porque aquilo tem mais o tom de treta mercantilista, o usual tique de coscuvilhice. Pacoviada. A literatura para onde vai? Para onde sempre foi, para o limbo dos séculos. O que interessa é a poesia e a escrita que se erguem altivamente para escarnecer as leis e ofender os deuses, como dizia Brassai. O resto é assim como que cocoricó para seis anos de imortalidade…

AJ – Mas não distingue aqui e ali sinais de inconformismo?

NS – Claro que sim. Mas não se trata apenas de apelar ao inconformismo, o caso é algo diferente. É preciso uma justificação um pouco mais séria, a vida é qualquer coisa de muito dramático. Trata-se do seguinte: nos últimos tempos têm tentado dar a poesia, a escrita, o *"complexo literário"*, como algo de supranumerário, talvez porque antes se tentava fazer dele uma arma de ascensão político-partidária. O que por vezes me parece que há é táticas de setor onde o que se busca é fazer do autor uma espécie de padre sem sotaina, no mais acabado estilo de supermercado ou de assanhada evangelização para primários.

Aponto, como exemplo, para o neonaturalismo (para empregar a expressão cunhada por Levi Condinho) que entre nós quer agora ocupar totalmente, totalitariamente, a paisagem. De forma ainda mais nefanda que os antigos próceres e proponentes do *realismo-socialista*, pois esses ainda tinham uma justificação ideológica. Nestes lê-se, sem ser necessário binóculos, o simples nivelamento por baixo, para que a sua mediocridade, controlando por fora e em simultâneo *"a praça"*, seja legítima e imprescindível.

No campo das escritas as mais diversas os surrealistas trabalham sem rede, a própria busca de continentes novos a que se votam é por vezes empatada e prejudicada por gente que, já sem sequer disfarçar, o que quer é prebendas mesmo que a sua falta de talento as não justifique. E há encenações para *"inglês ver"*: certos prosopoemadores, que se desunham em tragédias artilhadas em livro, quando na vida cotidiana tiram a mascarilha, afinal são cidadãos cheios de calma, muito contentes com o lugar que ocupam na árvore dos níveis…

MC – E você? É calmo?

NS – Calmíssimo…Mas noutro espaço, noutro clima. Talvez seja um privilégio, afinal eu não ando na literatura…

MC – *É possível estar fora da literatura e fazer versos que são publicados nas revistas especializadas, em jornais, alguns bem destacados? Achas isso possível?*

NS – Claro que é possível. Porque há o publicar-se versos como defesa contra as condições miseráveis em que nos obrigam a viver espiritualmente – e nem me refiro a certas condições materiais de parte da população, agora que no país se está a tentar instaurar uma nova ditadura – e o que se publica para uma carreira *"técnico--social"*...Afinal, pelo menos em Portugal, o que é reconhecivelmente andar-se na literatura? É sair em livros sempre que se estende um dedo, ter gente à volta a tirar-lhe o retrato, literário inclusive até à saciedade, opinar sobre tudo desde a bola à gastronomia, etc. Para isso é necessário um estado especial de espírito e até compreendo que como pequenos Dalis certos autores deliberem servir-se dos *malacuecos* em torno. O que me desagrada e nisso nunca estaria é a jogada literata. O que é que isso tem a ver com poesia e verdade? Nada, a meu ver.

A PESSOA DO POETA

AJ – *Você tem dedicado uma boa parte do seu tempo a ver cinema e a fazer parte de sessões de cinema em coletividades locais. Atualmente, quais os seus diretores preferidos. E como se articula cinema e surrealismo?*

NS – O surrealismo foi um dos primeiros companheiros do cinema. No cinema, o surrealismo tal como o entendo interessa-se sobretudo pela realidade em todas as direções. Daí que esteja bastante para além – aqui como na escrita ou na pintura – do automatismo ou do absurdo fantasista onde têm procurado encalhá-lo. Como referiu António Maria Lisboa, surrealismo não é sinónimo de fantasia, mas sim de realidade profunda e aumentada, surrealidade portanto. Não é pois de estranhar que quem se reclama dessa condição deteste os apatetados e pedantes filmes de análise, que na verdade tentam é desvirtuar as questões vitais com intuitos confusionistas. Bem como as películas que apelam para a justificação da moralidade burguesa mais grosseira, ainda que finjam revolucionarismo, ou as imbecis fitas para tornar os cretinos ainda mais cretinos com o pretexto que os estão a divertir, ou seja estupidificar. No plano técnico, ou artístico se preferir: os que não têm ponta de invenção, que repetem até à saciedade fórmulas estereotipadas porque junto de certos meios provaram que rendiam…A essa traquitana opomos a magnificência soberana de películas de Tati, Chaplin, Buñuel, Resnais, mas também de modernos ou desenquadrados que ainda não atingiram o Olimpo dos clássicos, encenadores que vão fazendo os seus filmes da maneira que podem ou que os deixam, mas que criam obras de valor que por vezes nem são reconhecidas na altura em que os fazem. Ou seja, a imaginação além do poder. Tudo o que permite ao Homem ultrapassar a *condição humana*, mas em termos não desfigurados. O meu diretor preferido talvez seja Manckievicz, o de *Autópsia de um crime*, de *O perfume do dinheiro*, de *Bruscamente no Verão passado*. Os que já citei também Polanski, Hitchcock, Roy Ward Baker, Orson Welles, fitas de Freddie Francis, Peter Sykes, o *Blade Runner* de Ridley Scott (a quem dediquei um poema), o Elias Merhige de *O suspeito zero*…

MC – E *Antonioni, Pasolini, Fellini*…

NS – Quanto a Antonioni, ressalvo que exceto quando começa às voltas e voltinhas racionalistas. Mas o *Deserto vermelho* é um filme consistente com certos pedaços soberbos, como a cena em que operários eletricistas explicam à protagonista que estão montando uma construção metálica para ouvir as estrelas, uma geringonça que faz parte de um observatório astronômico, ou outra em que um navio parece navegar por uma rua dum entreposto.

Por outro lado, talvez seja mais correto dizer que tenho filmes preferidos, ao invés de falar de encenadores. Gostei muito, por exemplo, do *Os trovadores malditos* de Carné, do *O vagabundo dos sonhos* de René Clair e não me posso lembrar sem um estremecimento do *Pândora* de Arthur Levin, triunfo do amor louco e da existência apaixonada. Mas garanto que a lista é infindável, tenho quase seis mil filmes e, desses, uma enorme parte é excepcional.

MC – *Este é um tema que nos levaria longe...Ultimamente tem-se falado muito no reacender duma certa rivalidade ocidente-oriente, em termos de oposição como no tempo dos blocos. A Rússia volta a calçar as esporas, há o surgimento do fundamentalismo islâmico, mesmo o mais brando do novo nacionalismo árabe, a entrada peculiar no mercado da China...Preocupa-te o problema atômico?*

NS – Até há uns anos não me preocupava em demasia, aliás verificou-se que tinha razões para pensar assim, pois não houve a hecatombe leste-oeste que muitos profetizaram. Agora começo a ficar preocupado. Se nos abstivermos de fazer a cena de membros da *agitprop*, como nalguns setores se tornou aconselhável menos por moda que por inconsciência, verificaremos que certos grupos ou países tentam munir-se de força nuclear sem possuírem um equilíbrio interior clarificado. Nada de hipocrisias: certo ocidente é ávido e cínico, mas tem um certo grau de realismo que ao menos lhe diz que as bombas são para cair em cima dos outros e não sobre eles...Daí, pensando no ressalto, terem-se contido pelos tempos. Mas o que poderá impedir um prócere de Mafoma, que acredita que o seu deus depois refará o mundo em três tempos, de destroçar tudo em volta, inclusive o seu próprio *habitat*? Não deixemos que o politicamente correto nos faça reféns de setores fanatizados. Devemos levar a sério gente que acha mal que o catolicismo nos explore, mas já acha bem que o islamismo nos oprima ou mande para o além? Sim, levemo-los a sério, mas só para lhes fazer saber que, como na anedota célebre, é tão nefasto levar-se com um cacete manejado com a mão direita como com uma cachaporra usada com a mão esquerda. Se conseguirmos que os fundamentalistas permaneçam desnuclearizados, podemos esperar que os outros preservem o globo terrestre. De que lhes serviria um mundo sem criados? A não ser que algum louco assuma ascendente, parece-me que o sentido é o da aproximação ao desarmamento progressivo, ou pelo menos uma certa dieta armamentista que transporta consigo, entretanto, problemas de estratégias, jogos de influência e mercados demarcados. O que me preocupa verdadeiramente e, aliás já se estava a desenhar no horizonte, é a aliança objetiva dos vários blocos contra o chamado homem comum: os bancos de dados e os computadores permanecem um enigma para o cidadão vulgar, as super-polícias secretas são já em parte indiscerníveis, os impérios da mídia refinaram a sua capacidade para lavarem os cérebros, certos governos – como nos últimos tempos o governo português, liderado por um homem simultaneamente obstinado e frio, mas que se nota ter um tique de contida violência, com uma feição interior autoritária inquietante – tentam desenvolver capacidades que cada vez mais escapam ao nosso controle, transformando a sociedade aberta ocidental para pior. Por exemplo, a cultura popular apesar de em muitos casos ser residual, estão-na a confundir deliberadamente (chegando a dar apoios para se autodestruir mais depressa) cada vez mais com cultura de massas. Por outro lado, também é verdade que o poder, que infelizmente é sempre discricionário, já não controla bem os próprios organismos que criou. Talvez por isso, creio que precisamente por isso, é que o governo português está tentando juntar numa só estrutura piramidal os organismos repressivos, as *forças da ordem* como se diz em democracia e que entre nós é um fato ilusório. O que também pode significar um caos a mais. Assiste-se à desagregação das alavancas do poder, a fera da mídia já não se domina bem (já há casos de nítida inflexão fascista, como o célebre caso lusitano do "Envelope 9", que mostrou que para o Estado português parece só haver direitos humanos se isso convier aos seus esteios) as polícias são cada vez mais permeáveis à corrupção – que elas mesmo denunciam sem que nada consigam (um caso que se passou em Portalegre com realce nacional) – ao amorfismo e ao desencanto.

Digo com ironia magoada: talvez algum louco quebre este ritmo, mas antes do mundo à Aldous Huxley espreita-nos o mundo à Orwell.

AJ – Pois, o cotidiano difuso mais que constrange. O seu cotidiano te constrange?

NS – Evidentemente, embora eu tenha mecanismos para lhe escapar. Independentemente do fato de que estou aposentado, o que facilita o dia a dia, eu tenho dois cotidianos, digamos assim: o de dentro e o de fora que me liga à vida em sociedade, a sociedade policiada e que tenta não nos deixar em paz mesmo que tenhamos uma quinta isolada e só saiamos dela de mês a mês (que não é o meu caso, falo simbolicamente). Viver em sociedade não é fácil para ninguém e muito menos para um poeta, temos de engolir muito em seco e sabe-se como os próceres do poder não estão para poesias, essas inanidades…O cotidiano certas vezes gratificante, por vezes penoso que tive nos tempos em que era preciso aturar canalhas para não perder o ganha-pão, já lá vai. Este de agora, que tem coisas pouco amáveis em muitos casos, ultrapasso-o sem problemas de maior, tanto mais que como se sabe o espírito pode mais do que a carne. Digo isto muito à vontade, porque nem sou crente, embora tenha um enorme sentido do sagrado, mas um sagrado não personalizado ou de obediência a um credo. A meu ver, posto que seja tolerante e tenha bons amigos praticantes, a religião é uma corruptela do sentimento poético, nascem do mesmo vaso (*religare*, que significa devolver ao Homem a sua ligação ao cosmos), mas a religião fica-se em última análise pela vênia a um presumível ser supremo, extremamente equívoco aliás no que pretende ao nível do mito (há tantos como há religiões, todos eles ditos o único pelos sequazes), ao passo que a Poesia não precisa de álibis, fideístas ou outros quaisquer.

Ia então dizendo que o que me perturba é o que sinto passar em volta: a fome do terceiro mundo, a miséria moral do ocidente, o fanatismo do oriente e a sua hipocrisia devastadora, a extinção deliberada ou o entravamento da sobrevivência de sociedades desenquadradas como os esquimós e os índios ainda existentes. Quanto à minha vida cidadã, não sou muito ambicioso e, se quisesse, podia perfeitamente abstrair-me, pois agora possuo meios materiais suficientes e, acho eu, não se poderia levar a mal que me "reformasse" mesmo!

Mas não me aborrecem em demasia, os pulhas que por aqui há na cidade não me tocam – nem é uma cidade insuportável, apenas algo atrasada e onde a venalidade não assume extremos – e além do mais eu gosto das pessoas cotidianas e da região. Apesar de deliberadamente algo isolado não sou de forma alguma um afastado, trata-se de uma escolha livre, pois tenho aquilo a que se chama um mundo muito meu.

MC – Você teve uma infância feliz?

NS – Muito. Sempre que olho para trás, é um encantamento. Que maravilha foi aquilo! E a adolescência também me correu bem, mesmo bastante bem. Quando reparo nisso fico nostálgico…contente…

admirado. O próprio afastamento da religiosidade, aí pelos doze anos, não me marcou, senti apenas uma certa mágoa por intuir que me andavam a enganar e que era tudo uma convenção. Lembro-me das antigas aulas de catequese, na Sé, um local de que sempre gostei, alternadamente com um indivíduo novo muito delicado e uma senhora já de certa idade que nos tratava com bondade. Não tinham perfil de carolas recalcados. Recordo-me é de um padre de meia-idade ser, uma vez, apanhado por mim numa mentira: naquela altura davam brinquedos aos garotos em troca de senhas de presença nas parlendas e eu tinha direito a uma camioneta de madeira colorida, um desses lindos objetos artesanais que dantes se faziam e foram modernamente substituídos por outros de plástico. O tal padre, não sei por quê, disse que lamentava, mas já não havia e que me ia dar outra coisa qualquer…E eu tinha visto que havia. Lembro-me que só senti um certo espanto ao concluir que pessoas, que eu pensava acima de suspeita, podiam mentir ali mesmo nos claustros do templo. A partir daí infleti o rumo, sem quaisquer amarguras, de forma natural, apenas com a certeza de que a prática religiosa era algo que deixara de me interessar. Mas nunca perdi o sentido do sagrado não fideísta.

Em suma: a adolescência foi um mundo encantado que, infelizmente, já só pertence à recordação. Mas visito-o com frequência, pois uma das minhas melhores faculdades é a memória quase fotográfica. Como todos os poetas, sou um visual.

AJ – Um visual…como poeta? Não queria dizer como pintor?

NS – Não, como poeta. Os poetas são eminentemente visuais. Só que depois transformam tudo em palavras, tal como os pintores fazem o mesmo com traços e cores, creio eu. Evidentemente que um poeta é também um auditivo, mas os ritmos, no poema, na feitura do poema, são mais interiores que outra coisa.

MC – Como uma música ao longe…

NS – Como uma música ao longe! Aliás, já reparou que a poesia é sempre, penso, um misto de ação consciente e de nostalgia? Quando leio poesia tenho a impressão de que algo musical soa ao longe…E curiosamente, quando faço poesia, quando algo me chega e me sento a escrever, apago de imediato qualquer aparelho que esteja a emitir música. Não sou capaz de escrever nem de ler com música de fundo...Ruídos ainda vá – o piriquito a pipilar ocasionalmente, carros que passam na rua, vozes de crianças brincando, a minha mulher cozinhando...Música nem por sombras, ocupava-me a atenção e tirava-me o som das palavras e das frases que me soam na cabeça...

MC – Mas ainda sobre o cotidiano...

NS – Tudo se passa como numa fotografia em preto e branco que de repente fica cheia de cores. Claro, o cotidiano pode ser detestável pelo que nos chega de fora, em certas ocasiões temos de nos abespinhar. Mas nunca tenho conferido, com Sartre, que "o inferno são os outros". Sartre era, na minha opinião, um intelectual com tiques de pequeno-burguês com a mania dos monstros, daí as suas oscilações conceituais que durante um lapso de tempo até o levaram a apoiar Estaline. Incomodado, sim, mas pelas desgraças do tempo, os *disparates do mundo* como dizia Chesterton. Sigo rumo a Sírius, o humor negro é o princípio que ajuda tudo o resto. O gosto de viver...

O DIAMANTE E O CORAÇÃO SURREALISTAS

MC – O que é para você o surrealismo? Qual o papel do surrealismo no mundo atual?

NS – O surrealismo é e sempre foi, no meu caso, a forma mais eficaz e bela de amar a vida e de resistir. O surrealismo foi e é para mim a campina onde encontrei a cidade sonhada, o meu rio, o meu deserto e o meu veleiro. Há mares e praias na minha vida e até os fantasmas tomam a forma que lhes tira a penosidade, afastam-se cabisbaixos. Ou seja, não tenho fantasmas embora tenha muitas nostalgias...O surrealismo, sem que o programasse, é e foi a minha aposta na realidade inteira. No plano social, digo como disse um dos primeiros surrealistas: o mundo a vir ou será surrealista ou perecerá. E já há indícios seguros desta asserção. Significa isto que se os homens não conseguirem resistir e mesmo afastar a manipulação pretensamente racionalista que tenta transformá-los em máquinas produtoras de consumismos e fideísmos, terão de encarar gravíssimos cenários. Se o mundo não se encaminhar para a prática da poesia, ou seja, viver sem fantasmas interiores e exteriores que nos cortam a realização pessoal, encaminhar-se-á para o holocausto. Não é mais possível continuar a assistir, sem perder a humanidade, aos massacres contra o espírito perpetrados por espúrias religiões reveladas e ideologias que já mostraram ser criminais, ou mesmo contra a matéria: têm de se enfrentar sem demora os problemas da superpopulação, do aquecimento global e da extinção de espécies ameaçadas, das técnicas em aceleração, dos novos produtos multiplicáveis pela genética e a engenharia de ponta.

AJ – E o surrealismo pode concorrer para catalisar, digamos, a contestação a tudo isso?

NS – Creio que o papel do surrealismo será determinante. Veja quais as fórmulas que os novos próceres têm oposto ao antigo racionalismo: o marxismo mostrou não ser mais que uma religião substituta, quando não um aparelho de desmiolação que tinha de acabar mal. Os chamados *filhos da natureza*, desde os *hippies* até aos atuais adeptos de uma ecologia "herbívora", passando por grupos meio-religiosos meio-políticos, a aparelhagem do poder sabe como lidar com eles: exército emplumado, polícias estipendiadas, escolas públicas difundindo a técnica de se ser criado eficaz, o sistema judicial controlado por quadrilheiros legais de alto coturno – têm tudo para solapar os que em última instância a prisão irá acantonar se necessário. Do outro lado, é a barbárie quase completa em ação…Sim, creio que a imanência surrealista tem muito a dizer e a classe dominante sabe disso. Aqui como lá, acentuo.

AJ – Há pouco mostrou-me uns livros, "Documentos de Informação e combate do movimento surrealista mundial" de Cesariny, "Escritura conquistada" de Floriano Martins, mais umas revistas…Concluo que o surrealismo está ativo e sei que segue fazendo coisas em diversos países. A ação surrealista é hoje mais fácil ou está, pelo contrário, mais difícil?

NS – Depende…Em Portugal está mais difícil. Não porque hoje em dia nos prendam, mas porque em "democracia" certos setores refinam os seus métodos: jornais ditos de referência que nos marginalizam quase totalmente ou nos entravam, entregando a "análise" crítica sobre as ações ou eventos surrealistas a observadores (não lhes chamo críticos) que opinam violentamente, no fundo difamando dessa forma quem tenha o atrevimento de se dizer surrealista. Sem qualquer possibilidade de revidarmos, eles dominam o aparelho…

E isto é assim porque o poder, que em Portugal é muito reacionário, já percebeu que a *"féerie"* surrealista é algo mais do que aquilo que tentavam fazer crer – sonho e fantasia. Nunca foi fantasia e, quanto ao sonho, relembro-lhe que há diversas formas de sonhar…O que o surrealismo busca, já o referiu António Maria Lisboa, não é dormir de maneira diferente, mas sim estar bem acordado, no sentido lato, com a capacidade de sonho a funcionar no real que nos querem dar como fronteira. Sendo poesia viva, ele contém os germes de uma coisa muito perigosa, pois o poder tem medo de que a poesia encarne e por isso é que nos casos limite prende os poetas. Nessa medida, o golpe que encenam agora é remeter o surrealismo para o passado histórico, prestigiado, mas enfim, passado – utilizando os fatos e mesmo as personagens mais famosas precisamente para calarem a voz surrealista de hoje. Assim como quem diz: surrealistas foram aqueles, ei-los gente graúda, vocês não são nada, calem-se lá, nós é que sabemos como é! Como não podem eliminar as nossas obras nem dizer que não prestam (desmascaravam-se!), recorrem então à censura discreta, impossibilitando-nos de publicar facilmente, de "aparecer". Chegam a dar a entender que, se queremos falar alto e claro, reivindicando o direito que nos assiste de ter voz pública, é porque queremos *"assumir protagonismo"*, uma nova fórmula que inventaram para impor o silêncio quando lhes convém, para amesquinhar.

Mas como o surrealismo é imortal, já o dissera Breton – um dos surrealistas e não *"o papa"* dos surrealistas como diziam alguns videirinhos por maldade – irá sempre em frente, ripostando taco-a-taco a esses cabeçudos de carnaval.

MC – Como se deu o teu primeiro contato com o surrealismo?

NS – Deu-se quando eu tinha cerca de 15 anos. Fui acompanhar minha mãe a um médico local devido a uma ligeira indisposição dela e, na mesa da sala de espera, peguei numa revista (acho que a "*Cruzeiro*" ou a versão brasileira da "Scala"). Foi lá que vi pela primeira vez obras de Brauner, Chagall, Ernst, Dali, Matta e pequenos trechos de poemas de Éluard, Breton…Soube então, com emoção e alegria, que o que sentia dentro de mim, conforme ao meu instinto, afinal tinha nome público bem reconhecível, pois até aí só ouvira vagas referências. E daí em diante procurei informar-me, fora um deslumbramento. Li mais tarde textos mais consistentes no saudoso *A paleta e o mundo* de Mário Dionísio, um dos livros que mais me marcou em nível de felicidade. Tempos depois, um conhecido que se tornou amigo, funcionário da Gulbenkian, emprestou-me uma série de revistas e, por essa altura, adquiri o *A intervenção surrealista* de Cesariny. Pouco tempo antes começara a escrever no saudoso *Suplemento Juvenil* do Diário de Lisboa orientado por Mário Castrim. Em 1969, na Guiné-Bissau onde cumpri *comissão militar por imposição* (era assim que constava na guia de marcha), li os *Manifestos* bretonianos prefaciados (?) pelo Jorge de Sena. Depois, já em Portalegre, os *Cantos de Maldoror* na tradução de Pedro Tamen. Tive contatos durante cerca de 2 anos com alguns dos autores que haviam feito sair o número único da revista *Grifo*, a seguir apreendida pela polícia política (Pide). Tempos depois, aquando duma viagem a Lisboa para que o meu filho mais velho tivesse consulta num ortopedista, conheci o Cesariny: estava com o João junto à estação do Rossio e, olhando em volta, eis que vi o Mário a comprar o jornal ali mesmo ao pé. Dirigi-me logo a ele e durante vários anos nos falamos regularmente, nomeadamente efetuando textos para colaborações aqui e lá fora. Depois as voltas da vida fizeram-me seguir outro rumo, sem contudo nos perdermos de vista.

Há um par de anos algo aconteceu de muita importância para mim: conheci, numa sua vinda ao nosso país, Floriano Martins. Mas sobre isso não irei falar agora, deixemos passar mais tempo…

AJ – Nos seus textos percebe-se um claro interesse pela espagíria. Há uns tempos, embora de forma discreta, disseram-me mesmo que você teria contato com adeptos, pessoas ligadas à prática da alquimia ou membros da pouco conhecida Irmandade Rosacruz. Quer comentar?

NS – Não acredite nisso! O surrealismo, é fato, sempre se interessou pela Arte Magna, no fundo a arte e a imanência surrealistas são, como afirmou Michel Carrouges, uma operação alquímica no plano da linguagem, das formas e da existência. Quanto a estar eu em contato com adeptos...claro que é "lenda", não tenho categoria para isso, nem nunca conheci, cá ou lá fora, pessoas que praticassem essas artes, mas apenas alguns curiosos nesses assuntos. Bem gostava, mas infelizmente é um meio que me é estranho. Calculo que essa suposição se deva a durante algum tempo ter vivido perto de S. Julião um médico inglês aposentado, Lionel Crabowe, de quem por um acaso fortuito me tornei amigo. Como era pessoa de leituras, assinava – pelo menos recebia – umas revistas ligadas a esses temas, "Alchemy" (inglesa) e "La tour Saint Jacques" (francesa). Eu lia-as de empréstimo e é natural que algumas vezes certos amigos ou conhecidos eventualmente me vissem com elas.

Tanto quanto sei, os adeptos não andam assim pela vida cotidiana...Ou talvez andem, sei lá, mas a verdade é que não conheço nenhum. Refiro-me aos verdadeiros adeptos, não aos curiosos que o serão como se pode ser pela escultura, pela geologia...Faço-me entender? É verdade que dum ponto de vista intelectual, de grande leitor, me tenho debruçado sobre a Santa Philosophia, que é um dos campos que como já disse o surrealismo também encara com aprazimento, mas é tudo no plano da poética aplicada ao mito. Além disso, como decerto sabe pelas regras de Geber, o adepto tinha de ser uma pessoa rica ou pelo menos com meios suficientes para aguentar as despesas das manipulações e matérias necessárias, que são caras. E, tanto eu como os meus contatos somos o que se chama eufemisticamente *"gente pouco abonada"*.

MC – Pode sonhar-se com a possibilidade do Euromilhões...

NS – Bem metida...Mas se essa panaceia resolvesse visitar-me, creio que emigraria antes para uma ilha dos mares do Sul, não gastaria, confesso, as *lecas* em coisas que me ultrapassam!

AJ – Somos todos emigrantes internos…Bem, creio que nos ficaremos por aqui se concordarem. Uma última pergunta: que vai fazer depois de nós sairmos?

NS – Beber uma limonada para rebater o nosso almoço talvez um pouco demasiado substancial…E depois ler um texto sobre o Luther King que comprei recentemente. Ou rever um filme da Katherine Bigelow que me anda a suscitar.
Ou, às tantas, não fazer nada disso e deixar-me ficar um bocado à janela, a olhar para a tarde deste dia que tivemos a sorte de estar tão belo apesar de um pouco fresco. E meditar…sei lá!

(Esta entrevista, acontecida em meados de Outubro de 2007, destinou-se a ser publicada na revista Bicicleta de Manuel de Almeida e Sousa. Por razões diversas, contudo, a revista não pôde ser dada a lume, pelo que o triálogo não viu a luz dos prelos, na altura extremamente bloqueados.
Foi depois publicada no TriploV e, seguidamente, na revista Agulha).

RESPOSTA DE NS AO INQUÉRITO PROMOVIDO PELO *EL PAÍS CULTURAL DIGITAL* – 2002

Pergunta – Quais pensa serem os vetores da Literatura europeia atual? E que rumo para o futuro?

NS – A Literatura e a arte em geral sempre se moveu entre dois vetores: o princípio e o fim, que o mesmo é dizer – as interrogações que se põem ao criador, que não só luta contra os escolhos e os fantasmas da criação como com a insatisfação que nos casos de maior lucidez se manifestam uma vez a obra concluída. Independentemente disto há os condicionalismos exteriores, que no caso das regiões periféricas como Portugal vivem paredes meias com circunstancialismos particulares.
Não pode pensar-se que a existência civil dum alemão escrevente é semelhante à de um português ou um romeno. No caso português, salvaguardadas as exceções flagrantes, a possibilidade de difusão é frequentemente ilusória, o que cria à partida no operador um estado

especial de disposição...ou indisposição. Como referia Anatole France, um escritor não é apenas um homem de caneta na mão e papel em frente, depende de um conjunto de circunstâncias que têm a ver com liberdades concretas e liberdades práticas.

Tempos atrás, uma voz insuspeita – a dum senhor ministro da Administração Interna, numa das suas tiradas que ficaram clássicas – dizia que o nosso mundo é um caos onde a vida racional, no cotidiano, vive dependente de fatores pertencentes ao campo do humor negro e do relativismo moral. Ora, tudo isto cria um estado de espírito muito próprio no escritor. Mesmo os de maior proximidade ao poder são atingidos pela inquietação e a angústia, o que significa que esta já não é patrimônio exclusivo de desenquadrados ou de contestatários. Com efeito, a Europa das pátrias, mesmo aparentemente unida, vive entre a falência da herança do direito romano e os primeiros sintomas, muito claros e firmes, da desintegração da economia de mercado que, note-se, até um Rickman – um dos seus gurus – prevê como volatilizável a médio prazo.

Assim sendo e uma vez que a Literatura exprime e é condicionada, simultaneamente, pelos ritmos societários imediatos, é de prever que como diferentes autores cada vez mais o exprimem, a angústia continue a ser um dos blocos fornecedores de muitas páginas inspiradas de produtores que se Verão desaguar, em desespero de causa, na literatura semipornográfica de fazedores *au pair*. Mas atenção! Uma angústia não baudelaireana, antes ligada à defenestração dum mundo supranumerário. Não metafísica, mas adepta do cotidiano hipersensível. Na verdade, controlada apertadamente pelos ritmos editoriais saídos de Feiras como as de Frankfurt, Lyon ou mesmo São Paulo. E depois, em bandas muito afastadas, haverá os rimbauds de dois mil e tal a forjarem, no silêncio e na sua lídima e verdadeira inquietação o que verdadeiramente contará. Mas a literatura de escaparate, convicta e com o seu estatuto próprio, com algumas fadas madrinhas a perpetrarem "a beleza" e "o significado" como matéria funcional, parece-me votada a uma exaustão que já se deixa topar através dos interstícios das páginas e das vidas mais ou menos escabrosas ou risíveis desses inadaptados e angustiados que, afinal, são confortavelmente publicistas de vulto, até políticos, professores insignes ou profissionais liberais de bom recorte...

COMPORTAMENTOS, NA SOCIEDADE CULTURAL DE MONTARGIL

Todos os anos, de há um lustro a esta parte, a coletividade popular sediada naquela vila alto-alentejana e orientada pelo folclorista Lino Mendes leva a efeito uma sessão denominada *"Comportamentos"*, ficando o enfoque dependente da formação específica do convidado que, em geral no salão da biblioteca da Escola Secundária local, leva a efeito uma palestra seguidamente aberta às perguntas da assistência.

A sessão é complementada com um texto previamente dado a lume no jornal de Ponte de Sôr, "Ecos do Sôr", constituído por perguntas do organizador da sessão e as respostas do convidado.

Os eventos têm sido participados por autores como Nuno de Matos Duarte, Carlos Garcia de Castro, etc...

Eis os meus três textos nas sessões e no fórum em que me coube debruçar-me sobre as questões comportamentais vistas pelo lado da arte sociabilizada.

1.

Pergunta – Salvo erro foi Gandhi que disse "não haver democracia se não soubermos ouvir os outros". No entanto, o mundo está cheio de gente que não aceita outra opinião que não a sua, que acaba por impor se para isso tiver poder. Indo até à ruptura se não tiver esse poder.

Como analisa esta situação, em especial se essas pessoas ocuparem cargos públicos?

Resposta – Partamos deste dado de base: numa verdadeira democracia, que de acordo com pensadores e analistas de vulto, nacionais e estrangeiros, infelizmente não existe ainda em Portugal (o que existe é sim uma "democracia tendencial", em geral controlada por partidos e "grupos de interesses") o direito de nos contestarmos, de discordarmos ou opinarmos diversamente e de emitirmos publicamente, se o desejarmos, esses conceitos, é um direito nuclear. Diria mais, um direito fundacional.

Isto quanto ao emissor. Quanto ao receptor, em verdadeira democracia é livre de os aceitar ou não, sem que isso constitua escândalo ou abuso. E a aparelhagem social, naturalmente legítima, se encarrega em consequência, depois, de definir a razão ou não do que ou de quem está em causa.

Mas, uma vez que a democracia neste país é apenas tendencial, com penosas consequências (corrupção ética, desleixo ou laxismo no Sistema Judicial, fragilidade ou desqualificação eventual das instituições, controle frequente destas por díscolos ou medíocres ardilosos) os detentores dos poderes públicos com frequência tripudiam sobre o cidadão, que infelizmente e por seu turno por vezes não age verticalmente, mas usando de sofismas que, no fundo, possibilitam aos outros o abuso.

Este quadro de imoralidade sociolegal é, evidentemente, muito prejudicial para a comunidade e a ocupação de cargos públicos por esse tipo de gente deve ser firmemente denunciada e combatida mediante os meios legais ainda disponíveis (caso os inibam, recorrer a instâncias internacionais ou entidades, como por exemplo o foi o juiz Baltazar Garzón).

Alguém afirmou que não punha a opinião ou decisão no papel, para que depois possa dizer que não disse aquilo que todos sabemos que disse. Que manda "recados" em vez de o dizer direta e frontalmente.
Como classifica tais pessoas?

Esse tipo de gente, a meu ver, só pode ser classificada com a expressão de São Clodoardo: "De tais percevejos, Senhor, livra a enxerga onde, por tua bondade, repousa este teu humilde servo".

Sem ser simbolicamente, agora no mero plano comportamental civilizado, gente desse tipo devia ser imediatamente impedida de ascender a lugares de mando.

Eu sempre considerei o autarca como um "político diferente", no entanto... Pensemos que um autarca não consegue "controlar" determinada associação e avança para o apoio, na sombra, ao aparecimento de uma outra, naturalmente com o objetivo de combater a outra.
O Nicolau acredita que esse autarca possa existir? Em caso afirmativo como o define?

Em primeiro lugar quero referir que, também eu, considero que os membros de autarquias são políticos diferentes, para usar a sua expressão. Em parte porque o seu trabalho é específico, mais perto do país real e, por isso, mais controlável por um lado e mais positivamente imediato por outro. E isso é reconhecido, tanto para bem como para mal, pelas populações que os colocam nesses centros de decisão como seus representantes.

No exemplo que aponta como "hipótese de trabalho", como sói dizer-se em sociologia, não conheço nenhum caso real, mas acredito que possa existir dado que na sociedade global o ambiente é propício a esses fatos.

Definiria o eventual protagonista como abusador, naturalmente, pois tal procedimento não é legítimo no espírito público desses cargos.

Acredita que possa haver um político que possa fazer chantagem com pessoas ou familiares suas dependentes?

Gostaria de não acreditar. Suspeito, entretanto, pelo que certos órgãos de informação nos dizem com alguma frequência, que isso parece ser uma realidade, que evidentemente não sei até onde vai em gravidade. É algo que contradiz as raízes da democracia e a sua essência profunda – além, claro, de ser ilegal.

Embora neste momento já não vivamos propriamente em país de Direito, como ficou definido por operadores específicos e publicistas nas conferências de Roma e de Madrid, em Junho passado, há mecanismos internacionais para obviar a esses casos, a existirem realmente.

E a terminar: existe Liberdade? Existe Liberdade de expressão?

A sua pergunta refere-se a Portugal? Existe ainda liberdade, mas cada vez mais tênue e pontual. Claro que me reporto à verdadeira liberdade, a de o cidadão existir de acordo com a lei, o Direito e a Razão tradicionais, não à "liberdade" de depredar, assaltar, difamar, perseguir e abusar dos outros mediante *a impunidade estimulada pelo Estado e os governos*, na última década ocupados alegadamente por clientelas e membros dependentes de associações duvidosas como certos grupos econômicos e outros círculos argentários, mediante a desertificação consentida pelos turiferários do Sistema Judicial.

A liberdade de expressão que neste momento existe no mundo societário é por vezes residual e em certo grau mantida por pequenas publicações, pois os grandes órgãos estão geralmente controlados ou nas mãos dos asseclas do poder e da influência.

Neste particular, não posso deixar de saudar os operadores desses pequenos órgãos, que têm desempenhado um papel fundamental na salvaguarda da liberdade de que ainda, mas cada vez mais tenuemente, desfrutamos.

2.
Foram sempre os comportamentos que marcaram as gerações, continuam a ser os comportamentos que nos definem perante a comunidade. Concorda?

Concordo. Há que referir, no entanto, que o comportamento é pessoal, mas condicionado pela comunidade, a região e mesmo o país. O chamado comportamento fechado dos portugueses tem sido determinado pela influência do caciquismo, do obscurantismo beato e da pobreza como regra para as camadas populares (o português é, de acordo com os estudos de Wendt e Perelmann no cômputo dos últimos 300 anos, o povo mais pobre da Europa). A violência latente, que muitas vezes se volta contra o próprio emissor devido ao chamado *estado depressivo socializado* motivado pelo condicionamento da sexualidade e das pulsões subconscientes, a coscuvilhice e a intriga como resíduo comunitário e os complexos de inferioridade coletivos, são uma consequência dessa nefasta influência.

São os comportamentos que determinam as vivências, ou antes são as vivências que determinam os comportamentos?

Uns e outros interligam-se. A comunidade determina o comportamento de um dado indivíduo, o comportamento desse indivíduo condiciona por seu turno, ou geodefine sistematicamente, a sua orientação na sociedade que o rodeia. Georges Pérec, um dos maiores sociólogos do nosso tempo, entendia que, (ressalvando os casos de disfunção grave) o peso do meio societário afeta de modo indelével o acervo comportamental e, no seu importantíssimo livro *O apodrecimento das sociedades*, explica que a pobreza de relacionamentos coletivos, que forja a desintegração e o anonimato do indivíduo e aumentou tremendamente no século XX, é a principal responsável pelo ambiente fortemente negativo que se sente no mundo atual.

Uma coisa que me chocou, estávamos aí em 1945, foi visitar Lisboa e verificar que espalhados pelas esplanadas os marinheiros americanos estavam sentados com os pés em cima da mesa. Que leitura faz deste comportamento?

Uma leitura histórica, ou seja: por essa altura, devido às relações que mantinha com os países do Eixo (o governo português era apoiante do bloco hitleriano), Portugal não era bem olhado pela democracia americana, que tivera grandes custos econômicos e de vidas na guerra. Os marinheiros americanos não se sentiam muito cordiais para com o país que tinha ajudado a morrer tantos dos seus companheiros de combate e houve mesmo confrontos graves no Bairro Alto e em Marvila. O caso que cita deve ter-se passado num dos lugares que haviam sido muito frequentados por agentes nazis, que na altura haviam feito de Lisboa uma das mais importantes, senão mesmo a mais importante, sede da quinta-coluna e da espionagem do Terceiro Reich. Seja como for, pouco depois desses incidentes e a pedido do governo português a embaixada americana deu indicações aos comandantes dos navios para moderarem o comportamento dos seus subordinados e os incidentes cessaram.

E a que se deve o comportamento de alguns militantes políticos, obedecendo cegamente ao seu Partido?

É resultante de dois fatores: nos casos mais graves, ao fanatismo pessoal; por outro lado, o partidarismo português tem uma estrutura dependente dum hábito pessoal enraizado, que aponta para o comportamento sectário. Devido a isso, o militante utiliza esse tipo de atitude para não ser prejudicado, por cobardia congênita ou, então, porque isso está na sua maneira de ser de baixa qualidade. Como disse o já referido Perelmann, *pessoas com personalidade fraca ou disfuncional gostam de juntar-se a formações autoritárias ou sectárias*: nos regimes nazis e estalinistas que houve dentro e fora da Alemanha e da União Soviética, após a chamada militância convicta inicial os partidos eram integrados fundamentalmente por gente duvidosa, nalguns casos por *verdadeiros criminosos de direito comum* que assim se acobertavam. Em Portugal, que é uma clara partidocracia com timbres já cripto-fascistas, a tendência será rebaixar--se cada vez mais a qualidade dos militantes, principalmente de quadros intermédios. Mas o mesmo fenômeno se verifica noutras sociedades decadentes, como a francesa, a belga, a alemã, a italiana (curiosamente, em Espanha o panorama é diferente, decerto por influência do sentido libertário que caracteriza o país vizinho).

Fale-nos agora de uma realidade atual, a indisciplina que reina na Escola, o comportamento de pais, alunos e professores.

A indisciplina que se detecta em tantos casos nas escolas portuguesas é uma consequência da atitude estatal. Para o Estado português a escola é apenas um organismo de criação de lotes de futuros empregados ou funcionários das empresas e nada mais. Como existe mão de obra em excesso, tanto lhe faz que haja sucesso e bom ambiente como não: o que importa é que haja gente para as necessidades pontuais dos empregadores. Isto é tanto mais claro quanto em serviços seletivos o comportamento do Estado é diferente: veja-se, por exemplo, o caso do acesso aos cursos de medicina, onde apesar das necessidades prementes de profissionais deste ramo o Estado *exige médias absurdamente altas* – no sentido de restringir para um setor da sociedade (o mais poderoso, econômica e socialmente) o controle dessas profissões. Ou seja, a indisciplina tem como contraponto o ambiente de favorecimento pessoal, a exação e o controle antidemocrático. Pais, alunos e professores são os protagonistas involuntários deste *status quo* deficiente; umas vezes vítimas, outras vezes fautores de dislates . Não devemos esquecer, como ficou demonstrado nos Encontros de Paris sobre policiarismo de 1999, que Portugal é uma *sociedade criminal*, ou seja – sociedade onde os interesses dos poderes executivo e judicial *estão ao serviço da classe dominante* e não da população em geral. Por isso – o que aliás é sentido pelas pessoas *o poder executivo cuida dos interesses dos poderosos enquanto o poder judicial vela para que eles não sejam postos em causa.* O setor da educação por seu turno, sem qualquer visão humanista, *fabrica diplomados* (no consulado do execrável Sócrates fá-lo mesmo com *habilidades*). Disciplina, indisciplina – para a classe dominante é indiferente, desde que o sistema lhe continue a ser favorável. Se assim não fosse de há muito que tal estado de coisas teria sido resolvido, visto que os interesses desta classe estariam a ser prejudicados.

E por último, que mais tem a dizer sobre "Comportamentos"?

Apenas gostaria de acrescentar um alerta: os portugueses devem exigir do Estado, que é a parte mais responsável duma sociedade organizada, que pratique *jogo limpo*. No sentido de tirar a máscara. Ou seja: se ele diz que somos uma democracia tem de haver da sua parte um procedimento democrático. Caso contrário como aliás é referido na Constituição, *o povo tem o direito de rebelião*. As pessoas devem, cada vez mais, recorrer aos *organismos internacionais legítimos* para apresentar queixa contra o Estado Português quando se sentem prejudicadas. Se o Estado não está ao serviço das populações, como lhe compete em democracia, perde a legitimidade e passa a ser, automaticamente, *um organismo ilegítimo*.

As pessoas não devem ter medo de utilizar os mecanismos que a Constituição lhes garante.

Devem, ainda, estimular-se as ações culturais, nomeadamente as tradicionais, pois isso ajuda à agregação. Neste ponto consinta-se que eu saliente a ação de um Lino Mendes e de outros Linos Mendes que ainda há neste país, remando quantas vezes contra a maré do desinteresse societário.

3.
O Prof. Mota Figueira afirmou:
"É sempre um privilégio observar como em certos pontos geográficos deste País se encontram situações de relevância cultural e territorial".
Foi um prazer poder colaborar convosco e sentir a genuinidade do vosso trabalho. Naturalmente, gostamos. Mas como comenta tal afirmação?

NS – Da maneira mais simples, mais evidente, mas também mais adequada: tal afirmação sinto/verifico que corresponde à verdade.

Não só pela galhardia cultural do Lino Mendes, mas igualmente pela qualidade de acompanhamento das pessoas que o rodeiam nesses passos e nesses eventos. E arriscaria dizer: pelo pundonor e interesse das gentes de Montargil.

Nesta terra que muito estimo, como em todos os lugares há bom e há mau, evidentemente. Mas o primeiro grupo ganha ao segundo e só assim se compreende que nesta povoação-charneira de duas regiões, a transtagana e a ribatejana, se efetivem mais e melhores ações culturais que noutras terras maiores e que, frequentemente, blasonam de mais importantes...

A "genuinidade do vosso trabalho" para que Mota Figueira aponta também a podia eu sublinhar – e concretamente sublinho.

A Diretora Regional de Cultura do Alentejo foi a primeira a referir que tradicional ou não é sempre cultura, um reconhecimento que muito me agrada. Concorda no entanto que o "espaço tradicional se deve reter no tempo como referência, já que significando uma identidade"?

NS – Indubitavelmente. Concordo em absoluto, dando de barato, ademais, que como referiu António Quadros numa sibilina e inteligente referência, "sem povo não há imaginário". E compreendemos, sem dúvida, o que é que Quadros queria dizer quando dizia expressamente povo: essas gentes que muitas vezes contra ventos e marés, ou seja – contra diversas espécies de más-vontades ou de incompreensões – guardam (com o sentido de custodiam) o que o dito povo foi erguendo ao longo de gerações, em tempo histórico, mas também comunitário, local e regionalmente falando. É essa a raiz de uma identidade real. Fortemente escorada e mantida!

Caro amigo, uma questão ficou no ar. o que é um homem culto?

NS – Há duas respostas referenciáveis: uma de timbre acadêmico, outra de timbre poético ou, diria mesmo, completo dum ponto de vista conceitual do verdadeiro conhecimento. A primeira seria: aquele que, dispondo de uma soma larga de conhecimentos, granjeados de maneira bem articulada, os utiliza de forma adequada, humanizadora e qualitativamente superior, visando à melhoria das condições próprias e do seu semelhante. A segunda: aquele que, tendo granjeado o conhecimento, o usa para ascender à sabedoria possível. E colocaria aqui uma frase famosa de um poeta luso, Manuel de Castro: *"Chama-se UM HOMEM àquele que sabe o que está fazendo"*. É uma forma cabal de dizer: homem culto...

António Aleixo – Fernando Pessoa. Como os situamos no contexto da poesia portuguesa? Em patamares ou em simples espaços próprios?

NS – Eu diria que em espaços próprios. Num poeta de grande qualidade como Aleixo, a filosofia inerente aos poemas funde-se com estes enquanto legítima poesia. A sua poesia popular nada tem a ver, nem recebe confronto – pois é verdadeira poesia de um pensador do cotidiano – com alguma versejação que por vezes certa gente faz circular, originária de versejadores arrolando lugares-comuns que, a leitores-observadores primários, passa por "realismo" e que não é mais que aquilo a que poderíamos chamar esperteza-saloia. Aleixo é um verdadeiro poeta e um homem sensato e destas duas condições nasceram versos que são perduráveis porque a argúcia e o discernimento que transportam se vazaram numa forma luminosa, de escrita e de elaboração.

Fernando Pessoa, sendo um "poeta culto" literariamente e com formação e até preparação acadêmica, fez refletir no que escreveu essa condição. Toca, portanto, outros instrumentos que a Aleixo estavam vedados tocasse (quem sabe ou pratica música percebe o simbolismo que aqui emprego). Se levarmos em conta isto que digo, poderá falar-se então em patamar. Mas não de qualidade, pois ambos a possuíam. Apenas, diria, de timbre – que não de escala...

Aurélio Lopes considera que com parcerias com os IP de Portalegre e de Tomar há condições para dar continuidade ao FORUM...É dessa opinião? E que temas considera pertinentes para o efeito?

NS – É de admitir que sim. É mesmo muito possível – e como sou um homem de boa-fé acredito que essas entidades possam ambas agir impolutamente e com real interesse pela cultura viva, séria, atuante e sem intuitos capciosos – a bem da região em geral e de Montargil em particular, cultural e humanamente falando. O que é preciso é haver honestidade intelectual – só assim as regiões e os países progridem – e não deixar que os intuitos, legítimos, sejam capturados por "gênios por decisão administrativa" (que os há disseminados de maneira francamente preocupante...) ou por pedantes que tentam servir-se de ações para granjear estatuto e, por vezes, se estão nas tintas para uma visão séria da Vida, que substituem por um arteiro cinismo que em países derivantes faz a "pequena fortuna" de muito habilidoso. Não gostaria nesta ocasião, por razões de hombridade, de dar sugestões que talvez fossem desajustadas, por decorrentes da minha condição de simples visitante. Permitam-me, pelo menos por enquanto, esta afável escusa.

O que introduziria num próximo FORUM?

NS – Talvez animação cultural (já de música, já de outras disciplinas), que simultaneamente chamassem assistentes e os aliciassem devido à qualidade e interesse das propostas. Mas com a crise...que também pode em certas coisas e loisas servir de desculpa a quem desaperta os cordões à bolsa, creio que isso será eventualmente menos viável. Mas sabe-se lá!

Diga tudo o mais que considere de interesse, inclusivamente introduzindo as próprias perguntas.

NS – Lateralmente, mas afinal com paralelismos concomitantes, pois *"isto anda tudo ligado"* como sagazmente disse Eduardo Guerra Carneiro, chamaria a atenção, preocupado, para o desinteresse ou incapacidade de manobra que me parece existir da parte do Estado Português para com a prossecução de atos culturais no estrangeiro.

Casos como este são muito de lamentar, uma vez que a dita crise não explica tudo nem a seu pretexto se pode emagrecer mais a Cultura viva lusa!

(Perguntas de Lino Mendes)

ENTREVISTA À REVISTA MEXICANA *BLANCO MOVIL* – PELOS 25 ANOS DE EXISTÊNCIA

01 – ¿Ante de las noticias de prensa te sientes más cerca o lejos del mundo que allí te informan?

Resposta NS – Depende do jornal…e do jornalista. Umas deixam-me mais próximo, outras afastam-me, porque infiro que me estão a mostrar um mundo apenas virtual e enganoso, por razões que tenho por falaciosas ou mesmo retintamente falsas.

02 – ¿Alguna vez llegaste a una conclusión satisfatoria sobre el motivo que te lleva a escribir o este acaso es un tema que jamás te preocupó?

R – Claro que me preocupou, digamos, ou melhor: me intrigou. No meu caso pessoal concluí que escrevo para não morrer, como afirmei recentemente numa entrevista dada a um poeta brasileiro. Neste não morrer fica tudo incluído: a solidariedade com os seres e as coisas, o trabalho específico da demanda na escrita, o perfume de viver (título dum trabalho meu), a amargura de ter que deixar o mundo, tudo o que nos faz ser homens no universo.

03 – Reflexionando sobre la tradición literaria de tu país, ¿Cuáles libros crees que nunca deberían haber sido escritos y por qué motivo?

R – Sem personalizar – também porque um rol cabal seria extenso e atravancaria uma resposta salubre e sucinta: aqueles livros que alguns escrevem para estabelecer o domínio de opressões sociais, religiosas ou políticas. Ou seja, todos os livros desses "escritores" que fazem, das suas obras, nefandas armas de extermínio moral, que geralmente tenta preceder outros extermínios.
E, também, aqueles livros medíocres que as capelinhas infames dum meio societário infame tentam epigrafar como valorosos, criando o ambiente lamentável da mentira e da burla intelectual.

04 – ¿El método de trabajo es fundamental y indispensable a la creación artística?

R – É, pelo menos, muito útil para que a criação artística chegue a bom porto. Picasso referia que uma obra de arte é um terço de inspiração e dois terços de transpiração e eu estou em crer que assistia muita razão a esta aparente "boutade" do grande pintor malaguenho.

05 – Cuando estás en algún lugar público en que tocan el himno de tu país, ¿Cómo reaccionas y por cuál razón?

R – Sinto simultaneamente gosto e vergonha: gosto porque esse hino existe na sequência da instauração de uma sociedade que se buscou mais justa (republicana) e porque sintetiza ideais de liberdade e democracia. Vergonha porque esse hino é também usado por gente desacreditada, mesmo nefasta, que se serve dele para lançar poeira nos olhos dos cidadãos sobre os quais tripudia cinicamente.

06 – ¿Cuál acontecimiento en tu país, en los últimos 25 años, te provocó indignación?

R – Vou generalizar: a contínua e perversa mancebia, o repugnante conúbio, em que têm vivido certos setores políticos arrivistas e o totalmente desacreditado, dum ponto de vista ético, sistema judicial em que se espojam governantes, causídicos, magistrados e forças obscuras de irmandades. É isso que constitui o cancro que está a destroçar o meu país.

Sem generalização: as tentativas imperiosas surgidas ultimamente de instaurar de novo a censura e o controle do pensamento, por parte de magistrados altamente colocados e de áulicos políticos sempre dispostos a tudo e prontos para tudo.

07 – Arte, ciencia, religión – ¿Cuáles de esas tres corrientes, a lo largo de la historia de la humanidad, causó más daño al hombre?

R – A religião, sem qualquer dúvida. E que continua a causar. Pese às declarações piedosas dos chefes de todas as religiões, estas não são mais que instrumentos de domínio mental, espiritual, físico e social. O que individualmente ou setorialmente possam ter feito de positivo certos indivíduos ou instituições não oblitera ou apaga os crimes e sufocações que fizeram e continuam a fazer as chamadas "religiões reveladas". Elas partiram, na verdade e continuam a apoiar-se, na simulação e na impostura. Nos casos mais marcados, na violência nua e crua e no crime, conceptual ou expresso pela repressão.

08 – ¿Crees que la vida de una persona puede ser regida, de manera separada, por la lógica o por la suerte?

R – Creio que por ambas. Tem alguma lógica, por exemplo, que Evariste Galois, um dos maiores matemáticos de todos os tempos (o criador do "grupo de operações"!), tenha morrido aos 22 anos na sequência de um duelo para defender a honra duma senhora que mal conhecia e tenha levado a noite que o precedeu a escrever as trinta e tal páginas que imortalizariam o seu nome? Talvez tenha, mas é uma lógica que me escapa…

09 – ¿El mito aun existe o no pasa de un efecto publicitario aplicado a la industria, a la moda, al consumo?

R – Acho que existe ainda. Mais: que certos artistas o têm purificado e até incrementado. No entanto, sem dúvida que os donos dessas áreas, sempre ávidos e frequentemente oportunistas, o tentam poluir, deformar, capturar para servir os seus duvidosos interesses. Compete--nos a nós, criadores e homens de bem, à guisa de bravos guardiões da Távola ou do Segredo, preservá-lo e mesmo vivificá-lo.

10 – ¿Cuáles son los actos más importantes sucedidos en la cultura en general, y en la literatura en particular, en los últimos 25 años en tu país?

R – O aprofundamento da liberdade de expressão, por um lado. A possibilitação, nomeadamente mediante os meios interativos, da difusão de obras de qualidade que os setores egoístas ou cínicos, que dominam certos meios editoriais, doutra forma teriam impedido ainda mais fortemente de aparecerem à luz dos dias…e das montras.

11 – ¿Cómo convives con los seres que están en tu vida?

R – Há, feliz e infelizmente, vários tipos de seres que quer queiramos, quer não estão na nossa vida: os que amamos/estimamos e nos amam/estimam, os que detestamos ou nos detestam, os que vivem noutro plano (animais e vegetais) e, finalmente, os que sem estarem já conosco no entanto vivem na nossa memória. Com os primeiros convivo bem, sulcados ambos pelos ritmos do tempo. Com os segundos não convivo, ou convivo sob a égide do desprezo salutar que lhes voto. Com os terceiros relaciono-me através do apreço e do carinho de ser vivente. E com os quartos mediante a saudade e a nostalgia mais pura.

TRÊS PERGUNTAS PARA POETAS

Pergunta – O que é poesia para você?

Resposta – Busquemos distinguir desde já: há a poesia inerente às coisas, essa que subjaz ao acontecimento de viver com tudo o que lhe pertence – contentamentos e mágoas, sabores e cheiros, os ruídos e o silêncio, o alto e o baixo, o de fora e o de dentro, como sagazmente diziam os antigos ou modernos alquimistas. A poesia que existe no "simples cair dum lenço", para usar a expressão de Péret.
Ou seja, aquilo que se propicia através da simples existência sensível e nos permite perceber a beleza, como por exemplo dizia Raymond Macherot, "que reside no reflexo dum raio de sol, quase ao crepúsculo, ao bater na porta de madeira dum armário antigo". Ou, como referia Cesariny, sentir algo "tão alto e seroal/ tão de minha invenção".
Depois há a poesia que nós fazemos ou que outros fazem, aquela poesia palpável que se constrói ou desconstrói, em todo o caso se forja, através da escrita, da palavra posta na brancura do papel. E que apanhamos dum momento para o outro, de súbito, que nos chega sem sabermos bem de onde veio, de que recantos misteriosos partiu. E, noutras alturas, atingimos depois de um trabalho aturado e que,

a uma volta da frase, apanhamos de chofre e logo após guardamos como um tesoiro, como uma descoberta amorável e definitivamente plasmada no tempo e no espaço.

O que um iniciante no fazer poético deve perseguir e de que maneira?

Se te referes a um iniciante na escrita, no criar poesia mediante a escrita, creio que deve saber escutar os sinais que o rodeiam, as vozes interiores e exteriores que existem e que o poeta, se o é, pode captar para depois lhe possibilitar escrever perduravelmente. Escrever mesmo, ser persistente – é preciso ter músculo para resistir às emboscadas e aos embustes – não escrevinhar ou recrear-se através da escrita, o que os literatos muitas vezes fazem com os piores resultados para os que amam verdadeiramente a poesia e para o que a poesia realmente é.

E ter, de igual modo, a humildade de saber que dependemos dessa coisa um pouco secreta, um pouco velada, um pouco desconhecida, que é a organização das palavras de certa forma algo imprecisa.

A poesia nada tem que ver com a literatura, essa que os aproveitadores ou os simples falsários erguem (como se ergue um bloco de apartamentos...) e que depois habitam com todas as vantagens que em geral esse tipo de gente artilha.

A poesia pode ser e muitas vezes é uma maldição, ou uma incursão no mistério, ou uma aventura no mal, ou uma naturalidade doméstica... Mas nunca um sujeito de literatura, como infelizmente certa gente medíocre ou primária, mas altamente colocada setorialmente, no país que melhor conheço (Portugal) pretende incutir nas gentes.

Creio que me faço entender...

Cite-nos 3 poetas e 3 textos referenciais para seu trabalho poético. Por que estas escolhas?

Há poetas de grande qualidade, que profundamente apreciamos, mas cujo mundo enquanto hacedores, contudo, está completamente distante das nossas próprias pesquisas, da nossa pessoal via poética.

As vozes ausentes

Dito isto, citaria o nome de Samuel Becket pela exemplar desconstrução do poema e da escrita a que se entregou e submeteu; o de Rilke, pela persistência em excursionar por mundos pouco prováveis de darem rendimento perante os donos da circunstância temporal e devido à capacidade de se emocionar ante os ritmos do mundo; e o de Czeslaw Milosz, pela coragem que teve de ser poeta autônomo e autêntico no recinto de feras em que teve de viver durante largo tempo.

Estes são nomes, note-se, entre vários outros que também poderia epigrafar. Mas são absolutamente representativos do que sinto e por isso os relevo.

Textos referenciais? O que vou dizer talvez não seja muito canônico, mas é sincero e por isso – contra ventos e marés, rs – aqui o deixo dito (se o não fizesse estaria a atraiçoar a minha juventude de forma repelente e cobarde): alguns textos que mais me fizeram sentir a maravilha, a variedade da escrita, foram – nos meus 14/15 anos os que encontrei nas Seleções do Reader's Digest (edição brasileira) dos tempos da Segunda Guerra Mundial e que estavam na biblioteca de meu padrinho. Eram extratos de obras da literatura universal, tanto ali se encontravam trechos de Vítor Hugo como de Garrett, de Victor Heiser como de Henry Morton Stanley, etc.

Isto em primeiro lugar. Seguidamente, pedaços da monumental obra de Alves Morgado "História da Criação dos Mundos". Depois e finalmente, reflexões de "Ofício de viver" e alguns poemas singulares de "Trabalhar cansa" de Cesare Pavese, em paralelo com o extraordinário trecho sobre a génese da criação poética inserida a dada altura no rilkeano "Os cadernos de Malte Laurids Brigge".

(Efetuadas por Edson Cruz para o blog SAMBAQUIS, Brasil)

CONVERSA COM MARIA ESTELA GUEDES SOBRE HERBERTO HELDER

Maria Estela Guedes – Ouvi dizer que o Nicolau pertenceu ao grupo do café Monte Carlo. Que grupo era esse? Parecido com o do Café Gelo?

Nicolau Saião – Creio que sim, embora pelos relatos que tenho lido em revistas e livros de mais ou menos memórias o do Gelo tivesse caraterísticas que lhe advinham, obviamente, da maior juventude das personagens envolvidas... Ali, naquele círculo, só havia dois mais novitos: o Martins e eu, os outros eram mais velhos, alguns beiravam mesmo a meia-idade.
 Nós chegáramos da Guiné, ainda vínhamos frescos e treinados da barafunda. Iniciávamos – ou reiniciávamos, pois a guerra cortara os nossos primeiros tentames artísticos – a guerrilha com as artes e as letras...
 Os convivas que ali viemos encontrar, ainda que pertencessem a um setor que não estava em grande "cheiro de santidade" no *milieu* literário (eram todos para-surrealistas ou surrealistas mesmo, em todo o caso remando contra a corrente de conformismo que ontem como hoje ainda tentava fazer da atividade artística uma coisa compenetrada e enquadrada por áulicos e não políticos) tinham já o reconhecimento pelo menos dos intelectuais atentos e, nalguns casos, mesmo do setor cultivado das gentes.
 Havia convivas de todas as noites e outros que chegavam, passavam e demandavam diferentes paragens.
 Os primeiros, proverbiais, eram o Herberto Helder, o Virgílio Martinho, o Ernesto Sampaio e a Fernanda Alves, o Pedro Oom, o Ricarte-Dácio, o Miguel Erlich, o Eurico Gonçalves... Frequentemente o Barahona e a Eunice Muñoz, o Rui Mário Gonçalves, a Luiza Neto Jorge, o Luiz Pacheco, o Vítor Silva Tavares...Lembro-me de outras presenças, algumas já difusas: o Escada, o Valente da Fonseca, o João Vieira, o Mário Viegas, o Camacho Costa, mas também o Manuel Gusmão e o João César Monteiro, críticos de várias traças e gente ligada ao cinema, uma declamadora alourada com o seu marido baixito (daí que a esse acervo de convivas lhe chamassem o Grupo dos Gnomos, pois curiosamente eram todos de pequena estatura)... Ah, sim, aparecia também o António José Forte...

MEG – O Herberto Helder escreveu o prefácio de "Uma faca nos dentes", de António José Forte. Tenho-o aqui ao pé, a distinguir a inspiração da escrita automática e a falar de surrealistas e barrocos... Então o António José Forte também frequentava o Monte Carlo...

NS – O Monte Carlo era um entreposto onde se cruzavam autores de diversas expressões, cada um tinha o seu círculo de relações quer literárias quer pessoais... Em outras mesas lembro-me de ver por vezes o José Gomes Ferreira, o Vasco de Lima Couto, o Mário Castrim...
De vez em quando partíamos para outras rotas: íamos jantar a tasquinhas/restaurantes com boa pinta, visitávamos por vezes a casa de alguns confrades... Recordo-me que certa noite fomos ao apartamento de um casal próspero de autores-pintores-editores e, acarinhados com boas doses de uísque pelo anfitrião – o Miguel Erlich, que era mais ou menos atleta, resolveu experimentar os músculos dependurando-se da parte de fora da janela...que ficava ao que creio num quarto andar ou assim! A seguir houve concurso de beleza: os cavalheiros tiraram a camisa para as senhoras aquilatarem da pureza varonil do torso... Fiquei em terceiro lugar ex-aequo com o Martins... não foi mau... O prémio foi atribuído por unanimidade ao António Barahona, que as senhoras tinham em muita conta! O Herberto – nunca mais me esqueci do desabafo dele, assim como nunca me esqueci da primeira frase que me dirigiu quando na noite inicial chegou ao Monte Carlo ("São vocês os que escreveram ao Pacheco? Pode dar-me um cigarro dos seus? Estes não têm filtro e tenho a boca um pouco amarga") – comentou: *"Que coisa, estavam a pôr-me lá pro fim, até atrás do Eurico..."*. Terá ele destes tempos/destes sucessos alguma lembrança?

MEG – E mesmo ao pé, na rua de cima, Avenida Praia da Vitória, havia outra tertúlia, a do Toni dos Bifes... Era onde se reuniam o Carlos de Oliveira, o Herberto Helder, ali ou ao Monte Carlo ia também a Margarida Gil... Apareciam pelo Saldanha artistas de vários quadrantes, cinema e televisão também...

NS – Em certas noites, principalmente devido ao Ernesto Sampaio e à Fernanda Alves, transpunhamo-nos para o vizinho-do-lado café Saldanha, que era o que os atores e atrizes mais frequentavam. Gente que tinha boa aparência... e nós éramos jovens e galhardos...

Conversava-se, *flertava-se* eventualmente... Dali íamos a seguir, por vezes e pela noite bem entrada, ao mercado intramuros um pouco mais abaixo, do outro lado da rua, à massa-frita, às chávenas de cacau e a jogar aos matraquilhos! Não me desenrascava mal, vinha ainda bem jogado das mesas da cantina do quartel em Bissau...

MEG – Vou dizer algo sobre mim que ninguém sabe: eu também frequentei esses cafés, ocasionalmente as conversas cruzavam-se de mesa para mesa, mas o grupo em que nessa altura eu estava inserida era o dos jogadores de poker...

NS – De *poker*...?! Mas também se entregava a essa salutar disciplina (dizem que é muito boa para o bestunto, que desenvolve a agilidade mental e a sagacidade – é, segundo parece, o jogo preferido dos agentes secretos e outra malta de *cloak and dagger*) ou era só membro platônico, de conversar?

MEG – Não sendo jogadora, joguei uma vez ou duas... Não tenho perfil para o poker, não aguento a máscara do bluff... Eram só as más companhias da época...

NS – No Monte Carlo também havia um grupo, que geralmente chegava bastante tarde, que às vezes cumprimentava o Dácio (e a quem ele cumprimentava...vi-o uma noite, a um deles, cravar-lhe um par de notinhas) que eram gente das cartas ou do jogo por extenso. Recordo-me dum, pequenito e muito aprumado, de sua graça ou de seu anexim Feijão. Elegante, parecia o Peter Lorre... E dum Cabeça de Vaca, este devia ser mesmo anexim a não ser que tivesse ascendência espanhola... um encorpado e parece que dado às artes da porrada, que se queixava ao Virgílio, com amargura, porque andava em maré de azar... Tempos curiosos!

MEG – Mundo machista, em que o homem precisava de demonstrar que era homem, de um lado e do outro, apesar da revolução cultural... Discorda?

NS – Nem por sombras! Sei do que fala... Escritores, artistas, malta do pensamento presumivelmente – mas alguns uns belos cavalões alfacinhas. Ontem como hoje, infelizmente.

Olhe, até uma vez tive que fazer o meu tirocínio como tipo varonil numa rua adjacente: um comparsa eventual que me começou a xingar, alentejano práqui... magano práli... Creio que se especializara em derribar o oponente com uma súbita cabeçada. Mas eu estava prevenido e como andara no pugilismo, resolvi a questão expeditamente. Adiante!

MEG – O Nicolau assistiu à cena em que o Herberto Helder e o Luiz Pacheco se pegaram à pancada, no Monte Carlo? Uma guerra em que também eu andei metida... Alguém fez uma reedição pirata de um livro do Herberto, na Contraponto, editora do Luiz Pacheco, e pôs-lhe em prefácio um texto meu que tinha saído no Diário Popular.

Devia ser "O corpo O luxo a Obra", lembro-me de que o meu ensaio tinha sido impresso em papel de seda amarelo... Depois o Vítor Silva Tavares, da & etc., editora original, ficou furioso, o Herberto, ainda mais, mas eu nem tinha sido consultada...

NS – Ná, não assisti a essa festarola – foi na época, decerto, em que eu já empregado na meteorologia como ajudante-de-observador na Estação Meteorológica do Atalaião (foi a única profissão que de fato tive, o resto foram eventualidades de cidadão luso), ia a Lisboa já só em fins de semana, de quinze em quinze dias, ou assim. Tenho vagas referências desse vigoroso combate... que não deve a meu ver ter tido consequências graves, vencedor nem vencido (a esquelética robustez do Pacheco estava mais vocacionada para fastos menos marciais... e o Herberto sempre me pareceu pessoa deveras pacífica). Bom, mas na Lisboa provinciana da época deve ter sido um pratinho...

MEG – Como via o Herberto nessa época, Nicolau? Como o lê agora?

NS – Quando o conheci – naquela noite que conferia a carta que escrevêramos ao Pacheco (só porque soubéramos onde o poderíamos apanhar, o nosso fito era contactar o Grupo da Grifo) endereçada à Ed. Estampa, onde HH trabalhava e por isso lha entregou – impressionou-me o seu aspecto simultaneamente austero e, afinal, muito cordial e... digo-o marcadamente... solidário e mesmo bondoso. Bondoso, sim. Debaixo daquele ar talhado a granito, que umas barbas à Zeus grego acentuavam, eu sentia uma sensibilidade poderosa e um pouco sonhadora, uma discreta limpeza de caráter que muito me agradava e comprazia. Tive, com outros confrades/convivas mais lidação... mas isso foram coisas da vida vidinha, apenas.

A última vez que o vi e contactei foi num outro café, anos depois daqueles tempos (e já há décadas). A saudação que me dirigiu ao cumprimentá-lo revelou genuíno gosto, senti-o: *"Você por aqui?! Está mais gordo!"*, disse com uma bacalhauzada. *"E você está mais magro"*, revidei eu com certa maldade, pois isso de nos atribuírem mais uns quilitos... faz um pouco de mossa, saudosa dos tempos da grande elegância. *"Mais magro? Pois ainda bem!"*, respondeu logo, mas sem azedume, inteligente como é percebera de imediato a minha leve ferroada de esgrimista sem emenda...!

Trocamos mais umas palavras, disse-lhe ao que viera... e até à próxima (que, mesmo só em evocação, durou até hoje).

Como escritor, senti sempre nele uma profundidade e uma execução de *gran hacedor*, de *fabbro* de primeira água, ainda que eu seja mais sensível a, em detrimento de outros, certos aspectos da sua obra que, aqui o digo com frontalidade, considero que alguns festejam por terem a pontaria desfocada. Ou por bem lhes convir ao discurso próprio, creio que me faço entender...

Como aquele vate protoneorrealista que, acho que sem medir – na sua eventual candidez de espírito, dou-lhe o benefício da dúvida – a jaculatória, disse algures e cito de memória que *"A Herberto tudo se perdoa"*. Mas perdoa o quê? Ter um mundo que pela sua densidade, pelos continentes de horror e maravilha que criou, é dos mais significativos da poesia europeia contemporânea? Digo-o insuspeitamente, creio, pois a minha incursão, seja de autor seja de leitor encartado, tem sido mais por outros universos que não o seu. O seu livro – e não falo agora noutras obras – *"Apresentação do rosto"* é uma obra surpreendente, singular e uma das minhas preferidas.

Uma obra seminal.

MEG – O autor proíbe às pessoas que leiam esse livro... Como se fosse possível retirar das bibliotecas o que lá está e proibir os investigadores de fazerem

As vozes ausentes

o seu trabalho. Os piores textos dele, como um poema "Regresso", publicado na revista Búzio, em 1956, só para mencionar algo que fotocopiei ontem na Biblioteca Nacional, os piores textos dele têm valor, porque prestam muita informação. Engraçado, ele publicou ali dois poemas. O Regresso regressou ao útero, acho que foi totalmente riscado do mapa. O outro é o primeiro da série Fonte, e sobreviveu quase sem emenda até aos dias de hoje. Ora veja a versão originária:

> *Ela é a fonte. Eu posso saber que é*
> *a grande fonte*
> *em que todos pensaram. Quando no campo*
> *se procurava o trevo, ou em silêncio*
> *se esperava a noite,*
> *ou se ouvia algures na paz da terra*
> *o urdir do tempo*
> *cada um pensava na fonte. Era um manar*
> *secreto e pacífico.*
> *Uma coisa milagrosa que acontecia*
> *ocultamente.*
>
>
> *Ah, ninguém falava dela, porque*
> *era imensa. Mas todos a sabiam*
> *como a teta. Como o odre.*
> *Algo sorria dentro de nós.*
>
> *Minhas irmãs faziam-se mulheres*
> *suavemente. Meu pai lia.*
> *Sorria dentro de mim uma aceitação*
> *do trevo, uma descoberta muito casta.*
> *Era a fonte.*
>
> *Eu amava-a dolorosa e tranquilamente.*
> *A lua formava-se*
> *com uma ponta subtil de ferocidade*
> *e a maçã tomava um princípio*
> *de esplendor.*

Hoje o sexo desenhou-se. O pensamento
perdeu-se e renasceu.
Hoje sei permanentemente que ela
é a fonte.
1953

NS – Que delícia de poema. Parece, concordo plenamente, como se tivesse sido feito mesmo agora. Que beleza, que quadro de comovente alegria e sugestão nos oferta! Li recentemente alguns poemas, pois não consegui mais, do seu último livro: uma obra notável, em que a parte velada que toda a grande obra possui e sem a qual não sobrevive, subitamente se ilumina com descobertas fulgurantes e duma justeza a toda a prova.

Realista e surrealista, ela mostra quem é o Autor duma maneira insofismável.

LONGE DE PARIS EM MAIO

Pergunta – *O seu primeiro contato com a arte na sua infância (influências, percurso escolar)?*

Resposta – O meu pai era um homem culto, dado à leitura e até à escrita. Quando esteve comandante do posto da GNR em Monforte, recordo-me de ele me levar para ver as esculturas e os painéis que havia na vila e em estabelecimentos religiosos. Em casa tínhamos reproduções de quadros e gravuras que me foram tornando familiar o universo pictural. Minha mãe chamava-me frequentemente a atenção para eles, nomeadamente dois quadrinhos de gênero com elementos vegetais (flores e frutos) e pássaros. Por volta dos 8 anos descobri a arte de ar livre através de dois painéis de azulejo com elementos ornamentais que estavam colocados na fachada de um prédio próximo da minha casa, em Portalegre.

Na escola primária dessa época não se ensinava nada que tivesse a ver com pintura, nem havia contato com materiais disciplinares como hoje acontece. Na escola secundária, embora o ensino fosse extremamente limitado, tive a sorte de ter como professores de desenho o mestre José Carvalho e o prof. Casimiro Mourato, que mais tarde iria (re)conhecer como confrade de crónicas jornalísticas e membro da direcção do Clube de Futebol do Alentejo, onde demos exposições de diversos pintores. Ensinaram-me o básico, mas o melhor que deles recebi foi a sua atitude de cordialidade e humanidade.

Fale-nos um pouco da sua vocação (formação ou autodidata)? O porquê desta expressão artística? Por que não outra?

Um pintor, enquanto ser de criatividade, é sempre autodidata – ou seja: é nele, como num cadinho alquímico, que se decantam as suas pesquisas, as suas interrogações, os seus *"movimentos de alma"* como referia Cézanne. Claro que nas escolas – pelo menos é a sua obrigação – se ensinam algumas técnicas e, se os professores forem competentes, uma atenção à pintura enquanto *método de reconversão do mundo*, como referi num texto dado a lume no Brasil. Mas, parafraseando Picasso, o pintor não procura, encontra – significando que o pintor é um demiurgo, um transfigurador e tem de ter um olhar novo que propõe aos demais semelhantes. Dito isto, importa referir que a profissão ou, melhor ainda, o trabalho de pintor é feito de convicção e de persistência, que conferem à imaginação direitos de cidade. Como referia Pavese, há que ter músculo para resistir às dificuldades e aos entraves que certa gente ignorante ou maldosa (e muitos estão em lugares de domínio onde não se esperava que estivessem) coloca frequentemente ao artista.

Em relação ao seu estilo, fale-nos das suas referências, inspirações e evolução?

Há pintores que são para nós referências sem que nos influenciem picturalmente. Por seu turno, há outros que sem constituírem qualquer referência (ética, moral, material) nos fazem inflectir nesta ou naquela direção.

Assim é com Cézanne, Picasso e Gauguin, que são para mim referências enquanto *autores* da sua pintura e da sua vida e aos quais apesar disso nada me liga conceptual ou materialmente. Fiz conferências em diversos países sobre Cézanne e muitas vezes, ao saberem que eu pintava, me interrogaram nesse sentido, ficando muito admirados ao verem posteriormente os meus quadros: nada têm a ver com o estilo do solitário de Aix-en-Provence. Outros autores, pelo contrário, forneceram-me pistas que me foram úteis, sem serem para mim artistas de culto (posto que os aprecie): Sutherland, o Saura da fase intermédia (o das *cabeças*) ou Degas. Mas isso tem menos a ver com *influência* que com *verificação de técnicas de trabalho*. Muitos autores inspiram-nos e essa inspiração vai desembocar em caminhos completamente diferentes. No que respeita à evolução – é sempre difusa e, por vezes, imperceptível. A evolução por dentro é discreta ou mesmo secreta, no sentido em que se processa duma forma frequentemente insólita: quando se pensa que o pintor está sem nada fazer, por estar parado ou a ler, ou a ver um espetáculo, etc. – é que está a trabalhar mais: o trabalho de fora corresponde-se com o de dentro, isto nos casos de real qualidade.

Diga-nos o que é para você o conceito de arte?

A pergunta remete-nos para o campo da filosofia da arte, eu diria mesmo: da psicologia da arte. A arte, antes de ser um conceito é sempre um impulso. Nenhum artista de qualidade faz arte refletindo simplesmente sobre o que a arte é. Isso sucede à *posteriori*. Só os pintores medíocres – como se lhes chama na gíria do meio, *pintamonos* – é que para se darem ares ou porque são de fato mentecaptos afivelam um certo ar empafiado e bolsam por vezes frases empoladas sobre a intenção, o trabalho, como dizia Borges *"el acto de hacer"*. O verdadeiro artista é mais modesto e, por isso, faz *arte para aprender sobre o mistério da existência e do mundo*. Assim sendo, a arte (seja ela qual for) é sempre uma negação da morte, do vazio, do desaparecimento. Só os filisteus, os de duvidosa mentalidade, propõem a arte como *uma coisa bela*, algo que serve para tornar os dias e as horas do vulgo ou dos poderosos um pouco mais suportável ou luxuosa. Pelo contrário, a arte autêntica é sempre desinquietante, transtorna e só depois é que nos apazigua. Não se pense que, por exemplo, Leonardo da Vinci era um protegido ou um apreciado dos senhores do seu tempo. Muito pelo contrário! O duque que o empregava (como um verdadeiro criado, sublinhe-se) só o fazia porque concebera uma política de engrandecimento do seu domínio e lhe haviam apontado da Vinci como um *expert* nesse campo. Entravou-lhe muitos dos seus projetos, quando não lhe impediu completamente outros. E assim agiu também o papa Júlio II (erradamente tido como protetor das artes…) em relação a Miguel Ângelo. Só muito recentemente, com os Impressionistas, é que o pintor passou a dispor de uma certa autonomia. Não devemos esquecer que nos países totalitários como o foi a defunta União Soviética ou ainda o são a China ou Cuba (e não me refiro à Coreia ou ao Irão porque não são países e sim calabouços), o artista é perseguido se persiste em ter uma visão descomprometida e autónoma. Também nas democracias aproximativas, como Portugal, o poder olha a arte criticamente, sempre tentando que os artistas sejam lacaios ou apaniguados. Ou ornamentos para sessões solenes…

E isto porque a arte é uma busca, um descobrimento e fundamentalmente uma pergunta dirigida aos semelhantes do artista, como referia Thomas Mann uma verdadeira *carta dirigida ao futuro*. Claro que a arte é bela – mas duma beleza reconvertida e, nessa medida, reconversora. Mas a arte é sempre a negação do *ornamento*, logo da superficialidade sobranceira ou bacoca. Daí que em geral – e num Estado atrasado e pequeno-burguês como Portugal isso é patente – o poder tente exercer censura discreta mediante a pauperização do operador artístico.

A arte, em resumo, é uma proposta de liberdade, de verdade e de realidade nos seus aspectos psicológicos e de relação, tanto para o artista como para os seus semelhantes humanos.

Que mensagem e conteúdo pretende transmitir ao público, com a sua expressão artística?

Antes de transmitir, mediante as suas realizações materiais, algo ao público, o verdadeiro artista procura esclarecer-se a si mesmo. Se um artista tentar fazer arte para transmitir uma mensagem ou um conteúdo, provavelmente não é um artista, mas um propagandista. (Há propagandistas, em geral ligados a partidos políticos ou áreas "religiosas", que sem pudor se atribuem – ou deixam que lhes atribuam – o nome de artistas. Mas são *apenas falsários*, como muito bem disse André Gide, por muita habilidade técnica que tenham. Podem enganar pessoas ignorantes ou tão desonestas como eles, mas não enganam o tempo, que é como se sabe *o maior dos críticos*.

Indo agora à verdadeira questão, o artista *propõe* – para empregar a expressão de André Malraux – ao público as suas concepções e sonhos particulares. No caso da pintura através dos quadros. O que ele deseja é *partilhar* com os outros as suas descobertas, uma vez que como o referiu João Garção num ensaio sobre a estrutura da arte, esta é *a respiração da mente*.

Tem por hábito frequentar espaços de cultura, relacionar-se com outros artistas, realizar exposições individuais ou em conjunto?

Tenho realizado, é claro, exposições individuais e participado de coletivas. E o relacionamento com outros artistas é uma consequência não só do trabalho específico em si mas, muito principalmente, do relacionamento com as pessoas, meus semelhantes de existência, em particular. Quanto aos espaços de cultura, o que se quer dizer com isto? Museus, bibliotecas, galerias? Obviamente que as tenho frequentado – mas com a naturalidade com que frequento as ruas das cidades, um estádio de futebol, um café ou o campo.

Gostaria de chamar a atenção para um fato: para o verdadeiro artista tão importante é ir a uma galeria como dar um passeio por um bosque, estar com um confrade ou com um pastor, um empregado de balcão... Dizia Benjamin Péret que para o verdadeiro artista até o cair de um lenço constitui matéria de reflexão artística e poética.

Fale-nos dos seus projetos para o futuro e como pensa ver a sua evolução como artista nesse futuro?

Os projetos de um artista, num país como Portugal, passam pouco pela confiança no futuro. O meu caso é especial, porque trabalho e exponho mais na Espanha e em outros países que no país que afinal é o meu. Os diversos governos portugueses, como tenho frequentemente afirmado através dos órgãos de informação, têm da arte uma concepção no nível da

Intendência (ramo que na tropa tem a ver com as cantinas...).
E com a recente gerência nacional o panorama agravou-se.
Pessoalmente não necessito dos dinheiros oficiais para nada, o que
me é grato e me permite seguir de cara levantada.

Dito isto, refira-se que os meus projetos passam pela eventual edição, no Brasil, de um volume reproduzindo o geral da minha obra e, ainda, continuar a participar em exposições de *mail art* e exposições coletivas e individuais, como a que efetuei tempo atrás no átrio do Instituto Tecnológico de Portalegre, ou as havidas no museu de Estremoz, numa galeria da Figueira da Foz ou numa outra em Espanha.

Como artista, dum ponto de vista de criatividade pura, apenas preciso do que toda a gente precisa: saúde, fundamentalmente...e que os entraves cripto-totalitários que alguns buscam incrementar tanto em nível nacional como regional tenham uma resposta adequada dos cidadãos honestos e atentos, em ordem a garantir a liberdade de criação e difusão.

Por último, que pensa sobre o atentado perpetrado por uma palestiniana já avó, na terceira idade?

O atentado perpetrado por esta fanática na terceira idade só demonstra como é falso o ditado que diz que a velhice nos traz a sabedoria...

(Entrevista realizada em Ciudad Real – 2007)

PALAVRAS PROFERIDAS NO LANÇAMENTO DO LIVRO *FLAUTA DE PAN*, EM 19 DE DEZEMBRO DE 1998, NO AUDITÓRIO DA DELEGAÇÃO PORTALEGRENSE DO INSTITUTO PORTUGUÊS DA JUVENTUDE

Num dos famosos textos em que habilmente mesclava a imaginação inefável e a erudição de bom recorte, conta-nos Jacques Bergier que os magos egípcios buscaram durante séculos a fio, mediante manipulações adequadas, o segredo do *"espelho perfeito"*. Tratava-se, de acordo com este investigador e cultor do insólito, dum artefato altamente elaborado mediante as leis da matemática e da ótica que teria a propriedade maravilhosa não só de revelar a verdadeira face – a "imagem interior", como diziam os gregos – de quem neles se mirasse, mas também, o que é ainda mais curioso, de nos permitir aquilatar do valor real das palavras que na sua frente se proferissem.

Não necessito, creio, de salientar que tal hermético utensílio seria uma curiosidade muito mal-vinda nos dias de hoje, nomeadamente para os setores da *polis* que usam embalar-nos com imagens e palavras um bocadinho diferentes da realidade...

Tanto quanto se sabe, não consta que os magos de antanho tivessem alguma vez chegado a bom porto no seu afã mágico-científico. O que se sabe de ciência certa é que, já nos nossos dias, um mago houve, seguido por uma chusma de magos menores bastante operosos, que inventou um outro "espelho" (deixem que lhe chame assim) que se calhar por magia ou talvez não tem o efeito perfeitamente surpreendente de nos apresentar faces esplendorosas e que são de fato equívocas e palavras encantadoras que, afinal, não são mais que simulacro mistificador.

E tal "espelho" (claro que sabem a que me refiro!) vem assumindo, num universo que se procura seja manipulado e numa sociedade tendencialmente duvidosa, um protagonismo e um peso inquietantes, inadequados e efetivamente propiciadores de confusos percursos mentais.

O espelho dos magos egípcios, sendo de ordem conceitual e para-científica era um espelho poético, uma vez que assentava na imaginação e no desejo, ao passo que o "espelho" fornecedor de imagens é da obra do realismo obrigado a mote e da mecânica experimental, gerido por tendências de mercado e fortemente dependente de índices de audiências e que, frequentemente, não cumpre o papel que lhe caberia e que deveria ser o de estabelecer uma ponte entre os diversos imaginários, pessoais e coletivos, que se exercem na sociedade.

A poesia – ou seja, a palavra organizada numa determinada sequência decorrente duma incursão pelo espaço da escrita em liberdade e naturalidade – deve ter e na realidade tem como tarefa primacial, não sendo a única, o constituir-se como uma espécie de barreira, ou contraforte, a esse estado de coisas desertificador. O autor, levado pelos ritmos interiores de meditação específica, ou de regra vital (dou a esta expressão o sentido que o poeta latino Terencio empregava) comunica aos seus textos as imagens e os signos – ou deixa que eles os emitam – regulares ou irregulares em que o mundo cobra uma determinada realidade, se torna para ele, a princípio, significado e presença e, depois, vai atingir um continente mais vasto, consoante seja ele lido por alguns ou por muitos.

Mas esta difusão, como se sabe, está ferida por diversos fatores sombrios. Em primeiro lugar, vivemos hoje numa sociedade que, como Georges Pérec dizia, é em grande parte constituída por "*invasores verticais*", ou seja pelos "*novos bárbaros*" referidos mais que uma vez por Dostoievski e que se caraterizam pela instauração de um tipo de atitude socialmente espúria, boçal e mediocrizante.

Por outro lado, a poesia tem aquilo a que se dá o nome de "*baixo valor de consumo*": é na verdade a parente pobre do mundo altamente elaborado que vive à volta das artes e das letras.

Além do mais, como referia pitorescamente um conhecido articulista nacional, nos dias de hoje *o mundo tornou-se perigoso*: ele são os problemas do desemprego, que apoquentam não só a juventude como outras classes etárias menos jovens, ele é o progressivo declínio das seguranças sociais e, muito importante – e permito-me uma chamada de atenção específica para este setor, porque é o cancro que está a destruir a tranquilidade social e a democracia participativa – o estado a que chegou o iníquo e desqualificado sistema judicial servido por leis confusicionistas, desleixadas e inadequadas, por um lado e, por outro, por próceres arrogantes, desumanisados e que por vezes atuam como donos dos ritmos sociais e da caricatura de justiça que nos tentam propor/impor.

E se este panorama (que chega a inquietar ministros e representantes do povo, pensadores e simples particulares e a que urge por cobro se não queremos que se chegue a situações graves e irreversíveis) não é ainda pior, deve-o à ação de magistrados íntegros e trabalhadores judiciais pundonorosos, por vezes assoberbados de labuta – e a quem tiremos o nosso chapéu simbólico.

Um tal estado de coisas é, nos casos mais leves, penoso para os poetas – em geral jungidos à dificuldade de editar e à marginalização, nos casos mais pesados ao impedimento puro e simples, nesses casos limites sujeitos às diversas maneiras que existem para amordaçar a palavra iluminada.

Como em tempos relativamente próximos me dizia no decorrer duma das nossas conversas, que já pertencem à saudade, o Prof. Agostinho da Silva "nunca o mundo necessitou tanto de poesia", ou seja, de consciência e de independência de espírito, que é nisso que se expande e concentra o múnus específico do poeta. Num mundo societário no qual as belezas e grandezas da vida são esvaziadas de préstimo pela brutalidade e o arrogante domínio de ritmos medíocres, mas que rendem não só dinheiro como influências nefastas, há que persistir em falar *de coração aberto* para os nossos companheiros de existência: ora dando-lhes o fruto do nosso pensamento, ora da nossa emoção.

É isso que este livro, que aqui se vos dá sem véus e sem disfarces, visa a atingir.

Muito obrigado pela vossa atenção.

SALVADOS

Morrer sim, mas devagar...
No falecimento de Mário Cesariny (1923 - 2006)

No triste *jet set* das letras (melhor seria dizer troca letras) da nossa praça, para além daqueles que o estimaram e o souberam ler e ver havia dois grupos de fabianos sempre de goela aberta para melhor devorarem (tentar devorar) o universo conceitual que o norteara, de que se reivindicava e onde se inventava mesmo velho e doente: o surrealismo.

Esses dois grupos, pequenos jogadores das escritas e das pinturações, eram ou são: os que lhe exaltavam a pintura para melhor lhe rebaixarem a poesia e os que lhe elevavam a escrita para mais eficazmente lhe escaqueirarem o mundo plástico. Mas – e o truque nefando consiste nisto – no fundo não era a ele que visavam, tanto mais que a manobra já não colhia por ele lhes ter escapado para outros olimpos mais específicos. O que essa gente tentava e tenta era impedir que companheiros mais novos e com outras soluções de continuidade não ficassem sem voz, tão submersos como nos tempos da ditadura que ele detestava, como detestou todas as outras.

Essa gente, permitindo-lhe agora existir sem peias depois de durante os princípios da sua vida o buscarem liquidar e emudecer, queriam que ele se tornasse um refém dos que em Portugal põem e dispõem através da mentira cultural que vê a escrita e a literatura como aparelhagens para fazer "fins de meses" ou carreiras que eles mesmos controlam…

Hoje como ontem, num país onde a realidade já está mais que apodrecida, o surrealismo continua a perturbar porque não é um álibi para mercadores de carne assassinada. Por isso o acatitavam, fingindo que o amavam, visando a transformá-lo numa espécie de faraó que caucionasse melhor as tentativas de extinção de um pensamento que é existência em todas as direções e que ele sempre perfilhou.

Durou 83 anos. Fez o que pôde e como pôde para exemplificar que as palavras que de fato contam passam pelos continentes da liberdade, do amor humano e do espírito sem algemas.

E, apesar dos zoilos e dos medíocres continuarem a tentar queimar o "castelo encantado", que para eles tem a forma de literatice ou de convenção imagética – seja neste país, seja nos outros onde vivem e atuam muitos companheiros de sonho e de vigília, a busca da maravilha continua.

NÃO HÁ CARICATURAS…

…E muito menos ditadores ridículos. Na pequena tasca de Vila Boim, rente a Elvas, despacho com limpeza um pratito de bucho assado com rodelinhas de cebola e troco meia dúzia de palavras com o dono do estanco. Bons lugares para filosofar, as tasquinhas fora do tempo deste Alentejo criador. E corro o olhar em volta: calendários com cachopas e futebolistas pelas paredes, prospectos de apreciadas marcas e de festarolas nos arredores. Uma folha madura de jornal com o Saddam. Umas coisinhas do Benfica. E do Sporting. Para contentar toda a gente, decerto, que os clientes nestes tempos de crise requisitam carinhos adicionais. E um pequeno cartaz de propaganda, requentado, com um Portas sorridente. Sorrindo para mim diretamente – que não havia ali mais ninguém – do passado próximo. Ainda não tinha os dentes novos, mas exprimia-se bem. Gestualmente. Com o seu ar de jovem águia pronta, como dizia Ungaretti, para todas as viagens.

Enfio o resto do tintol. Degluto a última lasca de bucho. Rapo da carteira. Ao pagar, Saddam contempla-me com o seu bigode de comerciante beirão. O Portas dirige-me um último sorriso *pepsodent*.

Não. Não há ditadores ridículos. Nem democratas musculados ridículos. Como dizia Jean Marie Domenach, a sua simples aparição serve muito bem para gerar a inquietação. Mesmo que um fulano de tal não se dê muita conta.

Quer usem bigode de marçano, sorriso matreiro ou dentes novos.

EM LOUVOR DE GREGORY PECK

O Peck, morto. Mortos o Mitchum, o Stewart, o Lemmon, o Stacke, o Grant, o Lancaster, o Gassman e o Sordi, o Robert Ryan. Morto o Horst Bucholz, a Kim Hunter dos doces olhos, a turbulenta Maria Félix. E que será feito de O. W. Fischer, o grande autor austríaco que deu figura a Axel Munthe?

O Kirk de pés para a cova, com a boca ao lado por causa dum enfarte…A Taylor, que foi um dia a carinhosa Elisabeth com um azougue cor-de-lilás – uma velhota decrépita. O Tony Curtis, trapezista emérito das fitas, falecido. Que raio de vida!

Querida adolescência, onde estás? E a juventude, com *O facho e a flecha* e as aventuras do Randolph Scott e do Joel McCrea nos territórios virgens das matinés? E a memória de *Moby Dick*, com o nosso Gregory cruzando os sete mares à procura do sonho que afinal era pesadelo? E o "Na sombra e no silêncio" onde ele – o herói íntegro por excelência – era o corpo e a alma dum advogado sério e competente pugnando por um injustiçado perseguido e difamado por sevandijas?

Que aqui fique, por ele, uma discreta lágrima de adeus. Que se calhar é por nós, pelo tempo passado sem retorno. E pela parcial miséria destes tempos, também, em que felizmente a hombridade de alguns compensa a incapacidade de tantos outros.

E que viva o cinema e a verticalidade dos que sabem ser Pecks!

A PRIMEIRA IDA À BARATEIRA

Sou um velho frequentador da Barateira*. Um desses frequentadores modestos e pouco abonados que por necessidade e gosto percorrem tenazmente os alfarrabistas duma Lisboa nostálgica em que alguns lugares, de súbito, se tornam míticos na nossa história pessoal. Para mim, desde o primeiro dia – vai pra trinta anos – a Barateira foi uma espécie de caverna de Ali-Babá em que os livros substituíram com vantagem as esmeraldas e os diamantes.

Como esquecer esse dia? Levava cerca de mil paus no bolso e saí de lá carregado: Lermontov, Agatha Christie, Irene Lisboa, Bergier, velhos tomos policiais da Editorial Século, livrecos de viagens, biografias que ninguém quisera, novelas retiradas dum caixote a três por cinquenta escudos, foram o meu quinhão legítimo aninhado em dois sacos de plástico depois abertos com emoção no enclave alentejano dos meus parentes na Ajuda e que eu pesquisara nas altas estantes, tão altas que tive de me servir, aliás sem desconforto, dum escadote nos casos mais bicudos de curiosidade.

Lembro-me do balcão corrido dessa época e das várias empregadas de bata (azul? lilás?) que, se solicitadas, nos desvelavam espécimes repousando noutro compartimento. Recordo, especialmente, duas: uma de cara séria, de meia-idade, parecida com a irmã do Buster Keaton mas, na prática, simpática e prestável; e outra de olhos pestanudos que, sem maldade, relanceei três ou quatro vezes com enlevo, retirando os olhos das lombadas aprazíveis. E os livros cá os tenho na "casa dos livros", velhos companheiros humildes e fiéis duma navegação por continentes sem norte, mas com estrela.

Ao sabor das viagens a Lisboa arranjo sempre uns minutos para ir à Barateira. Ainda encantado, ainda disponível. Mas aquela primeira vez (como os primeiros amores, claro) teve um sabor incomparável. Que não se repetiu mais.

Deixá-lo – a vida são três alfarrábios...

Nome de uma das mais notáveis livrarias-alfarrabistas de Lisboa.

UMA PEQUENA MORTE

A notícia chegou-me aos ouvidos com um ar de sugestão avolumada: o Mirra fora encontrado morto, com um golpe no pescoço, num urinol esconso da cidade.

Toda a gente conhecia o Mirra. Cultor fervoroso dos prazeres de Baco, o seu físico longilíneo corroborava, digamos, o apelido – pois que de apelido se tratava, embora muitos pensassem que se tratava de anexim. Nas recordações de infância e de adolescência de muito cinquentão, o cidadão Mirra era figura facilmente detectável, quer todo vestido de branco a vender gelados (os gilaus do Mirra), quer a pontapear a bola – pois nos seus bons tempos, ajudado pela pujança juvenil que as libações posteriores iriam pouco a pouco destroçando, fizera o seu brilharete num dos clubes locais.

O Mirra teria uma história interior? Possivelmente, uma vez que toda a gente a tem, sendo questão pessoal a resposta que se lhe dá. Ele optara pelo apego ao copo, tranquila e caladamente. Era uma figura popular e típica, talvez a última duma dada fase citadina e, na sua humildade de quem se dispersa nos dias e nas ruas, um cidadão simpático e tranquilo.

Não se distinguiu por obras materiais, por divulgadas atividades nesses campos onde releva o saber-fazer de perduráveis fastos: o Mirra era mais um protagonista dessa coisa que é viver ora nas bermas, ora no outro lado da existência. De maneira muito própria e distraidamente cordial cumpriu o seu destino de homem entre os diferentes homens. Andou por cá. Viveu. E foi findar um dia num lugar onde o seu destino o fez aportar, sabe-se lá com que angústias interiores. E o resto é a pequena história de coisas que acontecem numa pequena cidade.

Que descanse em paz.

EM LOUVOR DO POETA

Celebrar Júlio/Saul Dias – o pintor e o poeta irmanados num percurso único – e fazê-lo no mês em que as galas do mundo se abrem definitivamente nas flores que tanto amava, nos pássaros que cirandam e no sol que vai crescendo pouco a pouco, parece-nos extremamente adequado. Foi uma escolha da nossa admiração para o cantor das coisas íntimas e que se dizem em surdina, para o colorista das tonalidades que palpitam numa parede de casa, num campo ou numa face ou numa nesga de céu.

Poeta do pouco e do muito que há em roda de tudo, ele fez esvoaçar corpos e sentidos, deu-nos o sinal do drama profundo e da profunda alegria que reside nos seres e nas coisas e, também, aquela calma aprazível que as pequenas povoações tão bem sabiam fruir, ou melhor – que nelas se circunstanciava enquanto personagens dos seus poemas que visavam a reconstruir um tempo frutuoso e, por isso, possibilitar os reencontros entre os homens e o universo.

Mediante o que escreveu e o que pintou, disse-nos que *ainda* é possível uma reintegração nos poderes mais altos da vida, que se pode *prender a hora* (as horas da existência completa) se tivermos olhos para cheirar, ouvidos para saborear e nariz para sentir as maravilhas que nos passam à volta, mesmo que o drama e o susto nos queiram macular os minutos.

Júlio/Saul Dias: poeta *ainda e sempre*, tanto do tão pouco que é saber ir pelas ruas do cotidiano de tal maneira que este chega a *abraçar o horizonte largo e vário*. Ou, dito de outra forma, que chega a fazer *perdurar o suave frescor da aparição*, de todas as aparições que nos confirmam na nossa individualidade e humanidade íntegras e já reconciliadas.

O QUE SERÁ FEITO DE O. W. FISCHER?

Em conversa de cá para lá com um confrade brasileiro, veio à baila Axel Munthe. O autor de "Homens e bichos" e "O livro de San Michele", essas obras-primas da nossa boa lembrança.

Incitei o meu compadre do outro lado do Atlântico a apanhá-los com velocidade e a lê-los mesmo pela noite dentro (como se fosse necessário sugerir...). E vem-me à memória o Munthe do cinema, o grande ator O. W. Fischer que com Rossana Schiaffino nos deu um "San Michele" que nos colava à cadeira do "Crisfal" da minha década dos anos 60.

Moderno, espertalhão, interativo, vou procurar Fischer nas ruas da Net.
E sei que *bateu os engaços*, como se diz por aqui, em Janeiro de 2004. Com 88. Bela idade. Na última foto, ainda com a boquilha cigarral entre os lábios.

Tenho de me deixar destas pesquisas. Prefiro ficar mal informado, sem estas sabedorias descoroçoantes.

Senão qualquer dia, distraindo-me e do outro lado do espelho, ainda vou saber que já fui para os anjinhos...

ELE E O CHANDLER E OUTROS PARCEIROS

Há textos que custam a escrever. Mas ainda custaria mais se não escrevêssemos nada. Porque o silêncio é, na verdade, o pior de tudo. E, assim, impõe-se ao menos, como homenagem e derradeiro aceno fraternal, o pequeno ruído de umas palavras escritas.

Sim. E congemino que a estas horas estarão eles já em amena cavaqueira, possívelmente degustando um "on the rocks" de excelente qualidade. Em jeito de recepção, pelo menos, ao novel companheiro de situação...

O Dashiell Hammet chegara primeiro, vai pra meio século, colhido pela tísica e por uns cheirinhos de ópio com todos. A seguir foi o Chandler, que não gastava do triste fumo, mas se deixara cilindrar pelo generoso "bourbon" dos "saloons" de Santa Mónica ou de Hollywood e pela amargura que o estorvava, sem que o Marlowe lhe pudesse valer.

E agora, há poucas horas como me elucidou o José do Carmo Francisco, foi o Machado. O Dinis Machado. Sim, o do "Molero", mas também a alma viva do Tintim, essa nave para viajar na imaginação onde emparceirava com o Vasco Granja. O Dennis Mc Shade dos policiais a caráter, mas com sabor a Bairro Alto, português dos quatro costados com pseudônimo estrangeiro – para dar mais sustância à intriga de mistérios e tiros a granel como não houvera ainda daquela maneira no país dos brandos costumes... Ceifado, no seu caso, pelo tal de nome impronunciável alojado num pulmão, ajudado pelo excessivo apego – mais diria gosto, ainda que letal – às cigarrilhas Mercator, "as melhores do mundo" como ele dizia e explicou a um dos meus filhos fumadores, na altura, na noite (inesquecível, yep) em que o fomos levar do Alentejo a Lisboa após estarmos num programa de rádio precisamente dedicado aos segredos da novela policiária.

Recordei, com o JCF, em jeito de necrológio apreciativo e saudoso, os textos em que na "LER" evocamos a "Barateira", essa instituição de encartados cultores do alfarrabismo. E algumas jornadas nos entrepostos duma Lisboa de bairro popular que ele tanto apreciava (o seu pai fora o dono de um arquiconhecido restaurante de meia-desfeita, o famoso "Farta-Brutos") e que lhe dera o tom do seu justamente apreciado (pese a alguns neófitos da escrita obrigada a mote). O *que diz Molero*, que por muitos e bons anos se me afigura que não o esquecerá o lote de gente que por cá sabe ler.

Era um homem de fato bom e leal. E fraternal. E amigo com os olhos e o coração bem abertos.

Este, que segue, foi o poema que um dia lhe dediquei, juntando num ramalhete a sua personagem detetivesca preferida e os mitos de que se reivindicava uma certa rapaziada boa, prenhe de imaginação e dignidade que decerto irá durando pelos tempos.

SOB O OLHO DO PÁSSARO LUNAR

Partiu para o espaço mais uma missão soviética da série Soyuz. Andará em redor da Terra mais de um ano. Olhará, pesquisará, dará notícia a seus criadores e oficiantes do que vai pelo universo que os seus instrumentos captarão. Durante mais de um ano a Terra verde, que nos dizem os sábios ser azul vista do espaço, estará sob o olhar dum poliedro luminoso feito de metal e vidro superdotado. Uma janela aberta no caminho alquímico dos sóis e galáxias. Como um pássaro nos jardins de Basile Valentin ou Bernard Trevisan. Ou Masson, Gauguin, Cézanne.

Entretanto, em Nazca ou Tiahuanaco, em Brinemoor e no Puis--de-Dome, nas colinas ressequidas de Lagash e no emaranhado de Pearl River, a luz terrena seguirá o seu curso. Assim como na Cornualha, na Toscânia, na Provença e no Alentejo.

Deixemos agora falar Harlow Shapley: *"Em síntese, a nossa imaginária visão por um pássaro do sistema da Via Láctea mostra que o seu principal corpo de estrelas toma a forma de um disco, circundado provavelmente por uma cerração estelar, de forma esferoidal, de população escassa e dominada por um núcleo globular maciço que contém cem biliões de estrelas e está a alguns mil anos-luz do Sol, numa dimensão acuradamente mensurável"*. E na Terra, na doce Terra cantada por Tennyson e Verhaeren entre muitos mais, os especialistas e os vocacionados verificam que as perdizes desaparecem, que as baleias se dissolvem, que os pirilampos já quase se extinguiram, que o trigo começa a ter problemas, que as abelhas vão sendo destruídas por uma nova praga.

Entretanto, num país do ocidente aviões explodem no ar em festival aéreo e matam dezenas de pessoas. Noutro de leste, hoje orientado por um homem de visão, o seu principal jornal – oficial, claro – revela que os reformados e pensionistas recebem bolsas de miséria. Noutro distante país (o Terceiro Mundo é sempre distante) etnias maioritárias, mas sem poder caem, num ato de genocídio, aos milhares. Enquanto isto, numa trapeira de Londres, Paris ou Amsterdão, ou num jardim de Nancy, Portalegre ou Castelo Branco – algum sonhador, alguns sonhadores tentam elaborar por dentro a resposta à existência e a viagem maravilhosa.

De entre as estrelas, o olho do pássaro lunar passa sobre a Terra a sua mirada.

Perscrutadora, como uma rosa sombria palpitando entre planetas perdidos.

(in revista LER, jornal A RABECA, jornal LIBERAL – Cabo Verde)

APONTAMENTOS DE VIAGEM – FRAGMENTOS DE UMA INCURSÃO PELO CANADÁ

1.
Como escreveu Étienne de Sénancour em comentário lançado ao papel antes do seu périplo famoso pela Itália e pelos países do centro

da Europa, *"as viagens são sempre um sonho"*, refazem um pouco o nosso imaginário e aproximam-se sem cerimónia da descoberta ou, menos importunamente, da redescoberta de mundos apenas entrevistos, de raças e de credos.

Dizia-me Pedro Henaro, no decorrer duma intensa jornada a pé por Paris que deixou o autor de *"Los Amigos"* a meditar no fato de que provavelmente são os alentejanos grandes caminheiros, que *"os povos pobres não fazem turismo nos países ricos, são os povos ricos que o fazem nos países dos outros, os primeiros quando muito fazem viagens..."*. Tal parece-me uma evidência, embora nas últimas décadas o panorama tenha mudado um tanto: é que nos países pobres – e se calhar por isso é que estes são pobres – existe uma coorte de privilegiados, de membros da classe possidente que, mais ou menos conscientemente, excursionam a seu bel-prazer pelos rincões mais inóspitos do planeta para seu consolo e nossa nefanda inveja... E, ainda, o denominado *"turismo social"* – invento do omnipresente mercado para as classes médias-baixas que são uma fatia considerável em que havia que meditar – já permite que se passem fragmentos de férias por aqui e por ali, da compenetrada Suíça às paragens improváveis das Caraíbas e do Magrebe, que por enquanto lhes estão algo defesas as arribas da Nova Zelândia e as planuras arenosas do Kalahari.

Não vai nisto nada mais que não seja uma simples constatação. Pois por mim, que não tenho fantasmas embora tenha muitas nostalgias, sempre viajei medite-se na suprema ironia do destino – à custa da poesia, da arte e fazendo meu trabalhinho, executando meu labor, à guisa daqueles maestros dos tempos vienenses de Maria Teresa ou do grande Francisco José, que recebiam sua paga e seu jantar por terem encantado, como aperitivo mavioso, a aristocrática assistência com trechos a caráter.

É que a poesia, ajudando-nos a viajar por dentro também nos permite por vezes viajar por fora, principalmente nas alturas em que os dirigentes da nação, sejam eles locais ou nacionais, já integraram positivamente a ideia acertada de que os artistas não-enfeudados e com argumentos reais de obra feita não são simples importunos beliscando as chamadas "forças vivas", mas embaixadores legítimos duma cultura que muitas vezes com dificuldades e entraves ultrapassam as coordenadas mentais de uma região e de um perfil social e humano, constituindo também e ainda uma fotografia adequada dum ambiente de relação.

O Canadá...Quantas vezes nas minhas horas de adolescente ele povoara a minha imaginação! Em frente do "Mundo de Aventuras", do "Cavaleiro Andante", de outros jornais para gáudio de *"gente dos 7 aos 70 anos"* como publicitava inspiradamente um deles, eu seguia com desvelo as aventuras dos exploradores de ouro do Yukon, no território do Klondike, dos *mounties* (nome popular dos membros da Polícia Montada) dos índios hurons e delawares, dos terríveis iroqueses de cabelo em crista, como se fossem "freaks" antes do tempo, das jornadas por entre os bosques da península do Erie e do Ontário, sulcada de rios, povoada de veados e de esquilos, de lobos e de fogueiras luzindo ao longe!

Quem diria a mim que haveria de conhecer um vero "polícia montado", o comandante Augusto do Rosário e de excursionar na sua companhia de juntura com outros confrades pelas intermináveis planuras da Hurónia, de provar a água do lago Huron na Georgian Bay e de conversar com índios e pioneiros contemporâneos nos arredores de Toronto e em Sainte Marie dês Hurons onde ainda há bosques iguaizinhos aos desenhos do sonho antigo e, pra turista e viandante sentir, paliçadas e cercas de vigia donde eu contemplei, já sem inimigos ardilosos, preferencialmente as estrelas ao entrar do crepúsculo sobre as copas daqueles arvoredos, num silêncio emocionado.

2.

Mas nem só de referências da adolescência foi criada a minha simpatia pelo Canadá e a minha expectativa, concretizada num encontro multidisciplinar, com aquela parte da América; paradoxalmente, no entanto, tão diferente e tão semelhante ao seu vizinho do Sul. Com efeito, se as semelhanças físicas e territoriais são evidentes, o perfil interior das duas nações é completamente diverso: mesmo nos estados do Leste – e não devemos esquecer que o Canadá, realmente, é sim os "estados unidos do Canadá" – se sente uma presença palpável das suas origens europeias, ainda não dispersas. Sendo um país de imigração, hoje como ontem, os Estados Unidos têm caraterísticas de lugar definitivo, com uma estrutura cimentada e previsível. No Canadá, que é manifestamente um país ainda em construção (possuindo contudo uma individualidade muito própria e peculiar) ainda se sente um ar de aventura, de espaço aberto à imaginação e ao livre empreendimento.

Até na Arte e na Literatura tal se nota – e daí o seu grande encanto. Semelhante, só a sensação de segurança que ali se respira, que é paralelo ao sentimento de liberdade e de cidadania. Não se sente, pelo menos eu não senti e creio que não estou só nesta minha opinião – nem violência, nem racismo, nem miséria. Sociedade assumidamente capitalista, nota-se na administração pública, entretanto, um respeito pelos direitos individuais dos cidadãos, uma devoção – que talvez seja incentivada pela consciente opinião pública – à causa comum de quem ali vive e trabalha. Pude constatar, por conversas mantidas com causídicos, escritores e simples particulares, que ali seriam impensáveis atos de prepotência e de desrespeito como existem noutros países, quer da parte dos mandantes e das forças de segurança, quer de jornais de chantagem ou de associações duvidosas.

Ali, tanto quanto pude aperceber-me, as leis – *todas elas elaboradas para visar ao bem comum* – são mesmo para cumprir. Nem os pequenos delinquentes nem os "colarinhos brancos" se veem desresponsabilizados por uma caricatura de Justiça, nem os próceres do poder, por seu turno, abusam das prerrogativas de mando. Sempre o podem tentar, uma vez que o ser humano – evidentemente! – não é constituído por seres angélicos, mas o preço a pagar é elevado. Nem há abusos dos célebres "policiais montados", assim como seria impensável o desrespeito a qualquer sua indicação. Assim, por exemplo, há uma integração harmoniosa, pacificante, no cotidiano citadino, cruzamo-nos a cada passo com as mais diversas figuras humanas: do negro com trajos da sua comunidade familiar ao empertigado britânico, louro, escarolado, com aspecto típico de súdito de Sua Graciosa Majestade; do esquimó ao alentejano, da loura filha do Norte europeu à chinesinha coleante e à indiana hierática. Naquela *"megatown"*, como é dito até nas indicações de mapas, fervilham etnias e comportamentos, concepções de vida e de espiritualidade (há, por exemplo, templos de inúmeras confissões e, sem conflitos, respeitando-se mutuamente).

Para quem chega de fora, creio eu, o primeiro e mais forte sinal que se recebe é pois este: o de uma Democracia que funciona e onde, salvas as naturais diferenças de talento ou capacidade, nos sentimos donos da nossa própria personalidade e do nosso destino.
Mas não haverá, pois, aspectos menos conseguidos? Naturalmente, e em textos avulsos de autores diversos eles são analisados. Mas constituem pequeno sinal obscuro, são de reduzida monta. Dar-vos-ei antes sinal palpável, esvoaçante, do périplo cotidiano, social e cultural que durante aquela incursão fui achar dando, ainda, alguns perfis mesmo que esboçados de coisas e de pessoas que o leitor decerto gostará de conhecer.

3.
"É este rio, Senhor, mui largo e de boa feição. As margens, no Verão, estão cobertas de grande soma de árvores das mais variadas cores. Há ursos, castores de boa pelagem e veados de forte corpulência. Entre as plantas rasteiras e de média altura retoiçam uns animalinhos a que chamamos esquilos e que alegram a vista pelo correr e saltar nos ramos e troncos. As aldeias dos pagãos são mui numerosas, os homens de boa estatura e as mulheres graciosas posto que pouco recatadas".

Estas palavras, a que naturalmente dei o cunho português daquela época, escrevia-as o *Sieur* de Postallet a um seu correspondente fidalgo que ficaria na França, ao descrever-lhe as imediações da que seria mais tarde a grande e bela cidade de Otawa. Repare-se no pormenor da descrição, que não esquece inclusivamente o *pouco recato* das mulheres índias – pouco recato, acrescente-se com a dose exata de ironia, de que os mais ou menos recatados filhos da Gália usavam tirar bom proveito...

No resto, a descrição – que constitui na verdade uma pequena tela – mantém-se ainda hoje fiel à realidade. O rio, o Otawa, ainda é largo e de boa feição, os horizontes que dali se descortinam são fascinantes, ademais de coloridos com todo o prestígio da lenda. Foi por estes lugares que se desenrolaram ferozes combates entre franceses e britânicos, mas foi também por aqui que viveram índios de alto grau de civilização e excelente traça que, tendo pouco a ver com os postulados ocidentais, eram a expressão duma vivência em que a terra, as árvores, o firmamento, a chuva e os frutos da terra, os animais e os seres humanos se integravam harmoniosamente, adequadamente, de tal forma que muitos exploradores, como nos refere o canônico Herbert Wendt no seu livro de análise e divulgação *"Tudo começou em Babel"*, tomavam costumes índios e habitavam com eles nas aldeias e nas florestas, numa adoptada fraternidade que mais tarde os "ventos da História" iriam aniquilar.

Mas os vestígios ficaram, acrescentados de muitos outros de gerações posteriores, o que está magnificamente espelhado no Museu do Conhecimento do Quebec, que tive ensejo de visitar num dia inesquecível, acompanhado pelo poeta Juan Ribeyrolles que na ocasião se encontrava no Canadá por motivos culturais, mas também familiares e transportado pelos sócios da Casa do Alentejo em Toronto, Mariana e João Candeias, que na noite anterior no decorrer do jantar havido nas acolhedoras instalações da agremiação se prontificaram, com a energia desempoeirada de habitantes do Novo Mundo, a levar-me a conhecer a capital do Canadá. Pois não era longe, explicaram-me com desenfado, ficava apenas a cerca de 400 quilômetros de distância...

Pelas cinco horas da manhã, uma manhã em que como durante toda a estadia tivemos a sorte de gozar o chamado *"Verão indiano"*, me foram buscar à Shaw Street onde eu ficara na casa de outro confrade, quase no cruzamento com a Dufferin se bem me lembro ou digo bem, uma vez que os nomes das ruas, de vinte quilômetros ou mais, vão-se-me esgarçando no meu proverbialmente distraído sentido da toponímia... E enquanto a cidade que nunca dorme descansava no entanto, passados os bairros periféricos e entrados na autoestrada de Leste, esplendia nas luzes cintilantes, como de cenário de *science-fiction*, dos seus arranha-céus de aço, de vidro e de cimento concebidos por arquitetos com o sentido da beleza, nós atravessávamos a noite canadiana, as grandes planuras cortadas de ribeiros e de bosques onde as herdades de extensos trigais eram agora a rota que sulcávamos como modernos exploradores visando os territórios desconhecidos.

Desconhecidos para mim, naturalmente, poético *maçarico* do Velho Mundo. Que eles, além de por sua profissão de donos de uma agência de viagens conhecerem razoavelmente o país, que de tão extenso nunca se chega a conhecer absolutamente, também por seu gosto o visitam tanto quanto podem com desvelo, museus e monumentos incluídos, desde as paragens da mítica Saskatchewan até aos lugares menos distantes da cidade de Montreal. *"Preparem-se para uma grata surpresa"* – preveniram-me com unção – *"pois o museu é uma maravilha!"*.

E é, asseguro-vos. Desde os tótens índios às pirogas, das barcas dos *"voyageurs"* aos *tipees* de pele e os *wigwans* de madeira, desde os artefatos indígenas e étnicos às pinturas dos que chegavam, às esculturas em pedra macia dos índios do norte, muito de belo ali se vê. Mas também um "museu dos Correios", com espécimes variegados – de carroças para pequenos trajetos até às carruagens para maiores lonjuras, passando por automóveis e camionetas do princípio do século vinte e, mesmo, uma dessas avionetas tão familiares aos cinéfilos, que cruzavam os céus da realidade e das películas e das histórias de quadradinhos.

Noutro setor, estava um razoável acervo de arte *naif* mais atual composto por várias salas com esculturas em lata, madeira, cerâmica, tapeçarias com materiais diversos, do trapo ao entrançado, pinturas sedutoras na sua assumida ingenuidade... E, maravilha das maravilhas, uma "cidade" do tempo dos pioneiros com simulação exata de ruas e o céu em *trompe l'oeil* de plástico especial, com a padaria, a igreja, a retrosaria e o célebre "saloon" no estilo do Klondike, a enfermaria, os carrações das viagens pelas planícies e os próprios para o comércio, a estação dos comboios com uma locomotiva a vapor e, com o corolário, um barco baleeiro dividido em três parte sobrepostas, autêntico, saindo da enorme parede numa simulação de grande efeito, com o capitão e os marinheiros de madeira ou de cera, o desfazer da baleia, os grandes caldeirões para a derreter, as barricas do óleo...

Jantamos num Coffee retintamente americano destes sítios e pude apreciar as especialidades locais, que me locupletaram sem excessivo custo, servidos por duas senhoras que juntavam a boa aparência à cordialidade sempre de estimar.

Sem intuitos publicitários, mas apenas de fruição cultural e artística, sugiro-vos uma visita a Otawa, a cidade que é por si mesma um museu, no decorrer de uma viagem ao Canadá. Num voo *charter* isso hoje pode fazer-se com uma perna às costas e sem irreparável dispêndio – e os lusitanos sempre tiveram e creio que ainda mantêm o gosto pela aventura...mesmo assim, urbana e civilizadamente.

ÀS VEZES CHEGAM CARTAS...

Chegam e partem – umas vezes as recebemos outras vezes as enviamos, como muito bem se percebe.
Estas foram cartas enviadas. Em circunstâncias diversas, mas tendo em comum a consideração que me mereceram os destinatários.
Esclareço, por último, que são cartas públicas e por isso as dou aqui a lume.
Talvez fosse desnecessário dizê-lo mas, em vista dos tempos que correm, pode também ser adequado sublinhá-lo.

A MARIA ESTELA GUEDES

Maria Estela

Cá estou de novo no Alentejo – que fica no extremo sudeste de Portugal, como é sabido – aonde cheguei ontem sob um intensíssimo frio que mais me fez sentir o contraste com o calor natural que nesta época do ano envolve Fortaleza, o Ceará e o Brasil por extenso.

Refiro-me agora ao calor do tempo e do espaço, não ao do ambiente pessoal e humano. Esse pôde Maria Estela senti-lo, como eu o senti, como todos os participantes o sentiram – fossem de Quito ou de Caracas, de Madrid, de Bogotá ou da Cidade do México...

Creio não me enganar, nem exagerar – como exilado que sou e de asa meio-ferida que ando – se disser que o clima de cordial fraternidade que pude sentir naquele hotel que por dias nos foi lugar de acolhimento, e nos entrepostos de bom tamanho onde decorreu fisicamente a Bienal, me gratificou, me espantou e finalmente me comoveu um bocado, pois fomos tratados com apreço e mesmo estima desde o princípio até ao fim.

Poderá a Maria Estela, que tem experiência destes eventos no estrangeiro, dizer com alguma surpresa ao lusitano/alentejano que sou: "*Mas é habitual ser assim, valha-o Deus!*". De acordo. Mas o que a minha experiência me diz, do que tenho participado dentro de portas, é que lá pelo último dia, perceptivelmente, se começa a sentir um ambiente estilo "*já debitaste tua parlenga, agora vai pela sombra e adeusinho...*" Creio que me faço entender.

Não é preciso recordar-lhe a estruturação competente – e o Curador geral decerto se congratulou – que se sentia naqueles enormes salões, nas áreas e jardins de acesso, nos lugares circundantes. Na organização dos diversos lugares de palestra, de colóquio, de debate, de repouso. Até na própria forma como o transporte dos participantes foi congeminado. Coisas simples, está de ver, mas que têm uma importância que não deve subalternizar-se.

A presença das muitas centenas de milhares de visitantes sentia-se fluir de maneira vivaz e interessada. Talvez seja por ingenuidade da minha visão, mas nas deambulações que tive ocasião de efetuar, nos minutos em que me pude "escapulir" das ações em que participei ou a que assisti, aliás com muito gosto, fiquei com a sensação de que havia nas pessoas – crianças, adolescentes, adultos de várias idades – um genuíno interesse pela leitura, pela presença física dos livros, do eventual saber e da eventual maravilha que neles reside e que deles parte. E aquele salão da literatura de cordel, Maria Estela, com centenas e centenas de títulos mesclando a imaginação e a proverbial vivacidade de um *povo pronto para todas as viagens* como dizia Ungaretti e que, sim senhora, merece um futuro de luminosidade a construir, como luminosas são as praias de Fortaleza!

Termino epigrafando – em jeito de relembrança aqui entre nós – a comunicabilidade que se estabeleceu entre os confrades que ali iam efetuar seus trabalhos específicos: era boa, era espontânea, era verdadeira. Funcionava como uma leve cooptação. Nos locais das sessões, bem como naquela sala de repastos, no hotel que nos serviu de guarida, radicaram-se momentos de estima fraternal que, para além de tudo, nos garantiram a ideia, que creio apropriada, de que gente diversa, de diversa formação e nacionalidades, podem sentir um leve ou mais marcado frémito de amizade entre seres que passam ao mesmo tempo pelo tempo da Terra. E certos nomes e rostos e vozes ficaram, ficam em mim: o boliviano Gabriel, a quem por ironia amiga eu chamava *"anjo gabriel"* em vista da sua permanente boa-disposição e simpatia humana; o mexicano Eduardo, cavalheiro-poeta bem digno dos velhos tempos, como dizia Eugène Canseliet; o poeta José Santiago, que eu lia há tanto tempo e ali achei em pessoa de ser bem humano; e tantos, tantos outros e outras que não refiro aqui para não ser redundante e eventualmente maçador...

E pois cá estou de novo no país e na província transtagana, satisfeito, mas inquieto. Pois logo que saí do aeroporto e entrei num café para uma xícara retemperadora, olhei e vi que, na televisão... Mas cala-te boca, que não vou agora, ainda que ao de leve, linguajar sobre tristezas e caquexias nacionais!

O triplo beijinho de estima do N.

A FRANCISCO SOARES FEITOSA

Caríssimo Francisco

Para já, o abraço firme que se endossa aos amigos, aos da cavalgada perene no tempo que nos foi dado viver.

É isso, o tempo. Que como minha mãe costumava dizer, *"é um cavalo"*. Que salta e revoluteia, que corre infrene como um ginete na Andaluzia, um corcel nos campos rasos do Nebraska, um garrano nos pastos de Alter do Chão deste meu Alentejo.

Os cavalos... Quando vi eu pela primeira vez um cavalo? Não guardo de isso memória exata, mas teria sido na vila de Monforte onde nasci, provavelmente uma montada da Guarda Republicana aquando da visita de algum oficial ao posto que o meu pai comandava, ou então de algum lavrador das imediações com estábulo porventura dentro da vila. No entanto, pensando bem, creio que o primeiro cavalo que vi (ou seria égua, para o caso tanto faz...) estava atrelado a um charabã – que só mais tarde soube ser o parisiense "char-à-bancs" das/dos elegantes dos Champs-Elisées de outrora. Conduzido por uma senhora, por um cavalheiro? Parece-me que o passeante seria, se a lembrança me não falha, um médico que usava esse meio de transporte quer para visitar seus pacientes, quer para efetuar suas voltas e voltinhas nos momentos de lazer.

Já se percebe que nessa altura era eu bem pequeno.

Mais tarde, vi cavalos nos prados e campinas de muitos lugares: nos plainos de Espanha, nos vergéis da "Grand Prairie" francesa, nas ruas de Lisboa e de Portalegre quando era dia de festa nacional, transportando agentes militarizados, nas quintas do Ontário ao longo da estrada que vai de Toronto a Otawa, na "rota índia" americana. Tive mesmo ensejo de cavalgar algumas vezes em campos abertos – essa emoção absoluta de descendente de antigos cavaleiros aldeões – e, quando calha, na herdade de um amigo dado às cavalgadas e falcoarias (o visconde José António Valdez, que é o fidalgo de antiga nobreza lusitana mais plebeu e saudavelmente terra a terra que existe – faço a minha perninha como razoável "calção" como tradicionalmente se usa apelidar aqueles que montam..

E que dizer dos cavalos vistos na arte: na pintura, na escultura, no cinema, nos livros de quadradinhos da minha infância e adolescência de leitor encartado? As cavalgadas, no papel, de índios e de caubóis, desde os apaches de Jerónimo aos oglalas de Sitting-Bull e de Nuvem Vermelha até ao, noutro registo, cavalgar em estilo *"feio, forte e formal"* do John Wayne? E o ar hierático de Gary Cooper ou do James Stewart ? (Que, aqui entre nós, sempre me pareceu ter um rosto um pouco cavalar...).

Todas estas coisas me foram suscitadas pelo texto do poeta.

Será necessário dizer que Feitosa, como bom ginete, ultrapassa as barreiras como um galhardo cavaleiro e nos faz cavalgar através do texto como um alazão de crinas ao vento?

Um abraço, meu poeta – e que galope a preceito assim pela vida durante muito tempo e nos enleve soberanamente com o seu estro tão veloz como apropriado e fecundo.

Um abraço firme, à guisa de cavaleiro de antanho, do seu NS

A UM CONFRADE *

"O terrorismo é a ação de imprimir, mediante métodos cruentos ou outros o medo, o desespero e o abandono da decisão de resistência no adversário ou oponente"
General Belisário

Caro amigo Xis

Como lhe prometi, apanho uns minutos para lhe enviar estas breves reflexões, que são efetuadas com estima e, também, muita preocupação, uma vez que como referiu num seu escrito Jacques Bergier, que foi membro da Resistência Francesa e um resistente importante, *"o terrorismo pode ganhar, caso aqueles que o enfrentam não o façam com determinação e lucidez"*.

No caso do terrorismo atual, *verbi gratia* o mais perigoso e atuante, o terrorismo muçulmano, infelizmente e depois de análises profundas e preocupadas a que tenho procedido, verifico que ele está a ganhar a batalha. E isto é assustador. Passo a explicar-me:

a) Talvez no terreno operacional a sociedade democrática e as forças oficiais que têm o dever de a proteger, tenham conseguido vitórias pontuais. Mas noutro plano, o plano da propaganda e da conquista interior, pela manha e aproveitando o laxismo que vai grassando nessas sociedades, eles estão a conseguir inegáveis vitórias, cujas causas e efeitos devem ser ponderados para se poder efetivar uma defesa eficaz.

Caso contrário, a médio prazo – e já nem falo em longo prazo – eles vencerão;

b) O terrorismo, como é óbvio, não atua só no plano imediato, que se contrabalança mediante a preparação de boas e experientes, bem organizadas e bem equipadas forças de segurança. Ele atua num outro, que se diria secundário mas que é fundamental: na preparação do terreno, através de uma prática insidiosa levada a cabo por partidários seus que escavam a determinação do adversário: e eis que aparecem, com grande insistência, exigências absurdas – "direitos" que eles exigem nas universidades, na profissão, nos costumes cotidianos, mesmo já nos hábitos dos países que recebem a sua emigração por exemplo. E às quais a sociedade (onde buscam formar verdadeiros *ghettos* de privilégio) ou por cegueira produzida por uma falsa concepção de direitos democráticos, ou por laxismo proveniente de um "politicamente correto" e um "multiculturalismo" mal entendidos, dá cobertura sem verificar que está, paulatinamente, a colocar a corda ao próprio pescoço.

Ou seja: numa sociedade democrática, saudável e real, deve haver CIDADÃOS que podem ser cristãos, judeus, budistas ou muçulmanos; e não cristãos, judeus, budistas ou muçulmanos que, *se lhes apetecer*, podem ser cidadãos...

Aqui reside o fulcro do problema. Esta é que é a fraqueza de base da nossa sociedade. E por isso ela está a perder a batalha.

Que dizer, por exemplo, ao deixar-se que (e neste caso falo dos muçulmanos, que são o perigo real e mais urgente) sempre sob a ameaça velada de que podem ser seduzidos pelos "extremistas", ou no mínimo ficar ofendidos (e daí?), se consente que em inúmeros casos eles reivindiquem ofender os Direitos Humanos mais elementares, com o pretexto que a sua religião lhes dá cobertura e acolhimento?

Esta é, por exemplo, a forma "pacífica" e realmente insidiosa, porque ardilosa, de criar pouco a pouco um terreno favorável a um domínio inegável e que NÃO DEVE CONSENTIR-SE. Pois, no fundo, o terrorismo não é mais que a fórmula violenta e expressa que assume o desejo de domínio mundial do Islão, QUE É COMUM E MESMO INSCRITA NO LIVRO SAGRADO, assim dito.

Não é democrática, porque visa a suprimir e ultrapassar os direitos dos outros.

É assim que já se censuram, de forma ainda "cordata" de momento, mas bem real e efetiva, por exemplo as palavras de um cardeal, que no seu múnus tem o direito de alertar os cidadãos para os problemas que o islamismo está a pouco e pouco a INCREMENTAR (é disto que se trata). Claro, por enquanto mostram-se apenas magoados...Têm pouca força. Se fosse por exemplo em França ou Inglaterra, basta ler-se a grande imprensa, haveríamos de ver...! (Vê-se a cada passo!).

E neste quadro não podemos esquecer (se o fizéssemos não passaríamos de simples tolos ou, no limite, pior que isso) o papel importantíssimo que têm tido as chamadas "quintas-colunas", em geral integradas por antigos partidários do Leste implodido, que levados pelo seu ódio ao Ocidente democrático transferiram a sua fidelidade para os Estados ou grupos islâmicos que, a seu ver, vão liquidar o "mundo burguês"...

c) Para se compreender o fenômeno crescente do terrorismo islâmico, tem de compreender-se o fato histórico que lhe está subjacente: a imposição do Califado.

Este é o cerne da questão. O terrorismo expresso, para o qual há ainda Leis, pode combater-se e está a combater-se, mais acertada ou inabilmente. Mas como combater a avançada insidiosa e que, bem vistas as coisas, consegue de maneira "pacífica" o que os outros buscam de forma mais brutal?

Mediante leis equilibradas, o Mundo Democrático e livre, sem ceder a chantagens, tem de dizer firmemente: *"Pratiquem a vossa religião. Há liberdade para isso. Mas a sua prática não vos dá o direito de ultrapassarem os direitos humanos que tanto custaram a conquistar. A prática da vossa religião não pode consistir, nem consentiremos que se sobreponha, numa forma de obviar à prática da cidadania democrática. De contrário, é apenas um instrumento de pressão e subversão inadmissível!"*.

Caso não haja – e o tempo começa a esgotar-se – esta determinação inscrita em Leis sensatas, é só uma questão de tempo até ao domínio do Islão, de forma total e totalitária. Que é a que o terrorismo visa.

Pensar-se que vamos ser depois "suavemente tratados" pelos "moderados", é pura ilusão. Veja-se o que realmente sucedeu historicamente – e não através de *contos de fadas* – no domínio muçulmano...A bibliografia é abundante.

E porque – não me dirão? – haveremos nós de ter existir sob o calcanhar (que já se desenha em certos lugares) do ímpeto e leis islamitas?

Com que direito nos querem obrigar a viver no Império de Mafoma? Com o mesmo "direito" que, cá, lhes permite todo o proselitismo e, lá, condena praticantes da fé cristã a mortes ignominiosas?

Caso o Ocidente democrático não abra os olhos com sensatez, acabará mal. Em Byzancio sucedeu isso. Não queiramos repetir o erro. Pois é disto que se trata.

Confio em que leve a quem o puder ouvir a sua palavra clara e profícua. Lúcida e democrática.

Remete-lhe o velho abraço, o NS

* *(Remetida a José Manuel Anes)*

A LINALDO GUEDES

Caro Linaldo

Correspondendo à sua sugestão/solicitação de texto para a sua revista, sobre Maio 68, entro na sala das memórias e apanho a gaveta referente a esse ano. Pego no dossiê de Maio. Como é relativamente pesado, como está um pouco encarquilhado e como sobressai nele um tom amarelo!

Começo por me admirar: na primeira página, preso por um *clip*, está o retrato em preto e branco – pois ainda não havia fotos em cores – dum fulano esbelto, de basto cabelo castanho-claro que a máquina zero do exército colonial a seguir iria rapar, olhando para mim com uma certa expressão indefinível, entre o sonhador e o espantado. Com certa surpresa reconheço-me nesse jovem de 22 anos que apesar de ter já no pelo 13 meses de tropa e se lhe perspectivarem mais dois anos ou mais de Guiné, ainda excursionava por uma certa esperança que os anos depois lhe roubaram. A primeira esperança: não morrer na guerra. E a segunda: não ficar encordoado, perro, doido pelas andanças de tiros e quedas que pareciam esperá-lo.

O pobre diabo da foto não morreu. Mas talvez tenha tido que matar.

Em primeiro lugar a inocência e uma certa suavidade de maneiras – que a Guiné não dava para cavalheirismos. Depois, as certezas ingênuas de pensar que um ser humano merecia respeito, nomeadamente de coronéis, generais, tenentes ou capitães. Mas nisto não irei falar, para não sentir na boca um sabor azedo de desprezo e nos olhos um fuzilar de comiseração por essa gente fardada que nos tratava como se estivéssemos numa quinta de animais de abate. Silêncio... Deixemos que seja a História a compor-lhes a figura exata e merecida. Tanto mais que, se foi na tropa que conheci alguns dos maiores canalhas de que tenho memória, foi também ali que achei a gente mais nobre e devotada, companheiros admiráveis de dignidade e estatura interior varonil e merecedora da minha recordação, que aqui relembro.

Estava pois na Guiné, na tropa, em Bissau, em Maio de 1968.

Foi por vagos periódicos (República, Diário de Lisboa) já atrasados e cedidos fraternalmente por um sargento companheirão, que soube do que se passava nas doces terras de França agitadas por um vendaval que buscava que o homem tivesse mais clareza em torno de si. Digo assim para não politizar muito estas nótulas, inteiramente dadas aqui com a nostalgia que baste. Mas sempre me cabe e quero dizer que o que de lá me chegava não me tranquilizava inteiramente: pois se tomei contato com a figura libertária e justa e limpa dum Daniel Cohn-Bendit, também sabia que se agitavam pelas ruas que tanto amo dos Champs-Elysées e dos arredores da Sorbonne as bandeiras repugnantes e totalitárias dos maoístas e estalinistas encenando-se em amigos do Povo.

Foi depois de ter contemplado, no Diário de Lisboa (ou seria no República?) uma fotografia onde uma bela jovem olhava a câmara de frente, com o seu rosto de morena encantadora, dando o braço a diversas companheiras e companheiros coroados por uma bandeira negra, que escrevi o meu primeiro poema "africano", que começava assim: *"Ter prazer em falar/ como quem fosse/ um simples animal, um ser da treva/ Ter prazer em nascer, como quem desse/ o nascimento à própria solidão(...)"*. Mas esse Maio distante, para mim eivado de calor e do cheiro pungente, doce e misterioso da terra africana, naquela altura não despertou em mim mais congeminações de teor societário: estava demasiado longe, entregue às penas duma guerra que não escolhera, que não me aprazia e que quase me levou ao calabouço, adversário que era do colonialismo e do cripto-fascismo lusitano de fachada ocidentalizada.

Passei por Maio e por Junho, pelos setembros e pelos janeiros até que num belo dia regressei à minha terra. E foi, estranhamente, nessa época que Maio mais me apanhou pela banda do pensamento especulativo, pelas abas da criação poética e da entrada no sedutor mundo do companheirismo com artistas, pintores, atores e atrizes e jornalistas e poetas que no Café Monte Carlo e no Café Monumental se juntavam pelas noites e pelas tardes lisboetas dum outro Maio, o de setenta, mas onde ecoavam ainda os rumores do outro que existira na Paris que amo como amo Lisboa, que só admiro simplesmente na humana e comovente medida em que me é ou me tem sido também fraternal, fecunda e amiga como um jardim de Portalegre ou de Guimarães.

Foi então por essa altura que pude perceber mais intensamente o que Maio de 1968 representara e era para mim, as pistas que nos deu (que ainda hoje nos dá, se o soubermos entender!) esgarçadas já pelas voltas e adequações do tempo as ingenuidades menos defensáveis. Depois – e agora muito mais – entendi melhor a razão que assistia a Raymond Aron e a outros lúcidos observadores, que alertavam as consciências para o fato de que, se pelas ruas de Paris se soltara um evento salubre de liberdade e salutar exigência, também corriam miasmas que buscavam atrelar o ser humano e as pessoas por extenso a novos conformismos, novos destrambelhamentos de cariz duvidoso. Percebi então que por debaixo do alcatrão não estaria apenas a praia mas, ardilosamente camuflados, bicharocos monstruosos para mais uma vez morderem o luminoso coração das gentes sedentas de verdadeira emancipação.

Maio de 1968 radicou em mim aquilo que sempre fui: libertário, mas não de obediência estreita. E, por estranho que pareça, deu-me a certeza de que a tolerância, que defenderei até ao fim, não deve nem pode confundir-se com cedência ou cumplicidades com chantagens morais – ainda que se pretendam apresentar como a necessidade mais premente das populações e dos países.

Receba, caro Linaldo, um firme abraço do seu NS

(in *Jornal de Poesia*, Suplemento Correio das Artes e TriploV)